Peter Glasner

Die Lesbarkeit der Stadt

Lexikon der mittelalterlichen Straßennamen Kölns

Peter Glasner

Die Lesbarkeit der Stadt

Lexikon der mittelalterlichen Straßennamen Kölns

DuMont

Gedruckt mit Unterstützung des Landschaftverbandes Rheinland,
der Käthe-Hack-Stiftung der Universität zu Köln
und des Kulturdezernats der Stadt Köln.

Stadt Köln

Die Deutsche Bibliothek – CIP-Einheitsaufnahme

Glasner, Peter:
Die Lesbarkeit der Stadt / Peter Glasner. – Köln : DuMont Literatur und Kunst Verl.
Lexikon der mittelalterlichen Straßennamen Kölns. – 2002

Erste Auflage 2002

Ausstattung und Umschlag: Groothuis, Lohfert, Consorten (Hamburg)
Gesetzt aus der Stempel Garamond
Gedruckt auf säurefreiem und chlorfrei gebleichtem Papier
Satz: Greiner & Reichel, Köln
Druck und Verarbeitung: Clausen & Bosse, Leck
Printed in Germany
ISBN 3-8321-7814-7 (Broschierte Ausgabe)
ISBN 3-8321-7815-5 (Schuberausgabe)

Inhalt

Einleitung

Wozu man Straßennamen braucht, weiß jedes Kind. Ohne sie verlieren wir die Orientierung, Transport- und Rettungswege ihre Zielpunkte und Reisende bekämen ohne ihre Lenkung auf fremdem Terrain womöglich die Anlässe ihres Städtebesuchs gar nicht erst zu Gesicht. Aber nicht nur aus praktischen Gründen sind Städte beim Thema ›Straßennamen‹ hellhörig, denn nicht zuletzt die öffentlich beschilderten Namen sollen ihr Image pflegen helfen. Vor allem bei Neu- und Umbenennungen von Straßen und Plätzen zeigt sich, daß Straßennamen einen kulturellen Gehalt haben, über dessen konkrete Gestaltung sich seit jeher nicht nur auf den Feuilletonseiten und Lokalbeilagen der Zeitungen trefflich streiten läßt. Denn zweifellos geht es bei diesem Spezialgebiet öffentlichen Sprachgebrauchs um nichts Geringeres als um naturgemäß heftig umkämpfte ›Aushängeschilder‹ des Selbstverständnisses von Städten und Gemeinden. Hier sind die Impulse für Sprachwissenschaft und kulturgeschichtliche Forschungen offenkundig.

Wozu ein Lexikon *mittelalterlicher* Straßennamen dient, liegt weitaus weniger auf der Hand. Stiftet denn das Wissen über untergegangene oder verschüttete Namenbedeutungen auch Orientierung in der Stadt? Oder handelt es sich bei einem derartigen Lexikon lediglich um Philologenkrämerei, die bestenfalls Unterhaltsam-Skurriles unter dem Vergangenheitsstaub der Sprachgewohnheiten ans Licht zerrt, um Reiseführer oder Liebhaber der Lokalhistorie zu erquicken? Gewohnheiten, zumal der Sprache, ist zunächst oft nichts Bedeutsames mehr anzusehen. Das Originelle oder Regelwidrige, das Lokal- oder Gruppenspezifische wird von der Gewöhnung ebenso verstellt wie das Vergleichbare sprachlicher und mentalitätsgeschichtlicher Praktiken. Gleiches gilt auch für die alten Straßennamen, die mitunter seit mehr als tausend Jahren ihren festen Platz in unserem Sprechen über die Stadt haben. Wir sind selbst mit sprachgeschichtlichen Kuriosa wie *Unter Krahnenbäumen*, *Auf dem Hunnenrücken* oder *Unter Sachsenhausen* soweit vertraut, daß wir uns beim täglichen Durchqueren der Stadt über die Namenbedeutungen kaum Rechenschaft ablegen. Denn beim Namengebrauch ist das Benennen des namentragenden Raumes, nicht die Sprache der Wörter, mit denen wir ihn belegen, im Vordergrund. Ihre Entstehungsgeschichte und ihre geheimnisvolle Aussagekraft steht hinter der Adressenfunktion von Straßennamen zurück, die zielgerichtete Wege von Menschen und Waren erst ermöglicht.

Warum halten Städte aber dennoch so beharrlich an ihren alten Namen fest? Warum überdauern sie sogar die Kriegszerstörungen der Städte? Scheiternde oder gar nicht erst in Erwägung gezogene Versuche, z. B. die alten Handwerker- oder Grabengassen zugunsten einer erinnernden Ehrerweisung für verstorbene Größen aus Politik, Wirtschaft, Kunst und Kultur abzuschaffen, beantworten die aufgeworfenen Fragen so: Die alten Straßennamen gehören zum Kernbestand städtischen Gemeinbesitzes wie die landschaftliche Dialektfärbung, die Dome und Münster, die kulinarischen Spezialitäten und lokalspezifischen Feiertage. Ihn anzutasten käme einem Beschädigen des kollektiven Selbstverständnisses gleich. Hier soll der Namenschatz der Stadt leisten, was die Stadt der Steine nicht zu garantieren vermag: die Stiftung dauerhafter Identität durch die an den Straßenecken ablesbare gemeinsame Vergangenheit. Hier scheint eine erste Orientierungsfunktion des traditionellen Namenbestandes auf, die an die historische Tiefe der Stadt allenthalben erinnert, selbst und vor allem dort, wo baugeschichtliche Spuren der Vergangenheit längst ausgelöscht worden sind.

Was es hinter lokalspezifischen Bezeichnungen wie *Kattenbug*, *Obenmarspforten* oder *Unter Fettenhennen* zu entdecken gibt, wird in zwei Bänden zur *Lesbarkeit der Stadt* gezeigt. Der Analyseband *Kulturgeschichte der mittelalterlichen Straßennamen Kölns* und das vorliegende Lexikon leiten zu dem Ausgangspunkt unserer Gewöhnung an den Umgang mit traditionsreichem Namengut zurück und beleuchten dieses vor allem auf seine sprach- und mentalitätsgeschichtlichen Implikationen hin. Die Anregung hierzu bildet eine alltägliche Erfahrung: Zuweilen wird unsere Adressierungs- und Orientierungsroutine durch eine sprachgeschichtliche Aufmerksamkeit auf die Fremdheit alter Namen gestört. Dann suchen wir Klangvarianten wieder neu zu ›hören‹, die zwischen Bezeichnungen wie *Alter Markt* (Köln), *Fossé de Tanneurs* (Straßburg), *Minderbroedersstraat* (Brügge), *Löhergraben* (Aachen) einerseits und *Prinzregentenstraße* (München), *Straße 965 a* (Berlin-Treptow) oder *Fifth Avenue* (New York) andererseits bestehen.

Worin liegen die Unterschiede, die die Strahlkraft
von mittelalterlichen und modernen Straßennamen auszeichnet?

Zweifelsohne haben auch abstrakte Bezeichnungsgewohnheiten, wie sie vor allem das amerikanische Beispiel zeigt, eine Bedeutsamkeit, die das Bezeichnen der jeweiligen Straße bei weitem übersteigt: Kosmopolitische Urbanität, Modernität und Mobilität sind hierbei lediglich der Anfang einer unabsehbaren Assoziationskette. Demgegenüber sprechen die Beispiele aus Köln, Straßburg, Brügge und Aachen eine andere Sprache. Es ist die Sprache einer längst vergangenen Zeit, die von vermeintlicher Beschaulichkeit und örtlichen Gegebenheiten, Volksfrömmigkeit, handwerklicher Betriebsamkeit und vom Überdauern der Namen gegenüber ihren einstigen Trägern spricht.

In *Alter Markt* und *Fifth Avenue* stehen sich nicht nur geographisch weit auseinander liegende Namen unterschiedlicher Kulturen, sondern vor allem unterschiedlicher Zeiten gegenüber. In der Konfrontation von Mittelalter und Moderne deutet sich ein erster Aspekt der mentalitätsgeschichtlichen Aussagekraft mittelalterlicher Straßennamen an: Sie sind sprechende, beschreibende Namen. Wovon aber sprechen traditionelle Straßennamen und was wird durch sie beschreibbar? Sie thematisieren die zeitgenössische Topographie durch ihre Charakterisierungen der Straßen, Gassen und Plätze, indem sie Aspekte ihres einstigen Erscheinungsbildes hervorheben. Über ihre Bezeichnungsfunktion hinaus sind sie Hinweise auf Örtlichkeiten von Gewerbe und Handel, Anwohnergruppen und Besitzverhältnisse. Heute orientieren sie als Spuren der historischen Topographie den Kundigen über die Anlage und das Wachstum der alten Stadt, ihre einstige Organisation und Wirtschaftsstruktur.

Die Nahstellung der Namen zur Topographie gründet in einer bis in die Frühe Neuzeit hinein beständigen Bezeichnungsgewohnheit, die den Namengebrauch unmittelbar an die allgemeine Wahrnehmung koppelte. Dementsprechend heißen die Straßen, die zu den Kirchen St. Aposteln und St. Gereon führen, seit dem 12. Jahrhundert *Apostelnstraße* (a. 1119 *prope ecclesiam s. Apostolorum*) und *Gereonstraße* (a. 1178 *in platea lata beati Gereonis*), die Wohngasse der Weber – a. 1205 *Wevirgazzin* – noch heute *Weberstraße* und diejenige der Schilderer seit 1186 *Schildergasse* (*platea clipeorum*).

In dem gesamten Namenschatz einer mittelalterlichen Metropole wird – in einem unmetaphorischen Sinne – die *Lesbarkeit der Stadt* beschreibbar. Hierbei wird davon ausgegangen, daß den mittelalterlichen Bezeichnungen zu entnehmen ist, wie sich die Menschen im 12. oder im 16. Jahrhundert durch die Stadt bewegt haben, wie sie die Stadt einem Text vergleichbar auf Orientierungspunkte und Merkzeichen der Raumstruktur hin *gelesen* haben. Nach der Lesbarkeit der Stadt im Mittelalter zu fragen heißt, sie unter folgendem Blickpunkt zu analysieren:

Welche Dinge haben in der mittelalterlichen Stadt namenmotivierende Kraft?

Die Aufmerksamkeit, die Gräben und Mauern, Kirchen, bürgerliche Wohnhäuser, Produktionsstätten, Anwohnergruppen usw. im Mittelalter geweckt haben, kann jedem Eintrag dieses Lexikons entnommen werden. Beleuchtet werden hier vor allem die Ursprünge der Straßenbezeichnungen, also all dasjenige, was im Rahmen mittelalterlicher Wahrnehmung die Bildung von Straßennamen stimuliert hat. Hierdurch wird das *Lexikon der mittelalterlichen Straßennamen Kölns* zu einer Informationsquelle über:

1. die historische Topographie;
2. die Bezeichnungstradition zwischen Hochmittelalter und Früher Neuzeit.

Die Lesbarkeit der Stadt stellt die Engführung von Sehen und Bezeichnen in einen weiteren historischen Zusammenhang. Mittelalterliche Straßennamen sagen etwas über zeitgenössische Wahrnehmungsweisen aus. Insofern bilden sie die materielle Basis für eine dritte Aussagedimension, die sich als eine *Mentalitätsgeschichte des Sehens* betiteln läßt. Kann aber das Sehen, konkret: unsere Wahrnehmung der Stadt, eine Geschichte haben? Der Beweis ist schnell erbracht: Man lasse sich denselben Weg durch das Labyrinth der Stadt einmal von einem Kind im Vorschulalter, dann von einer alteingesessenen Bürgerin und schließlich von einem Speditionsunternehmer erklären. Sofort werden sich divergierende Sichtweisen zeigen. Denn unterschiedliche Erfahrungen und Bedürfnisse prägen die jeweilige Aufmerksamkeit, die eben unterschiedliche Orientierungspunkte in der Stadt wahrnimmt, sie anders liest. Wenn sich also bereits in einem Menschenalter die Strategien der Raumerfassung grundlegend unterscheiden, liegt es nahe, davon auszugehen, daß Sehen tatsächlich eine Geschichte hat.

Aufbauend auf der Beobachtung, daß mittelalterlichen Straßennamen Sichtweisen auf die Stadt eingeschrieben sind, ist die *Kulturgeschichte der mittelalterlichen Straßennamen Kölns* entstanden. In diesem weiteren Band zur *Lesbarkeit der Stadt* wird eine Forschungsmethode erprobt, die anhand von Bezeichnungsgewohnheiten einen Beitrag zur Archäologie des Sehens zu leisten versucht. Das bisherige Fehlen vergleichbarer ›Sprachgeschichten‹ hat sich folgenreich auf die Gestalt der *Kulturgeschichte der mittelalterlichen Straßennamen Kölns* ausgewirkt. Sie gliedert sich in zwei Teile: a) einen wissenschaftstheoretischen und b) einen analytischen Teil.

Aus den Kapiteln zu Sprachtheorie, Stadtsemiotik, Mentalitäts- und Topographiegeschichte wird das Analyseinstrumentarium der Bezeichnungsgewohnheiten in Köln zwischen dem 12. und 16. Jahrhundert entwickelt. Nach dieser Einführung in sprach- und kulturgeschichtliche Forschungsmethodik wird der Kölner Namenschatz in drei Schritten auf seine mentalitätsgeschichtliche Bedeutung hin ausgeleuchtet. Bevor die Örtlichkeitsbezeichnungen des Hochmittelalters mit dem Namengut des 16. Jahrhunderts verglichen werden, wird die Entwicklung der Straßennamen in einem diachronen Längsschnitt zwischen Mittelalter und Früher Neuzeit beschrieben.

Wer den Lektüreaufwand der detailreichen Sprachgeschichte scheut oder sich flankierend zu ihr einen unmittelbaren Zugriff auf den mittelalterlichen Namenschatz verschaffen will, kann dieses Lexikon zur Hand nehmen. Auch wenn Quellen und Analysen per se zusammengehören, eröffnet das Namenlexikon auch für sich genommen ›Einblicke‹ in die Lesbarkeit der Stadt. Hierzu wurden dem Einführungsessay zwei Ziele gesteckt. Zunächst stellt es die Dokumentation des Kölner Namenschatzes in einen allgemeinen kulturgeschichtlichen Zusammenhang, der die unterschiedliche Bedeutsamkeit von modernen und mittelalterlichen Straßenbezeichnungen unterstreicht. Nach der Einführung in die wichtigsten Quellen der Namenüberlieferung werden zentrale Untersuchungsergebnisse der Mentalitätsgeschichte des Sehens skizziert, wie sie in der *Kulturgeschichte der mittelalterlichen Straßennamen Kölns* gewonnen worden sind. Hierauf aufbauend wird auf Lektüremöglichkeiten des Lexikons aufmerksam gemacht, die nachvollziehbar machen, daß den Straßennamen des Mittelalters die Wahrnehmung der Stadt eingeschrieben ist.

Die Geschichtlichkeit von Straßennamen wird bereits dort ›erfahrbar‹, wo das sprichwörtliche *nomen est omen* seine Gültigkeit verloren hat, dort, wo die alten Namen und das, wovon sie sprechen, nicht mehr zum heutigen Namenträger passen will. Wer beim Passieren der Kölner *Nord-Süd-Fahrt*, der *Tel-Aviv-Straße* und *Ulrichgasse* keine Veränderung des Stadtautobahncharakters feststellt, mag sich nicht nur nach den topographischen Wandlungen der angeblichen ›Gasse eines Ulrich‹ gefragt haben. Wenn in dem Lexikonartikel zur *Ulrichgasse* diese 1571 als *Die euler gaß* erscheint, zeichnet sich sprachgeschichtlich bereits ab, wovon in diesem Straßennamen eigentlich die Rede ist. Denn der Euler oder Ulner ist im Mittelalter der Töpfer. Dieser etymologische Befund wird auch durch die lateinische Straßenbezeichnung des späten zwölften Jahrhunderts – *platea figulorum* = ›Straße der Töpfer‹ – bestätigt.

Der Beschreibungsgehalt alter Namen wird oft auch über Metaphern vermittelt, die uns heute nur noch teilweise geläufig sind. Denn vielfach sind es gerade humorvolle, metaphorische Bezeichnungen, deren Sinn in der übertragenen Namenbedeutung enthalten ist. So manche Gasse, die ›Gold‹ in ihrem Namen führt, bot im Mittelalter exakt das Gegenteil eines strahlenden Erscheinungsbildes: In ihnen haben die Goldgräber – verantwortlich für die mittelalterliche Unratabfuhr – ihre Spuren hinterlassen. Gassen, die wir heute als ›Sackgassen‹ beschildern würden, tragen im Mittelalter ihren Charakter als *Im sack* oder *Endelosegassen* im Namen.

Die Artikel zu den genannten Straßen zeigen, daß die Namenbiographien während des Mittelalters eine Phase der Übereinstimmung von Name und Namenträger auszeichnet. Die ursprüngliche Berührung von Stadt und Namenschatz macht nachvollziehbar, warum die Städte in Zeiten weitverbreiteten Analphabetentums auch ohne Beschilderung ihrer Straßen auskommen konnten: Die Wege von Menschen und Waren zeichneten sich in einem vergleichsweise überschaubaren Stadtganzen vielfach noch dadurch aus, wovon ihre Namen – direkt oder im übertragenen Sinne – sprachen: Die Namenbedeutung war am Straßenraum *ablesbar*, denn nur solche Namenbildungen konnten im Mittelalter Akzeptanz finden, die einer allgemeinen Wahrnehmung entsprachen.

Darüber hinaus begründete vor allem die mündliche Tradition eine enorme Dauerhaftigkeit des Namengebrauchs. Anhand der dokumentierten Überlieferung im Lexikon läßt sich das Alter der einzelnen Straßennamen nachvollziehen. So sind etwa *Witschgasse* (*959 *platea Vizechini*) oder *Kunibertsgasse* (1164 *platea s. Kuniberti*) inzwischen seit mehr als tausend bzw. achthundert Jahren fester Bestandteil des Namenschatzes. Hingegen gehören die Bezeichnungen wie *Kühgasse* (1569 *Koegass*) oder *Neue Langgasse* (1571 *Die lang gaß*) einem ›jüngeren‹ Kapitel der Kölner Namengeschichte an.

Bereits ein erstes Stöbern im Lexikon zeigt, daß das mittelalterliche Namengebungskonzept in einem doppelten Sinne stark ortsspezifisch gewesen ist. Erstens bezieht es sich jeweils auf die Topographie vor Ort. Zweitens ist es dort auf die jeweiligen Stadtbewohner begrenzt, wo seine Bezeichnungspraxis intimere Stadtkenntnisse verlangt. Der Fremde in der mittelalterlichen Stadt wird oftmals auf ortskundige Führer angewiesen gewesen sein, denn das Erscheinungsbild der Straßen und Gassen war vielfältig. Zudem waren auch die Bezüge der Namen jeweils unterschiedlich stark im Straßenraum präsent: Bezeichnungen nach Besitzverhältnissen z. B. ließen sich im Vergleich zu Namen nach weithin seh-, hör- und riechbaren Handwerksbetrieben der Schmiede, Färber, Gerber, Innereienhändler oder den hochaufragenden steingebauten Kirchen und Klöstern in einer Umgebung von zwei- oder dreigeschossiger Holzbauweise weitaus weniger erkennen. Diese Eigenheit mittelalterlicher Straßennamen wirkt sich auch auf die Namenforschung aus. Auch uns als Fremde in der mittelalterlichen Stadt erschließen sich nicht mehr alle Namenbedeutungen zweifelsfrei. In solchen Fällen führt der Weg zu den Benennungsgründen über die Verbindung von Sprachgeschichte und historischer Topographie.

Bisher liegt lediglich für die Stadt Köln eine Untersuchung ihrer mittelalterlichen Straßennamen als mentalitätsgeschichtlicher Sprach- und Kulturgeschichte vor. Zwar kann z. B. auch Berlin ein sogar vierbändiges *Lexikon Alle[r] Berliner Straßen und Plätze. Von der Gründung bis zur Gegenwart*[1] aufweisen, das mit überbordender Fülle enzyklopädischen Wissens Straßennamen erklärt. Das Hauptaugenmerk der 15 Autoren und ihrer zahlreichen Mitarbeiter liegt dort aber weniger auf der systematischen Erforschung der Benennungsgründe als vielmehr auf der Erläuterung der Namenbedeutungen.

Eine kulturgeschichtlich ambitionierte Sprachgeschichte, die sich einerseits nicht mit Datensammlungen etwa über die Biographien von Persönlichkeiten, die auf den (bzw. das Straßen-)Schild gehoben worden sind, begnügen will, muß sich andererseits ein bescheideneres Ausgangsmaterial suchen: die Straßennamen Kölns im Mittelalter. Für dieses Namenkorpus von 295 Plätzen, Straßen, Gassen und Gäßchen und ihren über 4600 Belegen konnten Erstnennungen, konkurrierende Bezeichnungen, Namenwechsel und die entsprechenden Nennungen auf dem ältesten Kölner Stadtplan von 1571 dokumentiert werden. Dieser Namenschatz im Lexikon wurde unter zwei Blickrichtungen kommentiert:

a) unter einem *sprachgeschichtlichen*, der die Namenursprünge deutet und Nennungsvarianten erklärt;
b) unter einem *kulturgeschichtlichen*, der die topographischen Bezugspunkte der Straßennamen – die Kirchen, Produktionsstätten und Handelsplätze, Wegführungen und Anwohner – bespricht.

Durch die Ausstattung des Lexikons mit dem herausnehmbaren Kölner Stadtplan von 1571 und den Tafeln seiner Ausschnittsvergrößerungen kommen Sprachgeschichte und historische Topographie erstmals gemeinsam in den Blick. Vor allem im topographischen Zusammenhang erweist sich die rekonstruierte Lesbarkeit der Stadt immer wieder neu als Geschichte des Sehens.

Wer sich nicht nur darüber informieren will, woher und seit wann die Straßen ihre Namen haben, kann sich das mittelalterliche Köln durch systematische Querlektüren des Lexikons erschließen. Wenn sich das Augenmerk nur darauf richten soll, wie die Straßen im Hochmittelalter oder im späten 16. Jahrhundert geheißen haben, können jeweils die Anfänge und Endpunkte der Überlieferungsketten Auskunft geben. Gezielten Suchen nach namenmotivierenden Kinderschuhhändlern, Korduanlederver-

[1] Herausgegeben von Hans-Jürgen Mende, Berlin 1998.

arbeitern, Kaldaunenhändlern oder Wappenmalern, vornehmen Damenstiften, Patrizierhäusern oder Spezialgewerben wie Helmschlägern, Hut- und Taschenmachern steht das Register zur Verfügung. Es vereinigt die Nennungsvarianten und topographischen Bezugspunkte, die der wahrnehmungsbezogenen Namenbildung des Mittelalters in Köln zugrunde gelegen haben.

In ihrem lokalspezifischen Detailreichtum ist die Kulturgeschichte der mittelalterlichen Kölner Straßennamen ein Beispiel für vormoderne Bezeichnungsgewohnheiten, wie sie sich aus zwei Gründen auch anhand anderer Städte in vergleichbarer Weise zeigen ließen:

- Mittelalterliche Städte mit vergleichbarer Größe und Bedeutung weisen Strukturparallelen ihrer Anlage und Organisation auf.
- Im Spiegel mittelalterlicher Straßennamen erscheint weniger Unverwechselbares als Alltägliches der Stadt.

Ein Blick auf frühe kartographische Stadtportraits, wie sie etwa von Georg Braun und Franz Hogenberg im späten 16. Jahrhundert erstellt worden sind, rückt die Vergleichbarkeit beispielsweise der Kölner und der Pariser Stadtanlage vor Augen.

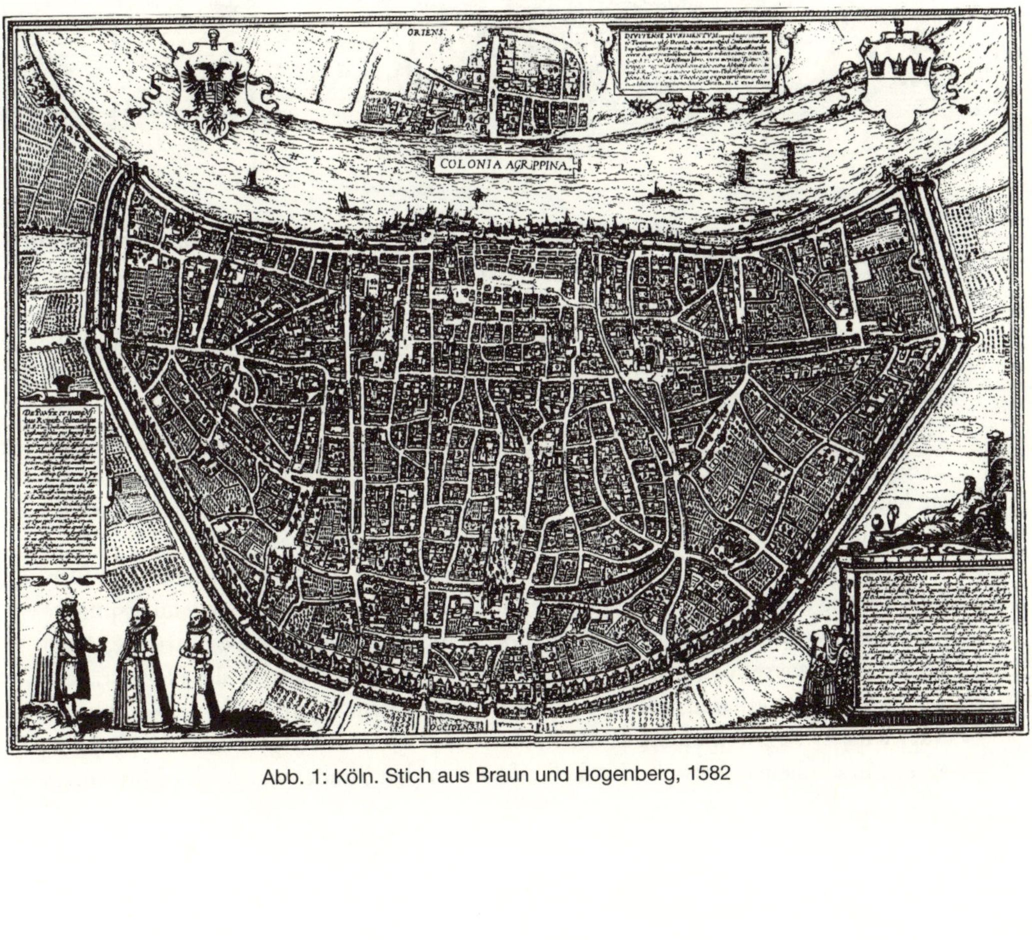

Abb. 1: Köln. Stich aus Braun und Hogenberg, 1582

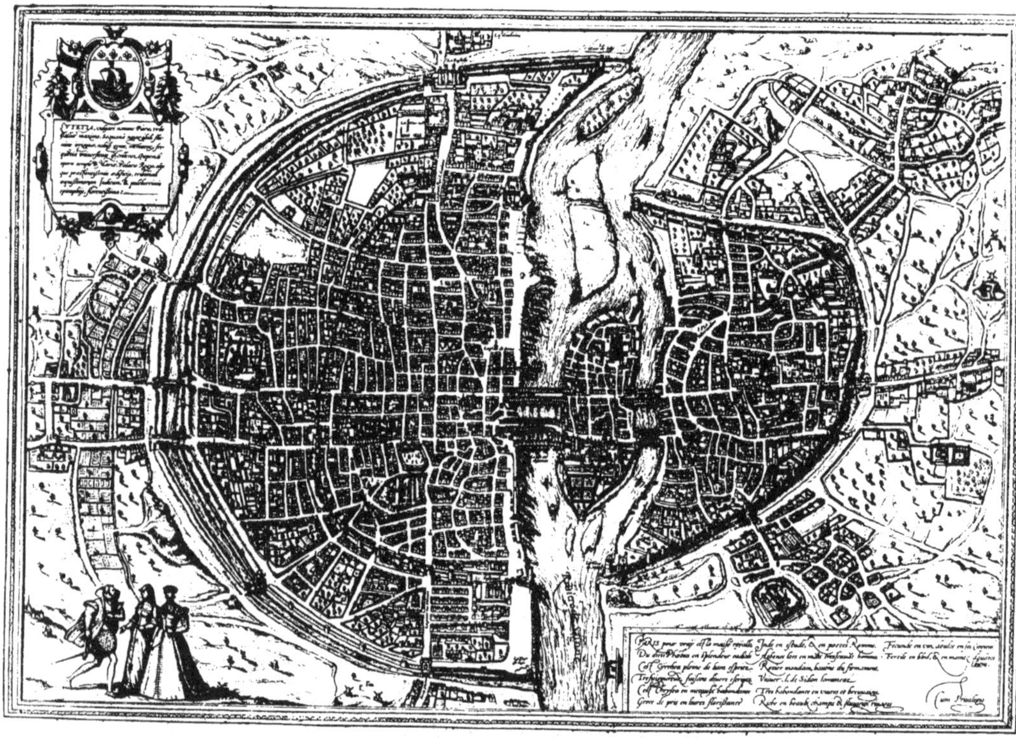

Abb. 2: Paris. Stich, 1550

Die gemeinsame Lage am Strom, an dessen Uferseite die Stadtbefestigungen einen weiten, halbkreisförmigen Bogen um das Stadtganze schlagen, korreliert jeweils mit einem Straßensystem, dessen Linienführungen einem vielfach durch Wegbiegungen und Querführungen überformten Gitternetz gleichkommt. Aus der Vogelperspektive heben sich dennoch im Gewirr über Jahrhunderte gewachsener Straßen, Gassen und Plätze die großen Querverbindungen durch das jeweilige Stadtganze und die Ausfallstraßen zu den Toren der Städte deutlich ab. Beiden Stadtbildern ist darüber hinaus gemeinsam, den von der Stadtmauer begrenzten Raum noch nicht völlig ausgeschöpft zu haben. Im späten 16. Jahrhundert finden sich in Paris wie in Köln auch innerhalb des Mauerrings landwirtschaftliche- und gartenbauliche Anbauflächen.

Die Analyseergebnisse der *Kulturgeschichte* zeigen vor allem, daß die alten Örtlichkeitsangaben sich nicht etwa auf ›Fremdenattraktionen‹ oder Anziehungspunkte von Besucherströmen beziehen. Ihnen liegt keine Außenperspektive zugrunde, die in irgend einer Weise auf günstige Selbstdarstellung aus wäre. Anstelle des Herausragenden oder Spektakulären läßt sich im Namenschatz ein buntes Kaleidoskop mittelalterlicher Alltagswelt zutage fördern, das sich in anderen zeitgenössischen Gemeinwesen in ähnlicher Weise finden ließe. Denn in den Straßennamen des Mittelalters begegnen zentrale und traditionsreiche Handelsplätze wie der *Alter Markt* in Köln oder religiöse Gemeinschaften wie die *Minderbroeder* in Brügge (*Minderbroedersstraat*), die in der Kölner *Minoritenstraße* ebenso eine Entsprechung haben wie der Straßburger ›Graben der (Loh-)Gerber‹ (*Fossé de Tanneurs*) im *Löhergraben* Aachens.

1. Die Lesbarkeit der Stadt

»Aus Straßen, Plätzen, herausragenden Bauwerken und ihren Namen fügt sich die Physiognomie der Stadt.«
K. Stierle

Eine Kulturgeschichte der mittelalterlichen Straßennamen kommt nicht umhin, sich mit jenem Kontext auseinanderzusetzen, der den Namenschatz in sich birgt, prägt und von diesem wiederum in verschiedensten Akzenten beleuchtet wird. Es ist die Stadt selbst, die vor allem deshalb auf ihre Lesbarkeit hin analysiert werden muß, da die Straßennamen im Mittelalter aus dem Zusammenwirken von Sehen und Bezeichnen hervorgehen. Bei dieser Betrachtungsweise steht eine Leitfrage im Zentrum:

Wodurch gewinnen Städte Textcharakter?

Im Alltagsrauschen der modernen Großstadt reduziert sich die Wahrnehmung des eiligen Passanten vielfach auf die Merkzeichen effektiver Zielgeraden, die ihn zur Verwirklichung seiner Absichten, zu Arbeit oder Konsum, führen. Erst fremd zu sein oder sich in Mußestunden den Blick eines Fremden wieder anzueignen, vermittelt abseits vom Strom der Besorgungen wieder das Staunen einer zuweilen stutzenden Selbstvergewisserung, die plötzlich andere Strukturen, markante Details und historische Kostbarkeiten des Stadtkörpers vor sich hat: die prägende Lage am Strom als zeitlose Grundlage von Handelszentren, die Spuren prähistorischer Besiedlung und antiker Größe, das monumentale Nachhallen mittelalterlicher Religiosität und Wirtschaftskraft, die Wachstumsschübe des Industriezeitalters, aber auch das architektonische Repräsentationsgebahren bürgerlicher Epochen und neuzeitlicher Sachlichkeit.

Bereits durch derartige Prägungen der Topographiegeschichte gewinnen Städte Textcharakter, der dem einmal sensibilisierten Flaneur mit der unbegrenzten Fülle *lesbarer* Bedeutungen aufwartet: der Ordnung der Dinge im Stadtganzen, seine Zentren und Peripherien, seine strukturellen Oppositionen von Arbeits-, Konsum- und Erholungsräumen, belebten und unbelebten, bebauten und begrünten Bereichen, offenen Plätzen und Verkehrsknotenpunkten, gewachsenen und geplanten Straßenführungen, seine historische wie zeitgenössische Architektur und deren Spiel mit modernem Formenrepertoire und historisierender Zitierweise alter Proportionen usw.

Unzählige Romane, aber auch bildende Kunst und der Film haben die Lesbarkeit der modernen Stadt dargestellt. Auf mittelalterliche Stadtlektüren stößt man in weitaus geringerem Maße. Sofern die Stadt überhaupt zum Gegenstand gemacht wurde, erhielt sie vielfach das Angesicht idealisierter Stereotypien. Erst die Frühe Neuzeit hat verstärkter Dokumente hinterlassen, die den Blick auf die zeitgenössische Stadt richten. So ist z. B. aus dem Jahr 1531 die Köln-Schilderung des fahrenden Buchhändlers Johann Haselberg (nachweisbar 1515–1538) überliefert, die sich wie ein Spaziergang durch Köln im 16. Jahrhundert lesen läßt. Nachdem der flanierende Ich-Erzähler die mächtigen Befestigungsanlagen beschrieben hat, führt er den Leser durch die *Eren porth* (Ehrenpforte) in die Stadt. Woran er sich bei seinem Stadtrundgang orientiert, soll dem Lobe Kölns dienen. Dementsprechend schildert Haselberg Türme, Kirchen, städtische Einrichtungen wie das Rathaus, Korn- und Zeughaus, die Universität, den Dom und vieles mehr. Sein Köln-Lob wird von der zeitgenössischen Topographie, also von der Lesbarkeit der Stadt getragen.

»*An der mauren deth ich abe gon,*
Da fand ich ein schoennen fischmarckt ston,
Der was gespeist fur alle welt;
Ein ieder kauft da vmb sein gelt
[...]
Durch die lintgassen deth ich gon,
Den alten marckt sach ich da ston,
Da vand man lacken von mancher wath,
Athlass, schamloth, seyden vund samath,
[...]
Vber eyn weyten platz ging ich auss,
Da sach ich gar manches schoennes haus,
[...]
Ein schoenne fleisch hall ersach ich erst:
Der sint funf tzu Coellen, die man wol weist.
[...]
Vber den hewmarckt det ich auss gon,
Balt fand ich sant Mergen cloester ston.
Da träck ich gut wein der mier wol schmacht.
Ich ging fur bas bis auff den neun marcht;
Da was ein grosser weiter plon,
Vil lusth baum detent darauf ston.«[2]

Daß auch die Lesbarkeit der mittelalterlichen Stadt eine eigene, markante Sprache führt, ist vor allem in der Romantik viel beschworen worden. Zu den bekanntesten Belegen hierfür zählt die auch auf andere alte Städte übertragbare Nürnbergbeschreibung aus den »Herzensergießungen eines kunstliebenden Klosterbruders« (1796) von Wilhelm Heinrich Wackenroder:

2 Haselberg: Eyn lobspruch, V. 187–224.

»Nürnberg! du vormals weltberühmte Stadt! Wie gerne durchwanderte ich deine krummen Gassen; mit welcher kindlichen Liebe betrachtete ich deine altväterischen Häuser und Kirchen, denen die feste Spur von unsrer alten vaterländischen Kunst eingedrückt ist! Wie innig lieb' ich die Bildungen jener Zeit, die eine so derbe, kräftige und wahre Sprache führen!«[3]

Die Einleitung hat bereits dargelegt, daß sich die Stadtwahrnehmung im Mittelalter aber auch dann beschreiben läßt, wenn aus dieser Zeit keine entsprechenden Texte überliefert sind. Denn im Mittelalter wirft die Stadt quasi den Schatten ihrer Lesbarkeit auf ihren Namenschatz. Denn der Namenschatz des Mittelalters ist größtenteils ein Ortungsraum, indem bezeichnet wird, wo sich die Dinge in der Stadt befinden. So finden sich die großen Kirchen, Stifte, Klöster und Kapellen vielfach ebenso auf ›mentalen Straßenschildern‹ des Mittelalters wieder wie die Gräben und Wälle alter und neuer Befestigungsanlagen.

Daß die mittelalterlichen Straßennamen aus dem Wahrnehmen der Stadt abgeleitet wurden, zeigt sich vor allem an den vielfach verortenden Bezeichnungen, die konkret lokalisieren, wo die Straßen jeweils waren. Beispiele hierfür sind Namen wie *am Malzbuchel* (heute *Am Malzbüchel*), *Hinder der abdissen küch* (*Ursulastraße*), *bei Marsilijs steyne* (*Marsilstein*), *Hinder der alter mauren* (*Alte Mauer am Bach*), *upme Hunsruchgen* (*Auf dem Hunnenrücken*) oder *Hinder dem alten dhom* (südliches Teilstück der *Marzellenstraße*).

In der hochgradigen Verläßlichkeit der Namen spiegelt sich die Lesbarkeit der Stadt wider, die z. B. darüber informiert, wo man Fleischwaren unterschiedlichster Qualität erhält: Während in unmittelbarer Nähe des städtischen Fleischhauses die sog. Fleischmenger, also Kleinhändler von geringwertiger Ware in der *Veischeuwer-* oder *Vleischmengergasse* (heute *Fleischmengergasse*) sitzen, werden die Schlachtabfälle oder Innereien bei den Kotzmengern (von Kottfleisch) nordwestlich des Domes in der *Kotzgasse* (*Kostgasse*) feilgeboten. Straßen- und Platzbezeichnungen weisen darüber hinaus nicht nur auf den Handel mit Geflügel wie *Hoenergasse* (*Hühnergasse*) oder *Hoenermart* (zwischen *Alter Markt* und *Marsplatz*) und Fisch (*Vischmarckt*), sondern auch mit Grundnahrungsmitteln wie *Salzgasse* oder *Bottermart* (*Buttermarkt*) hin. Aber auch Lederwaren und Metallverarbeitung kommen im Namengut als *under Ledersnideren* (*Ostermannplatz*), *Onder goltsmiden* (*Unter Goldschmied*) oder *Kovergasse* (von ›Kupferschläger‹ in der heutigen *Krebsgasse*) vor.

Die Merkzeichen kollektiver Aufmerksamkeit beziehen sich aber nicht nur punktuell auf Standorte von Gewerben (*Smytgasse*) oder Auffälligkeiten der Straßenführung (*Am crommen buchell*), sondern auch auf die Gliederung des Stadtraumes in profane und heilige Bereiche – *uff dem Dreck / Voir all heilighen* –, Altes und Neues – *off dem alden graben / Die nuigaß* –, Fremdes und Vertrautes – *Die Straisburger*

[3] Wackenroder: Herzensergießungen, S. 90.

gaß/Oirmantsgaß –, Wüstes und Bebautes wie *Die wuiste gaß* und *Mariengardengasse* usw.

Die genannten Beispiele weisen die Lesbarkeit der mittelalterlichen Stadt als einen alltagsbezogenen Raum aus, der vor allem von Religion und Wirtschaft geprägt wird. Die Stadt ist in starkem Maße auf Bedarf und Nützlichkeit hin angelegt, in der Örtlichkeitsbezeichnungen und frühe Straßennamen hinweisende Zeichen des Sehens oder Spuren der topographischen Entwicklung sind.

Zwei Zentralbereiche moderner Straßennamen klammert die Verflechtung von mittelalterlichen Bezeichnungen mit topographischen Gegebenheiten systematisch aus: politische Symbolik und kulturelle Erinnerung. In Köln und in anderen deutschen Städten wird es bis nach der Französischen Revolution dauern, bis die Stadt als kollektiver Erinnerungsraum nicht nur mit Symbolen und Monumenten, sondern auch mit Straßennamen im Sinne von (Sprach-)Denkmälern gestaltet wird.

Straßennamen als (Sprach-)Denkmäler

Seit der Französischen Revolution von 1789 sind auch die Straßennamen von Paris oder Köln vor allem in den Fokus kollektiver Erinnerungsarbeit gerückt worden. Auf der Ebene der Bezeichnungen für Plätze, Straßen und Gassen geraten hier erstmals zwei Lektürekonzepte der Stadt aufeinander: das traditionsreiche Namengut des Mittelalters, das eher beiläufig bzw. ›unbewußt‹ den Zeichencharakter von Elementen der Alltagswelt realisierte, indem es sie als Straßennamen verwendete, und die (nach-)›revolutionäre‹ Bezeichnungspraxis, die den Stadtraum reflektiert und intendiert als Erinnerungsbuch auszustaffieren suchte. Dieser Übergang konturiert die Mittelalternamen besonders deutlich, weil sich die mentalitätsgeschichtliche Aussagekraft vormoderner Straßennamen im Unterschied zu neuzeitlichen Bezeichnungsweisen herauskristallisiert.

Die Pariser Straßennamen sollten nach 1789 als Zeichen der neuen Zeit und deren Verbesserungsoptimismus die Spuren des überwundenen Systems aus Kirche und Monarchie verdrängen.

> »Die Rue de Richelieu wurde zur Rue de la Loi, die Rue Sainte-Anne zur Rue Helvétius, der Quai des Théatins zum Quai Voltaire, Monmartre zum Mont Marat, Montmorency zum Bourg Emile. So prägt sich eine neue Hagiographie der Heroen und Heiligen der Aufklärung und Revolution der Stadt als ihr aufgegebene Erinnerung ein […].«[4]

[4] Stierle: Mythos, S. 41.

Dieser Namenpolitisierung geht im Zusammenhang mit der Lesbarkeit der Stadt die sprichwörtliche Lesbarkeit der Straßennamen voraus, denn »erst 1728 werden, nach Auskunft Merciers, in Paris die Namen von Straßen und Plätzen angeschrieben, so daß sie jetzt erst im einfachen Sinne lesbar sind.«[5] Die neuzeitliche Verschriftlichung des Namenguts ermöglichte einen elementaren Epochensprung: Erst die Schrift entband die Straßennamen von ihrer Verhaftung an Topographie und Namentradition. Ihre Funktionstauglichkeit als (Sprach-)Denkmal basiert auf diesem Wechsel mündlich tradierter Bezeichnungsgewohnheiten in einen verschriftlichten Namenbestand. So werden zwischen endendem 18. und frühem 19. Jahrhundert Straßennamen von *Zeichen* des Sehens und *Spuren* der historischen Topographie zu *Medien kulturellen Erinnerns.*

Die Frage nach adäquaten Erinnerungsinhalten – zumal politisch aufgeladenen – ist leicht einzusehender Weise hochgradig perspektiven- und zeitspezifisch. Selbst unter Zeitgenossen gilt meist als strittig, was im einzelnen in die geheiligten Bestände des kulturellen Gedächtnisses aufgenommen werden soll. Mit anderen Worten: Soziales Erinnern heißt immer auch öffentliches Ringen um elementare Bausteine des kollektiven Selbstverständisses.

Sinnfälliges Symptom für energiegeladene Identitätsstiftung ist der Kampf um neue oder neu zu benennende Straßen. Nachdem Straßenbezeichnungen zu leuchtstarken Symbolen ›neuer‹ Zeiten erhoben worden sind, arbeiten sich – je nach Machtverhältnissen – Gegenparteien und folgende Generationen an ihrer tatsächlichen oder vermeintlichen Brisanz ab. In unserer eigenen Erfahrung mit der ›Haltbarkeit‹ von Straßennamen erscheint das (Re-)Kanonisierungsproblem kulturellen Erinnerns geradezu als »Revisions-Syndrom«[6]. Da die Niedergänge von Kaiserreich, Weimarer Republik, Nationalsozialismus und der ehemaligen DDR noch im Horizont unseres kommunikativen Gedächtnisses sind, ließen sich zahllose Beispiele dafür anführen, daß »revolutionäre und konterrevolutionäre Regierungen [...] den Bruch mit der Vergangenheit in der Umbenennung von Straßennamen«[7] symbolisieren.

Im Rückblick überrascht deshalb kaum, daß auch die ›neuen‹ Pariser Straßennamen des revolutionären Frankreich bereits mit der Restauration teilweise wieder durch altes Namengut ersetzt worden sind. In Köln ruhten die Straßennamen am Ende des 18. Jahrhunderts noch im traditionellen Namengebrauch, dem es an Verschriftlichung ebenso wie an einer durchgreifenden Systematik gebrach. Nach dem Einzug französischer Revolutionstruppen (1794) wurden aber nicht nur anstelle der alten Kölner Stadtverfassung französische Munizipalverwaltung und Gemeindeverfassung eingeführt (1796), die Kölner Universität aufgehoben (1798), Kirchenbesitz beschlagnahmt und Standesämter nach französischem Vorbild eingeführt. Auch der

5 Stierle: Mythos, S. 41.
6 Burke: Geschichte, S. 300.
7 Ebd.

aus dem Mittelalter überkommene Namenschatz sollte den Verwaltungsanforderungen der französischen Besetzung angepaßt werden. Denn dieser widerstrebte *per se* dem Zugriff fremder – zumal fremdsprachlicher – Machthaber. Die alten Namen waren – unverschriftlicht in den Straßen und zum Teil schwer verständlich – vielfach weniger zuverlässige Straßenidentifizierungen als vielmehr sperrige Zeugen lokaler Sprachgeschichte. Erst zwei Jahre vor dem Ende der Franzosenherrschaft (1812) wurden auch die Kölner Straßennamen an Hausfassaden geschrieben. Da das Deutsche lediglich noch als »Erklärungssprache geduldet wurde«[8], mußten die Straßennamen 1812 übersetzt werden.

Hiermit beauftragt war der letzte reichsstädtische Universitätsrektor Ferdinand Franz Wallraf (1748–1824), der »sich mit wahrem Feuereifer«[9] an diese Aufgabe machte. Zunächst war nur »die Schaffung einer aus dem Deutschen übersetzten amtlichen französischen Nomenklatur«[10] vorgesehen. In seinem Übersetzungs- und Bearbeitungsauftrag sah Wallraf aber offenbar eine sich in der Geschichte der Stadt kaum wieder bietende Chance, das Namengut dauerhaft zu verändern. Hierbei ließ er sich von aufklärerischen Impulsen leiten, die den Stadtraum über seine Straßennamen als öffentliches Geschichtsbuch zu gestalten suchten.

In diesem sollte »für den Ausländer eben so gut als für uns gründlich-faßlich unterrichtend« von der antiken Bedeutung der Stadt, der »Verbindung unseres Köln mit der höheren allgemeinen Weltgeschichte«[11] und der historischen Verbundenheit mit den neuen Machthabern zu lesen sein. Schließlich sei es in anderen Städten bereits üblich, beispielsweise »auf die Geburt oder den Aufenthalt erhabener Männer [...] in den Benennungen ihrer Plätze und Straßen«[12] aufmerksam zu machen. Hierbei wird Wallrafs Mittelalterbild vor allem an seinen rhetorischen Einlassungen deutlich:

> »Was hätte aber unser mittleres Zeitalter außer der Theilnahme an der hiesigen Zusammenkunft und Musterung der Kreuzfahrer [...], dann außer dem Hansebunde, dem Aufenthalte seiner großen Männer und übrigens außer den Kriegen von innen und außen, [...] und endlich außer der Religions- und Kunstgeschichte zur Benennung unserer Straßen noch aufzuwenden, so des Andenkens für die Nachwelt würdig wäre?«[13]

---

8 Kramer: Straßennamen, S. 33. Durch die Untersuchungen von Johannes Kramer sind für die Kulturgeschichte der Kölner Straßennamen vor allem wertvolle Dokumente, wie Straßenlisten alter deutscher, neuer französischer und neuer deutscher Namen sowie Wallrafs *Bemerkungen* über seine (Um-)Benennungsmotive zugänglich gemacht worden. Eine kultursemiotische Analyse dieses Materials steht allerdings noch aus.

9 Kramer: Straßennamen, S. 34.

10 Kramer: Straßennamen, S. 33.

11 Wallraf: Bemerkungen, zitiert nach Kramer: Straßennamen, S. 125.

12 Wallraf: Bemerkungen, zitiert nach Kramer: Straßennamen, S. 127.

13 Wallraf: Bemerkungen, zitiert nach Kramer: Straßennamen, S. 129f.

Abb. 3: F. F. Wallraf 1824, Gemälde von E. Mengelberg

Straßennamen sollten über ihre Adressenfunktion hinaus Denkmalcharakter erhalten. Wallraf – hierin ganz Aufklärer – schwebte ein klassisch-antikes Denkmalkonzept vor. Für die lokalspezifische Sprachgeschichte hatte er offenbar wenig Sinn. Die Neugestaltung des Namenbestandes »werde« – so Wallraf –

> »ein neuer Reitz für die Aufmerksamkeit unseres in seiner Kultur und besonders in der Wissenschaft seiner Urgeschichte zu lange zurückgebliebenen Volkes; sie werde eine Art von öffentlicher Unterrichtsanstalt für unsere vielleicht sich dereinst noch ganz darin versäumende Nachwelt«[14].

In seinen *Bemerkungen* über *Motive und Gründe* [...] *zur Berichtigung und Übersetzung der Straßennamen*[15] finden sich ebenso despektierliche wie polemische Cha-

[14] Wallraf: Bemerkungen, zitiert nach Kramer: Straßennamen, S. 125.
[15] Wallrafs Stellungnahme findet sich bei Kramer: Straßennamen, S. 125–133.

rakterisierungen der mittelalterlichen Bezeichnungsgewohnheiten. Während sie als Rechtfertigungen für Namenveränderungen und Umbenennungen dienen sollten, sensibilisieren sie heute für die mentalitätsgeschichtliche Aussagekraft der mittelalterlichen Straßenbezeichnungen. Die einleitende Ausgangsfrage nach dem Klang von Straßennamen des Mittelalters ›beantwortet‹ Wallraf wie folgt:

> »Nachdem von unsern frühern kristlichen Vorfahren aus religiösem Hasse gegen jede noch übrige Spuren des Heidenthums alle auf das römische Alterthum sich beziehende Namen vertilgt oder nur mit etwas gleichlautenden Bezeichnungen verhunzt worden sind, so kleben an den mehrsten unserer bisherigen Straßen und Gassen wirlich nur pöbelhafte, seichte, unsichere, ihrer Herleitung nach oft so unbedeutende, größtentheils in den Zeiten der crassesten Ignoranz entstandene und nur durch Gleichgültigkeit und Gewohnheit angenommene, sklavisch fortgesetzte und schon ins Pöbelhafte gefallene Benennungen, oft gar die lächerlichsten und geschmacklosesten Sobriquets, [...] deren einiger wir uns vor allen fremden Ohren schämen müssen.«[16]

Tatsächlich haben sich in Köln keine Straßennamen aus römischer Zeit erhalten. Die Lektüre des *Lexikons der mittelalterlichen Straßennamen* wird Aufschluß darüber geben, daß der Verlust antiker Bezeichnungen aber weniger durch religiösen Eifer des Mittelalters zu erklären ist. Zwar werden die Reste der römischen Stadtmauer – und Straßen in ihrer Nähe – als *contigua antiquo muro sarracenio* (heute *Im Laach*) – also nicht nahe der *Römer*-, sondern nahe der alten *Heiden*mauer bezeichnet. Die Löschung der antiken Namenschicht im Gedächtnis der Stadt wird aber vor allem aus der Engführung von Sehen und Bezeichnen resultieren, die sich im Mittelalter an alltagsrelevanten und eben nicht an erinnerungswürdigen Merkzeichen im Stadttext orientierte.

Spezifisch für die mittelalterlichen Bezeichnungen ist auch, daß sie nicht nur von der Gewohnheit der Alltagskommunikation über Jahrhunderte tradiert wurden, sondern im unverschriftlichten Überlieferungsgang auch vielfach Veränderungen erfuhren. Die dokumentierten Nennungsserien der Straßennamen zeigen, daß sich die Namen im sprachgeschichtlichen Erbgang vor allem in zwei Richtungen hin wandeln konnten:

1. Die Bezeichnungstradition hält mitunter auch Namen fest, deren Bedeutung selbst von den zeitgenössischen Namenbenutzern gar nicht mehr verstanden worden ist. So erhalten sich etwa Formen des hochmittelalterlichen *Cricmar* (heute *Griechenmarkt*), das nach Jakobs ursprünglich »soviel wie ›Tümpelmaar‹«[17] bedeutet, so daß für die gleichnamige Pforte auf dem Mercator-Plan *Kreig pforts* zu lesen ist.

---

[16] Wallraf: Bemerkungen, zitiert nach Kramer: Straßennamen, S. 127f.

[17] Jakobs: Namenkundliches, S. 1436.

2. Unverständliche Bezeichnungen, deren Motivationen nicht mehr im Straßenraum sichtbar gewesen sind, wurden – oft durch nur minimale Umlautungen – auf noch existierende Bauten, Anwohner, Hausnamen oder -zeichen bezogen. Hierfür ist die heutige *Sternengasse* ein Beispiel. Während sich hinter den frühesten Belegen wie *Sterringazzen* (1246) das mhd. *ster(e)*, *sterre* für ›Widder‹ als Hinweis auf Schafzucht verbirgt, wurde sie zwischen dem 13. und 16. Jahrhundert für eine ›Stern(en)gasse‹ gehalten. Sowohl die Schreinschreiber, die *platea Stellarum* (von mlat. *stella* = ›Stern‹) notierten, als auch noch Hermann Weinsberg bezeugen die quasi aktualisierte Rückkopplung des Straßennamens an die Wahrnehmung topographischer Gegebenheiten. Weinsberg erklärt den Straßennamen beiläufig, während er von einem »*haus zum Sternen in der Sternegassen, da die gass den namen vom haus hat*«[18], spricht.

Im Zusammenhang mit seiner historisierenden und ästhetisierenden Stadtsemiotik nimmt Wallraf vor allem an ›Pöbelhaftem‹, also vermeintlichen Peinlichkeiten und Kuriosa der plastischen Sprache der alten Namen Anstoß. Hierbei hatte er Namen im Auge wie *Diepengasse*, *Pißgasse* oder *Schmierstraße*, deren Übertragungen ins Französische überdeutlich die Richtung der Neuerungen anzeigen:

Diepengasse	*Rue Thiebault*
Pißgasse	*Passage de la Bourse*
Schmierstraße	*Rue de la Comédie.*

Eine Zeit aber, die die Bezeichnungen dem Anschauen der Dinge entlehnte, legte andere Wertmaßstäbe ihrem Namengut zugrunde. Was im mittelalterlichen Stadtraum erschien, war nicht schön oder peinlich, sondern heilig oder nützlich, vergleichbar oder charakteristisch. Das zeigt sich inbesondere bei solchen Straßen, die zeitgleich mit verschiedenen Bezeichnungen belegt worden sind. So erscheint beispielsweise die heutige *Wolfsstraße* im Spätmittelalter ebenso als *Woylfsgassen* wie als *up dem Dreck*, der heutige *Marienplatz* als ›auf dem Mist‹ (*super Mistam*) und als *hinter S. Marien*.

Zudem erweist sich oftmals Beleidigendes für die delikaten Aufklärerohren anhand der Überlieferungsketten als völlig harmlos. So erscheint nämlich die vermeintliche ›Diebesgasse‹ im 13. Jahrhundert als *Profunda platea* bzw. *Dijfegazzin*, also als Flurname im Sinne von ›Tiefe Straße‹; der verkürzten Bezeichnung *Pißgasse* geht auf dem Mercator-Plan die *Pisconte gaß* voraus und die *Schmierstraße* verdankt ihren Namen dortigen Fetthändlern (*arvinatores*) und deren Beinamen *Smir* oder *Smirre*.

Zwei weitere Punkte, die Wallraf an der Bezeichnungspraxis seiner Vorzeit moniert, markieren den Ausgangspunkt dafür, daß mittelalterliche Straßennamen auch tatsächlich etwas über die zeitgenössische Stadtwahrnehmung verraten: Anstelle einer

---

18 Buch Weinsberg, Bd. 4, S. 122.

steuernden »Volksobrigkeit« – so Wallraf – entstammten sie einer »Volkswillkür«, deren Arglosigkeit dazu geführt habe, daß die »Gassen und Plätze in verschiedenen Perioden [...] durch daran erbauete Kirchen, Kapellchen, Schulen, Wirthshäuser und durch andere Zufälligkeiten etc. schon zwey- dreymal verändert worden sind«[19].

Mit anderen Worten: In den Straßennamen des Mittelalters spiegelt sich nicht nur die Wahrnehmung einzelner Dinge der Stadt wider. Vor allem bei wechselnden Bezeichnungen wird in den Namengeschichten auch die Geschichtlichkeit des Wahrnehmens selbst erkennbar. Denn die Bezugspunkte der Straßennamen im Stadtraum verändern sich im Laufe der Zeit. Auf dieser Ausgangsthese gründet die *Lesbarkeit der Stadt. Kulturgeschichte der mittelalterlichen Straßennamen Kölns.* Sie versucht den Ansatz fruchtbar zu machen, daß sich im Zusammenwirken von Sehen und Bezeichnen zwischen Mittelalter und Früher Neuzeit diverse Wahrnehmungsschwerpunkte beobachten lassen, die das jeweilige Selbstverständnis der Stadt unterstreichen.

Abstrahiert von ihrer gemeinsamen Identifikations- und Bezeichnungsfunktion können also zwischen mittelalterlichen und modernen Straßennamen kulturgeschichtliche Unterschiede festgehalten werden. Der Namenschatz des Mittelalters entspricht keinem kulturellen Gedächtnis im Sinne Wallrafs, sondern bis weit in die Frühe Neuzeit hinein einer Projektionsfläche der Mentalitätsgeschichte des Sehens. Wo der Namenschatz Veränderungen der Straßen überdauert, gerät er zu einem kollektiven *Gedächtnis der Dinge*, das Stadt und Stadtgemeinde gleichermaßen thematisiert. Was Jan Assmann für Gebrauchsgegenstände wie über Straßen und Städte festgehalten hat, kann auch für vormoderne Straßennamen geltend gemacht werden, denn

> »der Mensch [ist] seit alters her von Dingen umgeben, in die er seine Vorstellungen von Zweckmäßigkeit, Bequemlichkeit und Schönheit, und damit in gewisser Weise sich selbst investiert. Daher spiegeln die Dinge ihm ein Bild seiner selbst wider, erinnern ihn an sich, seine Vergangenheit, seine Vorfahren usw.«[20]

Nachdem sich mittelalterliche Straßenbezeichnungen im Kontrast zur Denkmalstauglichkeit ihrer modernen Nachfahren als Projektionsfläche einer Mentalitätsgeschiche des Sehens herauskristallisiert haben, kann nun der Modellfall des Kölner Namenschatzes betrachtet werden.

---

19 Wallraf: Bemerkungen, zitiert nach Kramer: Straßennamen, S. 130.

20 Assmann: Gedächtnis, S. 20.

2. Sehen und Bezeichnen

Das vorliegende Lexikon dokumentiert den Kölner Namenschatz zwischen dem frühen 12. Jahrhundert und dem Stichjahr 1571. Anfang und Endpunkt dieses Dokumentationszeitraumes sind durch die ihm eingeschriebene Mentalitätsgeschichte und die Namenüberlieferung motiviert, die mit dem Kölner Schreinswesen im 12. Jahrhundert einsetzt und mit dem ersten Stadtplan, dem Mercator-Plan von 1571, eine entscheidende Epochenmarke besitzt. In die Quellen, die für die *Lesbarkeit der Stadt* ausgewertet worden sind, wird in der gleichnamigen *Kulturgeschichte* ausführlich eingeführt, so daß sich hier auf die Nennung der Hauptwerke beschränkt werden kann.

Quellen mittelalterlich-frühneuzeitlicher Namenüberlieferung

Wie kaum eine andere europäische Stadt verfügt die Kölner Namengeschichte über einen unschätzbaren Quellenreichtum: Köln kann als Geburtsstadt des Grundbuchwesens gelten, denn dort wurden »Liegenschaftsübertragungen und alle Rechtsgeschäfte, die mit Liegenschaften zu tun hatten«[21], bereits zwischen ca. 1130 und 1789 in den sog. Schreinsurkunden und -büchern aufgezeichnet. Dieses »topographische Gedächtnis«[22] aus insgesamt 86 Schreinskarten und 514 Schreinsbüchern ist eine schier unausschöpfbare Quelle für die Erforschung historischer Straßennamen. Da dort allein bis um das Jahr 1400 annähernd 150.000 Einträge gemacht wurden, mußte das Ausgangsmaterial des Straßennamenlexikons beschränkt werden.[23]

Zu den wichtigsten Quellen der Kölner Namengeschichte des 16. Jahrhunderts zählen die Erinnerungsbücher des Ratsherren Hermann (von) Weinsberg. Weinsberg wurde am 1. Januar 1518 in Köln geboren und ist dort 1597 gestorben. Sein Universitätsstudim schloß Weinsberg 1543 als Lizentiat der Rechte ab und bestritt seinen Lebensunterhalt

> »mit Renten, kleineren juristischen Prozessen und anfangs auch mit einem bescheidenen Weinhandel. Zweimal heiratete er vermögende ältere Frauen. Beide Ehen blieben kinderlos. Finanziell unabhängig, blieb ihm genügend Zeit zum Schreiben«[24].

---

21 Militzer: Gedächtnis, S. 165.

22 Ebd.

23 Für das Lexikon wurden folgende Editionen des Kölner Schreinswesens ausgewertet: Robert Hoeniger (Hg.): Die Kölner Schreinsurkunden des 12. Jahrhunderts. Quellen zur Rechts- und Wirtschaftsgeschichte der Stadt Köln, 2 Bde., Bonn 1884–94; Hermann Keussen: Die Topographie der Stadt Köln im Mittelalter, 2 Bde., Bonn 1910; Adolf Kober (Hg.): Grundbuch des Kölner Judenviertels 1135–1425, Bonn 1920.

24 Herborn: Vaterhaus, S. 152.

Abb. 4: Weinsbergs Gedenkbuch, Titelblatt mit Selbstdarstellung

In den Ausführungen Herborns über Weinsbergs Biographie deutet sich bereits der Umfang des »Gedenkbuchs der Jahren« an: Vier umfangreiche Bände mit zumeist autobiographischem Material, die Weinsberg seit 1561 verfaßte und von diesem Jahre an »in tagebuchartiger Form bis wenige Wochen vor seinem Tod im Februar/März 1597«[25] fortsetzte. Da der erste Teil seiner Aufzeichnungen bis 1517 (Hochzeitsjahr seiner Eltern) zurückreicht, umfaßt es »das Panorama fast eines ganzen Jahrhunderts, das Zeitalter der Reformation und der beginnenden katholischen Reform«[26].

Weinsberg selbst hat die Bände seines Erinnerungswerks wie folgt überschrieben:

1. *liber iuventutis* (Buch der Jugend)
2. *liber senectutis* (Buch des Greisenalters)
3. *liber decrepitudinis* (Buch des höchsten Alters)
4. *Clackboich* (Schmutzbuch).[27]

Für die Namengeschichte Kölns im Übergang von Spätmittelalter und Früher Neuzeit ist vor allem Weinsbergs Interesse an der Geschichte seiner Stadt, ihren Gebäuden und deren Bewohnern, ihren Straßen und deren Bezeichnungen bedeutsam. Denn er habe – so Weinsberg selbst – »*mit sonderlichem fleis des loblichen kirspels s. Jacob in Coln gedenken moissen, dieweil das haus Weinsberch darin licht*«. Ferner habe er die »*hoichlobliche reichzstat Coln, min geleibtes fatterlant, und was darin vernoimtes in meinen zeiten beschehen* [...] *nit ubersclain kunnen*« und der »*gebeu in Coln an graben, kranen, heusern, tornen, platzen* [...] *hab ich nit stilswigend verbeigangen*«[28].

Der Quellenwert von Weinsbergs Erinnerungen beschränkt sich hierbei jedoch nicht auf die topographische Verortung seines Erzählguts durch die zahllose Nennung von Straßennamen. Vielfach gibt Weinsberg sogar zeitgenössische Deutungen von Straßennamen und seine eigenen Etymologien wieder. Somit kreuzen sich in den Erinnerungen Weinsbergs Stadt(er)leben und Namen(-geschichte) in der Frühen Neuzeit, so daß sich auch für das 16. Jahrhundert der Zusammenhang von Sehen und Bezeichnen als Motivation der Straßennamen bestätigt.[29]

---

25 Herborn: Vaterhaus, S. 152.

26 Ebd.

27 »(1) *liber iuventutis* (Buch der Jugend; im HAStK als Chron. u. Darst. [= C+D] 49 mit 755 beschriebenen Blatt, (2) *liber senectutis, Gedenkbuch des Alterums letzten Alters* (C+D, 697 Bl.), (3) *liber decrepitudinis, Gedenkbuch des hohen und letzten Alters* (C+D 51, 592 Bl.), (4) *Clackboich* (Schmutzbuch; C+D 52, 555 Bl.).« Herborn: Vaterhaus, S. 159.

28 Buch Weinsberg, Bd. 1, S. 7 f.

29 Die zahlreichen Namenbelege und etymologischen Kommentierungen Weinsbergs wurden der Edition seines Werks durch die Gesellschaft für rheinische Geschichtskunde entnommen: Das Buch Weinsberg. Kölner Denkwürdigkeiten aus dem 16. Jahrhundert, Bd. 1. u. 2. bearbeitet von Konstantin Höhlbaum (PublGesRhGkd 3, 4), Leipzig 1886/87; Bd. 3 u. 4 bearbeitet von Friedrich Lau (PublGesRhGkd 16), Bonn 1897/98; Bd. 5, Kulturhistorische Ergänzungen, bearbeitet von Josef Stein, Bonn 1926.

Der erste Stadtplan Kölns

Dem modernen Besucher fremder Städte ist die Zuhilfenahme von Stadtplänen eine selbstverständliche Kulturtechnik. Sie ermöglicht rasches Orientieren, indem sie das nötige Minimum an Informationen über die reale Topographie in ein leicht überschaubares Zeichensystem überführt. Die vogelperspektivische Darstellung des Stadtganzen macht den Blick frei für Stadtanlage und Straßennetz. Die Wege zu anvisierten Zielpunkten erschließen sich problemlos über Straßenregister und Gitterlinien.

Derartige Stadtpläne sind dem Mittelalter wesensfremd, da es auch an technischen Möglichkeiten zu realtopographischen Darstellungen der Stadt fehlte. Bis in das 16. Jahrhundert hinein sind die Ansichten der Städte in Tafelmalerei, Holzschnitten und Kupferstichen vielfach geprägt von Denkbildern religiös verbrämter Idealstädte. Diese orientierten sich oft mehr an der Idealstadt eines himmlischen Jerusalems als an städtebaulichen Gegebenheiten. Die Stadt galt als Symbol sowohl für die jeweilige Stadtgemeinde als auch für Stätten christlichen Heils, die sich durch imposante Stadtmauern scharf von der nur bedingt beherrschbaren Natur vor der Stadt abhoben.

Interessanterweise ist es wiederum die religiöse Thematik, die im 15. Jahrhundert die Stadt im Bild zunehmend individualisiert. In der Tafelmalerei, die vor allem das Martyrium der Heiligen in Szene setzt, dienen zunehmend ›realere‹ Stadtansichten der Identifizierung bestimmter Städte mit ›ihren‹ Heiligen. Der Zweck dieser Individualisierung ist eindeutig: So sollten z. B. Bamberg und Rothenburg mit dem hl. Jacobus, Dortmund mit dem hl. Reinoldus, Würzburg mit dem hl. Kilian und Köln mit den Heiligen Ursula und Gereon ›identifiziert‹ werden.[30]

Dem fortschreitenden Übergang von typisierenden zu topographisch ›wahrscheinlichen‹ Darstellungsweisen der Stadt gehen das veränderte Selbstverständnis der Städte und die Entwicklung der Abbildungstechniken voraus: von perspektivischen Veduten mit Blick auf die Stadt von einem realen, erhöhten Aussichtspunkt aus, Profil- und Vogelschauansichten sowie von planimetrischen, also wissenschaftlich-kartographischen Plänen.

> »Die Ausarbeitung von ›Städteportraits‹ beginnt Mitte des 15. Jahrhunderts. Ihr Zentrum ist Florenz, wo die revolutionäre Erfindung der Zentralperspektive es ermöglicht, ›wahrscheinliche‹ Wiedergaben zu schaffen: topographisch zuverlässige Städtedarstellungen, Resultate einer glücklichen Synthese von Kunst und Wissenschaft. Die Gattung setzt sich im Laufe zweier Jahrhunderte langsam, doch schließlich außerordentlich erfolgreich durch. Die Technik entwickelt sich vom 14. bis zum 18. Jahrhundert zur eigenständigen Disziplin ›Topographie‹.«[31]

---

30 Vgl. Johanek: Mauer, S. 38.
31 Seta, de: Städteikonographie, S. 11.

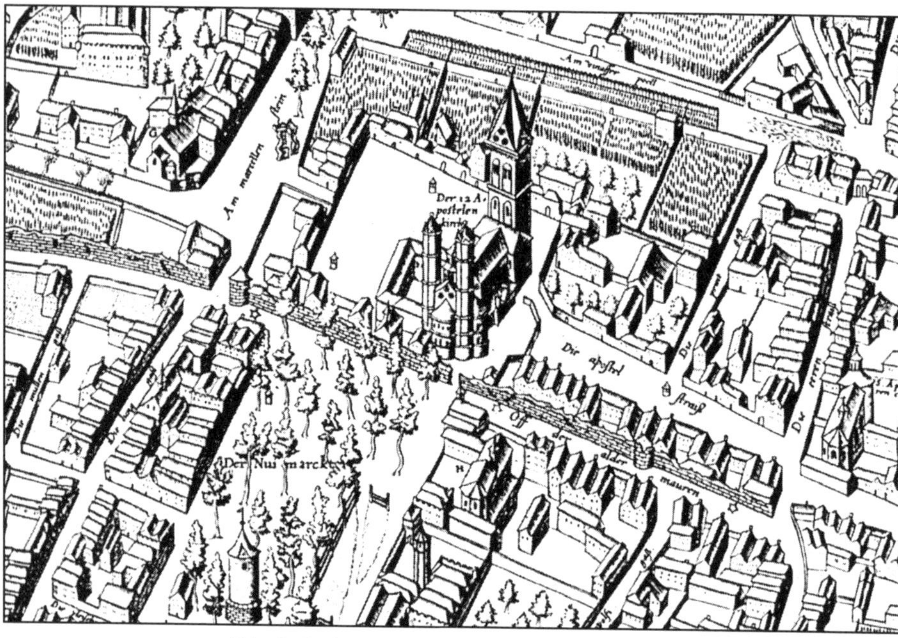

Abb. 5: St. Aposteln auf dem Mercator-Plan, 1571

Für das Kölner ›Stadt-Bild‹ wird der Übergang des heiligenbeschirmten Stadtprospekts zur Vogelschauansicht von den berühmten Stadtansichten des Anton Woensam von Worms (1531) und des Kartographen Arnold Mercator (1570/71) markiert. Wie Venedig (1500 nach Jacopo de' Barbaris), Augsburg (1521 nach Jörg Seld), Dresden (1521 anonym), Aachen (1566 anonym) oder Ulm (um 1597 nach Philipp Renlin) wurde auch Köln im 16. Jahrhundert Gegenstand einer ersten wissenschaftlich-kartographischen Darstellung in Form eines vogelperspektivischen Stadtplanes.

Die Bedeutung des Mercator-Plans ist nach Zehnders Charakterisierung – insbesondere für die Namenforschung – schwerlich zu überschätzen: »Sein Plan von 1570 ist ein einzigartiges Dokument für die Topographie und Stadtgestalt Kölns nach dem Ausgang des Mittelalters und steht gleichrangig unter den besten Stadtplänen seiner Zeit.«[32] Durch die Kombination von Aufriß und Grundriß stellt der Mercator-Plan zwar nicht die erste Vogelschauansicht seiner Art, aber den ersten Stadtplan Kölns dar. Hierbei kommt dem Genre gemäß nicht die traditionelle Schauseite der Metropole, sondern deren gesamte Flächenausdehnung zur Ansicht. In unvergleichlich stärkerem Maße als bereits schon bei Woensam wandelt sich bei Mercator die ›Stadtfassade‹ zum ›Stadtraum‹.

32 Zehnder: Ansicht, S. 130.

Stadtpläne sind immer Reduktionen der komplexen Topographie auf ein Zeichensystem, das einen signifikanten Realitätsausschnitt auf dem Plan vertritt. Was hat Mercator auf seiner Vogelschauansicht dargestellt? Am Ufer der Rheinvorstadt markieren zahllose Schiffe das dortige Handelszentrum aus engbebauten Gassen und Märkten wie *Der Aldemarckt*, *Der Hewmarckt*, *Vischmarckt* oder *Bottermarckt*. Mit Torburgen, Wall und Graben schlägt die mächtige Stadtmauer einen trutzigen Halbkreis um das Stadtganze. Innerhalb des Mauerrings sind Kirchen wie St. Severin, St. Pantaleon, St. Mauritius, St. Aposteln oder St. Kunibert noch von großzügigen land- und gartenbaulichen Nutzflächen umgeben. Hierzu steht die enge Bebauung innerhalb des römischen Stadtkerns und der Rheinvorstadt in deutlichem Kontrast. Das zunächst kaum übersehbare Labyrinth dortiger Straßen und Gassen wird von den Kirchen, dem unvollendeten Dom und dem Rathausturm überragt. Neben diesen markanten Orientierungspunkten illustrieren schließlich zahllose Details wie ein Pferdefuhrwerk vor dem Severinstor, die Rheinmühlen und Schiffskräne die Stadtwirtschaft. Der Mercator-Plan ist gleich aus mehreren Gründen die wichtigste Quelle zur Erforschung der historischen Straßennamen Kölns:

- Durch die Perspektive seiner Darstellung wird die Stadtentwicklung nachvollziehbar.
- Die Präzision, mit der Mercator die zeitgenössische Topographie ins Bild gesetzt hat, läßt die Straßen identifizierbar werden, so daß sie sich mit den heutigen Verhältnissen vergleichen lassen.
- Schließlich hat Mercator Straßen, Gassen und Plätze nicht nur genau dargestellt, sondern auch ihre Bezeichnungen auf seinem Plan eingetragen. Dieser enthält somit ein – wenn auch unvollständiges – Namenkorpus von 196 Örtlichkeitsangaben.

Im Stadtkern verweist die noch weitgehend schachbrettartig zum Rhein verlaufende Straßenführung und die Nord-Süd-Achse zwischen Eigelsteintor und Severinstor auf »die römische, fast quadratische Stadtanlage«[33]. An manchen Straßenzügen, Torburgen und ihren Bezeichnungen lassen sich auch die jeweiligen Grenzen der drei großen Stadterweiterungen des Mittelalters ›ablesen‹:

1. Die um 950 einbezogene Rheinvorstadt zwischen den Straßen *Im viltzen graben* (heute *Filzengraben*) im Süden und *Die dranck gaß* (*Trankgasse*) im Norden.
2. Die 1106 erfolgte Ausweitung der Stadtbefestigungen auf die ›Vorstädte‹ Oversburg im Süden, St. Aposteln im Westen und Niederich im Norden markieren bei Mercator die Straßen *Off S. Catreinen graben* (*Katharinengraben*), *Off dem piele graben* (*Perlengraben*), *Hinder der alter mauren* (*Alte Mauer am Bach*), *Am vinaffer poell* (*Benesisstraße*), *Off der borch mauren* (*Burgmauer*),

33 Zehnder: Ansicht, S. 130.

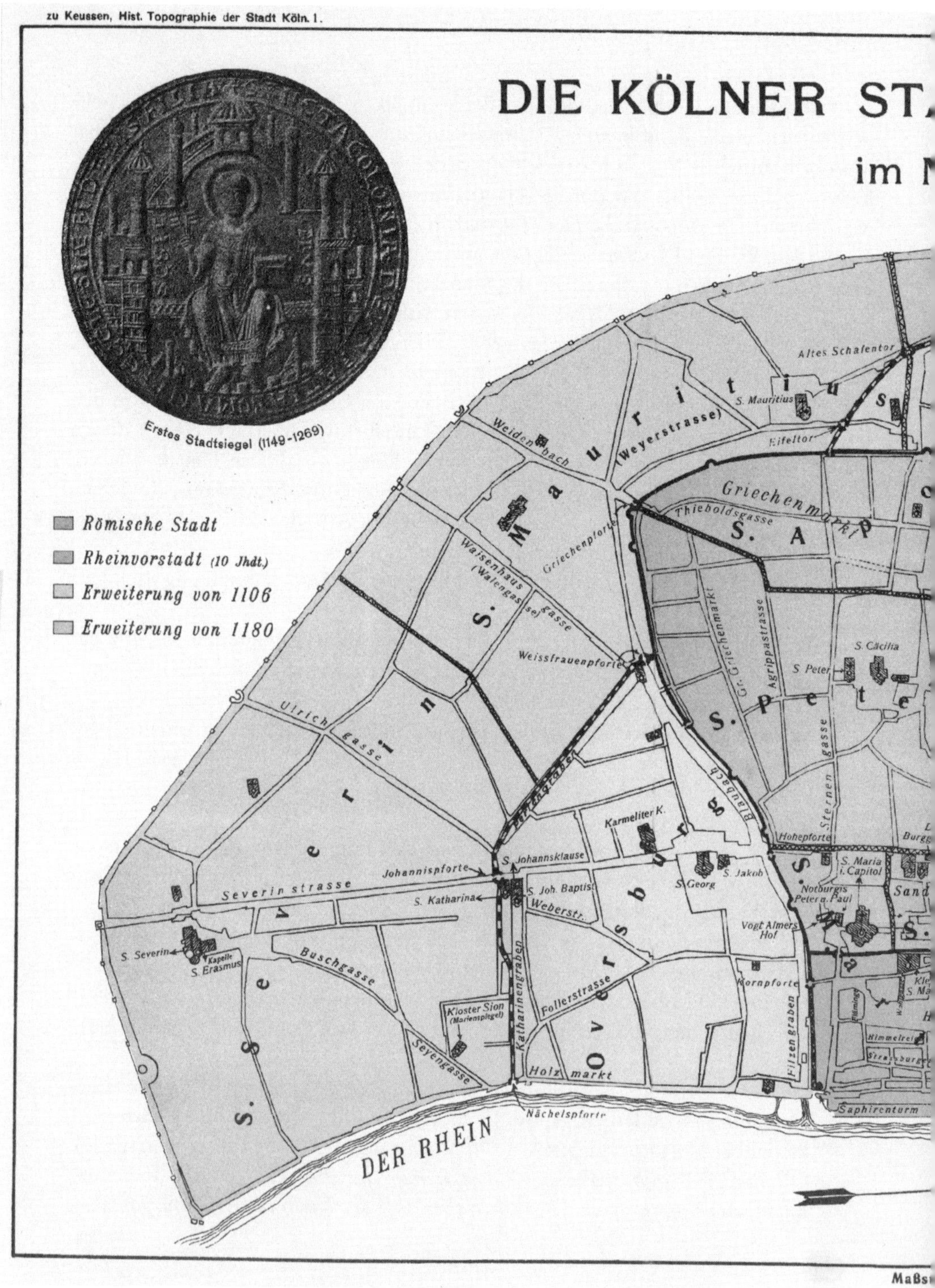

Abb. 6: Die Kölner Stadterweiterungen und Schreinsbezirke im Mittelalter nach H. Keussen

RWEITERUNGEN

lter.

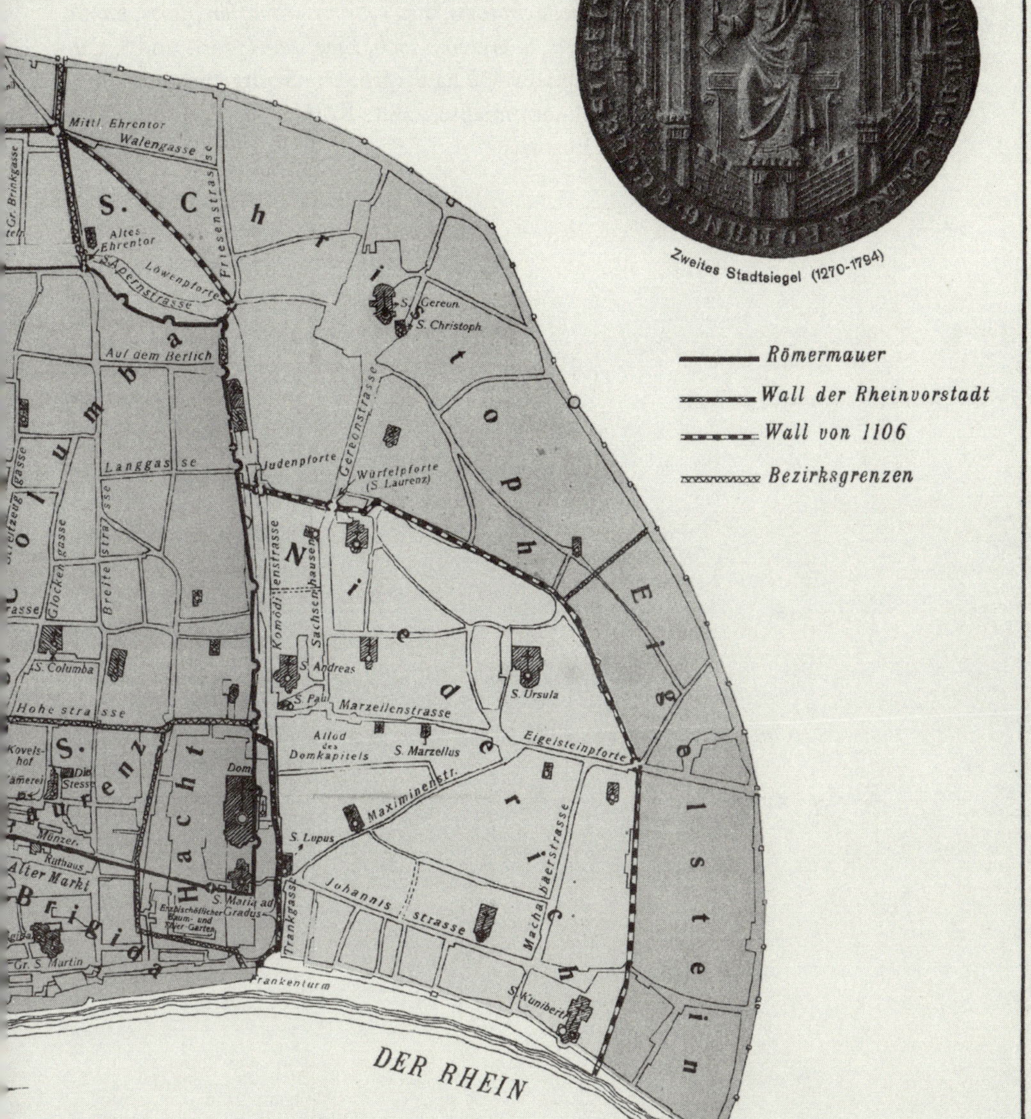

Entworfen von Hermann Keussen.

Auff dem katzenbauch (*Kattenbug*), *Off dem alden graben* (*Kardinal-Frings-Straße/Eintrachtstraße*) und *Hinder cranen baumen* (*Unter Krahnenbäumen*).

3. Seit dem Jahre 1180 wurde mit dem Bau der großen Stadtmauer begonnen, die einen annähernd 8 km langen Halbkreis zog zwischen *Beyen thorn*, *S. Severeins pforts*, *S. Panthleons pforts*, *bachpforts*, *weier pforts*, *schaeffen pforts*, *hanen pforts*, *eeren pforts*, *vriesen pforts*, *S. Gereons loch*, *Eigelsteins pforts* und *S. Cunibertus thorn*. Da das auf nunmehr 400 ha vergrößerte Stadtgebiet rund 8000 Häuser und ca. 40.000 Einwohner umfaßte, zählte Köln neben Paris und London zu den größten Städten Europas.[34]

[34] Vgl. Zehnder: Ansicht, S. 130.

3. Zeichen des Sehens

»Das nie Geschriebene lesen.«
Hugo von Hofmannsthal

In diesem letzten Abschnitt der Lexikoneinführung werden die Methoden und Analyseergebnisse der *Kulturgeschichte der mittelalterlichen Straßennamen Kölns* skizziert. Da diese in dem weiteren Band zur *Lesbarkeit der Stadt* ausführlich dargelegt werden, kann sich hier auf jene Kernpunkte beschränkt werden, die den Aufbau und den Informationsgehalt des Lexikons erläutern. Hierbei wird in drei Schritten vorgegangen. Zunächst wird der Stadtplan Mercators daraufhin betrachtet, inwieweit sich selbst im 16. Jahrhundert noch die Namenmotivationen als Wahrnehmungsobjekte im Stadtraum finden lassen. Hieran anschließend wird die Methodik vorgestellt, die die Mentalitätsgeschichte der Stadtwahrnehmung rekonstruiert, bevor schließlich zentrale Untersuchungsergebnisse der *Kulturgeschichte* dargelegt werden können.

Die Lesbarkeit der Stadt im 16. Jahrhundert

Da diesem Band der Stadtplan Mercators nicht nur in Tafelausschnitten, sondern auch in Gänze beigefügt worden ist, lassen sich die einführenden Bemerkungen über mittelalterliche Straßennamen als Zeichen der Stadtwahrnehmung unmittelbar – quasi mit dem Zeigefinger im 16. Jahrhundert – nachvollziehen. Während des folgenden ›Rundgangs‹ durch die frühneuzeitliche Stadt zeigt sich, was für Wallraf und seine Zeitgenossen in viel geringerem Maße ein*sehbar* gewesen ist: Das Band zwischen realer Topographie und den Bezeichnungen mag in einigen Fällen bereits gelockert – also nicht mehr unmittelbar optisch evident sein – in der Regel sind aber die Namenmotivationen auch vom heutigen Betrachter des Plans von 1571 noch zu erkennen.

Hierdurch werden ganze Stadtdurchquerungen möglich, die veranschaulichen, daß bis in die Frühe Neuzeit Sehen und Bezeichnen zusammengehören. Eine ›Beispielroute‹ soll diesen Zusammenhang illustrieren. Zeitgenossen von Mercator oder Weinsberg konnten die Stadt durch die Severinstorburg (bei Mercator *S. Severeins pforts*) betreten und fanden sich – *nomen est omen* – auf der gleichnamigen Straße (*Sint Severeins* [...] *straiß* mit Dehnungs-i), die an St. Severin vorbeiführt, wieder. Von hier kann der Gang weiter stadteinwärts fortgesetzt werden, ohne daß das orientierungsstiftende Zusammenspiel von Topographie und Straßenbezeichnungen – von einer einzigen Ausnahme abgesehen – eine Unterbrechung aufweisen würde. Denn für die zeitgenössischen Straßenbezeichnungen *voir dem Duitschen hause*, *voir S. Ian*, *voir den vrouwenbruderen*, *Der Weismarckt* und *Am crommen buchell* lassen sich auf dem Mercator-Plan unschwer die topographischen Entsprechungen – Kirchen, religiöse Gemeinschaften, Waidhandel, ›krumme‹ Straßenführung – auffinden. Über *Die hosen gaß*, deren Namenmotivation Mercator nicht kenntlich gemacht hat, kann die westliche Stadtgrenze erreicht werden, ohne die Motivationen der Straßennamen ›aus den Augen zu verlieren‹: *S. Ciclien straiß – Der Nuimarckt – Off der alder mauren – Am Marcellen stein – Die schaeffen pforts und straiß.*

Vor allem, wenn sich Straßenbezeichnungen auf weithin sichtbare Bauwerke beziehen, geht der Zusammenhang von Sehen und Bezeichnen auch für den heutigen Betrachter noch unmittelbar aus dem Stadtplan Mercators hervor: Nicht nur Straßen, die zu Kirchen, Klöstern oder Kapellen führen, tragen diese auch in ihrem Namen. Auch Profanbauten wie das Rathaus, Reste der römischen oder hochmittelalterlichen Stadtmauer, Pfühle, Gräben, Bachläufe und Aufmerksamkeit heischende Wegführungen haben zu (ent-)sprechenden Bezeichnungen angeregt:

Die burgerstraiß	*(Bürgerstraße)*
Off der alder mauren	*(Gertrudenstraße)*
Hinder der alter mauren	*(Alte Mauer am Bach)*
Off S. Catreinen graben	*(Katharinengraben)*
Off dem poel	*(Perlenpfuhl)*
Off der bach	*(Blaubach)*
Am crommen buchell	*(Krummer Büchel)*

Beim systematischen Betrachten des Mercator-Plans lassen sich verschiedene Beziehungen zwischen den Straßen, Gassen und Plätzen und ihren Bezeichnungen feststellen:

a) unmittelbare Übereinstimmungen von Namenträgern und Namen (oder Namenteilen wie -graben, -mauer, -pfuhl, -steinweg usw.);
b) Straßennamen, deren Motivation nicht mehr aus dem Stadtplan hervorgeht;
c) bezeichnete und unbezeichnete Binnenräume der Stadt.

Jeder Lexikoneintrag dokumentiert hingegen, daß es in allen Namengeschichten – unterschiedlich dimensionierte – Phasen von optischer Evidenz der Namenmotivation gegeben hat. Aus dieser Beobachtung lassen sich zentrale Fragen an eine Kulturgeschichte vormoderner Straßennamen ableiten:

- Welche Dinge in der Stadt erfahren eine kollektive Aufmerksamkeit, so daß sie als Straßennamen in Gebrauch kommen? Lassen sich systematische Ausblendungen konstatieren?
- Unterscheiden sich die jeweiligen Ausschnitte der Alltagswelt in Namenkorpora von Mittelalter und Früher Neuzeit? Kann die Sprachgeschichte der Straßennamen also einen Beitrag zu einer *Archäologie des Sehens* leisten?

Dem *kollektiven Blick* auf der Spur

Die Straßenbezeichnungen des ›Stadtrundgangs‹ zeigen auch, daß sich Straßennamen nach verschiedenen Kategorien unterscheiden lassen: z. B. nach Verortungen von Profanbauten (*Off der alder mauren, voir dem Duitschen hause*) oder Sakralbauten (*voir den vrouwenbruderen, voir S. Ian*), Flurnamen (*Am crommen buchell*), ökonomischen Bezügen (*Der Weismarckt, Der Nuimarckt, Die schaeffen pforts und straiß*), Heiligennamen (*Sint Severeins* [...] *straiß*) oder Eigennamen (*Am Marcellen stein*).

Entsprechend der Vielfalt der urbanen Topographie ist die Palette der Bezugnahmen und Bildungsmöglichkeiten der Straßenbezeichnungen nicht mit den genannten Kategorien erschöpft. Ihre Ausdifferenzierung in 27 Kategorien ist eine der Grundlagen der *Lesbarkeit der Stadt* und wird in der Kulturgeschichte sowohl theoretisch als auch empirisch ausgeleuchtet.

Die Klassifizierungsmöglichkeiten der Namen nach semantischen, aber auch grammatischen Kriterien stellen die Voraussetzung dar, dem kollektiven Blick der Stadtwahrnehmung im Namengut nachzugehen. Denn die Namenkategorisierung läßt sich über quantifizierende Analysemethoden ›beziffern‹, d. h. die Bezugnahmen der Straßenbezeichnungen auf Religiöses, Raumnutzung und -beschaffenheit, Bauten oder Personen, Handwerkergruppen, soziale oder ethnische Minderheiten lassen sich zu einander ins Verhältnis setzen.

Derartige Analysewerte gewinnen aber erst über Vergleichswerte ihre Aussagekraft. Da bislang keine ähnlichen Untersuchungen anderer Städte vorliegen, mußte sich die Kölner Pilotstudie die Maßstäbe ihrer Analyseergebnisse aus dem eigenen Untersuchungsgegenstand ableiten. Zunächst lassen sich Stadttext und Namenschatz, historische Topographie und ihre Bezeichnungen abgleichen.

Der erste Synchronschnitt: Kölner Straßenbezeichnungen um 1200

Darüber hinaus wurde das Kölner Namengut in diverse Teilkorpora gegliedert, deren Segmentierung von der Topographiegeschichte nahegelegt wird. So wurde zunächst eine erster synchroner Schnitt durch das hochmittelalterliche Namengut der Erstnennungen nach den Arealen der Stadterweiterungen aufgeteilt. Die Namenkorpora des römischen Stadtkerns, der Rheinvorstadt und der zweiten (1106) und dritten (1180) Stadterweiterung konnten durch die Quantifizierungsergebnisse der Namenkategorisierung miteinander verglichen werden. Der zugrunde gelegten mentalitätsgeschichtlichen Leitfrage, von welchen Bezugsfeldern der kollektive Blick in diesen Stadtbereichen dominiert wird, kann der Benutzer des Lexikons als Leser der mittelalterlichen Stadt selbst nachgehen. Denn die Lexikoneinträge enthalten die topographische Zuordnung der Straßen zu den Stadtarealen und ihre frühesten Nennungen.

Die Namenkategorisierung erweist sich als ebenso leicht nachvollziehbares wie probates Mittel der Raumcharakterisierung. Bereits innerhalb der Grenzen des römischen Kölns kristallisieren sich drei Kernbereiche der Stadtwahrnehmung heraus: Neben die ›Heiligkeit‹ der Stadt, auf die sich 22 % der Örtlichkeitsangaben beziehen, treten Flur- und Naturnamen (27 %) und Bezugnahmen auf die Stadtwirtschaft (28 %). Im Gegensatz zu zeitgenössischen Köln-Darstellungen vermitteln die Straßennamen also ein weitaus differenzierteres Bild vom Alltag in der hochmittelalterlichen Stadt.

Vor allem aber im Vergleich mit den drei weiteren Teilkorpora bestätigen sich Bezeichnungsgewohnheiten als Wahrnehmungsreflexe. Während sich im Kernbereich der *Sancta Colonia* wirtschaftliche, religiöse und topographische Bezüge um vergleichbare Werte lagern, ergibt sich für die Rheinvorstadt und die beiden Stadtrandbezirke ein gänzlich anderes Bild. Das Namenkorpus der Rheinvorstadt wird in 49 % der Örtlichkeitsbezeichnungen von der Stadtwirtschaft dominiert. Hier spielen religiöse Bezüge mit nur 6 % kaum eine Rolle. Hierzu stehen die Außenbezirke in denkbar scharf konturiertem Kontrast. Umgeben von vielfach baulosen Nutzflächen von Landwirtschaft und Gartenbau sind es hier nicht etwa Flur- oder Naturnamen, sondern Bezugnahmen auf die Kirchen, Stifte und Klöster (27 bzw. 29 %), die dort die Raumwahrnehmung beherrschen.

An diesen Ausgangswerten wird ersichtlich, daß vor allem zwei Stadtbilder im Namenschatz miteinander konkurrieren: die Stadt als Wirtschaftsraum und als Sakrallandschaft.

Nicht weniger aufschlußreich als die Hinweise von Straßenbezeichnungen auf Gegebenheiten der Stadt sind ihre Ausblendungen, die – mentalitätsgeschichtlich gesprochen – Aussagen über Leerstellen im Wahrnehmungsraster zulassen. Welche Dinge hat die Lesbarkeit der Stadt im Mittelalter nicht als Merkzeichen im Stadttext aufgefaßt, sondern als ›irrelevant‹ angesehen?

Vor allem aus sozialtopographischer Perspektive sind die Befunde eindeutig: Frauen und soziale Unterschichten wurde offenbar keine namenmotivierende Kraft zuerkannt – sie haben keine oder nur in signifikanten Ausnahmefällen zur Bildung von Straßennamen geführt. Denn 99 % aller weiblichen Eigennamen, die im Gesamtnamenkorpus Kölns auftauchen, gehen auf gleichnamige Heilige und entsprechende Kirchen zurück. Die einzige – zudem sprachgeschichtlich nicht einmal unstrittige Ausnahme – ist die Bezeichnung des heutigen *Achtergäßchens* im Severinsviertel als *Slunegassin*. Sollte dieser Nennung der niederdeutsche Beiname *Slune* zugrunde liegen, ist die namenschaffende Aufmerksamkeit schnell erklärt: ›Slune‹ steht für ›Prostituierte‹.

Auch soziale Unterschichten oder sog. ›unehrliche‹ Gewerbe kommen selbst im Spätmittelalter nur in einem eklatanten Mißverhältnis zur Sozialtopographie als ›Armengasse‹ (*platea pauperum* für die heutige *Komödienstraße*), *Spielemannisgazzin* und *Speilsmansgasse* (*Spielmannsgasse* und *Altengrabengasse*) vor. Mentalitätsgeschichtlich nicht weniger aufschlußreich sind die ungeschönten Bezugnahmen etwa auf Anwohner mit körperlichen Gebrechen wie die *Blynderjohansgasse* (Teilstück der heutigen *Cäcilienstraße*).

Diachrone Namengeschichten

Neben dieser synchronen Blickrichtung auf die Namengebungsgewohnheiten des Mittelalters wird die mentalitätsgeschichtliche Bedeutsamkeit von Straßennamen vor allem in diachroner Betrachtungsweise deutlich. Vor allem zwei Frageebenen machen die spröde wirkenden Überlieferungsketten der Kölner Straßenbezeichnungen zu beredten Zeugnissen der Stadtwahrnehmung:

- In welchem quantitativen Verhältnis stehen Serien mit kontinuierlichem Straßennamen, konkurrierenden oder wechselnden Bezeichnungen zu einander?
- Kann man an den Namenwechseln *Konjunkturen der öffentlichen Aufmerksamkeit* ablesen?

Im Zusammenhang mit der vorwiegend mündlichen Überlieferung der mittelalterlich-frühneuzeitlichen Straßennamen mag uns heute erstaunen, daß sich anhand von 48 % der Namenbiographien nachvollziehen läßt, daß Straßennamen über Jahrhunderte in Gebrauch geblieben sind. Neben diesem Phänomen sprachgeschichtlicher Dauerhaftigkeit sind mentalitätsgeschichtlich vor allem Namengeschichten mit verschiedenen Bezeichnungen interessant. Während in 25 % der dokumentierten Nennungsserien Bezeichnungen miteinander konkurrieren, lassen sich bei 23 % sogar Wechsel der Bezugspunkte von Straßennamen konstatieren. Dies ist aus heutiger Sicht ein ungeheuerliches Ausmaß dynamischer Bezeichnungspraxis, das zeigt: allein gestützt auf die Namen der Straßen und Gassen – also ohne weitere Verortungsstrategien wie Hinweise auf sichtbare Bauten, Hausnamen und -zeichen usw. – wäre Orientierung in einer mittelalterlichen Metropole mit der Größe Kölns kaum denkbar gewesen.

Der Wechsel von Straßennamen im Mittelalter ist mit modernen Umbenennungen nicht zu vergleichen. Denn mit dem un- bzw. vorbewußten Nuancieren der kollektiven Aufmerksamkeit auf andere Bebauung, neue Produktionsstätten oder ungewohnten Straßenbelag, das in veränderten Straßenbezeichnungen greifbar wird, haben moderne, hochgradig intentionale Neubenennungen nichts gemein. Aufschlußreicherweise beziehen sich 39 % aller erfolgten Bezeichnungswechsel während des Spätmittelalters auf ein gemeinsames Bezugsfeld, das als Impulsgeber der sich wandelnden Stadtwahrnehmung angesehen werden kann: Es ist die Stadtwirtschaft, die Bezeichnungswechsel motiviert und somit in der Konkurrenz von Sakrallandschaft und Wirtschaftsraum der ökonomischen Nutzung des Stadtraumes zusätzliches Gewicht verleiht.

Der zweite Synchronschnitt: Kölner Straßennamen um 1571

Auch noch anhand des Namenkorpus um das Jahr 1571 läßt sich die Andersartigkeit mittelalterlich-frühneuzeitlicher Bezeichnungsweisen im Vergleich mit heutigen Straßennamen und ihren Denkmal-Funktionen studieren. Zunächst fällt an dem Sprachmaterial dieses zweiten Synchronschnittes auf, daß Straßennamen auch im 16. Jahrhundert lediglich marginales Interesse bei Stadtverwaltung, Kartographie und Stadtgeschichte geweckt haben. In der Geschichte der Stadtdarstellung ist der erste Stadtplan Kölns zwar kaum zu überschätzen. Im Gegensatz zur öffentlichen Verschriftlichung der Namen zu Zeiten Wallrafs motivierte aber die erste Planerstellung keine weitergehende Beschäftigung mit dem Namenbestand. Ohne erkennbaren Systematisierungs- oder Standardisierungsversuch notierte Mercator einen Ausschnitt des zeitgenössischen Namenbestandes. Folglich blieben Namendopplungen (*Hinder den Augustinen* neben *hinder den Augustinen*, *Die koffergaß* neben *Die koffer gaß*) und ähnlich klingende Bezeichnungen (*S. Tuenis gaß* neben *Hinder S. Tuenis*) ebenso gängig wie umständliche Verortungen (*Hinder dem alten dhom*).

Daß Straßennamen dennoch eine Orientierungsfunktion zugestanden werden muß, zeigen vor allem thematische Vernetzungen innerhalb des Namenguts, die aus der Wahrnehmung realtopographischer Gegebenheiten resultieren. Hierzu zählen an prominentester Stelle Straßennamen, die sich auf Produktionsstätten und Handelsplätze beziehen, aber auch ausgedehnte Bezugnahmen auf stadtdurchquerende Bachläufe oder auf ehemalige Befestigungsanlagen.

Vor allem die Tuchherstellung war bereits im Hochmittelalter arbeitsteilig organisiert. Durch die verlagsmäßige Aufgliederung des Produktionsprozesses von der Schafzucht bis zum Tuchhandel waren nicht nur zahlreiche Arbeiter, sondern auch mehrere Produktionsstätten involviert. Auf derartige Gewerbegassen bezieht sich in Köln eine Anzahl von Straßennamen, die entsprechend der Tuchherstellung den Stadtraum von der *schaeffen pforts* bis zu den rheinnahen Märkten *Hewmarckt* und *Aldemarckt* durchzieht. Orientierungsfunktion gewinnen die Bezeichnungen derartiger Gewerbegassen durch den Verlauf des Produktionsprozesses. Mit dem Kulturwissen ausgestattet, daß sich der Weg der Wolle zum gefärbten Tuch über das Wollkämmen, -weben, -walken, -scheren, -bleichen und -färben erstreckt, lassen sich mühelos *Die keimer gaß*, *Die weber straiß*, *Die foller straiß* (Wollwalker), *Die schaers gaß* oder *Onder blaverfer* (Blaufärber) auffinden.

Für die Raumwahrnehmung des Spätmittelalters und der Frühen Neuzeit ebenso aufschlußreich wie für den Kontrast zum repräsentativen Namengedächtnis der Moderne sind die Bezeichnungen der Plätze: Durchweg werden diese nach ihrer jeweiligen Nutzung – vornehmlich als Handelsplätze – ›Markt‹ genannt. Nur in einem einzigen Fall notiert Mercator das Grundwort ›Platz‹: *S. Loÿe plats*. Hieran zeigt sich, daß dem vorbarocken Zeitalter Freiflächen zumeist als ›blinde Flecken‹ der mentalen Stadtkartierung erschienen sein müssen. Auch der zweite Synchronschnitt erweist

Straßennamen als Zeichen des Sehens, die anhand der Lexikoneinträge nachvollzogen werden können.

In der vorausgehenden Skizze wurde zu zeigen versucht, wovon die alten Straßennamen sprechen. Hierbei wurde vor allem der Motivationsraum der Namenbildung, der Zusammenhang von Sehen und Bezeichnen herausgestellt. Im Namenschatz von Mittelalter und Früher Neuzeit scheint der Stadtraum aber nicht wahllos auf, sondern in der mentalitätsgeschichtlichen Brechung der Stadtwahrnehmung. Das Verhältnis der Stadt zu ihrem Namenschatz ist also kein spiegelartiges Abbildungsverhältnis, sondern ein eigenes Bild aus Betonungen und Ausblendungen. Die vormodernen Straßenamen Kölns wandeln sich in jahrhundertelangem Gebrauch erst ganz allmählich von *Zeichen* des Sehens zu *Spuren* historischer Wahrnehmungsweisen und Topographie, bevor das 19. Jahrhundert ihre Tauglichkeit als Medien kultureller *Erinnerung* entdeckt. Hierdurch gewinnt die Lesbarkeit der Stadt an Komplexität, kulturellem Gehalt und historischer Tiefe. Die Kulturgeschichte der Straßennamen lädt zu ihrem fortwährenden Lesen ein.

4. Lesen in der mittelalterlichen Stadt

Nachdem Straßenbezeichnungen des Mittelalters in einen weiteren kulturgeschichtlichen Zusammenhang gestellt worden sind, sollen sie nun selbst bzw. das, was sie über die alte Stadt und ihre Bewohner aussagen, ›zur Sprache kommen‹. Um die Lesbarkeit der mittelalterlichen Stadt nachvollziehbar zu machen, wurden die Lexikoneinträge auf folgenden Grundinformationen aufgebaut:

1. Straßenname

Den Kopf des Lexikoneintrags bilden der heutige Straßenname und dessen Bezeichnung auf dem Mercator-Plan. An dem Nebeneinander von heutigem Namen und der jeweiligen Nennung um 1571 läßt sich bereits ablesen, welche heutigen Straßennamen schon seit der Frühen Neuzeit gebräuchlich sind und welche erst in späterer Zeit vergeben worden sein müssen. Durch den in der Schuber-Ausgabe beigefügten Stadtplan Mercators (1571) ist die Möglichkeit gegeben, die topographischen Verhältnisse der Gegenwart mit denjenigen des 16. Jahrhunderts zu vergleichen.

2. Stadtteil

Die Straßen der dokumentierten Namen werden jeweils den Arealen der drei großen Stadterweiterungen Kölns zwischen dem zehnten und zwölften Jahrhundert zugeordnet wie sie in Abb. 6 dargestellt werden. Hierbei wird unterschieden zwischen:

Römerstadt: Innenstadtbereich in den Grenzen der römischen Stadtmauer;

1. Stadterweiterung: die sog. Rheinvorstadt (10. Jahrhundert);
2. Stadterweiterung a. 1106: die Areale von Oversburg, St. Aposteln und Niederich;
3. Stadterweiterung a. 1180: das halbkreisförmige Areal von St. Severin, St. Mauritius, der westlichste Teil von St. Aposteln, St. Christoph und Eigelstein.

Diese topographische Zuordnung hilft nicht nur beim Auffinden der Straßen(-namen) auf dem Mercator-Plan. Vielmehr ist sie die Basis für systematische Namenanalysen geworden, wie sie in der *Kulturgeschichte der mittelalterlichen Straßennamen Kölns* unternommen werden. Die Zuordnung zu den Arealen des römischen Stadtkerns und der drei Stadterweiterungen ist folglich nicht als zeitliche, sondern als rein topographische Einteilung des Namenguts zu verstehen. Wer sich also beispielsweise nur für die Namengeschichten innerhalb der heute sog. Altstadt interessiert, braucht das Lexikon nur auf Einträge der Rubrik 1. Stadterweiterung (Rheinvorstadt) durchzublättern.

3. Abbildung

Dem Lexikon sind doppel- und einseitige Ausschnitte aus dem Mercator-Plan beigefügt. Die dritte Basisinformation nennt die Seitenzahl desjeni-gen Planausschnittes, der die jeweilige Straße zeigt. Fehlende Bildverweise markieren, daß die jeweilige Straße auf dem ersten Stadtplan Kölns namenlos ist.

4. Anmerkungen

Die Anmerkungen stellen den sprach-, kultur- und mentalitätsgeschichtlichen Kommentar zu den angehangenen Überlieferungsketten der Straßenbezeichnungen (5.) dar. Hier finden sich etymologische Erläuterungen und Übersetzungen der alten Bezeichnungen. Die Belege zitierter Literatur werden mit Verfassernamen und Seitenzahl angegeben.

Sprachgeschichtlicher Kommentar

Soweit Forschungsmeinungen über die Bedeutung des Namens greifbar sind, werden sie in den Anmerkungen zitiert. Die Literaturhinweise beschränken sich auf: Angabe des Verfassers, Band und Seitenzahl. Zur Unterscheidbarkeit mehrerer Beiträge gleicher Autoren wurde die Jahresangabe hinzugefügt. Insbesondere in strittigen Fällen des Namenursprungs wird die sprachgeschichtliche Literatur kontrastiv eingeblendet, um anhand des Namenmaterials – soweit möglich – zu einer Synthese zu gelangen. Auf diese Weise bleiben die Namendeutungen – sachlich und forschungsgeschichtlich – transparent, so daß der Leser des Lexikons sich immer auch ein eigenes Bild über die Breite der Deutungsmöglichkeiten machen kann.

Kulturgeschichtlicher Kommentar

In den Anmerkungen werden auch die Bezugspunkte der Namenbildung wie Anwohner, ansässige Gewerbe, herausragende Gebäude, Produktionsstätten usw. gewürdigt. Hierdurch wird das namenmotivierende Potential der historischen Topographie im Lexikoneintrag komplementär oder alternativ zum Mercator-Plan bzw. für den vor 1571 liegenden Untersuchungszeitraum eingeblendet.

Mentalitätsgeschichtlicher Kommentar

In der Gegenüberstellung der Namen mit ihren topographischen Bezügen wird anhand jeder einzelnen Namenbiographie ein Mosaikstein der Geschichte des Sehens greifbar und die Stadt des Mittelalters in ihrer zeitgenössischen Lesbarkeit nachvollziehbar. Da die Überlieferungsketten der Straßenbezeichnungen nur einen Ausschnitt aus der jeweiligen Namenbiographie zeigen können, wird in den Anmerkungen darauf hingewiesen, ob es sich z. B. bei verschiedenen Bezeichnungen derselben Gasse um konkurrierende oder sich ablösende Namen handelt.

Verweise

Schließlich finden sich in den Anmerkungen verschiedenartige Verweise, die zum ›Querlesen‹ und ›Blättern‹ (ver-)leiten sollen. Hierzu zählen zunächst die Hinweise auf die jeweilige Bildtafel desjenigen Ausschnittes aus dem Mercator-Plan, auf dem die Straßen abgebildet sind.

Querverweise beziehen sich aber auch auf mehrfach vorkommende Namen. Namenwiederholungen können zwischen Mittelalter und Früher Neuzeit vor allem zwei Gründe haben: 1. Erhebungen, Senken, Gewerbebezeichnungen, Hausnamen oder -zeichen stimulieren selbst dann entsprechende Namen, wenn sie im Namenschatz der Stadt bereits vorkommen. An derartigen Dopplungen wird deutlich, daß den Straßennamen des Mittelalters noch keine systematische, also stadtweite Perspektive zugrunde gelegen haben kann. 2. Viele Straßenbezeichnungen haben vor 1571 noch nicht den Charakter von Eigennamen. Vielfach sind sie Gattungsbezeichnungen von ›engen Gassen‹ oder ›Achterstraßen‹ usw., die in einer mittelalterlichen Stadt zahlreich vorkommen.

Verweise beziehen sich schließlich auch auf Unterschiede in der mittelalterlichen bzw. frühneuzeitlichen Raumerfassung. Wenn große Straßenzüge wie z. B. diejenigen von *Hohe Straße* oder *Großer Griechenmarkt* im Untersuchungszeitraum abschnittsweise verschiedene Bezeichnungen trugen, wird auf diese in den jeweiligen Lexikoneinträgen hingewiesen, um den topographischen Zusammenhang zu wahren.

5. Nennungsdaten – Straßenname – Belege

Den Kern des Lexikons bilden die aus verschiedensten Quellen zusammengestellten Überlieferungsketten der Straßenbezeichnungen. An ihnen läßt sich ablesen, wie sich aus frühen Ortsangaben allmählich Straßennamen in unserem heutigen Sinne herausgebildet haben. Ihre unterschiedliche Dimension ergab sich a) aus der jeweiligen Überlieferungssituation und b) aus der Art der individuellen Namengeschichte. So nehmen sich die Nennungsserien von Straßen, die seit dem Hochmittelalter den gleichen Namen behalten haben, im Vergleich zu Straßen mit zeitgleich verschiedenen oder im Laufe der Zeit wechselnden Bezeichnungen unterschiedlich umfangreich aus. In allen Fällen wurde versucht, neben Schreibvarianten vor allem zweierlei zu dokumentieren:

1) die Entwicklung des Namenguts durch die Sprachstufen Mittelhochdeutsch, Altkölnisch und Frühneuhochdeutsch;
2) konkurrierende oder wechselnde Bezeichnungen. Hierdurch lassen sich die Namenbiographien danach unterscheiden, ob sie jeweils geprägt sind durch
   a) Namenkontinuität
   b) Namenkonkurrenz
   c) Namenwechsel.

An den Überlieferungsketten wird das Alter der heutigen Straßennamen ablesbar. Sie zeigen aber neben der Bezeichnungstradition (Kontinuität) vor allem, daß sich der Namengebrauch vor 1571 noch nicht gefestigt hat. So wird an konkurrierenden Bezeichnungen erkennbar, daß die Bezeichnungsweise einer Straße im Mittelalter unterschiedlichste Bezugspunkte haben konnte. Für die Mentalitätsgeschichte des Sehens sind Fälle von wechselnden Namen besonders interessant, weil sie auf eine veränderte Aufmerksamkeit der Namengeber hindeuten.

Die Quellenbelege der Straßennamen werden mit Abkürzungen angegeben, die im Siglenverzeichnis aufgelöst sind.

Die Straßennamen

Am crommen buchell

Heute: **Krummer Büchel**
Römerstadt (Mercator-Plan S. 142/143)

Sowohl die Namenformen *Wenstergasse* als auch *krummer Büchell* haben zu kontroversen etymologischen Deutungen in der Forschungsliteratur geführt. »Gleichbedeutend (mit nach dem Kütergewerbe benannten Straßen) [...] sind die am Rhein [...] vorkommenden Wenstergassen, denn das mittelhochdeutsche Wort Wanst oder Wenst (ahd. wanast, im Zusammenhang mit lat. venter = Bauch) bedeutet genau dasselbe wie Kaldaunen, Kutteln, Kottfleisch usw. und die Wortbildung Wenster entspricht der von Obster, Krebser u. a. Die heute Krummer Büchel benannte Straße in Köln hieß während des Mittelalters Wenstergasse, als deren Anwohner mehrfach carnifices (Knochenhauer, Metzger) erwähnt werden« (Volckmann, 1921, S. 29).

»Eine ganze Anzahl von Strassen, welche durch ihre höhere hügelige Lage sich von der Umgebung abhoben, erhielten den Namen Auf dem Büchel (in Cumulo, Monticulo). Innerhalb der Römerstadt gehörten dazu die heutige Klemensstrasse, deren Eckhaus am Laach ebenfalls zum Buchel hiess, der heutige Krumme Büchel samt den anstossenden Teilen des Hochpfortenbüchels und des Grossen Griechenmarkts« (Keussen, Bd. 1, S. 165*).

»Bereits [a. 1263] ist der Name *in Kumulo* überliefert, der aber erst im 15. Jahrhundert die alte Bezeichnung *Wenstir-*, *Wenster-* oder *Weynstergasse* verdrängte. [...] Es gibt einen alleinstehenden Beleg *Werentcengazze*, der auf *Werenzo* – also eine Person – hindeutet. Der früheste Beleg für die Gasse in der Schreibung *Wenstirgasze* ist nur ein Jahr älter, stammt von a. 1259, beide finden sich in derselben Quelle, im Wetschatz im Schrein St. Peter. Doch *Werentcen-* unter den sonst regelmäßig auf *-ster/stir* gebildeten Varianten ist suspekt, vielleicht ist eher an eine Stellenbezeichnung anderer Herkunft als an einen Personennamen zu denken. So käme etwa ahd. *winistar* ›auf der linken Seite‹ in Frage. Siedlungsnamen auf *-ster* erscheinen ›besonders im flämisch-wallonischen Gebiet rechts der Maas ... in Stellenbezeichnungen auch für nicht bewohnte Orte von geringer Wichtigkeit‹. Auch wenn die sprachhistorische Ableitung des *-ster* umstritten ist, so steht die Hauptbedeutung, nämlich die Bezeichnung einer ›Stelle‹, doch fest. Hier interessiert vornehmlich die These, daß in got. *awistr* ›Schafstall‹ bereits dasselbe *-ster* vorliege, ja es ist erwägenswert, ob *wenster* nicht das *awistr* entsprechende Wort ist. Doch könnte außerdem für die Deutung des Bestimmungswortes die Gruppe der althochdeutschen Wörter für Weide und Weideland – *winni*, *winna*, *winithi*, *winida*, *wengi*, *wang* – in Betracht gezogen werden. Das Gelände zwischen *Wenstergasse* und *Cricmar* hat aber tatsächlich einst als Weide oder Koppel gedient« (Jakobs, 1987, S. 1441).

Nennung	Straßenname	Belege
1259	Wenstirgasze	KTK, I, 258
1263	in Kumulo	KTK, I, 257
1307	in Weynstergassen	KTK, I, 257
1353	in Wenstergassen supra Monticulum	KTK, I, 258
1395	in der Wenstergasse [...] super Monticulo	KTK, I, 258
1420	up dem Buchel	KTK, I, 258
1451	auf dem Büchel in der Vynstergasse	KTK, I, 258
1521	uff den Buchel	W, I, 30
1528	uff den Buchel	W, I, 55
1548	uff dem krommen Buchel	W, V, 116
1571	Am crommen buchell	Mercator
1583	Krumbuchel	W, III, 202
1600	uff dem krummen Büchell	KTK, I, 258

Am hove

Heute: **Am Hof**
Römerstadt (Mercator-Plan S. 142/143)

Bereits im 12. Jahrhundert beziehen sich die Schreinsbücher auf den erzbischöflichen Hof, den Reinhard von Dassel a. 1163 neu erbauen ließ. Im vorausgehenden 11. Jahrhundert gab es hier einen vermutlich »fränkischen Königshof, curia (curtis) regia oder regalis unmittelbar am Dom, von dem noch 1075 die Rede ist« (NKS, Bd. 1, S. 359). Das ebenfalls in dieser Straße befindliche Haus *Zur Krone* wurde zwar von den Herzögen von Brabant als Kölner Hof genutzt, erscheint aber in den Schreinsbüchern lediglich als *domus*, nicht als *curia*, so daß die Straßenbezeichnung *Am hove* sich auf den erzbischöflichen Hof beziehen muß.

Nennung	Straßenname	Belege
1162/72	contra palacium episcopi	H, I, 244
1248	ex opp. Palacii d. episcopi	KTK, I, 201
1265	iuxta dom. ducis Brabancie	KTK, I, 203
1272	apud Curiam	KTK, I, 203
1286	ex opp. Palacii	KTK, I, 200
1310	apud Curiam	KTK, I, 203
1311	iuxta dom. ducis Brab.	KTK, I, 203
1365	apud Curiam	KTK, I, 204
1458	amme Hoeve	KTK, I, 203

1571	Am hove	Mercator
1578	am Haife	W, III, 21
1586	am Haiffe	KTK, I, 203

Am maltsbuchell

Heute: **Am Malzbüchel**
1. Stadterweiterung (Mercator-Plan S. 142/143)

»Nach den Mälzern benannt ist […] der *Malzbüchel* in Köln. Die kleine Gasse, der Malzbüchel oder ›am Malzbüchel‹ (büchel = Bühl, Hügel) genannt, liegt im Bezirk St. Martin, im ältesten Teile Kölns und wird bereits 1159/69 als Malzbucheln […] erwähnt. Der Malzhügel lag in der Nähe der Malzmühle und hatte seinen Namen von dieser und dem Gewerbe der Mälzer. Während des Mittelalters kommen folgende Schreibarten der Gasse vor: Malzbukele, Alzbuchil und lat. Bracicumullis (von bracium = Malz), Brazicumulum, Monticulum brasii und, etwas hochtrabend, Capitolium; die ganz vereinzelte Schreibweise ›Malbokeln‹, nach der man auf einen Dinghügel schließen könnte, beruht auf einem Schreibfehler, denn die Mal- oder Gerichtsstätte lag beim Königspalast am Domhof« (Volckmann, 1921, S. 42).

Nennung	Straßenname	Belege
1142/56	Lifridus de Malzebukele	H, I, 25
1180/84	in Malzbuggil	H, II/1, 299
1200	in Malzbuchel	KTK, I, 47
1205/14	versus Malzbuchil	H, II/1, 305
1205/14	supra Malzbuchil	H, II/1, 308
1255	in Bracicumulo	KTK, I, 48
1302	super Malzbuggel	KTK, I, 49
1336	up Malzbuchcgele	KTK, I, 48
1387	upme Alzbuchil/in Monticulo brasii	KTK, I, 49
1421	Malsbuchel	KTK, I, 47
1449	an dem Maltzbuchell	KTK, I, 48
1525	am Malzbuchel	W, I, 43
1528	an dem Malzbuchel	W, I, 54
1571	Am maltsbuchell	Mercator
1582	am Malzbuchel	W, III, 147

am Malzbüchel

Heute: **Königstraße**
1. Stadterweiterung

Die heutige *Königstraße* ist zwar auf dem Stadtplan A. Mercators zu erkennen, jedoch ist sie ohne Bezeichnung dargestellt. Da sie vom nahegelegenen *Malzbuchel* zu der Kirche St. Maria im Kapitol führt, gehört sie in den namentlichen Einzugsbereich der Bezeichnung des *Malzbuchels.* »Malzböchel, Am: [...] Büchel [...] wird urspr. wohl den ganzen Hügel begriffen haben, der sich von der Marienkirche (in Capitolio) herunter rheinwärts erstreckte; über die nähere Bestimmung (Malz) ist nichts überliefert. Mal(l) in Wallrafs Mallbüchel bedeutet Gerichtsstätte, ahd. mahal, mhd. mahel, mal. [...] Das Wort Malz [...] erscheint in dem Namen Malzbüchel um die Mitte des 12. Jh. zufrühest in Köln, sofern es eben hier schon Stammwürze des Bieres bedeutet« (NKS, Bd. 2, S. 174).

Nennung	Straßenname	Belege
1193	iuxta s. Mariam	KTK, I, 44
1225	platee de s. Maria versus Malzbuchel	KTK, I, 44
1255	versus s. Mariam	KTK, I, 44
1343	iuxta Malzbuchil	KTK, I, 44
1378	apud Malzbuchgel	KTK, I, 44
1565	am Malzbüchel	KTK, I, 44
1580	am Malzbuchel	W, III, 71

Am marcellen stein

Heute: **Marsilstein**
2. Stadterweiterung (Mercator-Plan S. 272)

Die Straße *Marsilstein* wurde im Mittelalter von den beiden Stadttoren *alte Schafenpforte* und *älteste Schafenpforte* begrenzt. Mit ihrem Verlauf verbindet sie die Stadtgrenze des römischen Kölns mit der Stadterweiterung aus dem Jahre 1106, was sich in den Bezeichnungen der Tore (*alte/älteste Schafenpforte*) widerspiegelt. Die nördliche Straßenseite erscheint in den Schreinsbüchern als *Eselsmarkt* (*forum azinorum*).

H. Keussen hat den Namen *Marsilstein* auf römische Reste zurückgeführt (vgl. Keussen, Bd. 1, S. 167*). Bei A. Wrede ist über den *lapis Marsilii* als einem »Reststück der oberirdisch (auf Viadukten) aus der Eifel an Köln herangeführten römischen

Wasserleitung [zu lesen], genannt nach einem Grundbesitzer Marsilius, auf dessen Grundstück der sarkophagartige, durch eine Platte abgedeckte Stein stand. Bereits 1180–89 ist ganz in der Nähe des Marsilsteines ein Grundbesitzer Marsilius bezeugt [...]« (NKS, Bd. 2, S. 181) .

Die an der südlichen Straßenseite seit a. 1127 nachweisbare Kapelle St. Reinold (vgl. Keussen, Bd. 1, S. 167*), die auch im 16. Jahrhundert noch erwähnt wird, hat sich auf die Straßenbezeichnung nicht ausgewirkt.

Nennung	Straßenname	Belege
1159/80	s. Reginnoldus	H, II/1, 10
1170/83	ante ovinam portam	H, II/1, 15
1180	ante ovinam portam	H, II/1, 7
1243	iuxta lapidem Marsilii	KTK, I, 422
1264	iuxta Marsilissteine	KTK, I, 421
1273	ex opp. lapidis Marsilii	KTK, I, 421
1313	ex opp. lapidis Marselii	KTK, I, 423
1372	gü. Marcilissteyne	KTK, I, 422
1383	in Foro asinorum	KTK, I, 421
1403	bei Marsilijs steyne	KTK, I, 421
1405	in Foro azinorum	KTK, I, 421
1442	Eyselmart	KTK, I, 397
1460	gü. Marcillensteyne	KTK, I, 422
1468	gü. Marsilissteyne	KTK, I, 423
1528	S. Reynold gü. Marsiliussteyn	KTK, I, 421
1571	Am marcellen stein	Mercator

am Plypoertzgyn

Heute: Auffahrt Deutzer Brücke
1. Stadterweiterung

Die heute unter der Auffahrt der Deutzer Brücke verschwundene ehemalige *Bleigasse* führte vom *Knitmarkt* auf die *Kühgasse*. Auf dem Mercator-Plan ist sie ohne Bezeichnung dargestellt.

»Mhd. bli, ahd. blio, asächs. mnd. mnl. bli, altnord. bly« haben als gemeinsame Grundbedeutung »bläulich graues Metall«, aus dem beispielsweise »Sprossen oder Querhölzer eines Fensters« gefertigt wurden (vgl. NKS, Bd. 1, S. 83). Diese Gasse wurde wie das kleine Stadttor in ihrer Verlängerung am Rheinufer (*Bleitörchen*) nach dem hier ansässigen Gewerbe der Bleigießer bezeichnet. Im 14. Jahrhundert erscheint

Blei- in Beinamen hier wohnender Personen (*Bligeyssere*). Im 15. Jahrhundert wird hier das Haus eines Bleigießers (*Blijgiessers huys*) schlicht als *Blijhuys* bezeichnet.

Nach den Angaben bei H. Keussen führte die *Bleigasse* zum *Bleitörchen* an der Ostseite des *Knitmarktes*. Während Mercator dieses Gäßchen in der Rheinvorstadt unbezeichnet gelassen hat, ist das dazugehörige *Bleitörchen* auf seinem Stadtplan nicht zu entdecken. Allerdings bezeichnet Mercator das Tor am Ende der bei ihm als *Die leemkens gaß* bezeichneten heutigen *Biberstraße* als *Dat bly portgen*.

Nennung	Straßenname	Belege
1309	Blijgasseportze	KTK, I, 83
1313	Gob. Bligeyssere	KTK, I, 83
1329	dom.[...] Gerlaci Fusoris plumbi	KTK, I, 83
1346	opp. Bliporzen	KTK, I, 83
1390	versus Blijporze	KTK, I, 86
1403	Blijgasse	KTK, I, 83
1426	Blyportzgasse	KTK, I, 83
1455	neben dem kleinen Blijhuys	KTK, I, 86
1456	Blijegassen	KTK, I, 83
1465	Blijgiessers huys	KTK, I, 83
1497	dat Bliportzgen	KTK, I, 86
1501	am Plypoertzgyn	KTK, I, 86
1571	Dat bly portgen	Mercator

am Rhein

Heute: **Am Alten Ufer**
2. Stadterweiterung

Wie auf dem Stadtplan Arnold Mercators (a. 1571) gelangen die Straßenzüge am Rheinufer auch in den Schreinsbüchern nicht zu individuellen Namen. Während des gesamten Untersuchungszeitraumes erscheinen diese als *Litus Reni* oder als Bereich ›gegenüber der *Reyn mueren*‹. Spezifizierungen von Örtlichkeitsangaben erreichen die Schreinsbuchschreiber für den Rheinuferbereich durch Hinweise auf hierher führende Gassen, wie folgendes Beispiel zeigt: »in Littore Reni inter Wustgasse (Platzgäßchen) et Penciengasse (Penzgasse)« (Keussen, Bd. 2, S. 71).

Nennung	Straßenname	Belege
1135/58	in littore	H, II/1, 61
1215	in Littore Reni	KTK, II, 69

1233	in Littore Reni	KTK, II, 69
1267	versus Litus Reni	KTK, II, 70
1304	in Litore Reni	KTK, II, 69
1324	secus Litus Reni	KTK, II, 73
1360	versus Renum in Litore Reni	KTK, II, 72
1535	gü. der Ryn mueren	KTK, II, 70
1596	uff der stat mauren am Rhein	W, IV, 260

Am vinaffer poell

Heute: **Benesisstraße**
2. Stadterweiterung (Mercator-Plan S. 272)

A. Wrede geht davon aus, daß diese Straße »nach dem Hofgut Benesis hinter St. Aposteln [benannt wurde], das zuerst (13. Jh.) Besitz des Kölner Geschlechtes von der Lintgasse war, 1384 von dem Schöffen Joh. von Horne u. 1389 von Ritter Werner Quattermart erworben wurde. [...] Eine alte volkstümliche Bezeichnung war Venus Pohl (Venus-Pfuhl)« (NKS, Bd. 1, S. 68).

»Pohl [...]: Pfuhl; mnd. pol, pul, mnl., ndl. poel [...] mhd., ahd. pfuol. [...] 1.a. Wasserlache, Pfütze; stehendes, trübes, faulendes Wasser [...] 2. Jauche, dünnflüssiger Mist; Abfluß aus dem Stall, Stalljauche u. anderes Gewässer; Jauchegrube« (NKS, Bd. 2, S. 307).

»Der Hof Benesis war seit dem 13. Jhdt. im Besitz des Geschlechts v. der Lintgasse, 1384 erwarb ihn der Schöffe Joh. vom Horne, 1389 Ritter Werner Quattermart. Das mit ihm verbundene Areal, das dem Lehensgericht des Hofes unterworfen war, umfasste das Terrain zwischen Benesisstrasse, Hahnenstrasse, Friesenwall, Kettengasse u. Ehrenstrasse« (Keussen, Bd. 1, S. 396).

Weinsberg berichtet über diesen Hof, daß »der hoff am Poil hinder s. Aposteln cloister ein herlich erb [ist], eitz genant Gronenbergshoff« (Buch Weinsberg, Bd. 3, S. 13). Weinsberg beteuert, »kein herlicher burgergut in Coln« (a.a.O.) zu kennen. Die von A. Wrede angeführten Besitzerwechsel haben auch Namenwechsel nach sich gezogen, an die sich Weinsberg 1578 erinnerte: »Noch gedenk es mich, das es vor Gronenberg genant was Wasserfaishoff, da bevor Quatermartzhoff, da bevoir hats geheischen Benesishoff« (a.a.O.).

Nennung	Straßenname	Belege
1235	iuxta fossatum antiqui muri	KTK, I, 396
1330/31	dom. de Benesis	KTK, I, 396
1372	curia nunc. Benesijs	KTK, I, 396

1389	bei Benassys	KTK, I, 397
1439	Graben gü. den Hofe Benesis	KTK, I, 397
1477	Hof Benesius	KTK, I, 396
1479	uy Benysser poill	KTK, I, 397
1571	Am vinaffer poell	Mercator

an Beien

Heute: **Bayenstraße**
3. Stadterweiterung

Die heutige *Bayenstraße* – auf dem Stadtplan Mercators namenlos – hatte als Uferstraße im Mittelalter keinen individuellen Namen und wurde wie andere Uferbereiche lediglich als *in Litore Reni* bezeichnet. Die Lokalisierungen in den Schreinsbucheinträgen orientieren sich dementsprechend entweder an Straßen, die am Rheinufer enden (z. B. a. 1300 *super ordone de Botzengassen* = *Buschgasse*; vgl. Keussen, Bd. 2, S. 175; a. 1296 *versus Drancgassen* = *Dreikönigenstraße*; vgl. Keussen, Bd. 2, S. 176) oder Höfen (Hof *Seyen*, *Linhof* und Hof *Brempt*), Toren (*Mühlenpforte*, *Bleipförtchen*) oder Türmen (*Kalkrosenturm*, *Krümersturm*).

Den Namen *Bayen* trugen sowohl ein Hof im Besitz von St. Clara und die *Bayenpforte* als auch der *Bayenturm*. Nach der Koelhoffschen Chronik wurde der *Baienturm* von Erzbischof Engelbert erbaut: »Der buschof begonte zo bouwen boven an der statmuiren ein groissen starken schonen turne, ind is genoempt der Beienturne« (zitiert nach Keussen, Bd. 2, S. 178). Auch dem Verfasser der Chronik stand offensichtlich keine gängige Bezeichnung des Rheinufers zur Verfügung.

Gottfried Hagen berichtet, daß »an dem turne, de zo Beien steit, maichde man eine burch gereit unde einen grave umb gainde unde eine mure darumb stainde, gewichhuset unde gezinnet wale« (zitiert nach Keussen, Bd. 2, S. 178). Am *Baienturm* wurde der Rheinzoll erhoben, der a. 1364 abgeschafft wurde (vgl. Keussen, Bd. 2, S. 178).

Nennung	Straßenname	Belege
1158	[...] suburbanus beyna	L, I, 274
1179	in Beina	KTK, II, 179
1188/1215	in Beiene	H, II/1, 262
1235	in Littore Reni	KTK, II, 177
1251	super Litus Reni	KTK, II, 175
1260	zo Beien [...] Beienturne	KTK, II, 178
1287	plateam Litus Reni	KTK, II, 176

1302	super Litus Reni versus Beyene	KTK, II, 177
1307	porta de Beyene	KTK, II, 178
1360	dom. Breympt [...] versus Beyen	KTK, II, 177
1370	super turri Beyen	KTK, II, 178
1389	iuxta Beyen supra Litus Reni	KTK, II, 177
1393	zu Beyen wärts	KTK, II, 176
1415	bei Beyen	KTK, II, 176
1446	up Beyen	KTK, II, 178
1493	up Beynthurne	KTK, II, 178
1548	burggreif uff Beien	W, I, 289
1552	Botgelt bei Beien am Walle	W, II, 16
1565	bei Beien hinder Seien [...] uff Beientorn	W, II, 139
1571	Beyen thorn	Mercator
1581	an Beien	W, III, 108

an dem Bonnerhof

Heute: Schulgelände (Severinstraße)
2. Stadterweiterung

Wie die lat. Wegbeschreibung »in principio vici, quo itur versus curiam Bunrehof« (Keussen, Bd. 2, S. 38) von a. 1350 expliziert, führt im Mittelalter die heute nicht mehr existierende *Bonnergasse* in westlicher Richtung von der *Severinstraße* in eine Sackgasse. An ihrem Ende lag der *Bonnerhof*. Bereits im 13. Jahrhundert hat sich die Hofbezeichnung auf den Gassennamen als *Bunregazzen* übertragen. Auf dem Stadtplan A. Mercators ist dieses Gäßchen ohne Bezeichnung eingetragen.

A. 1581 gestattet der Rat der Stadt Köln Rueschenberg (Landkomtur der Deutschordensballei) den *Bonnerhof* und die Gasse »einzunehmen und zuzumachen« (Keussen, Bd. 2, S. 10). Im darauffolgenden Jahr berichtet Weinsberg, daß am 26. Juni desselben Jahres der *Bonnerhof* von Rueschenberg umgebaut wurde. In diesem Kontext erwähnt Weinsberg auch den Ursprung des Namens *Bonnerhof*: »Man sagte, vorzeiten were ein stedige wegenfart zu karrn und wagen daselbst gewest, uff Bon zu faren, daher es den namen Bonnerhof bekomen« (Buch Weinsberg, Bd. 3, S. 133).

Nennung	Straßenname	Belege
1248	in Bunregazzen	KTK, II, 10
1261	in Bunregassen	KTK, II, 37
1274	in angulo Bunregasce	KTK, II, 37

1315	curia voc. Bunrehove	KTK, II, 10
1330	in Bunregassen	KTK, II, 10
1350	vici, quo itur versus curiam Bunrehof	KTK, II, 38
1379	in Bunrehoeve	KTK, II, 10
1384	in Bunrehoyve	KTK, II, 10
1406	in dem Bunrehofe	KTK, II, 10
1472	in dem Bonrehof	KTK, II, 10
1481	in dem Bonrehof	KTK, II, 10
1581	[an dem] Bonnerhof	W, III, 133

An der eichen

Heute: **An der Eiche**
3. Stadterweiterung (Mercator-Plan S. 57)

»Auch dienten vereinzelt hervorragende Bäume zur Platzbezeichnung, [...] [so auch] eine anscheinend schon im 14. Jahrhundert erwähnte Eiche vor dem Eingang der Buschgasse für den Platz an der Eiche« (Keussen, Bd. 1, S. 167*).

Im Jahre 1332 trägt auch ein Haus diese Bezeichnung: *dom. Eych*. Bei den Schreinsbucheinträgen nach 1332 ist nicht zu entscheiden, ob mit ›Eiche‹ das gleichnamige Haus oder der namengebende Baum gemeint ist. A. Mercator hatte offensichtlich Anlaß, die Bezeichnung des Platzes wörtlich zu nehmen und hat deshalb den auf seinem Stadtplan eingetragenen Namenszug durch die Darstellung einer gewaltigen Eiche unterbrochen.

Nennung	Straßenname	Belege
1175/91	platea Bozonis	H, II/1, 248
1218	inter stratam Bozingazzin et Renum	KTK, II, 182
1288	in Bozengassen	KTK, II, 182
1332	in Boyzengassen [...] ex opp. dom. Eych	KTK, II, 179
1348	in Boitzgassen	KTK, II, 182
1353	Boissengassen Ort gü. der Eiche	KTK, II, 179
1374	petia terre arabilis	KTK, II, 182
1529	Hs. Buysenhem in der Buysegasse gü. der Eiche	KTK, II, 179
1571	An der eichen	Mercator
1698/99	in der Bosgassen	KTK, II, 179

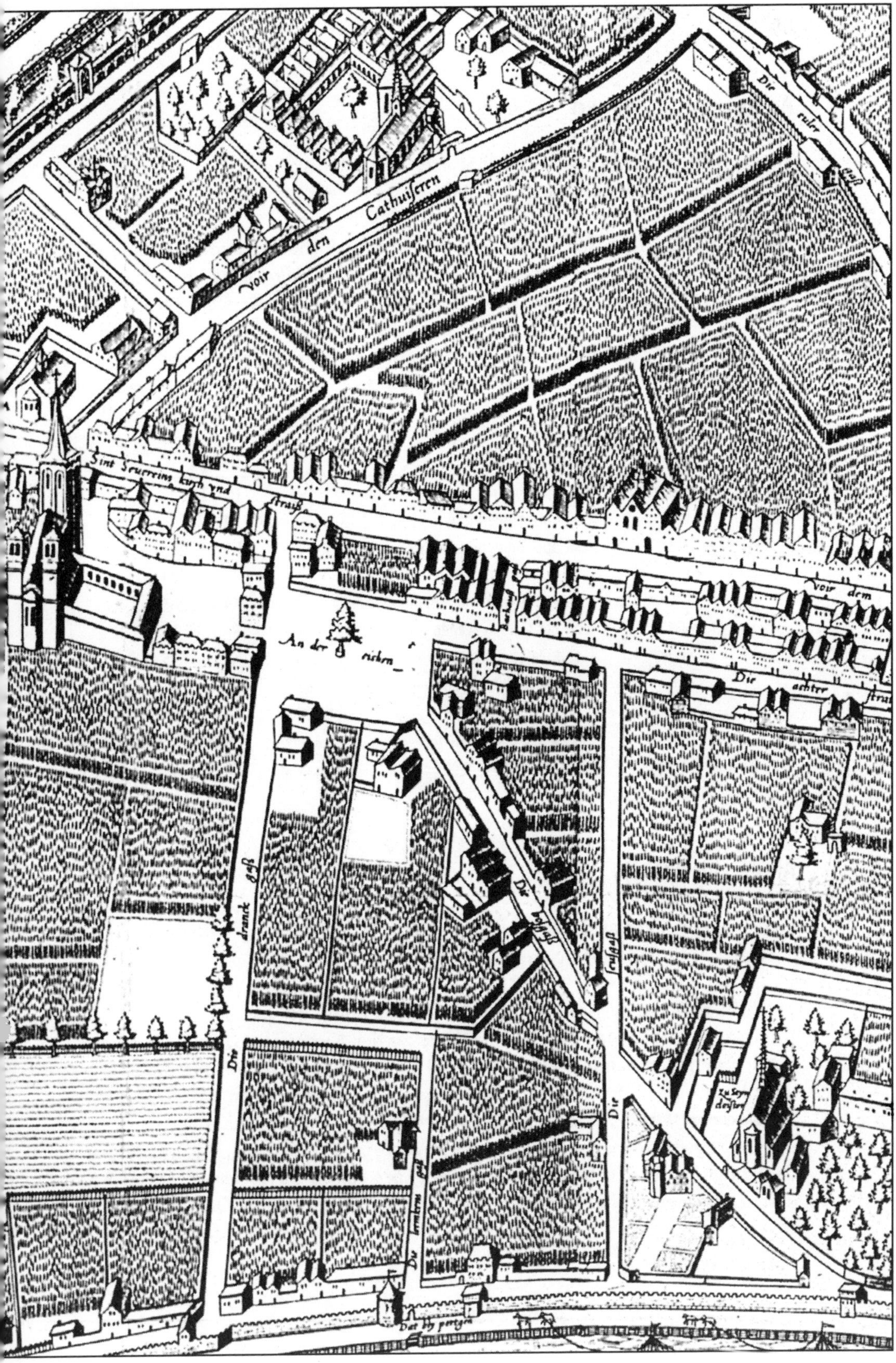
voir den Cathuiseren
Die euler gass
An der eichen
Die achter strass
voir dem
Die dranck gass

An der gulder wagen

Heute: **Hohe Straße** (zwischen Wallrafplatz/Minoritenstraße)
Römerstadt (Mercator-Plan S. 142/143)

Dieser Teil der *Hohe Straße* erscheint in den Schreinsbüchern von St. Laurenz im 12. Jahrhundert als Steinstraße (*Lapidea strata*). Die *Hohe Straße* ist »die einzige Straße der Kölner Römerstadt, die im Mittelalter Steinstraße war« (NKS, Bd. 1, S. 372).

Seit dem 14. Jahrhundert ist hier ein Hausname *Unter gülden Wagen* belegt, der als Bezeichnung auf diesen Abschnitt der *Hohe Straße* übertragen wurde (vgl. Keussen, Bd. 1, S. 167*).

Nennung	Straßenname	Belege
1189/91	in lapidea strata	H, I, 263
1318	ex opp. auree Libre	KTK, I, 205
1348	ex opp. dom. ad Libram	KTK, I, 205
1367	an der Wagen	KTK, I, 204
1374	versus domum ad auream Libram	KTK, I, 204
1400	an der Gulden Wagen	S, II, 95
1400	sub platea Libre auree	KTK, I, 205
1428	under goulden Waigen	KTK, I, 205
1462	under gulden Wagen	KTK, I, 205
1571	An der gulder wagen	Mercator
1591	Under Guldenwagen	W, IV, 113

An der leenpforts

Heute: **Steinfelder Gasse**
3. Stadterweiterung (Mercator-Plan S. 234/235)

Die heutige *Steinfelder Gasse* führte als Verlängerung der parallel zur Grenze der Römerstadt verlaufenden *St.-Apern-Straße* zu der Kirche St. Gereon. Im 13. Jahrhundert befinden sich hier ein Haus *Zum Löwen* (*domus Leonis*) und die gleichnamige *Löwenpforte*, die die *Steinfelder Gasse* im Süden abschließt.

Das mhd. *lewe* bzw. altkölnische *lewen* kommt darüber hinaus auch als Personenname eines Anwohners vor: *herrin Lewyns huys* (vgl. Keussen, Bd. 2, S. 262). Von daher muß die Straßenbezeichnung *Lewengasse* auf einen »Hausbesitzer oder [...] dessen Anwesen« (NKS, Bd. 2, S. 158) zurückgeführt werden. Demgegenüber bezieht sich die spätmittelalterliche Bezeichnungspraxis (*zu der Lewenpforte*) eindeutig auf die *Löwenpforte*, der A. Mercator mit dem Eintrag auf dem ersten Stadtplan Kölns von 1571 entsprochen hat.

Nennung	Straßenname	Belege
1198/1224	ante portam Reinardi	H, II/1, 235
1232	domui Leonis	KTK, II, 262
1276	apud dom. Leonis	KTK, II, 261
1284	versus portam Leonis	KTK, II, 262
1308	[...] domui quond. dicti Leonis	KTK, II, 261
1331	Lewenporze	KTK, II, 262
1331	curia appell. vulg. herrin Lewyn huys	KTK, II, 262
1336	super ordone Lewengassen	KTK, II, 261
1398	zu der Lewenpforte	KTK, II, 262
1422	zu der Lewenpforte	KTK, II, 261
1480	zu der Leenpforte	KTK, II, 261
1571	An der leenpforts	Mercator

an der Marporz

Heute: **Marsplatz** (westliches Teilstück)
Römerstadt

Die *Marspforte* bildete den Abschluß der Straße *Obenmarspforten* in der römischen Stadtmauer. Dieser Straßenabschnitt ist auf dem Mercator-Plan unbezeichnet. Die unterschiedlichen Schreibungen in der Namenserie dokumentieren die mehrdeutige Semantik des Tornamens. Während dieses Tor in den ältesten Belegen aus dem 10. und 12. Jahrhundert als ein Markttor (*porta fori*, *porta mercatorum*) erscheint, haben Schreinsbuchschreiber des Spätmittelalters es offensichtlich als eine Pforte mit dem Namen des römischen Kriegsgottes Mars (= ›Tor beim Marstempel‹) aufgefaßt. Bereits Weinsberg hat über beide Deutungsmöglichkeiten reflektiert: »Etliche willen, es sulte Porta Martis sin gewest, van dem Mars genant; mich bedunkt, es sol die porz umb des martz willen also genant sin, dar sei nach bei stunde« (Buch Weinsberg, Bd. 1, S. 231).

Die lautliche Ähnlichkeit von mhd. *mart* (= ›Markt‹; vgl. Lexer, Bd. 1, Sp. 2049) und ›Mars‹ hat das semantische Schwanken des Namens ebenso begünstigt wie die topographische Lage des Stadttors: Die *Marportz* befand sich in der römischen Stadtmauer oberhalb der a. 940 einbezogenen Rheinvorstadt und bildete damit einen Durchgang zum Marktviertel. Seit dem 11. Jahrhundert ist auf dieser Pforte eine St.

Michael Kapelle belegt (»dicitur [1021–36 Erzbischof Piligrim] et capellam b. Michaelis constituisse, quae est in porta Martis«, zitiert nach Keussen, Bd. 1, S. 170), die bis zur Vertreibung der Juden und der Nutzung ihrer Synagoge als Ratskapelle diente. Wie Weinsberg berichtet, wurde die *Marporz* a. 1545 abgebrochen.

Das 16. Jahrhundert hat an beiden Namenbedeutungen festgehalten, indem nach Abbruch der Pforte dieser folgendermaßen gedacht wurde: »Lang darnach hat man zu gedechtnis der Marporz uis befelch eines raitz oben an die beide heuser 2 bilder laissen setzen mit versen, uff ein seite das bilt des abgotz Martis, an die ander seite s. Michaeils« (Buch Weinsberg, Bd. 1, S. 231).

Nennung	Straßenname	Belege
989	porta fori	L, I, 75
1021/36	porta Martis	KTK, I, 170
1135/52	ante portam mercatorum	H, I, 218
1142/56	versus Martportam	H, I, 36
1200	in Porta Martis	KTK, I, 170
1225	ante portam Martis	KTK, I, 165
1256	versus Marporcen	KTK, I, 172
1279	ante portam Martis	KTK, I, 165
1310	ante portam Marthis	KTK, I, 171
1341	unter der Marporze	KTK, I, 170
1400	under der Marckportzen	S, II, 96
1437	boven Marspforten	KTK, I, 171
1442	under der Marportzen	KTK, I, 166
1473	boven Marporzen	KTK, I, 166
1485	boven Marportzen	KTK, I, 166
1545	an der Marporz	W, I, 230/31

an der Wollkuchen

Heute: **Nord-Süd-Fahrt/Cäcilienstraße**
Römerstadt

Im Schreinsbezirk St. Peter, der vielfältig mit der Textilproduktion verbunden war, befand sich die städtische Wollküche (*coquina lane*). Ihr entlehnte der östliche Teil der *Cäcilienstraße* (bei Mercator: *S. Cicilien straiß*) seine Bezeichnung. Die Straße ist auf dem Mercator-Plan namenlos dargestellt.

Im Gegensatz zu den Wollküchen in privatem Besitz (am *Marienplatz*, am *Heumarkt*), die zwischen 1330 und 1346 bereits als ›alt‹ bezeichnet werden, ist die städtische Wollküche nicht vor 1362 »durch direkte Quellenzeugnisse [...] belegt« (Keussen, Bd. 1, S. 128*). In den Wollküchen wurde die rohe Wolle gereinigt und Wollhandel betrieben.

Nennung	Straßenname	Belege
1390	prope Wolkuchen	KTK, I, 271
1451	prope Coquinam lane	KTK, I, 271
1452	an der Wolkuychen	KTK, I, 272
1487	an der wollkuchen	S, II, 690
1528	bei der Wollküche	KTK, I, 272
1585	an der Wollkuchen	W, III, 291

auf dem Maltzbuchell

Heute: **An der Malzmühle**
1. Stadterweiterung

Die heutige Straße *An der Malzmühle* führte im Mittelalter als Verlängerung von *Vor St. Martin* und dem *Malzbüchel* zur *Kornpforte*. Auf dem Stadtplan A. Mercators (a. 1571) ist sie ohne Bezeichnung dargestellt. Ihr Verlauf entspricht der Stadtgrenze des römischen Kölns. Weil diese kleine Straße einen individuellen Namen entbehrte, beziehen sich die Schreinsbuchschreiber auf den im Norden angrenzenden *Malzbüchel* oder die südlich gelegene Kornpforte, die bereits im 10. Jahrhundert als *porta frumenti* (lat. *frumentum* = ›Korn‹) erwähnt wird. Zur Etymologie von *Malzbüchel* vgl. *am Malzbüchel*.

Nennung	Straßenname	Belege
989	porta frumenti	L, I, 75
1149/65	iuxta portam frugum	H, I, 52
1165/72	super Malzbuchel	H, I, 50
1200	ante portam Frumenti	KTK, I, 49
1254	super Malzbucgele [...] versus Corrinporzin	KTK, I, 49
1255	versus Corinporze	KTK, I, 49
1269	ante Corinporzin	KTK, I, 50
1379	am Malzbüchel	KTK, I, 49
1400	bj Korenportze	S, II, 96
1428	infra Malsbuchel	KTK, I, 49
1455	am Malssbuchel	KTK, I, 49
1475	auf dem Maltzbuchell	KTK, I, 49

Auff dem katzenbauch

Heute: **Kattenbug**
2. Stadterweiterung (Mercator-Plan S. 234/235)

»Auch [...] diese *Kattenbug* ist ein richtiggehender Katthagen, denn *buk*, *buge* bezeichnet im Niederdeutschen eine leichte Einfriedung aus geflochtenen Zweigen, eine Bucht, ein Gehege [...]. Ihre Entstehung verdankt die Kattenbug der Stadterweiterung im Jahre 1106, wo unter Einbeziehung der Allmende und des südlich am Rhein gelegenen Oversburg, auch Niederich in die bedeutend erweiterte Umwallung der Stadt aufgenommen wurde. Die Kattenbug lief damals von der Juden- bis zur Würfelpforte (worpilporze), der Stadtumwallung parallel. Im Jahre 1238 verliehen die Amtsleute von St. Laurenz *porta que dicitur Wurpilporcen* an Theodor *Balistarius* (!) d.h. also, die Torwohnung mit Zubehör wird an den Kattenmeister Theodor vergeben! Bei einer anderweitigen Übertragung des gleichen Jahres behalten sich hier dieselben Amtsleute ausdrücklich *porta et domus cum cloaca adjacente* vor, wobei der Stadt die Besitzergreifung für den Notfall zugestanden wird. Aus diesem vorsichtigen Vorgehen der Amtsleute von St. Lorenz [sic] und daraus, daß man den Kattenmeister Theodor in die Torwohnung setzte, geht klar hervor, daß die Kattenbug damals ein wichtiger und nicht wenig gefährdeter Punkt der kölner Stadtbefestigung war. Wie überall, nach Aufhören der Katthagen, so verschwand auch in Köln sehr bald der Sinn der Bezeichnung Kattenbug, doch auch die phonetische Wiedergabe in sehr verschiedener Schreibweise hat dazu beigetragen, daß auf Arnold Mercators prächtigen Riesenstadtplan von Köln, [...] die Kattenbug, übel verhochdeutscht *auf dem Katzenbauche* genannt wird« (Volckmann, 1919, S. 34f.).

Das südliche Ende dieser Straße mündet in die *Zeughausstraße*. Volckmanns etymologische Namendeutung des *Katzenbauches* als Katthagen läßt sich zudem durch die mittelhochdeutsche Bedeutung von *katz* stützen, unter der ein »Gerüst, worauf die blîde steht« (Lexer, Bd. 1, Sp. 1531) zu verstehen ist. Das *Blyde huyss* (mhd. für ›Geschützhaus‹) befand sich nachweislich in der *Zeughausstraße*. *Blîde* bedeutet im Mittelhochdeutschen ›Geschütz nach Art einer Steinschleuder‹ (vgl. Lexer, Bd. 1, Sp. 307), die hinter einem Katthagen plaziert wurde.

Nennung	Straßenname	Belege
1238	Wurpilporcen	KTK, II, 102
1262	prope Wurpilporcen	KTK, II, 103
1315	inter Judenporzen et Wurpelporzen	KTK, II, 103
1331	porta Tesser[arum]	KTK, II, 102
1348	katzenbuich	NKS, II, 24
1354	auf dem Catzenbuch	KTK, II, 103
1378	up dem Katzenbuyche	KTK, II, 102

1400	upme Katzenbuch	KTK, II, 104
1487	auf Katzenbuyche	KTK, II, 103
1528	by dem Katzenbuich	KTK, II, 103
1566	uff dem Katzenboich	W, II, 157
1571	Auff dem katzenbauch	Mercator

Auff der hochpforts

Heute: **Hohe Pforte**
1. Stadterweiterung (Mercator-Plan S. 142/143)

»Die Hohe Pforte bewahrt die Erinnerung an das alte Südtor der Römermauer [...]. Die im späteren Mittelalter nicht mehr erwähnte Hohe Pforte scheint durch Feuersbrunst zerstört worden zu sein« (NKS, Bd. 1, S. 372).

Nennung	Straßenname	Belege
1142/56	iuxta altam portam	H, I, 27
1192/93	iuxta altam portam	H, I, 209
1254	iuxta Altam portam	KTK, I, 34
1303	versus Altam portam	KTK, I, 33
1360	super Portham altam	KTK, I, 34
1429	super Hoepoirtzen	KTK, I, 33
1524	uff die Hoeporz	W, I, 39
1528	uff der Hoeporzen	W, I, 58
1545	uff der Hoichporzen	W, I, 232
1571	Auff der hochpforts	Mercator
1591	uff der Hoeporzn	W, IV, 116

Auff die adit

Heute: Auffahrt Deutzer Brücke
1. Stadterweiterung (Mercator-Plan S. 142/143)

Die ehemalige Straße *Auf der Aar* war im Mittelalter »über einem älteren Kanal« gelegen und hieß »daher Auf der Aducht« (Keussen, Bd. 1, S. 165*).

»Aducht, zusammengezogen aus lat. aqu(a)e ductus (12. Jh.). 1. Abzugsgraben für die Abwässer; offene oder bedeckte breite Sode (Gosse), wie eine solche im dichtbebauten Rhein- und Marktviertel rheinwärts gezogen war, [...]. 2. altköln. Geschlecht Aducht, genannt nach der Lage des Stammhauses an der Aducht« (NKS, Bd. 1, S. 7).

Nennung	Straßenname	Belege
1142/56	super aqueductum	H, I, 23
1171/72	iuxta aqueductum	H, I, 155
1200	supra Aqueductum	KTK, I, 3
1232	Walthelmi de Aduch	KTK, I, 3
1277	dom. Ackeren	KTK, I, 3
1277	supra Aduich	KTK, I, 4
1330	super Aduch	KTK, I, 4
1337	supra Aducht	KTK, I, 3
1340	up der Aducht	S, II, 8
1428	auf de Aijcht	KTK, I, 4
1476	auf der Aducht	KTK, I, 4
1554	uff der Adit	W, II, 52
1571	Auff die adit	Mercator

Bachauß gaß

Heute: **Achtergäßchen**
3. Stadterweiterung (Mercator-Plan S. 57)

Dieses Gäßchen verbindet die *Severinstraße* mit der *Achterstraße*. Köln. *Backhuus* n., -hüser: entspricht ›Backhaus‹. Solche sind als »gewerblicher Betrieb (Bäckerei) in Köln seit dem 12. Jh. nachweislich, zunächst nur einige in der Stadt zerstreut liegende, unmittelbar mit der Wohnung des Bäckers verbundene nachweisbar, ausgestattet mit Backofen, Kessel, Mulden und anderem Zubehör« (NKS, Bd. 1, S. 47).

Im 13. und 14. Jahrhundert ist der Beiname *Slunne* (*Sophie Slunne*, *Arnold Sluyne*) belegt, auf den das Bestimmungswort in *Slungassen* zurückgeht. Für E. Volckmann ist die *Slungasse* ein Straßenname »anrüchiger Art«, weil *Slun*, *Slune* »die niederdeutsche Bezeichnung für Beischläferin, Hure« (Volckmann, 1919, S. 125) war.

Nennung	Straßenname	Belege
1292	ex opp. dom. Sophie Slunne	KTK, II, 195
1309	in vico Slungasse	KTK, II, 171
1337	super ordone de Slunegassin	KTK, II, 171
1342	hered. Arnoldi Sluyne	KTK, II, 191

1343	in ordone vici Slunengassin	KTK, II, 171
1346	ex opp. platee Slunegassin	KTK, II, 174
1347	ex opp. strate Slungasse	KTK, II, 191
1366	dom. zo der Buten	KTK, II, 194
14. Jhd.	ex opp. Slunegassen [...] domum dicti Slun	KTK, II, 191
1409	ehemalig. Backhaus des erzb. Hofes	KTK, II, 195
1424	[Backhaus auf der] Slungassen	KTK, II, 195
1464	Hs. zo der Buten u. 1 Backhaus	KTK, II, 194
1571	Bachauß gaß	Mercator

bechergesgen

Heute: **Bechergasse**
1. Stadterweiterung (Mercator-Plan S. 142/143)

»Zunftmäßig zählte zum Böttcherhandwerk vielfach der *Becherer*, *Bechermacher*, nd. *Bekemaker*, becharius, becherarius, der besonders Becher und Kannen aus Holz verfertigte [...]. In Köln besteht ein *Becherergäßchen*, das allerdings 1280 Baggir- und 1286 Baggergazze genannt wird, doch kommt dafür auch die unzweideutige lateinische Bezeichnung vicus craterum, crateris oder artus vicus craterarum vor (Keußen); merkwürdig ist, daß es von einem Haus der Gasse 1271 heißt: *domus quam inhabitat Godefr. Lefkuchbeckere* und daß 1339 die Bezeichnung Beger-, 1369 Leggergassen [sic] sich wiederholt. Es scheint danach fast, als wäre hier eine ehemalige (Lebkuchen-)Bäckergasse allmählich, aber wohl ohne Grund, zu einer Becherergasse geworden« (Volckmann, 1921, S. 169).

Bei A. Wrede ist über diesen Gassennamen folgendes zu lesen: »[...] es besteht also kein Zweifel, daß man hat es bei Becher in *Becherjaß* mit einem Sachwort zu tun, aber nicht einem Personennamen; Becher, ob aus Holz oder Leder (Würfelbecher) oder anderem Stoff wurden anscheinend in der *Becherjaß* oder in der Nähe am Altermarkt feilgeboten; aber eine Zunft der Becherer (Bechermacher) ist nicht nachweisbar, auch wird es wegen eines solchen Spezialgerätes ein besonderes Gewerbe nicht gegeben haben; weder das Mittelalter noch die spätere Zeit weisen einen Becherer auf, nirgendwo im reichsstädtischen Köln« (NKS, Bd. 1, S. 56).

Nennung	Straßenname	Belege
1197/15	in angusta platea	H, I, 319
1239	in Angusta platea	KTK, I, 107
1259	in Arta platea, que Bekergazze appell.	KTK, I, 107
1271	Godefridus Lefkug[gen]beckere	KTK, I, 106

1315	in arta platea dicta Beggergasse	KTK, I, 107
1321	in Arta platea dicta platea Cratheris	KTK, I, 107
1339	in Begergassin	KTK, I, 106
1340	in Beichergasse	KTK, I, 106
1364	strate de Bechergasse	KTK, I, 105
1369	in Beggergassin	KTK, I, 105
1396	die Engegasse gen. die Bechergasse	KTK, I, 107
1449	in der Bechergasse	KTK, I, 106
1520	in der Bechergassen	W, I, 28
1542	die Bechergass	W, I, 169
1553	in der Bechergassen	W, V, 11
1571	bechergesgen	Mercator
1578	in Beigergassin	KTK, I, 106

bei S. Cuniberts Kirchhof

Heute: **An der Linde**
2. Stadterweiterung

Den heute *An der Linde* genannten Straßenzug hat A. Mercator auf seinem Stadtplan (1571) trotz beidseitiger Bebauung und seiner platzähnlichen Ausdehnung unbezeichnet dargestellt. Lediglich den Sakralbau an seinem nord-östlichen Ende hat er mit *S. Cunibertus* beschriftet. Dieser Umstand korrespondiert mit der Bezeichnungspraxis der mittelalterlichen Schreinsbücher, in denen sich zwischen dem 12. und 16. Jahrhundert kein individueller Name für die Straße *An der Linde* nachweisen läßt. In Ermangelung eines spezifischen Straßennamens beziehen sich die Verortungen von Liegenschaften überwiegend auf die Kunibertskirche.

»Als Kirche des hl. Kunibert tritt das Gotteshaus erst 866 einwandfrei u. klar bezeugt hervor. Zu dieser Zeit ist die Rede von einem Monasterium sancti Cuniberti, Stift zum hl. Kunibert. Bei der Kunibertskirche befand sich also ein Stift, eine Vereinigung von Geistlichen, canonici, Kanoniker genannt [...]. In den ersten Jahren des 13. Jh. ließ das Stiftskapitel, die Stiftsgeistlichkeit, die Kunibertskirche neu erbauen [...]. Die Kirche wurde 1247 von Erzbischof Konrad von Hochstaden eingeweiht, ein Jahr früher als der Grundstein zu dem jetzigen Dom gelegt wurde« (NKS, Bd. 2, S. 115).

Als spezifischere Bezugspunkte mittelalterlicher Verortungen erscheinen die nahegelegene einstige Stadtgrenze bis 1180 (*versus vallum* von mlat. *vallum* = ›Wall‹; Habel/Gröbel, Sp. 417), Weingärten (*iuxta vineas* von mlat. *vinia* = ›Rebstock‹; Habel/Gröbel, Sp. 426) und der Kirch- bzw. Friedhof von St. Kunibert (*contra cimiterium* von lat. *coemeterium* = ›Kirchhof‹, ›Gottesacker‹; Georges, Bd. 1, Sp. 1228).

Nennung	Straßenname	Belege
1163/69	ante porticum s. Kuniberti	H, II/1, 84
1180/85	versus vallum	H, II/1, 129
1188/1203	contra s. Cunibertum	KTK, II, 113
1209/15	in oposita parte s. Kuniberti	H, II/1, 195
1237	iuxta s. Cunibertum	KTK, II, 114
1284	versus s. Cunibertum	KTK, II, 114
1294	contra cimiterium eccl. s. Kuniberti	KTK, II, 114
1315	iuxta s. Kunibertum	KTK, II, 114
1345	apud vineas iuxta s. Kunibertum	KTK, II, 113
1385	in opp. s. Cuniberti	KTK, II, 114
1482	vor S. Cuniberts Kloster	KTK, II, 114
1535	bei S. Cuniberts Kirchhof	KTK, II, 114
1571	S. Cunibertus	Mercator

bei S. Laurenz

Heute: **Laurenzplatz**
Römerstadt

Die nördlich um die Kirche St. Laurenz führende Gasse hat A. Mercator auf seinem Stadtplan ohne Namen eingezeichnet. Obwohl der hier gelegene Hof *Zur Stessen* seit a. 1263 als Sitz der Vögte besondere Bedeutung erlangt, im 14. Jahrhundert das Stadtarchiv dorthin überführt wird und dort seit a. 1375 das große Siegel der Stadt aufbewahrt wird (vgl. Keussen, Bd. 1, S. 210), entwickelt sich kein hierauf referierender Straßenname.

Die Schreinsbücher verorten hier zu verzeichnenden Grundbesitz mit dem Hinweis auf die Pfarrkirche St. Laurenz, deren Entstehungszeit bzw. erste Erwähnung H. Keussen mit dem Jahr 1135 angibt (vgl. Keussen, Bd. 1, S. 148*). Sie wurde 1817 abgebrochen. Im Gegensatz zur modernen Bezeichnungspraxis kennt das Mittelalter Plätze namentlich nur, insofern sie als Märkte genutzt wurden.

Nennung	Straßenname	Belege
1145/70	in atrio s. laurentii	H, I, 235
1200/30	retro S. Laurentium	KTK, I, 210
1262	iuxta s. Laurentium	KTK, I, 210
1400	bei S. Laurencius	KTK, I, 209
1402	bi sent Laurencius in dem hoeve	KTK, I, 210
1520	hinter S. Laurentius	KTK, I, 210
1580	die Stessa bei sant Laurenz	W, III, 69

bei S. Marien Magdalena

Heute: **An St. Magdalenen**
3. Stadterweiterung

Gegenüber von St. Severin befand sich bis zu ihrem Abbruch (im Zuge der Säkularisation von 1805) die Kapelle St. Maria Magdalena, die in den Schreinsbüchern erstmals zwischen 1190 und 1215 erwähnt wird. Die östliche Verlängerung der *Kartäusergasse*, die an der Längsseite der Kapelle vorbeiführte, trägt heute ihren Namen (*An St. Magdalenen*).

Die Bezeichnungspraxis des Mittelalters orientierte sich ebenfalls an der Kapelle, jedoch ohne, wie in den Fällen von St. Severin (*Sint Severeins straiß*), St. Aposteln (*Die Apostel straiß*) oder St. Gereon (*S. Gereons straiß*) einen entsprechenden Straßennamen (**S. Magdalenen straiß*) auszubilden. Dies hat unzweifelhaft mit der unvergleichlich geringeren Bedeutung der Magdalenenkapelle und ihrer noch um 1571 bebauungsarmen Stadtrandlage zu tun. So verwundert es kaum, daß A. Mercator dieser Gasse auf seinem Stadtplan keinen Namen gegeben hat.

Nennung	Straßenname	Belege
1190/1215	ecclesie s. Magdalene	H, II/1, 266
1218/21	capella b. Marie	KTK, II, 192
1289	capella Marie Magdalene	KTK, II, 192
1312	capella b. M.M.	KTK, II, 192
1364	ab ecclesia b. Marie Magdalene	KTK, II, 185
1372	hinter S. Marien Magdalenen	KTK, II, 185
1417	bei S. Marien Magd.	KTK, II, 185
1534	Kirchhof von S. Marien-Magdalenen	W, I, 95
1581	uff s. Marien Magdalenen kirchhoff	W, III, 105

Bolsgass

Heute: **Bolzengasse**
1. Stadterweiterung

Im Mittelalter *Kleiner Steinweg* genannt, wird diese Gasse in der Frühen Neuzeit erweitert. Hieraus erklärt sich die Bezeichnung *Newergasse*. L. Ennen bringt die Straßenbezeichnung *Bolsgassen* mit einer a. 1462 erwähnten »Herberge zum Bolzen auf dem Steinweg« (Ennen, Geschichte, Bd. 3, S. 426, 665) in Verbindung. Nach A. Wrede wurde diese Gasse »1562 als neue Gasse durchgebrochen zu der alten Straße Unter Hutmacher« (NKS, Bd. 1, S. 92).

Diese Aussage findet sich in den Büchern Weinsbergs bestätigt. Weinsberg schreibt im Jahre 1562: »Und als die Bolsgass eirst gemacht wart, [...] baute (Joh. Peil) die ein side der gassen zum Aldenmart warts vom Steinwegseck bis ans Heumartseck, macht 2 schoner hauser draus und bewonte sulche sin huise(r)« (Buch Weinsberg, Bd. 3, S. 382). Sowohl das Mhd. als auch das Altköln. kennen *Bolzen* in der Bedeutung von ›Pfeil‹ (vgl. Lexer, Bd. 1, Sp. 324f.; NKS, Bd. 1, S. 92). Hiermit ist ein eindeutiger Bezug des Straßennamens *Bolzgassen* zu dem von Weinsberg erwähnten Anwohnernamen *Peil* gegeben.

Nennung	Straßenname	Belege
1192/93	in Steinwige	H, I, 205
1232	super Lapideam viam, que antiquitus inter Macella vocata est	KTK, I, 5
1351	Via lapidea	KTK, I, 5
14. Jhd.	dom. [...] in qua moratur Bolze up dem Steynwege	KTK, I, 5
1435	auf dem Steynwege	KTK, I, 5
1473	upme cleynen Steynwege	KTK, I, 5
1535	uff dem kleynen Steynwege	KTK, I, 5
1566	Bolsgassen	W, II, 143
1566	Bolzgassn	W, II, 143
1580	neuwer Bolsgassen	W, III, 74
1580	Newergasse, [früher] Boltzengasse	KTK, I, 6

Bottermarckt

Heute: **Buttermarkt**
1. Stadterweiterung (Mercator-Plan S. 142/143)

Im Gegensatz zu den Märkten *Neumarkt*, *Alter Markt* und *Heumarkt*, die sich durch ihre großzügigen baulosen Flächen als Marktplätze anboten, ist der sogenannte *Buttermarkt* eine schmale, eng bebaute Gasse in der Rheinvorstadt, die sich nördlich an den Straßenzug *Thurnmarkt* bzw. *Knitmarkt* anschließt.

Im 12. Jahrhundert wird sie in den Schreinsbüchern ohne Eigenname als *Forum* bezeichnet, auf dem Butterverkäufer ihre Stände hatten: *in foro iuxta butiri venditores*. Im 13. Jahrhundert wird nach der Platzbezeichnung *inter Butmengeros* die Handelsware ›Butter‹ zum konstitutiven Bestandteil des Platznamens: *in fore butiri* (1180) – *Bottermarckt* (1571) – *Buttermarkt* (heute; vgl. NKS, Bd. 1, S. 97).

Nennung	Straßenname	Belege
1180/1200	in fore butiri	H, II/1, 275
1180/89	in foro iuxta butiri venditores	H, II/1, 274
1200	inter Butmengeros	KTK, I, 6
1210/25	apud forum butiri	H, II/1, 282
1231	in Foro butiri	KTK, I, 6
1253	in Foro butiri	KTK, I, 6
1283	in Foro buttiri	KTK, I, 7
1299	in Foro butiri	KTK, I, 7
1386	in Foro butturi	KTK, I, 6
1409	auf dem Buttermarkt	KTK, I, 6
1455	Buttermarkt	KTK, I, 6
1535	uff dem Bottermart	KTK, I, 8
1571	Bottermarckt	Mercator
1580	uff dem Bottermart	W, III, 68

bouen der martportzen

Heute: **Obenmarspforten**
Römerstadt (Mercator-Plan S. 142/143)

Auch die Straßenbezeichnung *bouen der martportzen*, die A. Mercator für die heutige Straße *Obenmarspforten* auf seinem Stadtplan eingetragen hat, referiert auf die

Mar- bzw. *Martporz*, deren etymologische Deutungen bereits im Mittelalter zwischen *Marktpforte* und *Marspforte* schwanken (vgl. *an der Marporz*).

Unter Erzbischof Piligrim wurde im 11. Jahrhundert auf dieser Pforte die Michaelskapelle geweiht, die dem Kölner Rat als Ratskapelle diente: »dicitur [1021–36 Erzb. Piligrim] et capellam b. Michaelis constituisse, quae est in porta Martis« (zitiert nach Keussen, Bd. 1, S. 170). Nachdem a. 1426 auf dem Gelände der jüdischen Synagoge eine Ratskapelle errichtet worden war, verlor die Michaelskapelle auf der *Marspforte* an Bedeutung. Weinsberg berichtet schließlich von ihrem Abbruch: »A. 1545 hat ein ersam rait der stat Coln mit bewilligung der geistlicheit die Marporz, darboven s. Michaeils capell war, im grunde laissen abbrechen und die stein an der stat bau gebraucht. Disse Marporz stunde unden an der Judengassen zu Rhein warz, hatte 2 bagen van Drachenfilzer steinen und war seir unreinlich alzit darunden, dan ein jeder schutte sin unfelait darunden [...] und stank ubel« (Buch Weinsberg, Bd. 1, S. 230f.).

Nennung	Straßenname	Belege
989	porta fori	L, I, 75
1135/52	ante portam mercatorum	H, I, 218
1189/1200	ante portam Martis	H, I, 223
1225	ante portam Martis	KTK, I, 166
1378	boyven Marportzen	KTK, I, 210
1400	an der Marckportz	S, II, 95
1426	an der Marporzen	KTK, I, 171
1478	enboyven Marportzen	KTK, I, 211
1517	an der Marporzen	W, I, 20
1531	boven Marporzn	W, I, 72
1545	Marporz abgebrochen	W, I, 231
1571	bouen der martportzen	Mercator

bouen mauren

Heute: **Martinstraße**
1. Stadterweiterung (Mercator-Plan S. 142/143)

Die heutige *Martinstraße* bildet die Grenze zwischen den Schreinsbezirken St. Martin und St. Alban. Während ihre Ostseite, an der die gleichnamige Kirche Klein St. Martin stand, von der heute nur noch der Glockenturm erhalten ist, dem Schreinsbezirk St. Martin zugerechnet wurde, gehörte die westliche Straßenseite, an der sich der Gürzenich befindet, zu dem Schreinsbezirk St. Alban.

Martinstraße, *Judengasse*, *Bürgerstraße* und *Unter Taschenmacher* entsprechen ihrem Verlauf nach der Lage der rheinwärtsgewandten römischen Stadtmauer. Als Bezugspunkt der Namenbildung ist die römische Stadtmauer während des gesamten Mittelalters lediglich in den Bezeichnungsformen der *Martinstraße* wie *bouen mauren* präsent geblieben.

Zwischen dem 13. und 15. Jahrhundert wird hier ein Haus *Zur Nadel* (*ad acum* von lat. *acus* = ›Nadel‹; Georges, Bd. 1, Sp. 97) erwähnt. Der Hausname *zur Nailden* erscheint auch als Gassenbezeichnung: *Neldergasse*. Der hiermit zusammenhängende Gassenname *undir Neldern* legt nahe, daß hier Nadelmacher gesessen haben. Der Bezug auf die Nadelmacher vermochte sich aber nicht gegen die Bezeichnung *boven Muren* durchzusetzen.

Nennung	Straßenname	Belege
1142/56	superius murum	H, I, 27
1233	in Bovinmuren	KTK, I, 61
1238	in bovin Murin	KTK, I, 61
1247	dom. [...] ad Acum in platea, que dic. Neldergassen	KTK, I, 169
1248	undir Neldern	KTK, I, 169
1251	bovin Murin	KTK, I, 60
1295	in Bovenmuren	KTK, I, 60
1304	in boven Muren	KTK, I, 60
1310	boven Muren [...] prope dom. ad Acum	KTK, I, 168
1333	in bovin Murin	KTK, I, 61
1348	dom. zo der Nailden [...] desuper muros	KTK, I, 168
1358	desuper Muros	KTK, I, 60
1400	Hs. zer Nailden boven Muren	KTK, I, 169
1410	boyven Muyren	KTK, I, 61
1434	boeven Moeren	KTK, I, 60
1456	Hs. zo der nuwer Nailden	KTK, I, 169
1473	boven Muren [...] zo der Nailden	KTK, I, 169
1481	boven Muren	KTK, I, 60
1566	Boven-Muren	W, II, 148
1571	bouen mauren	Mercator

Brunsteynsgasse

Heute: **Großer Griechenmarkt** (zwischen Färbergasse/Kämmergasse)
Römerstadt

Obwohl die heutige Straße *Großer Griechenmarkt* im Mittelalter in fünf Abschnitten verschiedene Bezeichnungen trug (vgl. *Off dem buchell – Brunsteynsgasse – in dem Putzhoiffe – (an der) Kreig pforts – up der Maissen*), hat A. Mercator auf seinem Stadtplan für den gesamten Straßenzug lediglich *Off dem buchell* eingetragen.

Brunsteingasse bezeichnet den Bereich südlich von der *Kämmergasse* (bei Mercator: *Die keimer gaß*) bis zur *Färbergasse* (von Mercator als *Die hondtsgaß* bezeichnet). Namenformen der *Brunsteingasse* kommen zwischen dem 13. und dem 15. Jahrhundert vor. Wahrscheinlich handelt es sich bei den Bezeichnungen *Brunstein-* und *Brunolt-* um hier ansässige Grundbesitzer. Der Name *Bruynsteyn* kommt auch im Martinschrein vor, in dem a. 1337 ein Hausbesitzer *Joh. Bruynsteyn* erwähnt wird: »supra Aducht prope dom. Joh. Bruynsteyn« (Keussen, Bd. 1, S. 3).

Nennung	Straßenname	Belege
1263	Brunsteinsstraszen	KTK, I, 243
1263	Brunsteingazzen in Monticulo	KTK, I, 243
1299	Brunoltstraisa	KTK, I, 242
1314	Brunstensgassen	KTK, I, 243
1331	prope puteum in Brunstensgassen	KTK, I, 239
1339	Bruynsteinsgassin	KTK, I, 242
1359	in Cumulo	KTK, I, 243
1369	in Brunstenzgassen	KTK, I, 242
1380	in Bruynsteynsgassin	KTK, I, 242
1390	in Monticulo	KTK, I, 243
1479	Brunsteynsgasse	KTK, I, 242
1498	auf dem Buchel	KTK, I, 243
1571	Off dem buchell	Mercator

buttegaß

Heute: Polizeipräsidium (Am Waidmarkt)
2. Stadterweiterung (Mercator-Plan S. 97)

Bei dem Straßennamen *buttegaß* liegt A. Wrede zufolge dem »ersten Wortteil […] lateinisch butina zugrunde, ahd. butin(na), mhd. büt(t)e, asächs. butin (offenes Daubengefäß)« (NKS, Bd. 1, S. 118). Durch diese ehemalige *Weißbüttengasse* lief der Seitenarm eines Baches, so daß sich die Gasse für die Ansiedlung von Färbern anbot, die mit Daubengefäßen hantierten.

Weinsberg berichtet a. 1584 von Plänen, »die Bach einen ander weg zu leiten«, so daß »der floss durch die Butgass uber s. Georgens cloister durch die Witzgass benomen« (Buch Weinsberg, Bd. 3, S. 240) worden wäre. Aus Kostengründen ist die Umleitung des verunreinigten Baches, der dem Weinbau schadete, nicht zustande gekommen (vgl. Buch Weinsberg, Bd. 3, S. 240).

Bereits im 14. und 15. Jahrhundert sind in dieser Straße sogenannte Zauhäuser (Farbhäuser) belegt: a. 1347 »dom. [...] voc. Zauhus« (Keussen, Bd. 2, S. 56); a. 1355 »dom. coloratoria [...] via que vadit de domo Gruels ad domum coloratoriam« (Keussen, Bd. 2, S. 58); a. 1438 »dat Verwehuys [...] in Butgassen« (Keussen, Bd. 2, S. 58); a. 1473 »Tzauwhuyss [...] in der Butgasse beneden dem Zauwehuyss« (Keussen, Bd. 2, S. 56); a. 1440 »in der Butgasse beneden dem Zauhus« (Keussen, Bd. 2, S56). 1482 wird als Anwohnerin ein »Grietgin Blaverfersse« »in der Butgasse« (Keussen, Bd. 2, S. 59) erwähnt.

Nennung	**Straßenname**	**Belege**
1200	strata alta et angusta	KTK, II, 59
1220	Buttegasse	KTK, II, 58
1242/48	in Buttegazzen	KTK, II, 57
1262	in der Buttingassen	KTK, II, 57
1270	in Butengassen	KTK, II, 58
1296	in Buttegassen	KTK, II, 57
1306	in Buttegassen	KTK, II, 56
1310	in Buttingassen	KTK, II, 58
1334	in Buttengassen	KTK, II, 58
1347	in Buttegassin	KTK, II, 56
1388	in Butgassin	KTK, II, 56
1442	in Buttegazzen	KTK, II, 57
1468	in der Butgasse	KTK, II, 56
1473	in der Butgasse	KTK, II, 56
1499	in der Budtgasse	KTK, II, 58
1524	in der Butgassen	W, I, 38
1526	Butgassen	W, I, 46
1533	in der Butgassen	W, I, 90
1535	in der Butgasse	KTK, II, 57
1546	in der Butgass	KTK, II, 57
1571	buttegaß	Mercator
1596	in der Butgassen	W, IV, 267

Buttergasse

Heute: **Alter Markt** (südliches Teilstück)
1. Stadterweiterung

Während bereits das mlat. *butyrus/butyrum* auf ›Butter‹ verweist (vgl. Habel/Gröbel, Sp. 42), ist im 12. Jahrhundert in diesem auf dem heutigen *Alter Markt* gelegenen Gäßchen (ehemals: *Buttergasse*) auch ein Haus mit dem klangverwandten Namen *Butterig* nachweisbar. Auch im 15. Jahrhundert läßt sich in dieser Gasse der Verkauf des namenmotivierenden Grundnahrungsmittels belegen: »1472 in ordone vici vocati olim upme Vraiskelre, ubi nunc butirum generaliter venditur« (Keussen, Bd. 1, S. 115). Auf dem Stadtplan Mercators (1571) findet sich für dieses Gäßchen jedoch keine Bezeichnung.

Nennung	Straßenname	Belege
1197/1215	inter caligatores	H, I, 323
1197/1215	domus que dicitur Butterig	H, I, 318
1244/59	dom. Butteriche	KTK, I, 126
1276	ex opp. Butterich	KTK, I, 126
1315	dom. de Butthericum	KTK, I, 128
1336	dom. ad Butterich	KTK, I, 128
1378	ubi nunc butirum [...] venditur	KTK, I, 115
1408	in der Buttergasse	KTK, I, 115
1444	in der Buttergasse	KTK, I, 115
1473	Bottergasse	KTK, I, 100
1507	Buterich	KTK, I, 128
1566	in der B.[utter]g.[asse]	KTK, I, 115
1582	gü. Butterich	KTK, I, 126
1588	Bottergasse	KTK, I, 115

Butzellgasse

Heute: **Holzgasse**
2. Stadterweiterung

Die heute *Holzgasse* genannte Straße führt auf dem Stadtplan A. Mercators (1571) von *Der witsche gaß* (*Große Witschgasse*) zum *holtsmarckt* (*Holzmarkt*). Die lat. Übersetzung des mittelalterlichen ›Holzmarktes‹ (*in foro lignorum* von mlat. *lignum* = ›Holz‹; *lignamen* = ›Bauholz‹; *lignarium* = ›Brennholz‹, ›Holzhof‹; vgl. Georges,

Bd. 2, Sp. 654; Habel/Gröbel, Sp. 222) verweist eindeutig auf einen Lager- und Verkaufsplatz von Brenn- oder Bauholz am Rheinufer.

Demgegenüber sind die Bezeichnungen für die mittelalterliche *Holzgasse* etymologisch weniger leicht zu entschlüsseln. Immerhin kann sowohl die hochmittelalterliche Form *Bozin-* als auch *-rode* mit (Holz-)›Schlag(en)‹ in Zusammenhang stehen (vgl. Lexer, Bd. 1, Sp. 336). *Bazin* bzw. das spätmittelalterliche *Boissen* deuten wiederum auf Holz: Ihnen liegt frz. *bois* zugrunde (vgl. Lexer, Bd. 1, Sp. 323). Entsprechende Gassenbezeichnungen meinen somit ›geschlagenes Holz‹, das in der zum *Holzmarkt* führenden Gasse gelagert, behauen oder verkauft wurde.

Bei H. Keussen liegen diese Straße betreffend für das 16. Jahrhundert keine Nennungen des Straßennamens mehr vor. Diese Gasse ist zwar auf dem Stadtplan A. Mercators dargestellt, jedoch nicht mit einer zeitgenössischen Bezeichnung versehen worden. 1584 erscheint die isoliert auftretende Verballhornung des Gassennamens zu *Butzellgasse*.

Nennung	Straßenname	Belege
1210	in platea Bazinrode	KTK, II, 21
1249	platea Bazenrode	KTK, II, 21
1269	super angulo Bozinrode	KTK, II, 22
1271	in Foro lignorum in angulo Bossenrode	KTK, II, 22
1290	in Bouzrode	KTK, II, 21
1315	inferius platee Boesinroyde	KTK, II, 22
1319	in Bozenroyde	KTK, II, 21
1355	in ordone Boysinroyde	KTK, II, 22
1411	in Boissenroide	KTK, II, 21
1448	Boessenroide	KTK, II, 22
1451	in dem Bossenroid	KTK, II, 21
1487	in Boissenroide	KTK, II, 21
1584	Butzellgasse	KTK, II, 63

Byngersgassen

Heute: **Unter Käster** (südliches Teilstück)
1. Stadterweiterung

Dort wo der *Heumarkt* auf die *Bolzengasse* trifft (im Mittelalter *Unter Hutmacher*), wurde er »durch zwei von Unter Hutmacher kommende kleine Gässchen, die Weite- und die Binger-Gasse in drei Strassenteile« (Keussen, Bd. 1, S. 15) gegliedert.

Die *Bingergasse* ist die direkte Verlängerung der *Bolzengasse* auf den *Heumarkt*.

Auf dem Stadtplan A. Mercators (1571) sind am *Heumarkt* lediglich die entsprechenden Gebäude eingezeichnet; die zwischen ihnen liegende Gasse ist aber namenlos. Sie verläuft zwischen den Gaddemen (»Uraltes kölsches Wort , zuerst (u. 1200) lat. cubiculum [...], nur einen Raum umschließendes, einfaches, einstöckiges Häuschen in der Art einer kleinen Verkaufsbude« NKS, Bd. 1, S. 265 f.) der Hutmacher und Buntwörter (südlich) und denen der Grauwörter, Lammfell- und Futterverkäufer (nördlich).

Explizit wird die *Bingergasse* lediglich in Quellen aus dem 14. und 15. Jahrhundert erwähnt. Schreinsbucheinträge der übrigen Jahrhunderte des Untersuchungszeitraumes beschränken sich bei ihren Lokalisierungen von Liegenschaften im Bereich der *Bingergasse* auf die Angabe hier feilgebotener Waren: So wird dieses Gäßchen im 12. Jahrhundert lediglich als ›enge Gaße bei den Leinwandverkäufern‹ (*inter venditores pannorum iuxta artum vicum*) bezeichnet (mlat. *pannus* = ›Leinen‹, ›Tuch‹; vgl. Georges, Bd. 2, Sp. 1461; Habel/Gröbel, Sp. 272). Anscheinend besitzt die *Bingergasse* bis zum 14. Jahrhundert keinen individuellen Namen. Ein Schreinsbucheintrag der ersten Hälfte des 14. Jahrhunderts enthält ihren Benennungsgrund: Sie ist die Straße, die zum Haus *Benekini* führt (*vicum, qui tendit versus dom. Benekini*). Noch im 15. Jahrhundert wird hier ein Haus *Byncge* erwähnt.

Nennung	Straßenname	Belege
1171/72	in Foro versus Artum vicum	H, I, 100
1182/86	inter venditores pannorum iuxta artum vicum	H, I, 166
1322	in ordone Beinginsgassen	KTK, I, 40
1322	vicum, qui tendit versus dom. Benekini	KTK, I, 41
1335	in fine parvi vici	KTK, I, 40
1347	sub Cubiculis	KTK, I, 40
1347	in ordone vici, qui dic. Bengegascen	KTK, I, 40
1347	in ordone Arti vici appell. Bengegassen	KTK, I, 40
1347	Arti vici versus Monetam	KTK, I, 40
1381	in ordone Byncgassin	KTK, I, 40
1412	Beensgasse	KTK, I, 40
1434	Beyengassen	KTK, I, 40
1435	Byngersgassen	KTK, I, 38
1448	under Gewantgedemen [...] gü. Hs. Byncge	KTK, I, 39
1467	Engergasse	KTK, I, 40

Caelhauser gaß

Heute: **Unter Kahlenhausen**
3. Stadterweiterung (Mercator-Plan S. 178/179)

A. Wrede führt die Straßenbezeichnung auf einen entsprechenden Flurnamen zurück: »Ka(h)lehuse [...], Unger: Unter Kahlenhausen [...] erstmalig (1239) caldenhusen, Flurname, der durch Wort u. Begriff kalt näher bestimmt ist [...]; kalt bedeutet [...] rauh u. hochgelegen [...]. Das Gelände um K. war von Wein- u. Gemüsegärten durchzogen, besetzt mit einem Hof, der den Namen der Flur erhielt, wie auch die allmählich sich entwickelnde Straßensiedlung nach ihr benannt wurde« (NKS, Bd. 2, S. 6).

Diese etymologische Deutung muß durch einen Hinweis auf einen in den Schreinsbüchern erwähnten Hausnamen ergänzt werden. Im Mhd. steht *kelter* bzw. *kalterhûs* für das Haus, in dem die (Wein-)Kelter steht (vgl. Lexer, Bd. 1, Sp. 1543). Ein solches wird tatsächlich in den Schreinsurkunden 1306 und 1405 erwähnt. Die Geschichte des Straßennamens beschreibt folglich die Übertragung eines Flurnamens auf einen Hausnamen, der zwischen ›kalt‹ und ›Kelter‹ schwankt und schließlich als kontrahierter Hausname zur Straßenbezeichnung wird.

Nennung	Straßenname	Belege
1239	versus novum fossatum Caldenhusen	KTK, II, 278
1254	apud Caldinhusin	KTK, II, 278
1306	dom. dicta Kelterhus	KTK, II, 277
1307	bei Kaldenhusin	KTK, II, 276
1319	apud Kaldenhusen	KTK, II, 276
1322	dom. Gerlaci de Kaldenhusen [...] versus stratam Kaldenhusen	KTK, II, 339
1327	apud Kaldinhusin	KTK, II, 277
1352	apud Kaldenhusen	KTK, II, 276
1393	under Kaldenhuysen	KTK, II, 278
1405	dat Kelterhuys [...] under Kaldenhusen	KTK, II, 277
1421	bei Caldenhusen [...] F. v. Caldenhuysen	KTK, II, 276
1448	under Caldenhuysen	KTK, II, 277
1471	bei Caldenhusen	KTK, II, 277
1476	under Kaldenhusen	KTK, II, 278
1571	Caelhauser gaß	Mercator

Casius gaß

Heute: **Olivengasse**
Römerstadt (Mercator-Plan S. 272)

Mehrfach wird in den Büchern Weinsbergs von Nicasius Hackeney berichtet, auf den die Straßenbezeichnung *Casius gaß* (1571) zurückgeht: »Nicasio Hackenei, der in Capitolio das kostlich steinwirk mitz in der kirchn hat laissen machen und des keiser hoff uff dem Numart gebaut« (Buch Weinsberg, Bd. 2, S. 126).

Ferner erzählt Weinsberg, daß am 5. Januar 1531 Kaiser Karl in Begleitung von Kurfürsten »uff den Numart in Nicasii hoff« (Buch Weinsberg, Bd. 1, S. 70) Quartier bezogen habe. Hierbei handelt es sich um den Rittersitz der Familie Hackeney, deren Wappenzeichen (zwei Pferdeköpfe an einem Treppenhaus) an die Richmodissage erinnern. Das Nicasiushaus »mach vor hondert jaren und darnach den graven von Mors zustendich gewesen sin, [...] und mach dem keiser Maximiliano primo verfallen sin, der es sinem hoffmeister Nicasio Hackeney geschenkt haben [mach]. Und als es von Nicasio, der ein geboren colnischr burger in der Bottegassen war [...] gebaut sult werden, starb keiser Maximilianus« (Buch Weinsberg, Bd. 4, S. 22f.). Der Enkel des Kaisers, Karl V., »mach [...] dissem Nicasio das afflais-gelt, so in Coln vergadert war, zu vollest sines baus geschenkt haben. Und er hat ein pallast draus gebaut mit dem eirsten windeltorn in Coln. [...] Und etlichen haben das haus des keisers hoff genant, etlichen Nicasius-hoff. Und haben ein weis gainde pfert oder hackenei im wapen gefoirt« (Buch Weinsberg, Bd. 4, S. 22f.).

Darüber hinaus legt Weinsberg Zeugnis davon ab, daß der von Mercator verzeichnete Straßenname *Casius gaß* allmählich durch *Olivengassen* ersetzt worden ist. Dieser Name bezieht sich auf ein Begarden- bzw. Laienbrüderkonvent, der »1291 das Haus zom Olvunde in der Streitzeuggasse in Besitz nahm u. dort auch eine Kapelle oder Bethaus einrichtete. [...] Die Gasse erhielt erst 1812 mit Wirkung vom 1. Januar 1813 ab die feste Bezeichnung Olivengasse: Rue des Oliviers – Olivengasse« (NKS, Bd. 2, S. 251).

Nennung	Straßenname	Belege
1261	in Numartgazzen	KTK, I, 351
1271	in angulo Numartgazen	KTK, I, 351
1307	Numartgazze	KTK, I, 350
1344	Numartzgasse ex opp. dom. Olvunde	KTK, I, 350
1359	Numertzgassen	KTK, I, 431
1390	Nuymmartzgasse	KTK, I, 351
1401	in der Nmg. [...] zu den Ulvonden	KTK, I, 351
1432	Nynmartzgasse	KTK, I, 431
1459	Nuwemartzgasse	KTK, I, 350

1511	Hofmeister Casin Hackenege	KTK, I, 431
1531	uff den Numart in Nicasii hoff	W, I, 70
1571	Casius gaß	Mercator
1586	Olivengassen	W, III, 353

Dat wehrgesgen

Heute: **Wehrgasse**
1. Stadterweiterung (Mercator-Plan S. 142/143)

A. Wrede hat diesen Straßennamen auf das mittelhochdeutsche Äquivalent für ›quer‹ zurückgeführt: »Zu dem alten Bestimmungswort dver, tver ist mhd. twerch, dwerch (quer, querch) zu vergleichen, nhd. zwerch (in Zwerchfell, quer durchgehende starke Haut zwischen Brust- u. Bauchhöhle); vgl. mnd. dwer(s), dwars, ndl. dwars. Der kleineren Gassen, durch die zwei größere Straßen miteinander verbunden wurden, Quer- oder Twergassen, gab es im mittelalterlichen Köln mehrere, die Antonsgasse, Kleine Spitzengasse […] u. das Börsengäßchen« (NKS, Bd. 3, S. 267).

Die appellativische Herkunft dieses in Köln mehrfach vorkommenden Gassennamens deutet darauf hin, daß sich hier kein individueller Name entwickelt hat. Da die Gassenbezeichnung seit dem 12. Jahrhundert das Bestimmungswort ›Quer-‹ aufweist und derartige Namenbildungen auch nach 1571 noch vorkommen, muß das von Mercator auf seinem Stadtplan eingetragene *wehrgesgen* als ein Mißverständnis angesehen werden.

Nennung	Straßenname	Belege
1197/1215	Dveregaszen	H, I, 317
1197/1215	Dvergazzin	H, I, 312
1245	Dwergazze	KTK, I, 151
1253	Dueregazzen	KTK, I, 151
1270	Duergazzin	KTK, I, 151
1294	Dwergassin	KTK, I, 151
1316	Twergassin	KTK, I, 152
1329	in ordone platee Tuergassen	KTK, I, 151
1343	in Dwerg.[asse]	KTK, I, 151
1412	Twergasse	KTK, I, 151
1456	Twergasse	KTK, I, 152
1487	Dwergasse	KTK, I, 151
1524	Dwergasse	KTK, I, 152

1570	Zwergasse	KTK, I, 151
1571	Dat wehrgesgen	Mercator
1578	Twergasse	KTK, I, 152
1590	Twergasse	KTK, I, 151

Der Aldemarckt

Heute: **Alter Markt**
1. Stadterweiterung (Mercator-Plan S. 142/143)

Seit der Mitte des 12. Jahrhunderts wird dieser zentrale Platz in der Kölner Altstadt als ›alter Markt‹ bezeichnet: *in Veteri foro* von (m)lat. *vetus* = ›alt‹ (vgl. Georges, Bd. 2, Sp. 3460f.; Habel/Gröbel, Sp. 423).

»Ursprünglich der einzige, einfach Markt (forum) genannte Marktplatz Kölns, gelegen an der Rheinseite in der ehemaligen Rheinvorstadt, auch den Heumarkt umfassend, erst bei der Entstehung des Neumarktes, die in die Zeit um etwa 1000 fällt, als vetus oder antiquum forum (Altermarkt) von diesem, dem novum forum, unterschieden, so urkundlich Mitte 12. Jh., um 1300 upme Aldenmarte; mit dem Heumarkt zusammen ein weiter einheitlicher Platz, in dessen Mitte die Münzstätte des Erzbischofs u. Budenreihen standen, hierdurch allmählich in zwei Plätze getrennt, einen nördlichen, der den Namen Altermarkt behielt, u. einen südlichen, der seit dem 13. Jh. Heumarkt genannt wurde« (NKS, Bd. 1, S. 22).

Nennung	Straßenname	Belege
1155	in Veteri foro	KTK, I, 102
1197/1215	in foro	H, I, 307
1237	in foro	KTK, I, 102
1246	in Veteri foro	KTK, I, 103
1267	in Veteri (antiquo) foro	KTK, I, 103
1296	in Antiquo foro	KTK, I, 103
1301	in Antiquo foro	KTK, I, 97
1328	Aldenmartte	KTK, I, 101
1376	super Foro antiquo	KTK, I, 105
1392	upme Aldenmart	KTK, I, 94
1481	up Aldenmartte	KTK, I, 101
1493	up Aldenmart	KTK, I, 98
1500	an dem Aldenmarte	KTK, I, 103
1532	bei dem Altenmart	W, I, 82
1551	am Altenmart	W, I, 364

1571	Der Aldemarckt	Mercator
1589	uff dem Altenmart	W, IV, 86
1594	am Altenmart	W, IV, 198

Der Hewmarckt

Heute: **Heumarkt**
1. Stadterweiterung (Mercator-Plan S. 142/143)

Der *Heumarkt* gehörte ursprünglich zu dem großen einheitlichen Markt in der Rheinvorstadt, der zunächst in den Schreinsurkunden schlicht als *forum* erscheint. Erst in späterer Zeit gliedert die Bebauung der Rheinvorstadt die große Marktfläche in die beiden namentlich heute noch existierenden Märkte *Heumarkt* und *Alter Markt* (vgl. *Der Aldemarckt*). Nach H. Keussen erhielt der südlichere *Heumarkt* um 1300 seine Bezeichnung (vgl. Keussen, Bd. 1, S. 158*). A. Wrede datiert den Platznamen etwas früher: »Der Name H.[eumarkt] ist zuerst 1269 in latein. Sprache forum feni, Heumarkt, überliefert« (NKS, Bd. 1, S. 352). Der namengebende Heuverkauf läßt sich auch in späterer Zeit noch belegen. Im 14. Jahrhundert heißt es im Schreinsbuch von St. Martin: »super Antiquum forum, quod modo voc. Forum feni« (Keussen, Bd. 1, S. 23).

Die auf dem *Heumarkt* abgehaltenen Märkte wie z. B. der Leinwandmarkt (*inter Venditores linearum*, *Lijnwaetz marte*), *Salzmarkt* (*Forum salis*, *up Salzmarte*), Fleischmarkt (*Forum carnium*, *upme Vleyschmarte*) oder Eisenmarkt (*forum ferri*, *Yserenmarkt*) haben sich ebenso wenig auf die Bezeichnungspraxis des gesamten Platzes ausgewirkt wie die Nennung des südlichen Platzendes nach flämischen Kaufleuten *unter Flemingen* (*inter Flamingos*, *under Vlemyngen*). Trotz der Warenvielfalt auf dem *Heumarkt*, die von Grundnahrungsmitteln bis zu Leder- und Pelzwaren reichte, ist der Name *Heumarkt* für den ganzen Platz im gesamten Untersuchungszeitraum gebräuchlich geblieben.

Nennung	**Straßenname**	**Belege**
1149/59	in foro	H, I, 44
1182/86	in foro	H, I, 161
1200	in Foro	KTK, I, 21
1231	in Foro inter Venditores ferri	KTK, I, 25
1236	in Foro veteri	KTK, I, 23
1269	in forum ferri	KTK, I, 27
1277	in Foro	KTK, I, 21
1297	in Foro feni	KTK, I, 29

1300	Forro feni, quond. vocato super Veteri foro	KTK, I, 23
1303	Foro feni	KTK, I, 21
1323	super Antiquum forum, quod modo voc. Forum feni	KTK, I, 23
1356	super Foro feni	KTK, I, 21
1371	up deme Heumarte	KTK, I, 22
1398	upme Houmarte	KTK, I, 27
1401	in Foro feni	KTK, I, 21
1437	upme Houymarte	KTK, I, 25
1474	up dem Heumart	KTK, I, 28
1500	in Foro foeni	KTK, I, 19
1519	uber den gansen Heumart	W, I, 26
1520	uff dem Heumart	W, I, 27
1535	uff dem Heuwemart	KTK, I, 28
1571	Der Hewmarckt	Mercator
1580	uffm Heumarkt	W, III, 73
1580	uff dem Heumart	W, III, 73

Der holts marckt

Heute: **Holzmarkt**
2. Stadterweiterung (Mercator-Plan S. 97)

Die Bezeichnung dieses Marktes geht ebenfalls auf ein Handelsprodukt zurück: »Ausserhalb des eigentlichen Marktviertels lag der Holzmarkt, der am Rhein vor dem Stadtteil Oversburg abgehalten wurde, offenbar, weil das Holz meistenteils zu Wasser nach Köln eingeführt wurde« (Keussen, Bd. 1, S. 160*). »[...] Plätze für Warenmengen zu Stapel- u. Handelszwecken [...], so für den Kauf u. Verkauf des Holzes durch die Stadtverwaltung eingerichtete u. an Holzmenger (-händler) verpachtete Lagerplätze. Holz wurde in Köln eingeführt besonders auf Schiffen u. Flößen vom Oberrhein her, auch aus dem Bergischen« (NKS, Bd. 1, S. 363).

Außerhalb der Etymologie wird der namengebende Holzhandel von städtischen Reglementierungen des Holzverkaufs insbesondere im 14. und 15. Jahrhundert bezeugt; so beispielsweise von der *Ordnung vom Holzmarkt* aus den Jahren 1370/80 (vgl. Stein, Bd. 2, S. 53 ff.) und den entsprechenden Verboten, Holz zwischen *Salzgassen-* und *Wytzgassentor* zu lagern (vgl. Stein, Bd. 2, S. 53). Schließlich wird im Jahre 1427 der Holzhandel zwischen *Salzpforte* und *Vylzengravenpforte* verboten (vgl. Stein, Bd. 2, S. 254).

Nennung	Straßenname	Belege
1271	in Foro lignorum	KTK, II, 22
1319	super Forum lignorum	KTK, II, 22
1348	auf dem Houltzmart	KTK, II, 22
1402	auf dem Hultzmarte	KTK, II, 23
1420	auf dem Houltzmarkt	KTK, II, 22
1436	auf dem Houltzmart	KTK, II, 21
1469	auf dem Houltzmarkt	KTK, II, 22
1480	auf dem Houltzmart	KTK, II, 22
1501	auf dem Holzmarkt	KTK, II, 25
1548	uff dem Holzmart	W, I, 309
1571	Der holts marckt	Mercator
1580	uff dem Holznmart	W, III, 69

Der kneit marckt

Heute: **Thurnmarkt**
1. Stadterweiterung (Mercator-Plan S. 142/143)

Unter Hinweis auf die unklare Bestimmung dieses zwischen *Saphirenturm* und *Englischem Turm* gelegenen Marktes hält H. Keussen diesen für einen ›Kreidemarkt‹ (vgl. Keussen, Bd. 1, S. 158*). Insbesondere die lateinischen Bezeichnungen (*in Foro crete*) deuten auf das (m)lat. *creta* = ›Kreide‹ (vgl. Georges, Bd. 1, Sp. 1758; Habel/Gröbel, Sp. 91). Auch A. Wrede vertritt die Ansicht, daß der *kneit marckt* so bezeichnet wurde, »weil in seiner nördlichen Hälfte Kreide feilgehalten wurde. [...] Seit dem Ende des 13. Jh., besonders im 14. Jh., sind für [...] [hier] auch Blei- u. Zinngießer häufig als Ansiedler erwähnt« (NKS, Bd. 3, S. 174).

Nennung	Straßenname	Belege
1167/69	invadiavit turrim super murum urbis	H, I, 89
1277	supra Knitmart	KTK, I, 84
1287	in foro knitarum	KTK, I, 88
1301	super Knytmart	KTK, I, 84
1309	in Foro knitarum	KTK, I, 84
1333	up Knytmarte	KTK, I, 84
1336	in Foro silicis	KTK, I, 83
1387	in Foro crete	KTK, I, 86
1390	upme Knijmart	KTK, I, 86
1403	auf dem Knytmarkt	KTK, I, 83

1426	Knijtmarkt	KTK, I, 85
1467	in Foro creti	KTK, I, 86
1481	auf dem Knytmart	KTK, I, 84
1535	uff dem Knytmart	KTK, I, 86
1546	uf dem Knitmart	KTK, I, 84
1571	Der kneit marckt	Mercator

Der Nuimarckt

Heute: **Neumarkt**
Römerstadt (Mercator-Plan S. 272)

Unter Erzbischof Anno II. entstand im 11. Jahrhundert eine zweite große zusammenhängende Marktfläche in Köln. Als solche wird sie seit dem Jahre 1076 in Abgrenzung von den Märkten in der Rheinvorstadt als *in novo mercato* bzw. *in Novo foro* bezeichnet.

Im Gegensatz zu *Heumarkt* und *Alter Markt* wurde der *Neumarkt* im Mittelalter kaum als Handelsplatz – allenfalls als Viehmarkt – genutzt. Die Märkte der Rheinvorstadt waren durch ihre Ufernähe und das Stapelwesen für den Fernhandel prädestiniert. Der *Neumarkt* lag bis a. 1180 vergleichsweise ungünstiger am westlichen Stadtrand. Durch seine Großflächigkeit eignete er sich für die Austragung von Turnieren und Schießspielen. A. Mercator hat auf seinem Stadtplan (1571) den *Nuimarckt* mit zahlreichen Bäumen versehen und in der Platzmitte eine hohe Windmühle dargestellt.

Nennung	**Straßenname**	**Belege**
1128	Herimannus de novo foro	L, I, 199
1190/1202	in novo foro	H, II/1, 35
1264	Numart	KTK, I, 425
1294	in Novo foro	KTK, I, 425
1307	in Novo foro	KTK, I, 425
1365	auf dem Nuwenmarte	KTK, I, 427
1365	up dem vrijen Nunmarte	S, II, 35
1368	apud Nuwenmarkt	KTK, I, 425
1397	auf dem Nuynmart	KTK, I, 429
1420	am Nuynmart	KTK, I, 425
1460	auf dem Nuynmart	KTK, I, 426
1471	up dem Numart	KTK, I, 426
1500	auf dem Nuwemart	KTK, I, 431

1529	uff dem Neumart	W, I, 64
1538	uff dem Numart	W, I, 120
1571	Der Nuimarckt	Mercator
1587	uff dem Numart	W, III, 400

Der quattermarckt

Heute: **Quatermarkt**
Römerstadt (Mercator-Plan S. 142/143

Der *Quatermarkt* zählt lediglich dem Namen nach zu den Märkten Kölns. Seine Bezeichnung ist vielmehr auf das hier gelegene Anwesen einer gleichnamigen Familie zurückzuführen: Der »Westseite des Gürzenich gegenüber besaß die Kaufmannsfamilie Quattermart, zuerst 1259 bezeugt, ein sogenanntes Ansiedel (Erb u. Eigen). Godefriedus Quattermart hatte hier ein für seine Zeit stattliches, [...] Haus aufbauen lassen. [...] Das Haus erhielt den Namen des Besitzers Quattermart. Der Name des Hauses ging allmählich auf den Straßenteil (Sandkaul) über. Der Name Quatermarkt ist erstmalig 1171–72 durch Rudolfus Quatermarc für Köln bezeugt [...]. Wort u. Name in der heutigen Schreibung Quatermarkt sind bisher unerklärt geblieben [...]. Der Versuch, quater von quat, mnd. quat (übel, schlecht, bös) herzuleiten, ist abwegig [...]. Ich sehe in dieser Schreibung t, besonders mit zwei tt [...] eine volkstümliche Aussprache von lat. quatuor (vier), frz. quatre, dessen Aussprache dem altköln. quatter ähnelt. Der zweite Teil durchweg mart während des Mittelalters geschrieben, lautet in den beiden Schreibungen 1171 u. 1229 mit c aus, also marc, Mark; in diesen erblicke ich die Bedeutung Silbermünze [...], in dem ganzen Wort die Bedeutung Viermark. Früh wurden Münznamen zu Beinamen, in Köln bereits im 12. u. 13. Jh.« (NKS, Bd. 2, S. 330).

Nennung	Straßenname	Belege
1259	retro domum Godefridi Quattermart	KTK, I, 176
1338	dom. ad Quattermart	KTK, I, 177
1350	ex opp. Quattarmait	KTK, I, 177
1362	dom. zome Quattermart	KTK, I, 176
1368	Quattermartz	KTK, I, 176
1440	Hs. zome Quattermarte	KTK, I, 177
1485	Hs. zome Quattermart	KTK, I, 176
1525	uff dem Quatermart	W, I, 43
1558	uff dem Quatermart	W, II, 100
1571	Der quattermarckt	Mercator

Der stat korn hauß

Heute: **Zeughausstraße**
3. Stadterweiterung (Mercator-Plan S. 234/235)

Dieser Teil der heutigen *Zeughausstraße* ist die Verlängerung der Straßen *Burgmauer* und *Komödienstraße*. Aus diesem Grunde beziehen sich Schreinsbucheinträge sowohl auf *Burgmauer* (a. 1445 *up der Burchmuyren*) als auch auf *Komödienstraße* (a. 1356 *in platea Smirstraisse*).

Hier stand das städtische Kornhaus (von A. Mercator als *Der stat korn hauß* auf seinem Stadtplan von 1571 eingetragen), das mit einer Seite auf die alte Stadtmauer gebaut war. Insbesondere wegen seiner mehr als 100 Fenster beeindruckte der von Johann van Valkenburch im Jahre 1441 errichtet Bau (vgl. Keussen, Bd. 2, S. 264).

In unmittelbarer Nähe befand sich das Zeughaus (*Blyde huyss*), in dem das städtische Waffenarsenal aufbewahrt wurde (mhd. *blîde* = ›Steinschleuder‹; vgl. Lexer, Bd. 1, Sp. 307). Im Spätmittelalter erfreute sich das Zeughaus sogar des Interesses des Kaisers: »1473 begerde der keiser zo sien der stat van Coellen geschutz ind gereitschaf van buessen, ind alle gewere; wart eme gegunt zo sien in dem huisse bi sent Claren« (St. Chron. 14, S. 827 zitiert nach Keussen, Bd. 2, S. 263).

Zeughaus und Kornhaus werden auch bei Weinsberg erwähnt: »Und ginge vom Huntzrucken uber den kirchoff zu Marien-Afflais uber den Katzenboich langs das bussenwirk- und kornhaus nach s. Klaren« (Buch Weinsberg, Bd. 3, S. 95). Trotz dieser herausragenden Bezugsobjekte für die Straßennamenbildung entwickelte sich während des Untersuchungszeitraumes keine individuelle Bezeichnung der entsprechenden Straße.

Nennung	Straßenname	Belege
1231	in Veteri muro	KTK, II, 263
1348	inter domum civitatis Col. [...] tangens Veteres muros	KTK, II, 263
1356	platea Smirstraisse [...] iuxta domum civitatis	KTK, II, 263
1374	dat huss, ubi blide sunt	KTK, II, 263
1374	iuxta Blyhuss	KTK, II, 263
1375	in vico Smirstraisse	KTK, II, 263
1421	zu der Smyrstrasse wärts	KTK, II, 265
1441	dat korenhuis bi sent Claren	KTK, II, 264
1445	up der Burchmuyren	KTK, II, 264
1471	up der Burchmuren	KTK, II, 264
1503	dat Blyde huyss	KTK, II, 263
1571	Der stat korn hauß	Mercator
1581	das bussenwirk- und kornhaus	W, III, 95

Der thuren marck

Heute: **Thurnmarkt**
1. Stadterweiterung (Mercator-Plan S. 142/143)

A. Wrede hat diesen Straßennamen folgendermaßen gedeutet: »Ein Teil der Formen des Bestimmungswortes weist ganz deutlich auf Turm hin, das in altköln. Schriftsprache (Amts- u. Verkehrssprache) turn, torn lautete (NKS, Bd. 3, S. 174; vgl. »lat. turrem zu turris (Turm), [...] altköln. (12. Jh.) turn neben lat. turris bezeugt«, NKS, Bd. 3, S. 174). »Ob nun als solcher der seit E. 12. Jh. bezeugte, südlich des Turnmarktes auf der Rheinmauer stehende Saphirenturm oder ein nördlicher Turm, nach dem ihm gegenüber liegenden Besitztum eines Engländers Engelscher Turm genannt, oder ein zum Turn genanntes, seit dem 14. Jh. bezeugtes Haus zum Turn u. sein Besitzer vanme turne (Turm) in Betracht kommen, ist schwierig zu entscheiden« (NKS, Bd. 3, S. 174).

In den Urkunden des Martinschreins finden sich während des gesamten Untersuchungszeitraumes Hinweise, die ›Turm‹ als Bestimmungswort des Straßennamens nahelegen: a. 1167 »turris super murum urbis edificata et area ante turris« (Hoeniger, Bd. 1, S. 89); a. 1280 »turris [...], que quond. fuit Ingeldi« (Keussen, Bd. 1, S. 88); a. 1345 »Joh. vanme Turne« (Keussen, Bd. 1, S. 87); a. 1395 »turris Anglici« (Keussen, Bd. 1, S. 87); a. 1478 »der Engilsche Turm« (Keussen, Bd. 1, S. 87).

Nennung	Straßenname	Belege
1167/69	invadiavit turrim super murum urbis	H, I, 89
1279	dom. [...] Walteri Anglici	KTK, I, 85
1280	turris supra Buggele, que quond. fuit Ingeldi	KTK, I, 87
1300	in Foro turris	KTK, I, 85
1319	supra Thoyrmarte	KTK, I, 88
1322	supra Thoyrmart	KTK, I, 85
1335	iuxta Forum turris	KTK, I, 85
1359	dom. Anglici	KTK, I, 85
1359	supra Thoerenmart	KTK, I, 85
1365	supra Thoirmarte	KTK, I, 84
1388	in foro Thoirmarte	KTK, I, 85
1403	upme Thorenmarte	KTK, I, 88
1426	Thoerenmarkt	KTK, I, 85
1481	auf dem Thorenmarkt	KTK, I, 87
1554	uff dem Torenmart	W, II, 51
1571	Der thuren marck	Mercator
1587	uff dem Tornmart	W, III, 375

Der Weismarckt

Heute: **Waidmarkt**
2. Stadterweiterung (Mercator-Plan S. 97)

Während im Hochmittelalter dieser Markt lediglich als Nordende der *Severinstraße* (*Lata platea* = ›Breite Straße‹; vgl. Georges, Bd. 2, Sp. 583 ff.) angesehen wurde, setzte sich seit dem 14. Jahrhundert die Bezeichnung *Weitmarte* in diversen Schreibungen durch (vgl. Keussen, Bd. 1, S. 160*).

»In der Nähe des Platzes, besonders am Blaubach, befanden sich Färbereien, in denen zum Farbstoff Waid (isatis tinctoria), die wichtigste Färberpflanze für blau in der Zeit vor dem Indigo, gebraucht wurde. Auf dem Platz vor der Jakobskirche entwickelte sich bald nach 1300 reger Handel mit Waid u. Waidhändler vereinigten sich, [...] zu einer Bruderschaft, der St. Jakobsbruderschaft. Der Platz erhielt nun den Namen nach der Färberpflanze« (NKS, Bd. 3, S. 267).

Außer Waidhändlern lassen sich auf diesem Markt auch Färber nachweisen, die den dort feilgebotenen Färbstoff verarbeiteten: a. 1456 »Dem Färber im Hs. zu dem Lintworm iuxta s. Georgium wird Wasserleitung dorthin [...] gestattet« (Keussen, Bd. 2, S. 50). Auch Weinsberg erwähnt noch im 16. Jahrhundert hier ansässige Färber: »im ferbhaus, tuschen den Frauenbrodern und der Butgassen« (Buch Weinsberg, Bd. 1, S. 46).

Bereits bevor die Bezeichnung *Weitmart* aufkommt, ist hier a. 1274 der Hausname *Widonis* belegt, der sich ebenfalls auf die Namengebung für den Platz ausgewirkt haben könnte.

Nennung	Straßenname	Belege
1232	supra Latam plateam	KTK, II, 51
1274	supra Latam plateam [...] dom. Widonis	KTK, II, 51
1298	in Lata platea	KTK, II, 51
1316	super Weitmarte	KTK, II, 49
1323	super Foro xandicis	KTK, II, 52
1340	super Lata platea	KTK, II, 52
1354	supra Forum sandicis	KTK, II, 52
1371	in Foro sandicis	KTK, II, 49
1408	auf dem Weydtmarkt	KTK, II, 49
1452	up Weitmart	KTK, II, 50
1518	am Weitmart	W, I, 24
1535	uff dem Weitmart	W, I, 109
1539/40	dom. zo der Wyden up dat Weytmart	KTK, II, 51
1571	Der Weismarckt	Mercator
1576	uff dem Weitmart	W, II, 327

Die achter straiß

Heute: **Achterstraße**
3. Stadterweiterung (Mercator-Plan S. 57)

Sogenannte ›Achter-‹ = ›Hinterstraßen‹ hat es im mittelalterlichen Köln mehrere gegeben. Ihre Bezeichnungen können sowohl wegen dieses Bestimmungswortes als auch der Häufigkeit ihres Vorkommens nicht als individuelle Straßen*namen* angesehen werden.

Interessanterweise ist aber lediglich an der heutigen *Achterstraße* der Severinspfarre diese Bezeichnung haften geblieben. A. Wrede deutet diese Straßenbezeichnung ganz entsprechend: »zu mnd. mnl. altkölsch achter (hinter), hinter der Severinstraße [...], seit 1235 mit deutscher Bezeichnung in vielfach wechselnder Schreibung des Teiles Achter, während der reichsstädtischen Zeit durchweg noch ländlich mit einfachen Zinshäuschen, Baumgärten u. Weingelände bestanden u. von einfachen Leuten bewohnt« (NKS, Bd. 1, S. 5).

Nennung	Straßenname	Belege
1175/91	platea retro villam	H, II/1, 250
1235	Atirstraze	KTK, II, 171
1246	Attirstrazin	KTK, II, 172
1251/87	in Harterstrazene	KTK, II, 174
1251/87	in Hacterstrazen	KTK, II, 173
1287	in Hacterstraze	KTK, II, 173
1295	Aichterstraessen	KTK, II, 172
1304	Aterstraze	KTK, II, 172
1338	in Aichterstraissen	KTK, II, 171
1363	super Aigterstraisen	KTK, II, 171
1388	in Aichterstrayssin	KTK, II, 174
1400	Aterstraze	KTK, II, 174
1412	Achterstraisse	KTK, II, 174
1554	die Achterstrass	W, II, 71
1571	Die achter straiß	Mercator

Die apostel straiß

Heute: **Apostelnstraße**
2. Stadterweiterung (Mercator-Plan S. 272)

Die *Apostelnstraße* gehört ihrem Namen nach zu der Kategorie der Kirchen bzw. Klöster verortenden Bezeichnungen. Wie in heutiger Zeit führte diese Straße im Mittelalter auf die Nordfassade des gleichnamigen Apostelnklosters zu, das sich bis zu der zweiten Stadterweiterung des Jahres 1106 *extra muros civitatis* befand.

In der Lebensbeschreibung des Erzbischofs Bruno von Ruotger aus dem Jahre 965 findet sich das »älteste Zeugnis für St. Aposteln« (Schäfke, S. 51): »Est prope muros civitatis ecclesia, structura quidem et opere humilis, sed apostolorum nomine, in quorum veneratione consecrata perhibetur, insignis« (Vita Brunonis, S. 50).

»Die schon im 10. Jahrhundert nachweisbare Vorstadt vor der Römermauer war 1106 in die Kölner Befestigung einbezogen worden. Nun begann man seit 1180 die große romanische Stadtmauer zu errichten, und die römische Stadtmauer wurde endgültig zur Immunitätsgrenze degradiert« (Schäfke, S. 56).

Nennung	Straßenname	Belege
1119	prope ecclesiam s. Apostolorum	KTK, I, 394
1190	iuxta domum beatorum Apostolorum	H, II/1, 38
1266	versus s. Apostolos	KTK, I, 393
1297	versus s. Apostolos	KTK, I, 393
1338	in platea s. Apostolorum	KTK, I, 393
1367	apud s. Apostolos	KTK, I, 394
1395	in platea s. Apostolorum	KTK, I, 392
1420	auf S. Apostolenstrasse	KTK, I, 394
1571	Die apostel straiß	Mercator

Die beyers gaß

Heute: **Bayardsgasse**
Römerstadt (Mercator-Plan S. 308/309)

Ebenso wie H. Jakobs die Straßenbezeichnung zu jenen Straßennamen zählt, »die auf zugewanderte Personen zurückgehen« (Jakobs, 1987, S. 1437), führt H. Keussen sie auf einen Anwohnernamen zurück: »Die heutige Bayardsgasse verdankt ihren Namen dem Bayern Hermann, nach dem sie ursprünglich Beiergasse hiess« (Keussen, Bd. 1, S. 168*).

Im 14. Jahrhundert erscheint zudem die konkurrierende Bezeichnung *Pattingasse*, hinter der sich sowohl der Beiname eines Grundbesitzers als auch ein entsprechender Hausname verbergen. Auf dem Stadtplan Mercators ist jedoch lediglich noch *Die beyers gaß* zu lesen.

Nennung	Straßenname	Belege
1200	dom., in qua manet Henr. Patthe	KTK, I, 435
1235	iuxta dom. Patthe	KTK, I, 435
1251	dom. Henrici Patten	KTK, I, 435
1279	iuxta dom. Patte versus Novum forum	KTK, I, 435
1315	dom. [...] Hermanni Beygere [...]	KTK, I, 435
1315	Beygershus	KTK, I, 435
1324	dom. Beygershus ex opp. dom. Pattenhus	KTK, I, 435
1345	dom. Beyershuys in vico Pattingasse	KTK, I, 435
1357	retro Beygershus	KTK, I, 395
1357	dom. Beigershus	KTK, I, 395
1365	in ordone vici dicti die Beygergasse	KTK, I, 435
1371	dom. contig. Patten huys in Foro Grecorum	KTK, I, 435
1373	apud vicum Beyergassin	KTK, I, 435
1401	Beiersgasse	KTK, I, 395
1430	in der Beyersgasse	KTK, I, 396
1466	in der Beyergasse	KTK, I, 395
1571	Die beyers gaß	Mercator

Die blinde gaß

Heute: **Cäcilienstraße** (zwischen Hohe Straße/An St. Agatha)
Römerstadt (Mercator-Plan S. 142/143)

Der erstellten Namenserie analog hat bereits H. Keussen die ehemalige *Blindgasse* auf den »blinden Metzger Johann Hirz« (Keussen, Bd. 1, S. 168*) zurückgeführt. Offensichtlich handelt es sich hierbei um einen Übernamen, der alternativ zu Bestandteilen des Vollnamens Joh. Hirz gebraucht wurde.

»Bei der Bildung der Über- und Beinamen haben vielfach Gebrechen oder sonstige persönliche Eigentümlichkeiten des Hausbesitzers [...] Stoff zur Kennzeichnung geliefert. Zarte Rücksichten kannte man bei der Auswahl dieser Namen im Mittelalter nicht, und empfand es nicht als verletzend, jemand durch die Benennung nach einem häßlichen Gebrechen zu brandmarken« (Grohne, S. 47).

Nennung	Straßenname	Belege
1257	in Ceca platea	KTK, I, 234
1270	in Ceca platea Johannis	KTK, I, 234
1296	mansio Johannis Blinde Carnificis	KTK, I, 233
1309	prope dom. Johannis Hirz Carnificis	KTK, I, 233
1312	in Ceca platea	KTK, I, 233
1312	[...] Johannis Hirz Carnificis	KTK, I, 233
1327	in platea Johannis Ceci	KTK, I, 234
1328	in der Blinden Johanns Gasse	KTK, I, 232
1336	in der Blynderjohansgasse	KTK, I, 234
1341	in Ceco vico	KTK, I, 234
1355	in der Blynde Johans Gasse gü. Johann Hirtz	KTK, I, 233
1379	in platea Ceci sancti Johannis	KTK, I, 234
1388	in platea Ceci Johannis	KTK, I, 233
1401	in der Blynden Johans Gasse	KTK, I, 234
1421	in der Blynd Johans Gasse	KTK, I, 234
1453	in der Blynde Johans Gasse	KTK, I, 232
1484	in der Blynde Johans Gasse	KTK, I, 232
1571	Die blinde gaß	Mercator
1589	an der Blindergassn	W, IV, 77

Die blumers gaß

Heute: **Machabäerstraße** (zwischen Konrad-Adenauer-Ufer/Kunibertsgasse)
2. Stadterweiterung (Mercator-Plan S. 178/179)

Das heutige Ostende der *Machabäerstraße*, das zum Rheinufer führt, wird während des 12. Jahrhunderts als *Rosgazze* (*platea Equorum*) bezeichnet. Seit dem 13. Jahrhundert erscheint neben dem Anwohnernamen *Bluminc* die Straßenbezeichnung *Drancgazze*, die im Zusammenhang mit *Rosgazze* als Synonymbildung (**Pferde-Tränke-Gasse*) betrachtet werden kann. Bis zum Ende des 13. Jahrhunderts sind die Bezeichnungen *Drancgasse* und *Blumegasse* nebeneinander gebräuchlich. Seit dem 14. Jahrhundert wird diese Gasse aber ausschließlich nach dem Anwohnernamen *Bluminc* genannt, so daß A. Mercator folgerichtig *Die blumers gaß* auf seinem Stadtplan (1571) eingetragen hat.

»Zugleich mit dem Aufkommen der Hausnamen wird es Brauch, sich nach dem Hause zu benennen, d. h. den Hausnamen zur Bildung primitiver Familiennamen in der Art der Heimatsnamen zu verwenden. Ein großer Teil der primären Über- und Beinamen wird so auf dem Umweg über die Hausnamen zur Familienbenennung«

(Grohne, S. 79). An diesen Namengebungsprozeß schließt sich die Ausweitung von Haus- und Familiennamen zu Straßenbezeichnungen an.

Nennung	Straßenname	Belege
1135/58	in platea equorum	H, II/1, 58
1163/68	in vico qui dicitur Rosgazzen	H, II/1, 66
1183/93	in platea equorum	H, II/1, 142
1202/12	Teodericus qui dicitur Pluming	H, II/1, 186
1207/12	Teodericus qui dicitur Bluminc	H, II/1, 190
1231	platea Drancgazen	KTK, II, 116
1237	dom. [...] Theoderici Bluminc	KTK, II, 114
1239	dom. Blumingi	KTK, II, 116
1273	in Drancgazzen [...] ex opp. dom. Blumingi	KTK, II, 114
1279	in Drancgassin	KTK, II, 116
1281	in vico Blumegasse	KTK, II, 114
1284	super plateam Blumizgasse	KTK, II, 96
1286	in Drancgassen [...] apud dom. Blumingi	KTK, II, 116
1290	prope Bluminzgasse	KTK, II, 96
1318	in vico Blumisgassen	KTK, II, 114
1330	in Blomincsgassin	KTK, II, 116
1336	super vicum Blumansgassen	KTK, II, 96
1337	in ordone platee Blumanzgassen	KTK, II, 96
1353	in Blumingsgassen	KTK, II, 114
1367	in Blominxgassin	KTK, II, 116
1370	iuxta Blomisgassen	KTK, II, 119
1376	Blomentgasse	KTK, II, 119
1423	auf der Bloemansgassen	KTK, II, 96
1459	in der Blomynxgasse	KTK, II, 116
1463	Blomynxhuys [...] in der Blomansgasse	KTK, II, 116
1571	Die blumers gaß	Mercator
1589	auf der Bloemengassen	KTK, II,96

Die bosgaß

Heute: **Buschgasse**
3. Stadterweiterung (Mercator-Plan S. 57)

Die Deutung dieses Straßennamens ist unsicher. Während *bos* (wie in *bosgaß*) im Lateinischen ›Kuh‹ bzw. ›Rind‹ bedeutet und auch in dem (m)lat. Wort für ›Ochsen-‹ bzw.

›Rinderstall‹ (von *bostar*; vgl. Georges, Bd. 1, Sp. 855; Habel/Gröbel, Sp. 39) noch vorkommt, kann im Mhd. *bôze* sowohl einen ›kurzen Stiefel‹ etwa als Hausnamen (vgl. Lexer, Bd. 1, Sp. 336) als auch ein ›Flachsbündel‹ (vgl. Lexer, Bd. 1, Sp. 336) bezeichnen.

Die Lage der Straße am südlichen Stadtrand in um das Jahr 1571 noch kaum bebauter Gegend und die Nachbarschaft zur *Seusgaß* (*Saugasse*) legt eine landwirtschaftliche Nutzung als Benennungsgrund nahe.

Demgegenüber deuten die Formen *Boissgasse* (a. 1353) auf ›Holz‹ bzw. ›Wald‹ (vgl. Lexer, Bd. 1, Sp. 323), was dem mhd. *busch*, ndl. *bos* (*bosgaß*) bzw. mlat. *buscus* oder *boscus* als »das maßgebende Wort (im kölschen Wortschatz) für Wald« (NKS, Bd. 1, S. 95) entspricht. Die Interpretation der Schreinsbuchschreiber und die Familiennamennennung *Tiele von dem Busche in Buschgasse* (a. 1395) sprechen zusätzlich für eine Deutung als Natur- oder Anwohnername.

Nennung	Straßenname	Belege
1175/1205	in Bozengazzen	H, II/1, 248
1175/1205	in Bosengazzen	H, II/1, 248
1185	in platea Bozonis	H, II/1, 255
1250	in Bozengazin	KTK, II, 179
1288	in Bozengassen	KTK, II, 179
1300	in Boissegassen	KTK, II, 179
1332	in Boyzengassen	KTK, II, 179
1353	in der Boissgasse	KTK, II, 179
1377	in Boissgassen	KTK, II, 180
1394	in Bosengasse	KTK, II, 180
1395	Tiele v. dem Busche [...] in Buschgasse	KTK, II, 180
1400	in der Boysgassen	KTK, II, 180
1430	in der Boesegasse	KTK, II, 180
1478	in der Boesgasse	KTK, II, 180
1529	Hs. Buysenhem in der Buysegasse	KTK, II, 179
1570	an der Bosgassen	W, V, 81
1571	Die bosgaß	Mercator

Die boten gaß

Heute: **Große** bzw. **Kleine Budengasse**
Römerstadt (Mercator-Plan S. 142/143)

Als Bezeichnungen für diese Straße, die durch die kreuzende Straße *Unter Goldschmied* in *Große* und *Kleine Budengasse* (spätestens seit dem 16. Jahrhundert unterschieden; vgl. Buch Weinsberg, Bd. 2, S. 58) getrennt wird, konkurrieren während des Mittelalters zwei Hausnamen als Straßenbezeichnung miteinander: *Stessen* und *Boten*. Letzterer tritt aber nach 1270 als Kompositum in *Butingassin* auf und setzt sich schließlich durch: Auf dem Stadtplan A. Mercators erscheint a. 1571 *Die boten gaß*.

Weinsberg zweifelte offensichtlich in keiner Weise an dem Ursprung dieses Straßennamens, denn a. 1594 schreibt er: das Haus »zur Boten in der Kleiner Boetengassen, davon die gass den namen hat« (Buch Weinsberg, Bd. 4, S. 195). A. Wrede führt den Straßennamen ebenfalls auf einen Hausnamen zurück, nämlich auf *domus ad boten* (Brauhaus).

Darüber hinaus ist noch im 14. Jahrhundert ein Grundbesitzer *Hertwici Boytin* bezeugt, zu dessen Anwesen auch Brauereigefäße und eine Braupfanne gehörten (vgl. NKS, Bd. 1, S. 118).

Nennung	Straßenname	Belege
1135/65	in loco qui Stecene dicitur	H, I, 224
1165/74	in Stessenem	H, I, 246
1189/91	in Stezin	H, I, 266
1198	iuxta iudeos in platea, que dicitur Stezzena	L, I, 564
1198/1206	in Stezza	H, I, 286
1200/35	in Stezene	H, I, 229
1235	in Stezzena	H, I, 229
1265	dom. ad Boten	KTK, I, 191
1266	dom. Boten	KTK, I, 191
1270	in Butingassen	KTK, I, 193
1296	dom. Frederici de Stessa	KTK, I, 192
1307	in Stessa	KTK, I, 190
1320	mans. Frederici de Stessen in Stessen	KTK, I, 192
1320	ex opp. dom. Boyten	KTK, I, 192
1325	dom. zo den Boten in Botengassin	KTK, I, 191
1340	dom. de Boten	KTK, I, 191
1345	apud Stessam [...] versus vicum Botengasse	KTK, I, 189
1354	in der Boytengassen	KTK, I, 193
1393	vor der Stessen auf der Botengasse	KTK, I, 191
1413	Hs. zome Boten in der Stessen	KTK, I, 191
1455	in der grossen Boetengasse	KTK, I, 189
1490	in der Botengasse	KTK, I, 188
1492	hinter Stessen	KTK, I, 188
1535	in der Bottengasse	KTK, I, 188
1554	in der groisser Bottegassen	W, II, 58
1554	in der Bottegassen	W, II, 58
1571	Die boten gaß	Mercator

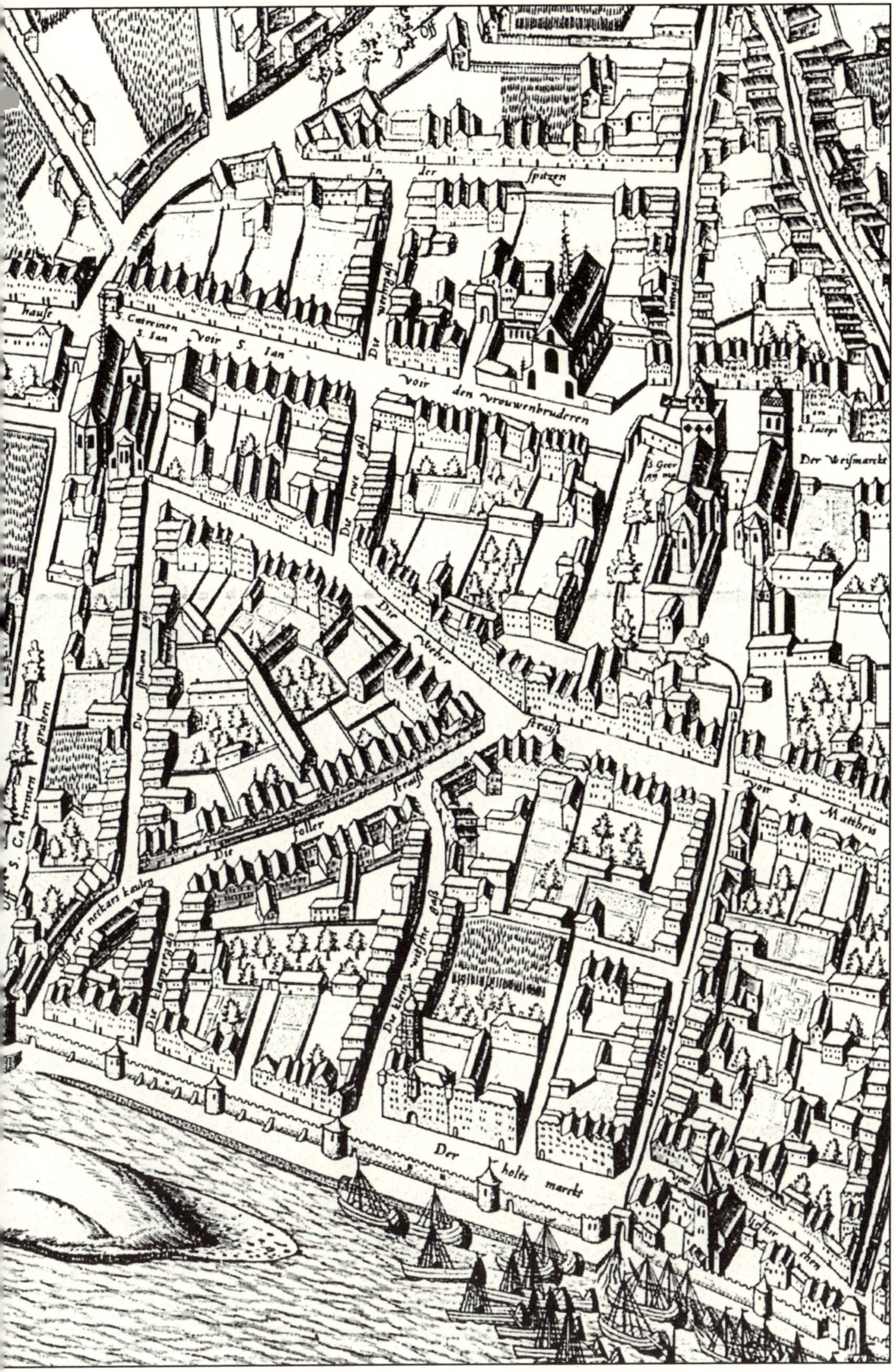

In der spitzen
Voir S. Ian
Voir den Vrouwenbruderen
Der Weismarckt
Die Weber strass
Voir S. Mattheus
Der holts marckt

Die breide straiß

Heute: **Breite Straße**
Römerstadt (Mercator-Plan S. 234/235)

Während des gesamten Mittelalters wird die heutige *Breite Straße* ausschließlich *Lata platea* = *Breite Straße* genannt. »Den Namen Breitestrasse führten drei Hauptstrassen der Stadt, wobei der Nachdruck auf der Verkehrsbedeutung der Strassen ruht, nicht auf ihrer Breite« (Keussen, Bd. 1, S. 166*).

A. Wrede macht darauf aufmerksam, daß die *Breite Straße* »im früheren Mittelalter Ehrenstraße genannt [wurde]; diesen Namen erhielt später ihre Fortsetzung jenseits der alten Römermauer, die heutige Ehrenstraße« (NKS, Bd. 1, S. 102).

Nennung	Straßenname	Belege
1187/1200	in lata platea	H, I, 371
1264	super Latam plateam	KTK, I, 287
1273	in Lata platea	KTK, I, 288
1294	super Lata platea	KTK, I, 279
1303	in termino Late platee	KTK, I, 296
1315	in Lata platea	KTK, I, 284
1345	in Lata platea	KTK, I, 288
1349	super Lata platea dicta Erenstraisse	KTK, I, 295
1400	up der Brederstrassen	KTK, I, 285
1535	uff der Breiderstrasse	KTK, I, 290
1543	uff der Breiderstraissen	W, I, 180
1550	uff der Breiterstraissen	W, I, 342
1567	uff der Briderstraissen	W, II, 171
1571	Die breide straiß	Mercator

Die bruck straiß

Heute: **Brückenstraße**
Römerstadt (Mercator-Plan S. 142/143)

Diese Straße ist wegen ihres Namens und ihres zum Rhein führenden Verlaufes eine echte ›Brückenstraße‹. So führt auch A. Wrede den Straßennamen darauf zurück, daß man über die *Brückenstraße* die Stelle des Rheinufers erreichte, an der »die alte Römerbrücke über den Rhein führte« (NKS, Bd. 1, S. 107).

»Eine erste feststehende Brücke von Köln hinüber zum rechten Rheinufer als

Verbindung mit dem castrum Divitensium (Deutz) ließ der römische Kaiser Konstantin (312) erbauen« (NKS, Bd. 1, S. 105f.).

Vor der Versandung des römischen Rheinhafens befand sich darüber hinaus eine kleine Brücke am Rheinufer, über die man zu den *Horrea* (= ›Lagerhallen‹; vgl. Georges, Bd. 1, Sp. 3079f.) auf der Rheininsel gelangte. Nach der Versandung des Hafens entstand auf der ehemaligen Rheininsel die sogenannte *Kaufmannswick*, die den Bereich der heutigen Kölner Altstadt umfaßte.

Nennung	**Straßenname**	**Belege**
1170/90	domus illus, que stat in ponte	H, I, 352
1241	super Pontem	KTK, I, 297
1256	super Pontem in fine Pontis	KTK, I, 299
1297	super Pontem	KTK, I, 299
1310	super Pontem	KTK, I, 297
1350	supra Pontem	KTK, I, 298
1390	up der Bruggen	S, II, 74
1400	up der Bruggen	KTK, I, 298
1452	up der Bruggen	KTK, I, 299
1462	up der Bruggen	KTK, I, 297
1471	up der Bruggen	KTK, I, 297
1500	up der Bruggen	KTK, I, 297
1566	up der Bruggen	KTK, I, 299
1571	Die bruck straiß	Mercator
1580	uff der Brucken	W, III, 69

Die burgerstraiß

Heute: **Bürgerstraße**
1. Stadterweiterung (Mercator-Plan S. 142/143)

Durch die Grenzlage zwischen zwei Schreinsbezirken finden sich Schreinsbucheinträge der *Bürgerstraße* sowohl in dem Brigiden- als auch in dem Laurenzschrein. Im 12. Jahrhundert werden die beiden heutigen Straßenabschnitte *Bürgerstraße* und *Judengasse* ausschließlich als *inter Iudeos* bezeichnet. Die *Bürgerstraße* geht auf den Vorläufer des heutigen Rathauses zurück. Um für den Erzbischof unzugänglich zu sein, wurde im frühen 12. Jahrhundert das Bürgerhaus im Judenviertel errichtet, wo es bereits zwischen 1135 und 1152 (»*contra dom. civium, in quam cives conveniunt*«; Hoeniger, Bd. 1, S. 219) in den Schreinsurkunden erwähnt wird.

Nach der Vertreibung der Kölner Juden im Pestjahr 1349, in dem das Judenviertel abbrennt und die Ansiedlung von Juden in Köln verboten wird, bleiben die Bezeichnungen *Judengasse* und *Burgerhuysstrasse* usuell. Zwei Jahre nach der letzten Vertreibung der Juden im Jahre 1424 wird auf dem Gelände der Synagoge die Rathauskapelle errichtet.

Der heutige *Rathausplatz* führt im Mittelalter keinen eigenständigen Namen. Er wurde lediglich mit dem Grundwort ›Platz‹ bezeichnet. Hiermit hängt zusammen, daß es bis in die Frühe Neuzeit keine Platznamen gab, sofern größere Freiflächen nicht als Märkte genutzt und ihnen entsprechend bezeichnet wurden. Noch auf dem Mercator-Plan gibt es lediglich einen Platznamen: *S. Loÿe plats.*

Mit dem Erstarken des bürgerlichen Selbstbewußtseins im 14. und 15. Jahrhundert, das sich mit dem Bau des Rathausturmes (1406–1414) ein weithin sichtbares Symbol geschaffen hat, beginnen die Bezeichnungsformen *Bürgerstraße* zu überwiegen, bis schließlich Mercator *Iuden gaß* von *burgerstraiß* auf seinem Stadtplan (1571) unterscheidet (vgl. NKS, Bd. 1, S. 393).

Nennung	Straßenname	Belege
1135/52	contra domum in quam cives conveniunt	H, I, 219
1170/82	inter Iudeos	H, I, 251
1200/35	oppositam domui civium	H, I, 225
1247/55	pl.[atea] Judeorum	KTK, I, 193
1294	versus domum civium	KTK, I, 194
1353	versus domum civium	KTK, I, 193
1361	in der Burgerhuysstrasse	KTK, I, 114
1420	in der Yuedengasse	KTK, I, 194
1426	up dem platze vur dem raithuyse	KTK, I, 217
1427	Burgerhuys-Strasse	KTK, I, 113
1432	in der Judengasse beneden dem Rathause	KTK, I, 114
1450	in der Burgerstrasse	KTK, I, 114
1535	Godengasse	KTK, I, 219
1544	in der Burgerstraissen	W, I, 216
1571	Die burgerstraiß	Mercator

Die buttegaß

Heute: **Spiesergasse**
3. Stadterweiterung (Mercator-Plan S. 234/235)

In der heutigen *Spiesergasse* wird im Jahre 1235 ein *Adolfus Buterig* als Grundbesitzer erwähnt. In der zweiten Hälfte des 13. Jahrhunderts entwickeln sich die Bezeichnungsformen von *Buttericgasse* (a. 1259) zu *Buttergasse* (a. 1349). Durch die lautlichen Schwankungen oszilliert die Bedeutung der Straßenbezeichnungen zwischen mhd. *buterich* = ›Gefäß‹ (vgl. Lexer, Bd. 1, Sp. 402) und mhd. *buter* = ›Butter‹ (vgl. Lexer, Bd. 1, Sp. 401).

Noch zur Zeit des Mercator-Plans befinden sich lediglich zwei Gebäude in dieser Gasse, so daß ältere Lagebeschreibungen wie *loco qui vulgariter dic. Acker* (a. 1268) oder *curia in Agro* (a. 1315) kaum an Gültigkeit eingebüßt haben. Darüber hinaus erwähnt H. Keussen »die Dechanei von S. Gereon mit zugehörigem grossem Weingarten; in diesem lag die S. Quinctinus-Kapelle, vor 1131 [...] erwähnt« (Keussen, Bd. 2, S. 260).

Nennung	**Straßenname**	**Belege**
1178/1202	a provisore capella s. Quintini	H, II/1, 231
1196/1224	contra s. Quintinum	H, II/1, 236
1235	dom. [...] Adolfi Buterig	KTK, II, 244
1248/52	in pl.[atea] Butherichisgazen	KTK, II, 260
1259	ex opp. Buttericgasse	KTK, II, 241
1268	Loco, qui vulgariter dic. Acker	KTK, II, 260
1302	in Agro	KTK, II, 260
1315	curia in Agro	KTK, II, 260
1327	in vico Butterichsgasse	KTK, II, 260
1348	Butterichsgassin	KTK, II, 260
1348	in Buttirsgassin	KTK, II, 260
1349	ex opp. vico Buttergasse	KTK, II, 241
1352	die Boterichzgasse	KTK, II, 260
1414	Buttergasse	KTK, II, 241
1430	Buttergasse	KTK, II, 241
1571	Die buttegaß	Mercator

Die Cruisgaß

Heute: **Kreuzgasse**
Römerstadt (Mercator-Plan S. 234/235)

Auf dem Stadtplan Mercators befinden sich mehrfache Hinweise auf den Augustinerorden der Kreuzbrüder: Zunächst ist die Kirche der Kreuzbrüder im Aufriß dargestellt und mit Namen versehen (*Cruitsbroder cloist.*). Schließlich trägt die westlich am Kloster vorbeiführende Gasse den Namen: *Die Cruisgaß*. Der Orden der Kreuzbrüder wird nach A. Wrede erstmalig im Jahre 1307 erwähnt. Bereits a. 1286 ist in dieser Gasse ein Haus *fratrum saccatorum* belegt. Auf den späteren Kreuzbrüderorden bezieht sich die Straßenbezeichnung der zwischen *Schildergasse* und *Brüderstraße* liegenden »Zwerggasse, die 1417 von den Kreuzbrüdern zu einer richtigen, am Kloster vorbeiführenden Gasse geschaffen wurde« (NKS, Bd. 2, S. 106).

Nennung	Straßenname	Belege
1286	dom. fratrum saccatorum	KTK, I, 371
1325	inter Cruciferos	KTK, I, 373
1336	monast. fratrum Cruciferum	KTK, I, 373
1338	versus fratres b. Crucis	KTK, I, 374
1376	iuxta Cruciferos	KTK, I, 373
1460	in pl.[atea] Cruciferorum	KTK, I, 373
1471	boyven den Crutzbroderen	KTK, I, 373
1487	auf der Cruytzbrodergassen	KTK, I, 373
1498	apud conventum Cruciferorum	KTK, I, 374
1545	vur den Crutzbrodern	W, I, 224
1571	Die Cruisgaß	Mercator
1591	under der Crutzstraissen	W, IV, 120

Die dieff gaß

Heute: **Thieboldsgasse**
Römerstadt (Mercator-Plan S. 308/309)

In der Forschung ist die Deutung des Namens dieser Straße kontrovers diskutiert worden. Im Gegensatz zu H. Keussen halten M.-L. Schwering und H. Jakobs diese ›Tiefe Gasse‹ (= *profunda platea*; vgl. Georges, Bd. 2, Sp. 1970 f.) für einen Flurnamen. »Hermann Keussen hat für die *Thieboldsgasse* die Übersetzung *Diebesgasse* zur Hand (*platea furum*): ›Sie war offenbar die Wohnstätte des Proletariats.‹ Aber um 1230 ist hier von einer *platea profunda* die Rede, was so viel wie ›Tiefe Straße‹ heißt. Ein Flurname offenbar, wie er sich häufig findet. Später liest man *Divingazin*, *Dieffgasse* (1348), *Diepegaß* (16. Jh.). 1238 wird dazu ein Hausbesitzer *Tipoldus* erwähnt« (Schwering, S. 42).

»Trotzdem hat der Schreiber anfangs mit seiner Latinisierung daneben gegriffen; denn seine ebenfalls kurz nach a. 1200 eingetragene und auch später noch wiederholte Notiz *in platea Furum* ist mit dem deutschen Lautstand – von a. 1230 an *in Divegazin* oder ähnlich – schlecht in Einklang zu bringen. Erst zum Jahre 1230/32 findet sich erstmals die wohl zutreffende Latinisierung *Profunda platea*. Die Benennung will wahrscheinlich sagen, daß die Straße sich weit ins Innere der *Cricmar* erstreckte« (Jakobs, 1987, S. 1438).

Wegen der Länge dieses Straßenzuges hat Mercator auf seinem Stadtplan (1571) *Die dieff gaß* und *Dieff gaß* notiert.

Nennung	Straßenname	Belege
1200	in platea Furum	KTK, I, 456
1230/32	in Profunda platea	KTK, I, 456 f.
1232	in Dijfegazzin	KTK, I, 453
1235	iuxta dom. Tipoldi	KTK, I, 457
1235	in Divingazin	KTK, I, 446
1238	Divengazin	KTK, I, 451
1251	in Divegazin	KTK, I, 445
1269	in Defegazen	KTK, I, 445
1279	in Defgazen	KTK, I, 445
1280/81	in Defgazen	KTK, I, 446
1331	in Devegassin	KTK, I, 450
1364	versus Deyfgassen	KTK, I, 444
1381	in der Deyffgassin	KTK, I, 450
1400	yn der Diefgasse	KTK, I, 452
1431	in der Dieffgasse	KTK, I, 455
1466	in Diepengasse	KTK, I, 448
1498	in Dieppengassen	KTK, I, 449
1535	in der Dieffgasse	KTK, I, 448
1567	in der Depengassn	W, V, 64
1571	Die dieff gaß	Mercator
1571	Dieff gaß	Mercator
1580	in der Depengassen	W, V, 163

Die dranck gaß

Heute: **Dreikönigenstraße**
3. Stadterweiterung (Mercator-Plan S. 57)

Dadurch, daß sog. ›Trankgassen‹ in Köln mehrfach vorkommen, bieten die Gemeinsamkeiten der Namenserien und der Straßenverläufe (alle führen zum Rhein) Anhaltspunkte für die Namendeutung. »Drei von den auf den Rhein führenden Strassen wurden offenbar, weil durch sie die Pferde zur Tränke geführt wurden, Trankgassen genannt« (Keussen, Bd. 1, S. 165*; vgl. *Die dranck gaß*/heute: *Trankgasse*, *Die blumers gaß*/heute: Teilstück der *Machabäerstraße*).

Die heutige Straßenbezeichnung geht auf das sogenannte *Königspförtchen* zurück: »1493 up dem warve by dem Koenyncks portzgin, da die hylge drij koenynck gemaelt staint« (zitiert nach Keussen, Bd. 2, S. 178).

Nennung	Straßenname	Belege
1175/91	in Drancgazen	H, II/1, 247
1188/1210	Drancgazze	H, II/1, 260
1190	in Drancgazzen	H, II/1, 264
1277	Drancgassin	KTK, II, 181
1301	in platea Drancgassen	KTK, II, 181
1329	in Drancgassin	KTK, II, 182
1359	in Drancgassen	KTK, II, 181
1459	Dranckgasse	KTK, II, 181
1548	in der Drankgassen	W, I, 309
1571	Die dranck gaß	Mercator

Die dranck gaß

Heute: **Trankgasse**
2. Stadterweiterung (Mercator-Plan S. 178/179)

Der Straßenname *Trankgasse* gehört zu den im Gesamtnamenkorpus mehrfach vorkommenden Straßenbezeichnungen. Während der Bereich St. Severin eine solche aufweist, sind im Schreinsbezirk Niederich sogar zwei ›Trankgassen‹ zu finden (vgl. *Die dranck gaß*/heute: *Dreikönigenstraße*, *Die blumers gaß*/heute: Teilstück der *Machabäerstraße*.) Auffälligerweise führen alle so genannten Gassen geradezu lotrecht zum Rheinufer.

Das Nebeneinander von ›Graben-‹ (= *in Vallo*; vgl. Georges, Bd. 2, Sp. 3360 f.; Habel/Gröbel, Sp. 417), ›Ros-‹ (*Rosgazzen*) und ›Dranc-‹ (*Drancgazze*) als Bestimmungsworte legt eine Namendeutung nahe, die ›Pferdetränke‹ oder zumindest den Weg zu einer solchen impliziert. Die Bezeichnungen *platea equorum* (= *Rosgazzen*) und vor allem *in vico potus* (a. 1328) stellen schließlich einen direkten Zusammenhang zwischen dem Namen der Straße und einer in ihr befindlichen Pferdetränke her (*potus* = ›Trinken‹, ›Trank‹; vgl. Georges, Bd. 2, Sp. 1818; Habel/Gröbel, Sp. 299; NKS, Bd. 1, S. 149).

Nennung	Straßenname	Belege
1135/58	in vallo	H, II/1, 55
1163/68	in vico qui dicitur Rosgazzen	H, II/1, 66
1170/78	in vallo que dicitur Gravagaza	H, II/1, 104

1178/83	iuxta s. Kunibertum	H, II/1, 117
1183/92	platea equorum	H, II/1, 142
1202/12	in Drencgazze	H, II/1, 181
1215	in Drancgazzen	KTK, II, 162
1229	in Gravegazen	KTK, II, 162
1252	in Drancgazen	KTK, II, 159
1290	in pl.[atea] Dranckgasse	KTK, II, 158
1301	in Drancgassin	KTK, II, 158
1316	in Drancgassen	KTK, II, 159
1328	in vico Potus	KTK, II, 161
1330	in vico Potis	KTK, II, 163
1352	in Drancgassen	KTK, II, 159
1366	ad plateam potatoriam	KTK, II, 303
1398	Drancgasse	KTK, II, 160
1415	in der Dranckgasse	KTK, II, 162
1453	in der Dranckgasse	KTK, II, 163
1496	in der Dranckgasse	KTK, II, 162
1548	in der Drankgassen	W, I, 309
1571	Die dranck gaß	Mercator

Die eeren straiß

Heute: **Ehrenstraße**
2. Stadterweiterung (Mercator-Plan S. 272)

Sowohl H. Keussen, der das Bestehen der *Ehrenstraße* »schon in römischer Zeit« (Keussen, Bd. 1, S. 157*) annimmt, als auch A. Wrede gehen davon aus, daß der Name dieser *platea honoris* (vgl. Georges, Bd. 1, Sp. 3073 f.; Habel/Gröbel, Sp. 179) in die Römerzeit zurückreicht (vgl. NKS, Bd. 1, S. 176).

Der Verlauf der *Ehrenstraße* war im Mittelalter gekennzeichnet durch die Stadterweiterungen. An ihrem östlichen Ende befand sich auf der Höhe der *Gertrudenstraße* die älteste *Ehrenpforte*, durch die man das römische Köln im Westen verließ. Durch die Stadterweiterung des Jahres 1106 öffnete die sogenannte *alte Ehrenpforte* (*antiqua porta honoris*) auf der Höhe der *Kleinen Brinkgasse* die Stadtbefestigung. Nach a. 1180 bildetete eine *neue Ehrenpforte* (*nova porta honoris*) die Durchfahrt durch die sog. große Mauer an der Stelle, an der die *Ehrenstraße* den *Friesenwall* kreuzt.

Wie E. Grohne nachgewiesen hat, wirkte die *Ehrenpforte* sich nicht nur auf den Straßennamen, sondern auch auf Hausnamen und Familiennamen aus: »Um 1150 wird in den Schreinsurkunden eine *aerea porta* erwähnt und noch im selben Jahrhundert begegnen die Namenbildungen: *Albero de aerea porta* und *Albero de Erenporcen, de porta honoris.* 1165–80 erscheint der Familienname *Herman Ere.* 1197–1215 heißt es von einem Haus: *domus que fuerat Herm. Erin, que dicitur ad honorem.* 1240 *cir Eren.* Unzweifelhaft ist für diese ganze Namensentwicklung die *aerea porta* ausschlaggebend, deren Name zuerst *Eren porce* (richtig verdeutscht: ›eherne Pforte‹), dann aber bald in charakteristischer Weise umgedeutet wurde, wie aus der Rückübersetzung *porta honoris* hervorgeht. Auf diese Lokalbenennung geht dann gewiß der Bürgername *Ere* zurück, der dann später zum Hausnamen geworden ist« (Grohne, S. 69).

Nennung	Straßenname	Belege
1170/83	extra veterem eream portam	H, II/1, 14
1178/1202	in Herstrazen	H, II/1, 231
1235	versus Erenporzen	KTK, I, 405
1257	inter duas portas Honoris	KTK, I, 402
1272	in platea Honoris iuxta Eream portam	KTK, I, 402
1273	inter 2 veteres Ereas portas	KTK, I, 402
1280	super Erenstraze	KTK, I, 405
1343	super Erenstrayssin	KTK, I, 403
1356	super Erenstrassen	KTK, I, 402
1359	apud novam portam Honoris	KTK, I, 403
1372	up Erenstrassen	KTK, I, 402
1393	infra novam et antiquam portas Ereas	KTK, I, 405
1393	infra novam et antiquam portas Ereas	KTK, I, 405
1469	auf der Erenstrasse	KTK, I, 402
1474	auf der Erenstrasse	KTK, I, 403
1507	auf der Erenstrasse	KTK, I, 402
1548	uff die Ehrenstrass	W, I, 305
1571	Die eeren straiß	Mercator

Die enge gaß

Heute: **Enggasse**
2. Stadterweiterung (Mercator-Plan S. 234/235)

Die *Enggasse* ist ein plastisches Beispiel für die merkmalbezogene Bezeichnungspraxis des Mittelalters: mhd. *enge* (Adj.) mit der Grundbedeutung ›zusammengedrückt‹, ›eingeschnürt‹ (wie (m)lat. *angere* = ›beengen‹; vgl. Georges, Bd. 1, Sp. 427; Habel/

Gröbel, Sp. 17) ist eine charakterisierende Bezeichnung für das schmale Gäßchen, das von der *Stolkgasse* zu der Kirche St. Maria Ablaß führt (vgl. NKS, Bd. 1, S. 185). Während des gesamten Mittelalters wird die Bezeichnung als ›enge Gasse‹ mit lediglich variierenden Formen beibehalten. Im 12. Jahrhundert mußten die Schreinsbuchschreiber sogar die Kirche St. Maria zur Lokalisierung von Grundbesitz heranziehen, weil offenbar kein geläufiger Eigenname als Straßenname existierte. Trotz mehrfach vorkommenden ›engen‹ Gassen im Köln des Mittelalters (vgl. beispielsweise *Die enggaß* in St. Kolumba) gelangt diese Straße bis zum Jahre 1571 zu keinem individuellen Namen.

Nennung	Straßenname	Belege
1163/68	iuxta s. Mariam in vallo	H, II/1, 62
1188/1203	in platea, que ducit ad s. Mariam	H, II/1, 165
1300	in Arto vico	KTK, II, 84
1310	Parva platea	KTK, II, 85
1332	in Arta platea	KTK, II, 83
1350	in Arto vico	KTK, II, 84
1381	in der Engergasse	KTK, II, 84
1432	in der Engergasse	KTK, II, 85
1455	in der Enggasse	KTK, II, 85
1470	in der Engergasse	KTK, II, 84
1482	Engergasse	KTK, II, 84
1528	in der Enggasse	KTK, II, 85
1571	Die enge gaß	Mercator

Die enggaß

Heute: **Elstergasse**
Römerstadt (Mercator-Plan S. 234/235)

Noch auf dem Stadtplan A. Mercators (1571) erscheinen mehrere ›enge‹ Gassen (vgl. *Die enge gaß*, Niederich), deren Bezeichnungen kaum als individuelle Namen angesehen werden können. Allein im Kirchspiel St. Kolumba wurden vier Gassen derart bezeichnet: so die heutige *Elstergasse*, *Schwertnergasse*, *Kolumbakirchhof* und *Perlengäßchen* (vgl. NKS, Bd. 1, S. 186).

Die enggaß (*Elstergasse*) – mlat. *vicus strictus* (von *strictus* = ›eng‹; Habel/Gröbel, Sp. 380) wird bis ins 15. Jahrhundert auch nach einem Anwohner oder Grundbesitzer *Randolfgasse* genannt. Lediglich einmal tritt im 13. Jahrhundert die mehrdeutige Nennung *Scurgegasse* auf. Im Altkölnischen bezieht sich *schurger* auf »Karrenschieber, besonders der früher erwerbsmäßig mit einer Schubkar (s. Schürreskar) Sachen, Gepäck fortschaffte« (NKS, Bd. 3, S. 77).

Im mittelalterlichen Köln – jedoch nicht speziell für den Bereich *Elstergasse* nachweislich – kommen auch klangverwandte Haus- und Personennamen vor: »*dom. Schurgin in platea Stellarum*«, »*dom.* [...] *Ernesti Schurgin*« (Keussen, Bd. 1, S. 270). Nach dem Jahre 1466 tritt der Straßenname nach einem Anwohner oder Grundbesitzer *Randolf* nicht mehr auf, so daß diese Gasse lediglich noch als eine ›enge‹ Gasse bezeichnet wird.

Nennung	Straßenname	Belege
1220/30	in pl.[atea] Randolfi	KTK, I, 310
1222	Scurgegassen	KTK, I, 307
1272	super angulum Randolfgasse	KTK, I, 311
1288	in pl.[atea] Randolphi	KTK, I, 310
1294	super vico Randolphi	KTK, I, 309
1323	in pl.[atea] Randolfi	KTK, I, 309
1341	supra vicum strictum	KTK, I, 307
1349	in Arto vico	KTK, I, 311
1370	in Arto vico	KTK, I, 311
1400	in der Engergasse	KTK, I, 311
1452	in der Engergasse	KTK, I, 309
1466	in der Randolfgasse	KTK, I, 309
1487	in der Engergassen	S, II, 690
1520	in platea arcta	KTK, I, 309
1568	in der Engergasse	KTK, I, 309
1571	Die enggaß	Mercator

Die euler gaß

Heute: **Ulrichgasse**
3. Stadterweiterung (Mercator-Plan S. 57)

Die frühen Namenformen der heutigen *Ulrichgasse* hat A. Wrede folgendermaßen etymologisch gedeutet: »Die erste deutschsprachl. Form des Namens ist ulregazza, Anfang 13. Jh. [...]. Älter ist die Bezeichnung platea figulorum, im 12. Jh. bezeugt, zu lat. figulare (bilden), figulus (der aus Ton Krüge macht, Töpfer), vgl. Auler, Eul(n)er, Ulner zu lat. ol(l)a (Topf, rheinisch, volkssprachl. Aul, Ül(e, es) [...]. Euler (1571, s. o.) ist Verhochdeutschung zu Ulre, die etwa um die Mitte des 16. Jh. in Köln durchdringt. Ulre ist durch die Umstellung des r als Uler zu verstehen; Metathesis des Buchstabens r hinter e war im Altköln. außerordentlich beliebt. [...] Der Bereich der alten Ulregasse, Schnurgasse, Severinstraße (südwestlich) ist vermutlich in frühmittelalterlicher Zeit ein Töpferviertel gewesen u. früh besiedelt, sonst aber mit dem ganzen Perlengrabenbereich (südlich) bis ins 19. Jh. Wein- u. Gemüsegartengelände« (NKS, Bd. 3, S. 177).

Nennung	Straßenname	Belege
1175/91	in platea figulorum	H, II/1, 252
12. Jhd.	platea Figulorum	KTK, II, 202
1213	infra novum fossatum in loco, qui dic. Ulregazzen	KTK, II, 202
1246	in Ulregazze	KTK, II, 200
1264	in Hulregassen	KTK, II, 200
1276	plateam lapideam, que dic. Ulregassen	KTK, II, 200
1287	in Hulregassen	KTK, II, 200
1296	in Ulregassen	KTK, II, 200
1309	Hulringasce	KTK, II, 202
1310	in Ulringassen	KTK, II, 200
1331	in Uregascen	KTK, II, 202
1360	in Ulregassen	KTK, II, 200
1402	Ulregasse	KTK, II, 199
1439	Uylregasse	KTK, II, 201
1466	Ulregasse	KTK, II, 202
1483	auf der Oylregassen	KTK, II, 199
1571	Die euler gaß	Mercator
1591	die Ulregass	W, IV, 113

Die fobgaß

Heute: **Bobstraße**
Römerstadt (Mercator-Plan S. 308/309)

Dieser Straßenname hat in der Forschung die unterschiedlichsten Deutungen erfahren. H. Jakobs führt seinen Ursprung auf das ahd. *waba* = ›schwankender Wiesenboden‹, ›Morast‹ zurück (vgl. Jakobs, 1987, S. 1439).

Entsprechend H. Keussens Tendenz, hinter etymologisch nicht eindeutig zu entschlüsselnden Straßennamen den vorausgehenden Eigennamen eines Anwohners zu vermuten, hat er die Nennung *Bobstraße* auf den Anwohner- oder Grundbesitzernamen *Voppo* zurückgeführt.

Diese Erklärungsweise hat E. Volckmann zu folgender Polemik veranlaßt: Die »*Bobstraße* in Köln, die richtig Wob- oder Wobbenstraße heißen sollte. Hermann Keußen [sic], der Topograph des mittelalterlichen Köln, hat sich die Erklärung dieses Straßennamens wiederum sehr leicht gemacht, denn er will ihn allen Ernstes von einem mythischen Herrn *Voppo* herleiten, obwohl ein solcher in seinem umfangreichen Werke mit keiner Spur zu entdecken ist. [...] Nach Keußens eigenen Forschungen lautete die ursprüngliche Schreibweise des Straßennamens (im 13. Jahrhundert: Wobben-, Vobin-, Wabin-, Vobben-, Woben-, Fobben und Obben-Gasse. Wie u und v, so wechselten auch häufig u und w, ebenso b, w und f beim Schreiben. Nun gab es in der damaligen Mundart des Niederrheins ein Wort: *Wobbe*, das dem mittelniederdeutschen *Webbe* entspricht, und 1) ein Gewebe, besonders Zettel, Aufzug und 2) ein selbstgewebtes graues Wollzeug [...] bezeichnete. Die uralte *Wobbengasse* Kölns ist sonach ohne Zweifel eine Wohngasse einfacher Wollweber gewesen, welche die auf den Messen der Champagne vielbegehrten Grautücher, also tatsächliche Gespinste, verfertigten, wogegen der Voppo Keußens wiederum eitel Hirngespinst bleibt!« (Volckmann, 1921, S. 91 f.).

Nennung	Straßenname	Belege
1232	Vobbingazin	KTK, I, 398
1235	Vobingazin	KTK, I, 398
1235	Uobingazin	KTK, I, 398
1235/51	in Wobengazzen	KTK, I, 397
1251/69	in Vobbengazzen	KTK, I, 397
1282	Wobbengaze	KTK, I, 398
1282	Wabingasse	KTK, I, 398
1283	in Wobbengazen	KTK, I, 398
1308	in Vobbegassin	KTK, I, 397
1348	in Fobbegassyn	KTK, I, 397
1366	in Fobbengassen	KTK, I, 397
1367	in vico Fobbengassen	KTK, I, 398
1377	in Vobgassin	KTK, I, 397
1377	in Vobgassin	KTK, I, 397
1410	Fobgasse	KTK, I, 398
1464	Fobgasse	KTK, I, 398
1464	in der Fobbengassen	KTK, I, 398
1571	Die fobgaß	Mercator

Die foller straiß

Heute: **Follerstraße**
2. Stadterweiterung (Mercator-Plan S. 97)

Das Teilstück der *Follerstraße* zwischen der Einmündung von *Weberstraße* und *Große Witschgasse* wird im Mittelalter auch mit den Bezeichnungsformen der *Weberstraße* (*platea Textorum*, *Weverstrasse*) benannt. H. Keussen führt die *Follerstraße* explizit nicht auf ›Walker‹ – von (m)lat. *fullo* = ›Walker‹, ›Tuchbereiter‹ (vgl. Georges, Bd. 1, Sp. 2869; Habel/Gröbel, Sp. 161) zurück. Seine Namendeutung bezieht sich vielmehr auf den Eigennamen *Volrad* (vgl. Keussen, Bd. 1, S. 162*).

Im Gegensatz hierzu besteht für M.-L. Schwering kein Zweifel daran, daß die *Follerstraße* ihren Namen dort tätigen Walkern verdanke: »Sie hämmerten und klopften das Tuch, um die Wollhaare mit dem Gewebe zu verfilzen. Ursprünglich handelte es sich wohl um das Rollen der Wollgewebe im Waschtrog« (Schwering, S. 42).

Diese beiden Deutungen (›Straße der Walker‹/›Straße des Volrat‹) müssen sich allerdings nicht gegenseitig ausschließen. Die Bezeichnung nach einem Eigennamen *Volrat* (älteste Bezeichnung der *Follerstraße*: a. 1248 *Volratzgazze*) hat sich lautlich allerdings während des Mittelalters mehr und mehr dem Klang des lat. Wortes für Walker (*fullones*) angenähert: a. 1248 *Volratzgazze* – a. 1358 *Volrestrayssen* – a. 1400 *Voellerstr.* – 1571 *foller straiß*. Generell ist bei den Schreinsbuchschreibern die Tendenz feststellbar, nicht mehr verstandenen Namen eine aktuelle Bedeutung zu geben: a. 1400 *Voellerstr.*

Auch bei den auf Walker bezogenen Bezeichnungen (wie bei der Benennung nach einem Anwohner oder Grundbesitzer Volrat) bleibt die Bezogenheit der Namenbildung auf charakteristische Merkmale des Namenträgers erhalten. Denn in der *Follerstraße* sind seit dem 13. Jahrhundert Gewerbe der Tuchproduktion nachweislich: A. 1289 wird hier ein *Everhardus Zouwere* erwähnt (vgl. Keussen, Bd. 2, 17). Im Mhd. bezeichnet *Zouwer* eine Art Tuchweber (vgl. Lexer, Bd. 3, Sp. 1162). Darüber hinaus werden in den Schreinsurkunden Walkhäuser nach den Walkmeistern als *Magisteria* oder *Meisterie* (mlat. *magister* = hier ›Werkmeister‹; vgl. Habel/Gröbel, Sp. 230) bezeichnet: a. 1392 »*dom.* [...] *in Volrestraissen* [...], *que nunc est meysteria* [...] *cum 2 tensoriis dictit ramen*« (Keussen, Bd. 2, S. 19); a. 1403 »*mijsterije*« (Keussen, Bd. 2, S. 18) und a. 1473 »*in der Volrestrasse* [...] *Meisterijen*« (Keussen, Bd. 2, S. 19). Somit wandelt sich die Straßenbezeichnung von einem ursprünglichen Anwohnernamen zu dem im Spätmittelalter verortenden Hinweis auf ein in dieser Straße ansässiges Gewerbe der Textilproduktion.

Nennung	Straßenname	Belege
1248	in Volratzgazze	KTK, II, 19
1256	in platea Textorum	KTK, II, 18

1262	in Volradgassen	KTK, II, 16
1277	in Wolrotzgassen	KTK, II, 15
1286	in Wolradgassen	KTK, II, 16
1297	in Volraitzgassen	KTK, II, 19
1306	in Volregassin	KTK, II, 17
1316	in platea Textorum	KTK, II, 16
1334	super platea Volratgassen	KTK, II, 18
1352	in Weverstrasse	KTK, II, 15
1358	in Volrestrayssen	KTK, II, 19
1379	in Volraitzgassen	KTK, II, 18
1380	in Volrestraissen	KTK, II, 16
1400	in der Weyverstraissen	S, II, 96
1400	Volrestrasse	KTK, II, 16
1400	in Voellerstr.	KTK, II, 16
1447	in der Weverstrasse	KTK, II, 15
1468	in der Volrestrasse	KTK, II, 16
1479	in der Volderegassen	KTK, II, 16
1492	in der Weverstrasse	KTK, II, 17
1535	Follerstrasse	KTK, II, 16
1535	Weverstrasse	KTK, II, 17
1571	Die foller straiß	Mercator

Die golt gaß

Heute: **Goldgasse**
2. Stadterweiterung (Mercator-Plan S. 178/179)

E. Volckmann hat darauf hingewiesen, welcher Art das Gold war, das im Mittelalter in der gleichnamigen Kölner Gasse zu finden war: »Kaum weniger euphemistisch für das duftige Gewerbe (Abfuhrwesen) ist die viel verbreitete Bezeichnung Goldgräber, denn *Gold* für Unflat zu gebrauchen ist ziemlich allgemein und eine große Zahl alter Goldgassen hat ihren Namen von diesem Volkshumor und deutet noch heute auf die frühere, jahrhundertelange, äußerst unsaubere Beschaffenheit solcher Straßen hin« (Volckmann, 1921, S. 289).

Dieser Auffassung entspricht M.-L. Schwering unter Bezugnahme auf die frühe Bezeichnung nach einem Anwohner *Hermannus cum barba* (= ›bärtiger Hermann‹): »Ursprünglich (12. Jh.) ist sie vielleicht einmal nach dort wohnenden Grundstücksbesitzern benannt gewesen. Später aber erinnerte sich der Volksmund jener *goltgreber* (16. Jh.), die durch Kölns *Goldgassen* alle möglichen Abfälle und Fäkalien dem

Rhein zufuhren: Eine humorvoll-ironische Umdeutung des Wortes *Gold* und in gewissem Sinne auch eine Art Gewerbestraße« (Schwering, S. 41).

In die gleiche Richtung weist die Namendeutung dieser Gassenbezeichnung bei A. Wrede: »Im mittelalterlichen Köln gab es vier Goldgassen, außer der obigen auch eine Goldgasse (platea auri) hinter dem Heumarkt, gleichfalls rheinwärts gelegen, später Straßburger Gasse genannt. [...] Wie viele andere altkölnische Gassen- u. Straßennamen sind auch die Goldgassen frühe Beispiele altkölscher, humorvoller Ironie. Abfälle, Dreck, Schutt u.dgl., also das Gegenteil von Gold wurde gutenteils dem Rheinstrom zugeführt. Um die Mitte des 16. Jh. nannte man in Köln die Abtretts- oder *Drießjesfäjer* (*Drießhusfäjer*) humorvoll goltgreber (Goldgräber)« (NKS, Bd. 1, S. 301).

Nennung	Straßenname	Belege
1163/68	in vico Hermanni cum barba	H, II/1, 65
1170/78	in platea Godefridi et Herze	H, II/1, 108
1172/80	in platea Hermanni cum barba	H, II/1, 112
1209/15	in platea Auri	H, II/1, 197
1215	in platea Goltgassin	KTK, II, 86
1258	in Goltgazzen	KTK, II, 86
1270	in Goltgazzen	KTK, II, 86
1285	in platea Goyltgasse	KTK, II, 86
1306	in fine Goltgassen	KTK, II, 86
1329	Gultgasse	KTK, II, 87
1384	in Goiltgassin	KTK, II, 86
1427	in der Goiltgasse	KTK, II, 87
1446	in Goultgassen	S, II, 333
1462	in der Goltgasse	KTK, II, 86
1466	in der Goultgasse	KTK, II, 86
1571	Die golt gaß	Mercator

Die hanen straiß und pforts

Heute: **Hahnenstraße**
2. Stadterweiterung (Mercator-Plan S. 272)

Die *Hahnenstraße* verband die Stadtgrenze von 1106 mit der Stadterweiterung des Jahres 1180 und der sogenannten großen Stadtmauer. An ihrem östlichen Ende (Einmündung *Benesisstraße*) befand sich die *alte Hahnenpforte*. Die *Hahnenstraße* führte von hier zum östlichen Durchgang (*neues Hahnentor*) durch die große Mauer. Sowohl die beiden Tore als auch die sie verbindende Straße leiten ihre Namen von dem Grundbesitzer *Hageno von Anshelm* ab (vgl. Keussen, Bd. 1, S. 168*; NKS, Bd. 1, S. 324). Mit ihrem Namen deutet diese Straße eine Richtung an: Sie führt durch die beiden *Hahnentore* zu dem Grundbesitz von *Hageno von Anshelm*, der in den Jahren 1186/89 hier Land »*ante Ovinam portam extra vallum*« (Hoeniger, Bd. II/1, S. 25) erwarb.

Nennung	Straßenname	Belege
1180/89	Hageno [...] ante ovinam portam extra vallum, ab Anshelmo	H, II/1, 25
1180/89	ante ovinam portam prope domi Remari	H, II/1, 25
1186/96	in platea que dicitur Reimari	H, II/1, 25
1200	Hagenenporce	KTK, I, 414
1275	in Haninstrase	KTK, I, 414
1322	in platea porte Gallinorum	KTK, I, 413
1323	in platea Gallorum	KTK, I, 412
1350	in Hanenstrasen	KTK, I, 413
1363	in vico Gallorum	KTK, I, 412
1367	in Hanestraessen	KTK, I, 413
1388	in ordone vici seu platee Gallorum	KTK, I, 412
1390	super Hanenstraissen	KTK, I, 414
1456	auf Hanenstrasse	KTK, I, 414
1460	in platea Galli	KTK, I, 414
1478	auf der Hanenstrasse	KTK, I, 414
1538	uff der Haneporzen	W, I, 120
1551	uff der Haneporzen	W, I, 368
1552	Hanneporzen	W, II, 12
1571	Die hanen straiß und pforts	Mercator

Die hasen gaß

Heute: Auffahrt Deutzer Brücke
1. Stadterweiterung (Mercator-Plan S. 142/143)

Die hasen gaß (1571) führte vom *Heumarkt* durch die *Hasenpforte* zum Rheinufer. In der zu ihr parallel verlaufenden kleinen Gasse mit dem Namen *Sassenhof* ist seit dem 12. Jahrhunder ein *curia Saxonum* belegt, der sich im 12. Jahrhundert auf die Straßenbezeichnung als *platea Saxonum* ausweitete. A. Mercator hat das ehemalige *Sassenhofgäßchen* als *Die hasen gaß* auf seinem Stadtplan (1571) eingetragen. In den

Schreinsbüchern erscheint diese vom 12. bis zum 15. Jahrhundert als nach einem mutmaßlichen Anwohner *Engizo* benannte Gasse, deren Name im Spätmittelalter zu *Engergasse* entstellt wurde. Im Jahre 1295 ist hier *Thilmann de Lepore* – (m)lat. *leporarius* = ›zum Hasen gehörig‹ (vgl. Georges, Bd. 2, Sp. 618f.; Habel/Gröbel, Sp. 218) bezeugt. Ebenso erscheint zwischen dem 14. und 16. Jahrhundert ein Hausname *Zum Hasen* (*domus ad Leporem*). Entsprechend hieß auch die rheinwärts gewandte *Hasenpforte ad Leporem*. Personen-, Haus- und Torname haben zu dem Straßennamen geführt, den die Gasse auf dem Stadtplan A. Mercators trägt: *Die hasen gaß*.

Nennung	**Straßenname**	**Belege**
1135/42	in vico Engizonis	H, I, 17
1135/42	in Sasinhovin	H, I, 17
1142/56	in Engezzengazze	H, I, 23
1200	in Sassenhoven	KTK, I, 72
1232	in Sassinhoven	KTK, I, 72
1267	in Curia Saxonum	KTK, I, 73
1282	in fine Engezegassin	KTK, I, 84
1293	versus Enchegassen	KTK, I, 84
1295	Thilm. de Lepore [...] super Enzegassen	KTK, I, 84
1300	in vico Sassinhoven	KTK, I, 73
1306	dom. [...] super Engistegasse	KTK, I, 85
1335	super Saissenhove	KTK, I, 72
1335	dom. [...] zume Hasen	KTK, I, 84
1336	in Enzgassen versus dom. ad Leporem	KTK, I, 73
1348	Hasenportze [...] zome Hasen oever geleigen	S, II, 18
1358	dom. [...] ad parvum Leporem	KTK, I, 84
1374	dom. ad Leporem parvum	KTK, I, 84
1388	versus Hasinporze	KTK, I, 86
1405	hynder der Hasenportzen	KTK, I, 86
1426	Hs. zome Haesen [...] gü. Haesenpforte	KTK, I, 85
1437	Hassenportze	KTK, I, 87
1455	up Sassenhoyven	KTK, I, 72
1469	up Sassenhusen	KTK, I, 72
1481	Hs. zom Hasen	KTK, I, 84
1482	Hasenportze	KTK, I, 87
1487	in der Engergasse	KTK, I, 73
1537	an der Haseporzen	W, I, 119
1545	an der Haseporzen	W, I, 230
1571	Die hasen gaß	Mercator

Die hemmers gaß

Heute: **Hämergasse**
Römerstadt (Mercator-Plan S. 234/235)

Die Einträge in den Schreinsurkunden des ausgehenden 12. Jahrhunderts legen nahe, die Straßenbezeichnung *Himerisgazin* – latinisiert *platea Heimerici* – für eine auf einen Anwohner oder Grundbesitzer *Heimo* bzw. *Heimerich* bezogene Namenbildung zu halten. Die spätmittelalterlichen Namenformen lassen aber auch an eine Gewerbebezeichnung denken. Die sog. Hamächer stellten ›Hamen‹ (wie ›Kummet‹ = ›Pferdegeschirr‹) her. Diese Handwerksbezeichnung entstammt dem Altkölnischen um 1300. Die von den Sattlern unterschiedenen Hamächer werden auch im Verbundbrief (a. 1396) genannt. Darüber hinaus handelt es sich bei ›Hamächer‹ um einen später weiterhin in Köln geläufigen Familiennamen (vgl. NKS, Bd. 1, S. 328).

Nennung	Straßenname	Belege
1179/90	in Heimerisgazin	H, I, 341
1187/1200	in platea Heimerici	H, I, 361
1259	in Heimirigisgazzen	KTK, I, 322
1264	in Hemerizgazze	KTK, I, 321
1274	in Heimerichgassen	KTK, I, 321
1294	in angulo Heimerinsgassin	KTK, I, 384
1300	in Heymerisgasse	KTK, I, 321
1309	in Heymerichgasse	KTK, I, 321
1334	in Hemerigsgassin	KTK, I, 321
1349	Hemerichsgassin	KTK, I, 380
1371	in angulo Hemerichgassin	KTK, I, 321
1419	in der Heymersgasse	KTK, I, 321
1541	in der Heimersgasse	KTK, I, 321
1571	Die hemmers gaß	Mercator

Die hertzoghs straiß

Heute: **Herzogstraße**
Römerstadt (Mercator-Plan S. 234/235)

In unmittelbarer Nähe der *Herzogstraße*, der westlich angrenzenden *Glockengasse*, erscheinen die Herzöge von Jülich in den Jahren 1294–1535 als Grundbesitzer. Noch im Jahre 1423 bezeugt der Rat, daß das Haus *zo der Donauwen* seit Jahren dem Herzogtum Jülich gehöre (vgl. Keussen, Bd. 1, S. 315).

In den die *Herzogstraße* betreffenden Schreinsurkunden sind jedoch keine direkten Hinweise zu finden, die die Straßenbezeichnung zweifelsfrei erklären könnten. Die Bezeichnung ›Herzog‹ muß sich aber im mhd. Sprachgebrauch nicht ausschließlich auf einen solchen beziehen, sondern kann auch als Übername lediglich einen Inhaber von Beziehungen zu einem Herzog meinen. Ferner ist die metonymische Namengebung für einen Anwohner denkbar, der in Diensten des benachbarten Herzogs steht, denn das mhd. *herzoger* meint den Anhänger des Herzogs, nicht diesen selbst (vgl. Lexer, Bd. 1, Sp. 1277). Wie die Namenserie verdeutlicht, wird die etymologische Namendeutung durch den seltenen Umstand erschwert, daß volkssprachliche Nennungen erst aus dem 14. Jahrhundert greifbar sind. Interessanterweise erscheinen im Spätmittelalter sogar feminine Nennungen wie *Hertzoginstrasse*.

Nennung	Straßenname	Belege
1170/90	in vico ducis	H, I, 335
1170/90	vicus ducis	H, I, 334
1241	in pl.[atea] Ducis	KTK, I, 324
1274	in pl.[atea] Ducis	KTK, I, 322
1292	in vico Ducis	KTK, I, 325
1349	super vico Ducis	KTK, I, 327
1380	up Herzoge straissin	KTK, I, 325
1399	up der Hertzoginstrasse	KTK, I, 322
1487	up der Hertzochstraissen	S, II, 689
1487	[auf] der Hertzgynstrasse	KTK, I, 324
1487	up der Hertzgensgassen	KTK, I, 314
1553	uff der Herzestraissen	W, II, 20
1558	uff der Hertzestrassen	W, V, 20
1571	Die hertzoghs straiß	Mercator

Die hondts gaß

Heute: **Huhnsgasse**
3. Stadterweiterung (Mercator-Plan)

Hier hat sich A. Mercator bei der Straßenbeschriftung auf seinem Stadtplan (1571) entweder vertan oder es muß für die benachbarte heutige *Taubengasse* im 16. Jahrhundert ein Bezeichnungswechsel konstatiert werden (vgl. *Huntzgassen*). Während die heutige *Huhnsgasse* auf dem ältesten Kölner Stadtplan keine Bezeichnung trägt, hat dort die benachbarte heutige *Taubengasse* den Namen *Die hondts gaß* erhalten. Im mittelalterlichen Köln kommen sog. *Hundegassen* mehrfach vor: Im Mittelalter wurde neben den heutigen Straßen *An St. Agatha* und *Huhnsgasse* auch die heutige *Färbergasse* im Kirchspiel St. Peter als solche bezeichnet.

»Vor den Kölner Befunden ist damit zu rechnen, daß die *hun*-Namen der sogenannten ripuarischen Velarisierung ausgesetzt waren: *hun* → *hunk*. Daneben gab es als Folge der gleichen sprachlichen Erscheinung *hunt* ›Hund‹ → *hunk*. Belege für dieselbe Gasse (heute: An St. Agatha, das eine Gründung von a. 1313 ist, in der alten Peterspfarrei) können demnach den Verdacht erregen, daß die Schreinsschreiber das Gehörte teilweise hyperkorrekt übertragen haben: *Hunsgasse* (Zinsregister von Groß St. Martin, c.a. 1300), *Hunzg.* (a. 1273), *Hundinsg.* (a. 1285), *Hundg.* (a. 1323), *vicus Canis* (a. 1319), *platea Canum* (a. 1327), *Huntzg.* (a. 1322)« (Jakobs, 1987, S. 1448).

Nennung	Straßenname	Belege
1311	in Hundesgassen	KTK, II, 206
1315	in Hundisgasse	KTK, II, 206
1349	in Huntzgassen	KTK, II, 206
1357	in Huntzgassen	KTK, II, 206
1391	in platea Canum	KTK, II, 206
1405	in der Huntzgasse	KTK, II, 206
1448	in der Hundsgasse	KTK, II, 205
1457	in der Huntzgasse	KTK, II, 206
1478	in der Huntzgasse	KTK, II, 206
1571	Die hondts gaß	Mercator

Die hondtsgaß

Heute: **Färbergasse**
Römerstadt (Mercator-Plan S. 308/309)

Hundegassen kommen im mittelalterlichen Köln gleich vierfach vor. Neben dieser wurde auch die heutige *Huhnsgasse* im Kirchspiel St. Mauritius zwischen 1311 und 1571 als *Hundegasse* bezeichnet (ebenso die heutige Straße *An St. Agatha*). Auf dem Stadtplan A. Mercators erscheint zudem irrtümlicherweise die heutige *Taubengasse* auch als *hondtsgaß*. Obwohl im Mittelalter neben dem Hund als Teufel (Andreaslegende) ein positives Hundebild vorherrschte (Begleiter und Jagdgefährte des Menschen), sind die gleichnamigen Gassen im allgemeinen übel beleumundete Wohngegenden gewesen.

Nennung	Straßenname	Belege
1313	in Huntsgassen	KTK, I, 237
1330	super ordone platee Canum	KTK, I, 237
1360	in Huntzgassen	KTK, I, 238
1371	in platea Canum	KTK, I, 237
1377	in Huntzgassin	KTK, I, 238
1392	in Huntzgassin	KTK, I, 238
1447	Hundsgasse	KTK, I, 238
1467	in der Hundtzgasse	KTK, I, 238
1571	Die hondtsgaß	Mercator

Die hosengaß

Heute: Gelände des Fernmeldeamtes (zwischen Sternengasse/Cäcilienstraße)
Römerstadt (Mercator-Plan S. 308/309)

Unter ahd. *hosa* und mhd. *hose* wurde im Mittelalter die »Hülle des Unterschenkels, Strumpf; eine Art Wickelgamasche« im Gegensatz zum Strumpf, »der Umhüllung des Fußes u. des Beines bis zum Knie« (NKS, Bd. 1, S. 367) verstanden. Der Name der ehemaligen *Hosengasse* geht »auf einen Bei- oder Personen- u. entsprechenden Hausnamen zurück. [...] Die älteste, ursprüngliche Bezeichnung vicus qui tendit de platea stellarum (Sternengasse) versus s. Ceciliam läßt einen richtigen Flur- oder Geländenamen erkennen« (a. a.O.). Als ein solcher Anwohner oder Grundbesitzer erscheint a. 1250 *Hosemannus* (*platea Hosemanni*). Gegen Ende des 14. Jahrhunderts ist der latinisierte Personenname *Hosemannus* zu *Hosen-* abgeschliffen worden und erscheint nur noch selten in der Vollform, so daß A. Mercator bei seinem Eintrag *Die hosen gaß* auf dem Stadtplan (1571) gar nicht mehr an einen männlichen Vornamen gedacht haben wird.

Nennung	Straßenname	Belege
1250	platea Hosemanni	KTK, I, 252
1301	in platea Hosemanni	KTK, I, 251
1367	in Hosemantzgassen	KTK, I, 252
1385	in der Hosengasse	KTK, I, 252
1403	in der Hoesingasse	KTK, I, 251
1407	Hoesemansgasse	KTK, I, 251
1465	in der Hoesengasse	KTK, I, 252
1499	in der Hoisgasse	KTK, I, 252
1571	Die hosengaß	Mercator

Die Iudengaß

Heute: **Judengasse**
1. Stadterweiterung (Mercator-Plan S. 142/143)

»Die Vertreter der Gewerke, wie sie innerlich nach Rechten und Lasten verbunden sind, rücken auch räumlich zusammen. [...] Desgleichen sind auch die Judenquartiere (inter Judeos, vicus Judeorum), die [...] seit dem 11. oder 12. Jahrhundert erwähnt werden, wenigstens in ihren Anfängen, zu erklären« (Kober, S. 10).

»Das Judenviertel lag im östlichen Winkel der alten Stadt an der alten Römermauer, dort wo die Hauptstrasse durch die alte porta principalis dextra, die spätere Marktpforte (= Marspforte), an den Rhein führte. Ob nun die Nähe des Bezirks der Königspfalz oder der Dom-Immunität, des Sitzes des Erbischofs, oder des östlich an das Judenviertel sich anschliessenden Alten Marktes in der Rheinvorstadt für die Judenansiedlung maßgebend war, lässt sich nicht mehr feststellen, da wir die Zeit der Niederlassung in jener Gegend nicht mehr kennen« (Kober, S. 30). »Das Judenviertel wird [...] eingeschlossen von dem Strassenviereck: Stesse (Norden), Oben Marspforten (Süden), Alter Markt (Osten) und Unter Goldschmied (Westen)« (Kober, S. 32).

Die Kölner Judengemeinde wird erstmalig a. 312 erwähnt. Im ersten Kreuzzug (a. 1096) wird das jüdische Wohnviertel zerstört, seine Bewohner werden ermordet. Die wieder in Köln ansässigen Juden bewachen im Jahre 1106 das Tor am *Kattenbug* und a. 1180 die Pforte bei *Unter Kahlenhausen*. Im Jahre 1326 wird den Juden gestattet, sich durch hölzerne Tore gegen nächtliche Überfälle zu schützen. Die rudimentäre Integration der Kölner Juden, die innerhalb der Stadt öffentliche Pflichten wahrnehmen, findet im Pestjahr 1349 ein jähes Ende: Verantwortlich gemacht für die Pest, werden sie erneut vertrieben, ihr Wohnviertel wird in Brand gesteckt. Zwar werden sie a. 1372 wieder in Köln zugelassen, aber bereits im Jahre 1424 erneut aus der Stadt vertrieben. 1510 müssen Juden in Köln den gelben Ring auf ihrer Kleidung tragen.

Im Spätmittelalter setzen sich in den Schreinsurkunden für den Nordteil der *Judengasse* zunehmend die Bezeichnungsformen *Bürgerstraße* (vgl. *Die burgerstraiß*) durch. Zwei Jahre nach der letzten Vertreibung der Juden wird auf dem Gelände der Synagoge die Rathauskapelle errichtet. Signifikanterweise bleibt die Bezeichnung *Iudengaß* (beschränkt auf ihren südlichen Teil) auch nach gewaltsamem Referenzverlust im 16. Jahrhundert bestehen (vgl. NKS, Bd. 1, S. 393).

Nennung	Straßenname	Belege
1091	inter iudeos	L, I, 158
1135/65	in angulo platee Iudeorum	H, I, 222
1145/70	inter Iudeos	H, I, 234

1197/1215	opposita est scolis Iudeorum	H, I, 308
1197/1215	in fone platee Iudeorum	H, I, 309
1238	inter Judeos	KTK, I, 126
1270	in platea Judeorum	KTK, I, 208
1314	versus Judeos	KTK, I, 114
1328	inter Judeos	KTK, I, 126
1355	in der Burgerhuysstrasse	KTK, I, 126
1361	Burgerhuysstrasse	KTK, I, 114
1373	versus Judeos	KTK, I, 114
1438	Juedengasse	KTK, I, 113
1456	in der Joedengasse	KTK, I, 126
1545	in der Judengassen	W, I, 224
1561	in der Juddengassen	W, II, 115
1571	Die Iudengaß	Mercator

Die keimer gaß

Heute: **Kämmergasse**
Römerstadt (Mercator-Plan S. 308/309)

Bezogen auf die *Kämmergasse* hat es in den Schreinsurkunden von St. Peter keine konkurrierenden Straßenbezeichnungen gegeben. Vielmehr bleiben die Bezeichnungen zwischen den Jahren 1230 und 1571 (von lautlichen Varianten abgesehen) konstant. Das mhd. *kemmen* oder *kemben* steht für ›kämmen‹ (vgl. Lexer, Bd. 1, Sp. 1545). Sowohl mhd. *kamp* = ›Weberkamm‹ als auch *kemmer* = ›Wollkämmer‹ deuten darauf hin, daß diese Straße ihren Namen »den Wollkämmern verdankt« (Volckmann, 1921, S. 88). Auch A. Wrede geht von einer »Straße der Wollkämmerer« (NKS, Bd. 2, S. 13) aus. Die etymologische Namendeutung wird darüber hinaus durch die Lage der Gasse in einer Umgebung von Tuchproduktion und -färbung (von der *Schafenpforte* bis zum *Blaubach*) gestützt.

Nennung	Straßenname	Belege
1230/32	in Kembirgazzin	KTK, I, 256
1269	in Kembergassen	KTK, I, 253
1286	in Kembergassin	KTK, I, 256
1313	in Kembergassen	KTK, I, 254
1340	in Kembergassen	KTK, I, 254
1386	in der Kemmergasse	KTK, I, 255
1400	up der Kemmergassen	KTK, I, 255

1407	in der Kembergasse	KTK, I, 254
1436	in der Kembergasse	KTK, I, 256
1445	in der Kemmergasse	KTK, I, 253
1471	in der Kembergasse	KTK, I, 254
1475	in der Kemergasse	KTK, I, 255
1500	in der Kemergasse	KTK, I, 254
1535	in der Kemmergassen	KTK, I, 254
1571	Die keimer gaß	Mercator
1583	Kemmergass	W, III, 202

Die keÿgaß

Heute: **Kaygasse**
Römerstadt (Mercator-Plan S. 308/309)

Die *Kaygasse* gehört nach H. Jakobs zu den »(Straßen-)Namen, die auf zugewanderte Personen zurückgehen« (Jakobs, 1987, S. 1437). Auch H. Keussen betrachtet die »Kaygasse [als] die Strasse eines Keye« (Keussen, Bd. 1, S. 168*). Zu dem mittelalterlicher Mentalität entsprechenden Benennungsgrund ›Alterität‹ gehört Grundbesitz eines Fremden in der jeweiligen Straße. Tatsächlich hatte die Familie *Keye* ihr Stammgut bzw. *ansedil* (a. 1426 *Ansiedel Jacobs Keye*; vgl. Keussen, Bd. 1, S. 256) in der *Kaygasse*. In den Schreinsbucheinträgen erscheinen *Henricus Keige* (1257), *Jacobus Keye* (1363), *Claws Keye* (1420) und *Jacobus Keye* (1426) als Grundbesitzer. Von daher ist davon auszugehen, daß diese Straße »nach einer Familie, deren Stammgut (ansedil) dort lag« (NKS, Bd. 2, S. 26), bezeichnet worden ist.

Nennung	Straßenname	Belege
1257	Henricus Keige	NKS, II, 27
1311	super Keiengassen	KTK, I, 256
1331	in der Keyengasse	KTK, I, 256
1355	in angulo platee Keyengassen	KTK, I, 256
1363	hereditas quond. d. Jacobi Keye	KTK, I, 256
1370	in Keygassen	KTK, I, 257
1420	in der Keyegasse [...] Claws Keye	KTK, I, 256
1426	Ansiedel [...] Herrn Jakobs Keye	KTK, I, 256
1470	in der Keygasse	KTK, I, 257
1492	in der Keygasse	KTK, I, 256
1571	Die keygaß	Mercator

Die klappergaß

Heute: **Follerstraße** (östliches Ende bis Holzmarkt)
2. Stadterweiterung (Mercator-Plan S. 97)

Die *Klappergasse* wurde »vermutlich nach einem Grundstücksbesitzer Klapper« (NKS, Bd. 2, S. 43) bezeichnet. Wenn in ›Klapper‹ ein Personenname gesehen werden kann, wird es sich um einen sprechenden Übernamen gehandelt haben, denn das mhd. *klapperer* bezeichnet wie das oberdeutsche *Schwätzer* oder das niederdeutsche *Klotz(er)* den ›Schwätzer‹ oder ›Verleumder‹ (vgl. Lexer, Bd. 1, Sp. 1606).

Schonungslose Übernamen waren in Köln durchaus üblich, wie die Namen a. 1172 *Hermannus Bierbuch* (Keussen, Bd. 1, S. 73), a. 1235/51 *Rodolfus Pinguis* = ›Rudolf, der Fette‹ (Keussen, Bd. 1, S. 452; Georges, Bd. 2, Sp. 1711; Habel/Gröbel, Sp. 289) oder a. 1235 *Joh. Luscus* = ›der Einäugige‹ (Keussen, Bd. 1, S. 451; Georges, Bd. 2, Sp. 730) zeigen. »Der Name [Klapper] kommt nach 1600 in Köln weiterhin vor« (NKS, Bd. 2, S. 43).

Nennung	Straßenname	Belege
1279	in angulo Clappergassen	KTK, II, 26
1305	in [...] platee Klappergassen	KTK, II, 26
1323	super ordone Clappirgassin	KTK, II, 26
1337	in Clappergassen	KTK, II, 27
1356	in Clappelgassen	KTK, II, 26
1368	in Clappergassen	KTK, II, 27
1403	Clappergassen	KTK, II, 26
1420	auf der Klappergassen Ort	KTK, II, 27
1464	Clappergassen	KTK, II, 27
1474	in der Klappergasse	KTK, II, 27
1571	Die klappergaß	Mercator
1578	in der Klappergassen	W, II, 378

Die klein witsche gaß

Heute: **Kleine Witschgasse**
2. Stadterweiterung (Mercator-Plan S. 97)

Von der *Follerstraße* (bei Mercator *Die foller straiß*) verlaufen die parallelen Straßen *Große Witschgasse* und *Kleine Witschgasse* lotrecht zum Rheinufer. Während für die *Kleine Witschgasse* Schreinsbucheinträge erst nach 1235 vorkommen, läßt sich die

Namensentwicklung der *Großen Witschgasse* bis in das 10. Jahrhundert zurückverfolgen. A. Wrede hält diesen Straßennamen sogar für den ältesten der Stadt Köln: »Witschgasse ist der bisher ältest nachgewiesene Kölner Straßenname, in einer angeblich 948 ausgestellten Urkunde platea wizechini (Straße des wizechinus), 959 platea vizechini, 1099 wicegenesgaze, 1106 wicichinigazha, 1233 erstmalig witschinsgassin (Genit.) [...] Der Name der Straße führt in seiner ältesten Form wizechin(us) auf einen germanischen Rufnamen zurück, dessen Kurzform wizo in mannigfaltiger Schreibung vornehmlich in den Schreinsbezirken St. Martin u. St. Kolumba bezeugt ist. [...] Wizechin (chin gleich chen, Verniedlichung aus wizo) war vermutlich Grundbesitzer im Bereich der Straße« (NKS, Bd. 3, S. 289).

In einer gefälschten Urkunde aus dem Jahre *1022 heißt es : »*vir opibus predives Walgerus platee, que nunc Wilechini (Wizechini) inhabitor fuit*« (Lacomblet, Bd. 1, S. 158). Hieraus läßt sich die namengebende Anwohnerschaft oder Grundbesitz (*inhabitor*) des genannten *Wizechinus* ersehen, auf den die Straßenbezeichnung Bezug nimmt. Auffälligerweise kommen die Formen *Hitz-* bzw. *Hitzengassen* (›H‹ im Anlaut) nur in Nennungen der *Kleinen Witschgasse* vor. »Auch dem ursprüngl. Namen der Kleinen Witschgasse liegt ein german. Rufname zugrunde, dessen Kurzform hizo ebenso wie wizo in mannigfachen Ableitungen aus mehreren Schreinsbezirken überliefert ist« (NKS, Bd. 3, S. 289).

Nennung	**Straßenname**	**Belege**
1235	Hicchinsgazze	KTK, II, 64
1249	in Hitzgassen	KTK, II, 64
1279	in Hitzgassen	KTK, II, 64
1307	in Hitzinsgassen	KTK, II, 64
1337	in Hitzensgassen	KTK, II, 64
1343	in Hitzgassen	KTK, II, 63
1368	in Hitzgassen	KTK, II, 64
1369	in Hitschgassin	KTK, II, 64
1424	in der Witzgasse	KTK, II, 64
1425	Histzgasse	KTK, II, 64
1456	Hitzgasse	KTK, II, 63
1471	in der Hytzgasse	KTK, II, 64
1571	Die klein witsche gaß	Mercator

Die klocker gaß

Heute: **Glockengasse**
Römerstadt (Mercator-Plan S. 234/235)

E. Volckmann hat diesen Straßennamen trotz des Schreinsbucheintrages *vicus Campanariorum* (vgl. lat. *campanella* = ›das Glöckchen‹; vgl. Georges, Bd. 1, Sp. 946 bzw. mlat. *campanarius* = ›Glöckner‹; Habel/Gröbel, Sp. 44) auf das Gewerbe der Glockengießer zurückgeführt. »Bereits im 12. Jahrhundert beweist das Vorhandensein eines ›vicus campanariorum‹ in Köln, wie frühzeitig das städtische Handwerk den Glockenguß übernahm [...]. Die *Glockengasse* in Köln hieß 1259 zwar *Clocnergazin*, so daß man sie für eine Straße der Glöckner zu halten versucht ist, doch die Latinisierung platea campanariorum oder campanarum verweist deutlich auf das Glockengießergewerbe, das zeitweilig auch in der heutigen *Brückenstraße*, im Bezirk St. Kolumba, ausgeübt worden zu sein scheint, da sie ebenfalls unter der Bezeichnung platea campanarum vorkommt« (Volckmann, 1921, S. 147f.).

Wie E. Volckmann bringt auch H. Keussen diesen Straßennamen mit dem Glokkengießergewerbe in Verbindung: »Die Glockengasse heisst schon im 12. Jahrhundert Cloknergasse (vicus campaniorum); auch findet sich hier 1266 ein Glockengiesser Elias, der meist nur Topfgiesser genannt wird« (Keussen, Bd. 1, S. 161*). Die *Glockengasse* erscheint also als eine Straße, »da man die eren doppen zo giessen plach« (Keussen, Bd. 1, S. 320).

Darüber hinaus läßt sich neben sog. *Duppengießern* (von mnd. *duppe*, *doppe*; mnl. *duppen*, *doppe(n)*, *dop*, altkölsch *duppin* (13. Jh.), *duppen* (14.-18. Jh.) = ›Dekkelgefäß‹, ›Topf‹; vgl. NKS, Bd. 1, S. 145) während des gesamten Untersuchungszeitraumes ein Haus *Zur Glocke* nachweisen. Dieses wird erstmals a. 1266 als *ad campanam* (= *Zur Glocke*; vgl. Habel/Gröbel, Sp. 44) *in platea campanarum* (Keussen, Bd. 1, S. 321) erwähnt und kommt noch im Jahre 1579 als Haus *Zur Clocken* vor.

Nennung	Straßenname	Belege
1170/90	in Clocnergazin	H, I, 354
1170/90	in vico camp.[anariorum]	H, I, 333
1184/94	in Cloknerengazin	H, II/1, 301
1259	dom. contig. Helie Duppingeysser	KTK, I, 320
1259	in Colcnerg.	KTK, I, 320
1266	Elye Fusoris campanarum	KTK, I, 320
1271	in Clockenergazze	KTK, I, 317
1272	dom. [...] que fuit ansedel Elye Duppengyzere	KTK, I, 320
1285	in pl.[atea] Clockeneregasse	KTK, I, 319
1294	super vico Campanariorum	KTK, I, 315
1361	in vico Campanarum	KTK, I, 315

1420	in der Klockenergasse	KTK, I, 315
1439	Clockenergasse	KTK, I, 318
1499	in der Klockergasse	KTK, I, 315
1535	in der Clockergasse	KTK, I, 315
1546	die Clockergass	W, I, 246
1554	in der Klockergassen	W, II, 49
1571	Die klocker gaß	Mercator
1589	da man die eiser duppen zu giessen pflegt	KTK, I, 320
1595	in Clockegasse	W, IV, 226

Die koffer gaß

Heute: **Kupfergasse**
Römerstadt (Mercator-Plan S. 234/235)

Die koffer gaß gehört zu den mehrfach vorkommenden Straßennamen im mittelalterlichen Köln. A. Mercator hat sie auf seinem Stadtplan (1571) im Kirchspiel St. Kolumba gleich zweimal eingetragen. Zur Etymologie von *koffer* vgl. *Die koffer gaß*/heute: *Krebsgasse*. In den Schreinsurkunden wird die *Kupfergasse* im 13. und 14. Jahrhundert noch überwiegend als *auf dem Berlich* bezeichnet. Im Jahre 1262 taucht daneben die Bezeichnung *Stockgasse* – nach einem in dieser Straße befindlichen Brauhaus *Zum Stock* – auf, die sich aber in der Bezeichnungspraxis nicht durchzusetzen vermag.

Seit dem 15. Jahrhundert sind auch in dieser *Kupfergasse* Kupferschläger (wie beispielsweise 1441 *Wilh. Steynbryck* und 1446 *Aillf Koffersleger*) und *dat Kofferslegerhuis upme Berlach* (1465) nachweisbar. Der Rat der Stadt förderte sogar 1490 die Kupferverarbeitung in dieser Straße, indem er die Kohlenzufuhr erleichterte (vgl. v. Loesch, Bd. 2, S. 306). Der sogenannte *Principal-Kofferhof* umfaßte 1589 neun Häuser, die bis in die *Langgasse* reichten (vgl. Keussen, Bd. 1, S. 338).

Im Jahre »1421 erhielten die K.[upferschläger] Zunftrecht. Das Gewerbe der Kölner Kupferschläger war am Ausgang des Mittelalters so bedeutend, daß es wie die hochbedeutsame Seidenindustrie im Verlagssystem arbeiten konnte; Kupferschmelzerei und Kupferwalzwerk waren bereits fabrikartige Betriebe Kölns am Ende des Mittelalters« (NKS, Bd. 2, S. 70f.).

Nennung	Straßenname	Belege
1220	in Berlicho	KTK, I, 337
1262	in platea, que dic. zeme Stocke	KTK, I, 338
1272	super Berlicum	KTK, I, 338
1290	dom. zume Stocke	KTK, I, 338

1313	super Berlicum	KTK, I, 338
1334	in Berlico	KTK, I, 337
1364	Meister Clais der Kesselsleyger	KTK, I, 337
1364	Brauhaus zo dem Stocke	KTK, I, 337
1441	Kupferschläger Wilh. Steynbrynck	KTK, I, 337
1446	auf dem B. [...] Ailff Koffersleger	KTK, I, 337
1455	auf dem Berlich in der Stockgasse	KTK, I, 337
1465	dat Kofferslegerhuis upme Berlach	KTK, I, 337
1490	in der Kouffergasse	KTK, I, 338
1495	up deme Berlich in der Stockgasse	KTK, I, 337
1551	auf dem Berlich [...] in der Kouffergasse	KTK, I, 337
1571	Die koffer gaß	Mercator
1579	Kuffergasse	KTK, I, 337

Die koffergaß

Heute: **Krebsgasse**
Römerstadt (Mercator-Plan S. 234/235)

Auf dem Stadtplan von Arnold Mercator (1571) kommt *Die koffergaß* im Kirchspiel St. Kolumba gleich zweimal vor: als Bezeichnung für die heutigen Straßen *Krebsgasse* und *Kupfergasse*. Das Wort *koffer* kommt bereits im Mhd. als *cuffer* (vgl. Lexer, Bd. 1, Sp. 1788) für ›Kupfer‹ vor, das auf das (m)lat. *cuprum* (vgl. Georges, Bd. 1, Sp. 1868; Habel/Gröbel, Sp. 95) zurückgeht. Auch im Altkölnischen (12.-18. Jahrhundert) existiert *koffer* als Adjektiv für ›aus Kupfer‹ (vgl. NKS, Bd. 2, S. 70). Folglich nimmt die Straßenbezeichnung Bezug auf hier ansässige Kupfer verarbeitende Gewerbe. In den Schreinsbucheinträgen der heutigen *Krebsgasse* findet sich hier beispielsweise im Jahre 1286 ein *Caldeator* (›Kesselschläger‹; vgl. Keussen, Bd. 1, S. 336).

Nennung	Straßenname	Belege
1170/90	in Covergazin	H, I, 334
1254	in Covergassen	KTK, I, 336
1260	in Covergazzen	KTK, I, 336
1271	versus Kovergassen	KTK, I, 336
1310	versus Kovergassen	KTK, I, 336
1369	in Covergassin	KTK, I, 335
1546	in der Koeffergasse	KTK, I, 336
1571	Die koffergaß	Mercator
1589	in der Koffergasse	KTK, I, 336

Die kots gaß

Heute: **Kostgasse**
2. Stadterweiterung (Mercator-Plan S. 178/179)

Nach den wechselnden, sich auf Anwohner beziehenden Bezeichnungen *platea Methfridi* bzw. *platea Herbordi* wurde die heutige *Kostgasse* bis ins 15. Jahrhundert hinein nach einem dortigen Grundbesitzer *Waldemann* bezeichnet. In einem Schreinsbucheintrag aus den Jahren zwischen 1202 und 1212 heißt es von einem Haus, »*que fuit Wantmanni*« (Hoeniger, Bd. 2, S. 175). Das am östlichen Gassenende rheinwärtsgewandte Tor trug den gleichen Namen: *Walmansgassenpforte*.

Erst am Ende des 15. Jahrhunderts erscheint die Bezeichnung *Kotsgasse* (1487), die nach E. Volckmann auf das im Niederrheinischen gleichnamige Gewerbe der Kotzmenger verweist: »Der *Küter* oder *Kuttler* (fartor, lanio, lanista, triparius; mhd. *kutelaere*), der das Vieh des Knochenhauers (auch des Bürgers) gegen Lohn schlachtete oder anstelle eines solchen [...] die Abfälle des Schlachtviehs, Eingeweide (Kutteln), Fett usw. nahm und weiterverarbeitete [...]. Die Stätte, an der geschlachtet und die Weichteile, Abfälle und Eingeweide der Schlachttiere gereinigt wurden, hieß *Küterhaus* oder *Kuttelhof* [...]. Wie das Kütergewerbe unter verschiedenen mundartlichen Wandlungen des ursprünglichen Stammwortes *kut* = Eingeweide (in Kuttel, Kott, Kuddel usw.) auftritt, so erscheint es auch landschaftlich in den verschiedensten Formen wie: *Kotter*, *Kuttelwascher*, *Kotzmenger*, *Kuttelwamper*, *Wämstler*, *Wenster*, *Flecksieder* u.a.m., wobei die letzten vier Bezeichnungen dem Süden, die vorhergenannten vorherrschend dem Norden Deutschlands angehören. Der Ausdruck *Kotzmenger* ist niederrheinisch und bezeichnet den Verkäufer des *Kottfleisches*, das auf dem *Kotzmarkte* feilgehalten wurde« (Volckmann, 1921, S. 28; vgl. NKS, Bd. 2, S. 83).

Nennung	Straßenname	Belege
1172/80	in platea Methfridi	H, II/1,113
1188/1203	in platea Herbordi	H, II/1, 171
1202/12	dom. [...], que fuit Wautmanni	H, II/1, 175
1202/12	in wautmannesgazze	H, II/1, 179
1232	Walmansgazen	KTK, II, 110
1256	versus Waldemansgazze	KTK, II, 112
1299	in Waldemansgassen	KTK, II, 110
1322	in vico Waldemansgassen	KTK, II,111
1363	in Waldemansgassen	KTK, II, 110
1367	platea Waldemanni	KTK, II, 112
1419	in der Waldemansgasse	KTK, II, 111
1421	in der Wailmesgasse	KTK, II, 111

1443	in der Walmesgassen	S, II, 308
1460	in der Walmansgasse	KTK, II, 111
1481	in der Waldemansgasse	KTK, II, 112
1487	in der Kotzgasse	KTK, II, 112
1496	die Kotzmengersse in der Kotzgasse	KTK, II, 112
1553	in der Kotzgassen	W, II, 28
1571	Die kots gaß	Mercator

Die Kue gaß

Heute: **Kühgasse**
1. Stadterweiterung (Mercator-Plan S. 142/143)

A. Wrede war diesem Namen gegenüber offensichtlich ratlos: »Für eine Deutung des Namens liegt kein Anhalt vor« (NKS, Bd. 2, S. 71). Die *Kühgasse* der Kölner Rheinvorstadt gehört, was ihre Bezeichnungen seit dem 13. Jahrhundert angeht, zu den zahlreichen ›engen‹ Gassen und ›Achterstraßen‹, die im Mittelalter einen individuellen Namen im eigentlichen Sinne entbehrten. *Lungengasse*, *Antoniterstraße* und *Auf dem Brand* tragen im Mittelalter ebenfalls diese Bezeichnung. Wie das mhd. *after* steht das mnd., mnl. und altkölnische *achter*(-straße) für ›hinter‹ (vgl. NKS, Bd. 1, S. 5), wie beispielsweise in *after-kôsen* = ›hinterreden‹, ›verleumden‹ (vgl. Lexer, Bd. 1, Sp. 25) oder *after-kunft* = ›Nachkommenschaft‹ (vgl. Lexer, Bd. 1, Sp. 25).

Die Nennungen in den Schreinsbucheinträgen von St. Martin stehen in keiner Beziehung zu der von A. Mercator a. 1571 gewählten Bezeichnung *Die Kue gaß*. Da aber auch Weinsberg diese Gasse *Koegaß* (a. 1569) nennt, scheint diese Bezeichnung weniger auf Mercator als auf eine im 16. Jahrhundert modifizierte Bezeichnungsweise zu verweisen.

Nennung	Straßenname	Belege
1259	in der Achttirstrazzin	KTK, I, 45
1277	in angulo der Engergassin	KTK, I, 44
1304	vicum artum, qui Engegasce appell.	KTK, I, 44
1323	in ordone Achterstraissin	KTK, I, 45
1323	in vico Aidterstrazen	KTK, I, 45
1353	in platea Aichterstraissen	KTK, I, 45
1390	in Posteriori strata	KTK, I, 45
1457	in der Achterstrasse	KTK, I, 45
1569	die Koegass	W, II, 190
1571	Die Kue gaß	Mercator

Die lang gaß

Heute: **Neue Langgasse/Neven-DuMont-Straße**
Römerstadt (Mercator-Plan S. 234/235)

Bis in das 13. Jahrhundert hinein wird diese Straße nach einem Anwohner oder Grundbesitzer *Herradus* (a. 1187) bezeichnet. Sein Name kommt in verschiedenen Schreibungen vor. Vielfach diente den Schreinsbuchschreibern aber auch der nahegelegene *Berlich* zur Lokalisierung von Grundbesitz, auf den auch die nur einmal vorkommende Nennung *Berlochsgasse* aus dem Jahre 1487 zurückgeht. Mitunter erscheint im 14. Jahrhundert auch die Bezeichnung *Loer-* oder *Loregasse*, die mit einem Anwohnernamen korrespondiert, der sich bereits im 13. Jahrhundert nachweisen läßt: *Alexandrus Lore*.

Zu der Bezeichnung *Die lang gaß*, die A. Mercator auf seinem Stadtplan (1571) eingetragen hat, gibt es in den Schreinsurkunden weder lateinische (**platea longa*) noch volkssprachliche Äquivalente. Trotz dieser scheinbar traditionslosen Bezeichnungspraxis wird der Straßenname *lang gaß* auch nach dem Jahr 1571 beibehalten.

Nennung	Straßenname	Belege
1187/1200	domus [...] que fuerat Herrardi	H, I, 373
1221	in vico Horadi	KTK, I, 339
1221	in Berlico iuxta Horaet	KTK, I, 339
1221	in platea, in qua mansit Horaet	KTK, I, 339
1222	in Berlico in pl.[atea] Horadi	KTK, I, 339
1244	in Berlico [...] oppos. dom. Alexandri Lore	KTK, I, 338
1247	in Berlico [...] in platea versus veterem murum	KTK, I, 338
1263	in Horraitgassen	KTK, I, 339
1269	in Horraitstrazen	KTK, I, 339
1271	Horaitzgazzen	KTK, I, 339
1288	in Berlico	KTK, I, 338
1339	versus Berlicum	KTK, I, 339
1341	tangit vicum Sardonum dicitum Loergasse	KTK, I, 291
1344	in ordone vici Loregasse	KTK, I, 291
1374	in Berlico	KTK, I, 338
1487	auf der Berlochsgassen	KTK, I, 338
1571	Die lang gaß	Mercator
1589	in der Langgasse	KTK, I, 339

Die leemkens gaß

Heute: **Zugasse**
3. Stadterweiterung (Mercator-Plan S. 57)

Gestützt auf H. Keussens *Topographie der Stadt Köln im Mittelalter* lassen sich für die *leemkens gaß* (Mercator) keine mittelalterlichen Nennungen anführen. Noch im Jahre 1571 führt diese Gasse durch gebäudelose landwirtschaftliche Nutzflächen am südlichen Stadtrand. Da sich Schreinsbucheinträge aber meist auf bebauten Grundbesitz beziehen, bergen sie kein auf diese Straße beziehbares Namengut.

Lediglich ein einziger Hof befindet sich im Mittelalter in dieser Gasse, der *Linhof*, der seit dem Jahre 1255 nachweislich ist. A. 1287 wird ein Teil dieses Hofes (»*inter vineam Emundi Wanplex ex una parte et ex altera parte infra arbores nucum* [...] *usque ad plateam Litus Reni*«; v. Loesch, Bd. 2, S. 345 f.) von *Emund Wanplex* der *fraternitas linslegere* (= Bruderschaft der Leinschläger) in Erbleihe gegeben (vgl. v. Loesch, Bd. 2, S. 345 f.; Keussen, Bd. 2, S. 176). Im 15. Jahrhundert wird in diesem Hof ein Bleiofen betrieben (vgl. Stein, Bd. 2, S. 217; Keussen, Bd. 2, S. 176).

Diese Gasse führt auf dem Stadtplan A. Mercators parallel zu der Straße *Die dranck gaß* durch eine Pforte zum Rheinufer (*Litus Reni*). Die Nutzung des Bleiofens hat sich auch auf die Bezeichnung dieser Rheinpforte ausgewirkt, die auf dem Mercator-Plan als *Dat bly portgen* erscheint.

Nennung	Straßenname	Belege
1255	super Litus Reni in curia, que dic. Linhof	KTK, II, 176
1287	pars de Linhof	KTK, II, 176
1311	iuxta Lynhofe	KTK, II, 175
1328	versus curiam Lynhoyff	KTK, II, 175
1348	versus Linhoyve	KTK, II, 176
1376	der Linhof	KTK, II, 176
1410	bei dem Lijnhofe	KTK, II, 176
1415	in dem Lynhoyfe	S, II, 217
1453	am Lijnhofe	KTK, II, 175
1488	an dem Liemhofe	KTK, II, 176
1510	der Leymhoff	KTK, II, 176
1571	Die leemkens gaß	Mercator

Die lewe gaß

Heute: **Löwengasse**
2. Stadterweiterung (Mercator-Plan S. 97)

Die Bezeichnung *Löwengasse* gehört im Mittelalter zu einem weiten namentlichen Feld: »*Lewen*-(›Löwen‹-)Namen sind freilich auch ihrerseits in Köln äußerst zahlreich gewesen, sie hafteten an rund 70 Häusern. Daß diese Namen *Zum* (*roten, goldenen, weißen, kleinen*) *Löwen* – gewiß in Verbindung mit Wappen – im Spätmittelalter Mode geworden sind, ergibt sich schon aus ihrer Fülle, und manches Haus mag auch einer Person namens *Leo* (*Lewe*) seinen Schild verdanken. Einmalige spätmittelalterliche Formen wie *up der Lewen* (a. 1217 *iuxta Leonem*) [...] könnten aber auch zu *lau, leu* oder *le* mit der Bedeutung ›sumpfiger Boden‹ gerückt werden. Wir tun es vorläufig« (Jakobs, 1987, S. 1445).

Im Gegensatz zu dem spätmittelalterlichen *up der Lewen* wie z.B. in der *Lyntgasse* (a. 1505; vgl. Keussen, Bd. 1, S. 133) bezieht sich die Straßenbezeichnung *Löwengasse* auf einen entsprechenden Hausnamen. An der Stelle, an der die *Löwengasse* in die *Severinstraße* mündet, ist ein solches Haus *Zum* (*roten*) *Löwen* (= *ad rufum Leonem*) beispielsweise für das Jahr 1313 nachweislich. Noch im 15. Jahrhundert wurde es volkssprachlich *Zome roden Lewen* genannt.

Nennung	Straßenname	Belege
1233	in platea Leonis	KTK, II, 27
1248	in Lewengassen	KTK, II, 27
1266	in platea Leonis	KTK, II, 27
1271	in Lata platea in fine platee Leonis	KTK, II, 28
1286	in angulo Lewengassen	KTK, II, 42
1308	in der Lewengassin	KTK, II, 28
1313	dom. ad rufum Leonem	KTK, II, 42
1332	dom. ad rufum Leonem	KTK, II, 42
1344	prope dom. ad Leonem	KTK, II, 53
1348	ex opp. dom. ad Leonem	KTK, II, 42
1351	in Leywengassen	KTK, II, 27
1378	in der Lewengasse	KTK, II, 28
1398	auf der Lewengassen	KTK, II, 27
1415	Lewegasse	KTK, II, 54
1425	Hs. zome roden Lewen	KTK, II, 42
1458	in der Lewegasse	KTK, II, 27
1470	in der Lewegasse	KTK, II, 53
1488	in der Lewengasse	KTK, II, 28
1571	Die lewe gaß	Mercator

1578	an der Lewengassen orde	W, V, 125
1579	bei der Leibgassen	W, III, 38
1583	an der Leiffgassen	W, V, 225
1594	Leifgass	W, IV, 200

Die lintgaß

Heute: **Lintgasse**
1. Stadterweiterung (Mercator-Plan S. 142/143)

Auch wenn E. Volckmann die Nennungen dieses Straßennamens aus dem 12. Jahrhundert nicht zur Kenntnis genommen hat, soll er – da die Bezeichnungen dieser Straße im Mittelalter nicht variieren – im folgenden zitiert werden: »Der hamburger Mattenwiete entspricht nach Lage und ursprünglichem Zwecke in *Köln* die im Bezirke St. Brigida belegene *Lintgasse*, die 1234 zum erstenmal urkundlich erwähnt wird. Im Jahre 1315, und vereinzelt auch weiterhin, erscheint die Schreibweise *Lont-* und *Luntgasse* [...], doch heißt die Gasse lateinisch vicus oder platea subri [...]. Das lateinische suber (Genitiv richtig: suberis) heißt zu deutsch *Bast* (mit Ablaut *buost*, ahd. *bast*)« (Volckmann, 1921, S. 103). Aus diesem Grunde hält E. Volckmann diese Straße für »eine Wohngasse der Bast oder Lint zur Herstellung von Stricken, Tauwerk und Decken verwendenden Mattenmacher oder Seilwinder; sie führte zum Rhein, wo die Schiffe luden und löschten und hatte sonach eine sehr günstige Lage für dies Gewerbe« (Volckmann, 1921, S. 103).

Wie die Sichtung der Schreinsbücher bei R. Hoeniger ergab, ist die Bezeichnung *Lyntgazzin* bereits zwischen den Jahren 1197 und 1215 gebräuchlich gewesen. Im Jahre 1254 ist in dieser Straße ein *domus ad Funem* – (m)lat. *funis* = ›Seil‹, ›Strick‹, ›Tau‹ (vgl. Georges, Bd. 1, Sp. 2880; Habel/Gröbel, Sp. 162) – nachweislich.

Neben dem Hausnamen, der zur Straßenbezeichnung ausgeweitet wurde, läßt sich in der *Lintgasse* auch die Herstellung von Seilen belegen, auf die E. Volckmann lediglich etymologisch geschlossen hat: a. 1300 »*dom. in Luntgasse, quam inhabitat Bertolfus Factor funium*« (Keussen, Bd. 1, S. 132). Zu diesem Befund paßt auch die Namendeutung bei A. Wrede: »Das alte nt in Lintgasse hatte sich also im Volksmund zu nk entwickelt, vermutlich sich allmählich seit der 2. Hälfte des 16. Jh. in der neuen, mundartlichen Form durchgesetzt, ähnlich wie Printgasse in *Brinkjaß* sich wandelt [...]. Auch die Latinisierung suber (lat. suber, suberis, Korkeiche, Kork) sollte lint wiedergeben, vermochte dies aber auch nicht befriedigend; eher hätte dies das mlat. suberico vermocht, das Baumrinde, -bast bedeutet [...]. Dem lint in Lintgasse liegt [...] Rinde, Bast, genauer Lindenbast, mhd. lindīner bast [zugrunde]. Ein Kompositum lintbast ist altköln. E. 12. Jh. bezeugt als Beiname [...]; lindslīzer hieß im Mittelalter der Handwerker, der aus Lindenbast Seile machte. Im Kölner Fischhandel, an dem die Lintgasse mit dem anstoßenden Fischmarkt beteiligt war, verschnürte man die Fischkörbe mit Bastseilen; solche wurden [...] im Lintgasser Bereich fertig gemacht u. verbraucht; der Bedarf an solchen war früher besonders groß u. noch bis in das 20. Jh. hinein waren Fischkörbe u. Bastseile Kennzeichen der Lintgasse« (NKS, Bd. 2, S. 149 f.)

In der *Lintgasse* lag zudem das Stammhaus von Johann Overstolz und seiner Frau Greta von Windeck, weswegen sich dieser auch *Johann Overstolz de Lintgasse* nannte (vgl. Keussen, Bd. 1, S. 131).

Nennung	Straßenname	Belege
1197/1215	in Lyntgazzin	H, I, 321
1200/20	in Lintgazzin	H, I, 296
1234	in Lintgazzen	KTK, I, 130
1252	in Lintgazzin	KTK, I, 131
1271	versus Lintgassin	KTK, I, 130
1300	in platea Luntgassin	KTK, I, 132
1306	in Lintgasse	KTK, I, 132
1315	Luntgasse	KTK, I, 130
1341	Lintgasse	S, I, 39
1342	in pl.[atea] Subri	KTK, I, 132
1357	in ordone vici Lintgassen	KTK, I, 130
1420	up der Lyntgassen	KTK, I, 131
1442	Lintgasse	KTK, I, 130
1500	in der Lyntgasse	KTK, I, 131
1546	die Lintgass	W, I, 244
1554	in der Lintgassn	W, II, 64
1571	Die lintgaß	Mercator
1596	Lintgass	W, IV, 252

Die loeher gaß

Heute: **Agrippastraße**
Römerstadt (Mercator-Plan S. 308/309)

Die Deutung dieses Straßennamens ist in der Forschung kontrovers diskutiert worden. Im Gegensatz zu H. Jakobs haben E. Volckmann und A. Wrede *Die loeher gaß* mit dem Gewerbe der Lohgerber in Verbindung gebracht: »Der *Rotgerber*, der im Gegensatz zum Weißgerber nicht mit Alaun, sondern mittels Eichenlohe das Leder gar und rot machte, heißt eben dieses Mittels wegen auch Lohgerber, Loher, Löher, Lorer, nach der Lohe (aluta cerdonum). Wie die Handwerksbezeichnung so sind auch die nach ihr häufig gebildeten Gassennamen landschaftlich viel variierende. In *Köln* besteht noch eine Straße des Namens *Rotgerberbach*, im Bezirk St. Mauritius, die zuerst mit: in Ripa, supra Ripam oder super Rividum bezeichnet wird, dann aber ›up Pelregrowen‹, ›up der Bach under den Velpluckeren‹ oder ›under den Loerren‹ heißt; Pelre (von pellis = Fell) oder Velplucker waren Gerber überhaupt, hier wohl hauptsächlich Rotgerber; außerdem gab es in Köln auch eine *Löhrgasse*« (Volckmann, 1921, S. 152).

»Löhrer m.: Lohgerber; [...] altköln. (12.-15. Jh.) lore, loir, loere, lower, luere, loerre, loer; [...] 1. mit Lohe arbeitende Handwerker, Gerber, waren im mittelalterlichen Köln zahlreich vertreten, besonders im Bereich des im Süden durch die Stadt fließenden Baches; seit dem 12. Jh. sind eine Menge Löhrer mit Namen nachweisbar; ihre große Zahl entsprach dem blühenden Kölner Lederhandwerk. Eine *Löhrjaß* im Kirchspiel s. Peter erinnerte bis 1875 [...] noch in RA an die Kölner Lohgerber, obwohl Gerber aus dieser Gasse nicht bezeugt sind« (NKS, Bd. 2, S. 152f.).

»Die herkömmliche Deutung – wie A. Wrede sie noch darlegt, die H. Keussen aber bereits für unsicher hielt –, daß nämlich die Gasse nach den in Köln zahlreich tätigen Lohgerbern benannt sei, trifft nicht zu. Aus dieser Gegend sind keine Gerber bezeugt, sie haben vielmehr außerhalb der Römermauer vornehmlich am Rothgerberbach ihr Gewerbe betrieben. Unsere ältesten Zeugnisse von der *Löhrgasse* bekunden, daß ihr Name zeitweilig bis zur Griechenpforte galt, somit der Weg von der Kämmergasse an über die heutige Agrippastraße und deren Verlängerung, den Kleinen Griechenmarkt, bis zur Pforte als *Löhrgasse* gekennzeichnet war: a. 1284 *porta Grecorum in platea Lorgassen*, a. 1293 *in Lorgassen super ordone de porta Grecorum apud Antiquum murum*, und noch a. 1399 wird ein Haus in der Löhrgasse als bei der *Kreichpforte* liegend bestimmt. [...] An unbekannter Stelle der Gasse wird zum Jahre 1280 eine *domus Brunonis Bůcloere versus portam Grecorum* überliefert, und in der Verbindung mit *bůc* (›Bock‹?) wird *loere* nicht mehr ohne weiteres als ›Löher‹ oder ›Lohe‹ zu deuten sein. Wir möchten von *lar* ausgehen, für das A. Bach die Bedeutungen »›Weideplatz‹, ferner ›Moor-, Sumpfgelände, Dorfanger‹, schließlich auch allgemein ›Feld‹« angibt. [...] Man wird sich die *Löhrgasse*, die keinen römischen Vorgänger hatte, in ihrer frühesten Zeit als einen Weg vorstellen dürfen, der durch Weiden und Koppeln führte. Außer dem Hause ›Bockweide‹ – jener *Bruno Bůcloere* trägt seinen Familiennamen gewiß nach der Lage seiner Wohnstätte – gab es in der *Löhrgasse* noch das auf Schafzucht hinweisende, aber erst a. 1400 überlieferte Haus *zome Bucke*« (Jakobs, 1987, S. 1441f.).

Im Gegensatz zu den Rotgerbern, die sich, wie H. Jakobs feststellt, in dieser Straße nicht nachweisen lassen, sind hier im Spätmittelalter einige Rotfärber belegt: a. 1313 »*dom. Henrici de Lechenich Rubeatoris*« (Keussen, Bd. 1, S. 228; vgl. mlat. *rubricare* = ›rot färben‹; Georges, Bd. 2, Sp. 2417; Habel/Gröbel, Sp. 346); a. 1315

»*dom. Reinhardi Coloratoris*« (Keussen, Bd. 1, S. 225) und im Jahre 1404 ein Haus, »*das vormals war Heynrichs v. Lechenich des Roitverwers*« (Keussen, Bd. 1, S. 228).

Nennung	Straßenname	Belege
1268	in Loregassen	KTK, I, 228
1269	in Lorgasse	KTK, I, 226
1280	in Lorgassen prope dom. Brunonis Bůcloere	KTK, I, 228
1308	in Lorgassin	KTK, I, 225
1343	in platea Loirgasse	KTK, I, 225
1362	in Loyrgassen	KTK, I, 225
1385	in Loirgassin	KTK, I, 228
1405	in der Loyrgasse	KTK, I, 228
1421	in der Loirgasse	KTK, I, 225
1440	in der Loyrregasse	KTK, I, 227
1469	in der Loirgasse	KTK, I, 225
1535	in der Loergasse	KTK, I, 227
1571	Die loeher gaß	Mercator
1583	die Loergass	W, III, 202

Die lung gaß

Heute: **Lungengasse**
Römerstadt (Mercator-Plan S. 308/309)

Wie die Straßen *Auf dem Brand* und *Kuhgasse* entbehrte die *Lungengasse* bis in das 13. Jahrhundert einen individuellen Namen im eigentlichen Sinne, so daß ihr Areal im 12. Jahrhundert beispielsweise mit *prope vineam s. Cecilie* (1180) umschrieben werden mußte, bevor sie wie die genannten beiden anderen Straßen und die ›Achterstraße‹ des Severinsviertels selbst auch *Aihterstraze* (1266) genannt wurde.

Seit spätestens a. 1251 läßt sich hier das Haus *Zur Lungen* (= *ad Pulmonem*; vgl. Georges, Bd. 2, Sp. 2078) belegen. A. 1314 wurden hier Alexianer (*fratres Alexiani*: Laienbrüder, die sich der Krankenpflege und Totenbestattung widmeten) mit dem gegenüberliegenden Haus beschenkt. Auf die Nähe der Alexianerniederlassung zu dem Haus *Zur Lunge* bezieht sich die volkstümliche Bezeichnung der Alexianer als *Lungenbrüder* (vgl. NKS, Bd. 2, S. 161 f.). Erst am Ende des 14. Jahrhunderts wurde der Hausname auf die Straßenbezeichnung übertragen: *Lungengassen* (1380).

Nennung	Straßenname	Belege
1159/80	iuxta vineam	H, II/1,8
1190/1202	iuxta vineam	H, II/1, 35
1251/62	dom. de Pulmone	KTK, I, 417
1251/62	Lunga	KTK, I, 417
1266	in Aihterstrazen prope dom. ad Pulmonem	KTK, I, 417
1282/83	dom. Pulmonis	KTK, I, 420
1301	domui ad Pulmonem	KTK, I, 417
1315	dom. zu der Lungen	KTK, I, 420
1375	iuxta dom. zer Lungen	KTK, I, 418
1380	in cono Lungengassen	KTK, I, 417
1424	in der Lungasse	KTK, I, 418
1428	zo der Longhen	S, II, 256
1448	in Lungassen	KTK, I, 418
1462	in der Longengasse	KTK, I, 418
1469	zo der Longen	KTK, I, 417
1481	in der Lunggasse [...] zor Lungen	KTK, I, 420
1571	Die lung gaß	Mercator

Die moerdersgaß

Heute: **Mörsergasse**
Römerstadt (Mercator-Plan S. 234/235)

Bis in die zweite Hälfte des 13. Jahrhunderts hinein gehört die heutige *Mörsergasse* in den Bezeichnungsbereich des *Berlich*. Nach 1268 erscheint die Straßenbezeichnung »hergeleitet von dem Namen eines Hausbesitzers Gerhard mit dem Beinamen Mörder« (NKS, Bd. 2, S. 206). Dieser Beiname weist zwar auf das mhd. *mordaere*, *-er*, das den ›Mörder‹ bezeichnet. Es kann aber auch ganz allgemein einen Verbrecher oder Missetäter meinen (vgl. Lexer, Bd. 1, Sp. 2197). Der ursprüngliche Personenname eines Anwohners *Gerardus Mordere* ist an dessen Grundbesitz haften geblieben. Der Hausname *Mordershus* wurde schließlich im Spätmittelalter auf das Ganze der betreffenden Straße übertragen: *Die mördersgaß*.

Nennung	Straßenname	Belege
1222	in Berlico	KTK, I, 347
1268	in Berlico contig. magne aree Gerardi Mordere	KTK, I, 348
1274	hereditas Gerardi dicti Mordere	KTK, I, 290
1274	lapidea dom., mansio Henrici Mordere	KTK, I, 290

1291	dom. [...] Herberti Mordere [...] in Berlico	KTK, I, 348
1305	retro Mordershus	KTK, I, 348
1322	in Mordersgassen	KTK, I, 348
1370	up der Mordersgassen	KTK, I, 290
1378	Mordergassen	KTK, I, 282
1393	uppen Berlich	KTK, I, 347
1450	in der Mordergasse	KTK, I, 347
1479	in der Moerdergasse	KTK, I, 348
1571	Die mördersgaß	Mercator
1589	an der Mordergassen Ort	KTK, I, 347

Die mullen gaß

Heute: **Spinnmühlengasse**
Römerstadt (Mercator-Plan S. 308/309)

Die Bezeichnung *Die mullen gaß* kommt auf dem Stadtplan A. Mercators (1571) gleich zweimal vor (vgl. *Die mullen gaß*/heute: *Mühlengasse*). Die Deutung des Straßennamens hat wegen des Formenreichtums ihrer Bezeichnungen zu Verwirrung und mancher Fehldeutung geführt.

Wegen der Schreibvarianten *Urluge* (1170–1183) und *Horologesgazen* (1266–1271) hat u. a. E. Volckmann die heutige *Spinnmühlengasse* für ein Quartier der Uhrmacher gehalten: Dem »bunten Wirrwarr verschiedenster Schreibarten liegt allein die Gewerbebezeichnung ›Urluge‹ zugrunde, die bereits in einer der ältesten Urkunden des Kölner Apostelschreins, aus der Zeit von 1170–83, vorkommt und die mundartlich niederrheinische Wiedergabe des lat. horologium (frz. horloge) darstellt und zugleich auf dessen Verfertiger übertragen wurde. Es ist leicht erklärlich, daß die frühesten gewerklichen *Urlugen* gerade in Köln erscheinen, denn dieses bot als kirchliche Metropole Deutschlands die besten Aussichten für ihr Handwerk und dessen Erzeugnisse« (Volckmann, 1921, S. 129).

Insbesondere aufgrund der mit ›h‹ anlautenden Bezeichnungen (*Horologesgazen*) ist E. Volckmann ein etymologisch verführerischer Irrtum unterlaufen. A. Wrede weist darauf hin, daß die Formen mit ›h‹ im Anlaut »außer Betracht zu lassen [sind], da h in der Kölner Schriftüberlieferung des 13. Jh. vielfach vokalisch anlautenden Namen (u. Wörtern) vorgesetzt erscheint« (NKS, Bd. 3, S. 107).

Zudem steht das mhd. *urliuge*, *-louge* im Gegensatz zum lat. *horologium* (›Uhr‹) für ›Krieg‹, ›Kampf‹, ›Streit‹ und ›Fehde‹ (vgl. Lexer, Bd. 2, Sp. 2007; zu dem entsprechenden Verbum *urliugen*, *-lougen* = ›kämpfen‹, ›streiten‹ vgl. Lexer, Bd. 2, Sp. 2008). Der älteste Beleg aus den Jahren 1170–1183 verzeichnet in dieser Straße einen Hausbesitzer mit dem Namen *Urluge*, so daß mit H. Keussen und A. Wrede davon ausgegangen werden muß, daß diese Straße ihren Namen einem Anwohner und Grundbesitzer verdankt (vgl. Keussen, Bd. 1, S. 168*; NKS, Bd. 3, S. 107).

Nennung	Straßenname	Belege
1170/83	Urluge [Hausbesitzer]	H, II/1, 13
1200	in Urlouginstraze	KTK, I, 444
1230/32	in platea Urlugen	KTK, I, 442
1264/71	in vico Ourligesgassen	KTK, I, 443
1266/71	in pl.[atea] Horlogesgazen	KTK, I, 443
1271	Orlogesgazen	KTK, I, 442
1297	Urlochgassen	KTK, I, 443
1300	in pl.[atea] Urlisgasse	KTK, I, 443
1322	in Urloygisgassen	KTK, I, 443
1335	in der Urloychsgassen	KTK, I, 443
1357	Urlochgassen	KTK, I, 443
1385	Oyrlersgasse	KTK, I, 443
1404	Oirloichsgasse	KTK, I, 443
1418	in der Ortloessgasse	KTK, I, 444
1447	Urloichsgasse	KTK, I, 444
1462	in der Orlinxgassen	KTK, I, 443
1497	Orlichsgasse	KTK, I, 444
1571	Die mullen gaß	Mercator
1576	in der Mullegassen	W, II, 316

Die mullen gaß

Heute: **Mühlengasse**
1. Stadterweiterung (Mercator-Plan S. 142/143)

A. Mercator verzeichnete auf seinem Stadtplan sowohl für die heutige *Spinnmühlengasse* als auch für die *Mühlengasse* den gleichen Namen: *Die mullen gaß*. Durch ihren Verlauf verbindet die *mullen gaß* in der Pfarrei St. Brigida den *Alter Markt* mit dem Rheinufer, wo im Mittelalter die gleichnamige *Moelenporze* (a. 1400; Stein, Bd. 2, S. 95) stand. Die Bezeichnungen von Gasse und Tor stammen – so A. Wrede – von den hier im Rhein verankerten Rheinmühlen, »die seit dem 12. Jh. weiter rheinaufwärts vor Bayen (Bayenturm) verlegt wurden« (NKS, Bd. 2, S. 212). Der Gassenname hat sich darüber hinaus auf das Kölner Patriziergeschlecht *von der Mühlengasse* übertragen, »dessen ältest nachweisbares Mitglied E. 12. Jh. Theodericus (Dietrich) in platea molendinorum, – de mulin – gassen« (NKS, Bd. 2, S. 212) Schöffe und Bürgermeister war.

Nennung	Straßenname	Belege
1169	in Molengazin	L, I, 304
1190/1225	Bertolfo de Mulingaze	H, I, 306
1197/1215	in platea molendinorum	H, I, 324
1197/1215	in Molengazze	H, I, 309
1205/14	in Mulingazzin	H, II/1, 311
1231	in platea Molendinorum	KTK, I, 138
1244	in fine Mulengazzen	KTK, I, 137
1263	in Molengasse	KTK, I, 138
1301	in pl.[atea] Mulengasse	KTK, I, 138
1323	in Molingassen	KTK, I, 138
1340	in Mullengassen	KTK, I, 139
1405	in der Molengasse	KTK, I, 138
1449	zer nuwer Moelen in der Mg.	KTK, I, 138
1479	an der Moelengassen	S, II, 566
1571	Die mullen gaß	Mercator

Die nügaß

Heute: **Große Neugasse**
1. Stadterweiterung (Mercator-Plan S. 142/143)

Auch diese Straßenbezeichnung kommt auf dem Stadtplan A. Mercators (1571) zweifach vor: Neben der heutigen *Großen Neugasse* wird auch ein Teil der heutigen *Tunisstraße* als *Die nügaß* bezeichnet. Während die *nügaß* im Schreinsbezirk Niederich erst seit dem 16. Jahrhundert die heutigen Straßen *Komödienstraße* und *Untersachsenhausen* verbindet, existierte die *Nova platea* in St. Brigida bereits spätestens seit dem Jahre 1215. Sie führte von *Unter Helmschläger* zum Rheinufer, wo sie von der gleichnamigen *Neugassenpforte* abgeschlossen wurde. Wegen ihrer seit dem 12. Jahrhundert konkurrenzlosen Bezeichnung als ›neue‹ Gasse – 1497 zu *Niggegasse* entstellt – ist in den Schreinsurkunden kein Hinweis auf einen Benennungsgrund zu finden, der außerhalb etymologischer Deutungsmöglichkeiten läge. Wie im Falle der zweiten *Neugasse* muß davon ausgegangen werden, daß die Bezeichnung dieser älteren *Neugasse* nach ihrem Entstehen in bereits bebautem Gebiet an ihr haften geblieben ist.

Nennung	Straßenname	Belege
1197/1215	in nova platea	H, I, 310
1237	in Nova platea	KTK, I, 141
1247	in Nova platea	KTK, I, 143
1265	in Nova platea	KTK, I, 141
1345	in ordone Novi vici	KTK, I, 141
1356	in Novo vici	KTK, I, 142
1364	in der Nuwergassen	KTK, I, 141
1484	in der Nuwergassen	KTK, I, 142
1497	Niggegasse	KTK, II, 309
1556	die Neugass-porz	W, II, 87
1571	Die nügaß	Mercator
1579	in der Nuwergassn	W, III, 35
1585	in der Neuwergassen	W, III, 294

Die nügaß

Heute: **Tunisstraße**
2. Stadterweiterung (Mercator-Plan S. 234/235)

Im Gegensatz zu der *nügaß* in St. Brigida, die seit dem 12. Jahrhundert als *Nova platea* überliefert ist, handelt es sich bei der *nügaß* in Niederich um eine Straße im Wortsinn ihrer Bezeichnung. An der *Komödienstraße* befand sich im 15. Jahrhundert eine Laurentianerburse (das spätere Montaner-Gymnasium), auf deren Areal »die kleine Neugasse angelegt« (Keussen, Bd. 2, S. 108) wurde.

Weinsberg charakterisiert die ehemalige *Kleine Neugasse* a. 1581 als *»nuwer gemachter gassen«* (Buch Weinsberg, Bd. 3, S. 262), die die heutige *Komödienstraße* mit *Unter Sachsenhausen* verband. Wegen ihres Verlaufs über das Grundstück der Laurentianer bezeichnet Weinsberg sie auch als *»neuer Bursengassen«* (Buch Weinsberg, Bd. 3, S. 109).

Nennung	Straßenname	Belege
1479	Bursa Laurentii	KTK, II, 108
1496	Laurentianerburse	KTK, II, 108
1534	bursa Laurentiana	W, I, 103
1571	Die nügaß	Mercator
1581	bei der nuwer gemachter gassen	W, III, 262
1581	neben der neuer Bursengassen	W, II, 109

Die hosengaß
Auff der hochpforts
Voir S. Agathen
Vnder pfannen schleger
Hinder S. Mertten
Voir den Augustinen
Hinder den Augustinen
S. Mertten stifft
Der quattermarckt
Off dem steinwech
Der Hewmarckt

An der gulder wagen
Vor den minnenbruderen
Am houe
Onder golsmiden
S. Peters vnd iij koningen kirch
Dohm hoff
S. Mariegradn
Vor S. Andreß
S. Margarden gaß
Die nügaß
Vnter Tischmecher

Die pensgaß

Heute: Bundesbahndirektion (zwischen Goldgasse/Servasgasse)
2. Stadterweiterung (Mercator-Plan S. 178/179)

In den Schreinsbucheinträgen zwischen den Jahren 1170 und 1178 heißt die heute nicht mehr existierende *Penzgasse Loregaze*. Das in dieser Bezeichnung verborgene mittelhochdeutsche *lôwer* = ›Gerber‹ (vgl. Lexer, Bd. 1, Sp. 1972) zeichnet diese Gasse ebenso wie die Nennungen zwischen 1178/83 *iuxta coriarios* (von mlat. *coriarius* = ›Gerber‹; vgl. Georges, Bd. 1, Sp. 1693; Habel/Gröbel, Sp. 88) und a. 1215 *platea Alutariorum* (*aluta, -ae* = ›mit Alaun gegerbtes, gefärbtes Leder‹; vgl. Georges, Bd. 1, Sp. 350) als eine Handwerkergasse der Gerber aus.

Darüber hinaus tritt mhd. *lôwer* auch als Beiname für Anwohner dieser Straße auf, wie beispielsweise 1229 *Baldewinus Lowere* (Keussen, Bd. 2, S. 144). Im 13. Jahrhundert wird die Gewerbebezeichnung durch Namen wie *platea Pencie* (a. 1265) und schließlich die Nennung *pensgaß* (a. 1571) verdrängt. Nach H. Keussen gehen diese Bezeichnungen auf eine »Brauerin Sapientia (= Sophie)« (Keussen, Bd. 1, S. 162*) zurück.

Tatsächlich erscheint in den Schreinsurkunden 1229 ein Haus *Sapiencie Braxatricis*, das offensichtlich einer Frau gehörte. Die Fortführung des Gewerbes des verstorbenen Ehemannes durch seine Witwe ist im Mittelalter nichts Ungewöhnliches. Daß aber eine Straßenbezeichnung auf eine weibliche Hausbesitzerin zurückgehen sollte, stellt – wenn hier nicht ohnehin lediglich der Zufall einer namentlich entsprechenden Anwohnerin im Spiele ist – unter den mittelalterlichen Straßennamen (Kölns) eine absolute Ausnahme dar. In Anlehnung an mnd. *panse*, *pantze*, mhd. *panze* aus lat. *pantex* wird sich die Straßenbezeichnung eher auf Händler von Innereien (*Pansen*) beziehen (vgl. NKS, Bd. 2, S. 282).

Nennung	Straßenname	Belege
1170/78	in platea que dicitur Loregaze	H, II/1, 105
1178/83	iuxta coriarios	H, II/1, 119
1215	platea Alutariorum	KTK, II, 144
1229	in Lowergazen [...] dom. Sapiencie Braxatricis	KTK, II, 144
1229	Baldewin. Lowere	KTK, II, 144
1254	in platea Sapiencie	KTK, II, 144
1265	in platea Pencie	KTK, II, 144
1271	in Penziengazzen	KTK, II, 144
1294	in Penziengasse	KTK, II, 144
1328	in Penzegassen	KTK, II, 144
1333	in Penzhegassin	KTK, II, 144

1377	in Pentzgassin	KTK, II, 144
1378	in Penschgassin	KTK, II, 144
1489	in der Pentzgasse	KTK, II, 144
1571	Die pensgaß	Mercator

Die print gaß

Heute: **Große Brinkgasse**
2. Stadterweiterung (Mercator-Plan S. 272)

Die mittelalterlichen Nennungsvarianten der heutigen *Großen Brinkgasse* bieten keinerlei Hinweise – etwa durch verzeichnete Gewerbe-, Haus- oder Personennamen – auf die ursprüngliche Bedeutung des Straßennamens. Obwohl *Brink* (›Grashügel‹), ndd. *brink*, ndl. *brinc* (›Grasrain‹) als alter Flur- und Geländename der Lage der Straße außerhalb der römischen Stadtmauer entspräche, kann dieser nach A. Wrede der Straßenbezeichnung nicht zugrunde liegen, da »das Bestimmungswort brink aus print hervorgegangen ist«. Das »Bestimmungswort gehört zu mnl. prenten, printen, preinten (drücken, pressen), später auf drucken (Buchdruck) bezogen, mnd. prentin« (NKS, Bd. 1, S. 104) und wird sich auf die gewerbliche Tätigkeit eines Anwohners oder dessen Beinamen bezogen haben (vgl. *Pryntgassen*/heute: *Kleine Brinkgasse*).

Nennung	Straßenname	Belege
1170/90	in Printgazzin	H, I, 337
1170/90	in Printgazzin	H, I, 337
1187/1200	Gruntgazcin	H, I, 363
1247	in Pruntgasse	KTK, I, 401
1291	in Prinzgassen	KTK, I, 400
1296	in Pruntgassen	KTK, I, 400
1310	supra ordonem vici Printgassen	KTK, I, 399
1320	in ordone Preintgassen	KTK, I, 400
1336	in Pruntgassen	KTK, I, 400
1347	in Pryntgassin	KTK, I, 400
1368	in der Pryntgassin	KTK, I, 400
1441	in der Printgasse	KTK, I, 401
1460	in der Printgassen	KTK, I, 400
1484	in der Printgasse	KTK, I, 401
1571	Die print gaß	Mercator
1588	in der grossen Printgasse	KTK, I, 400

Die putsgaß

Heute: Gelände von Oper und Schauspielhaus (zwischen Glockengasse/Brüderstraße)
Römerstadt (Mercator-Plan S. 234/235)

Die ehemalige *Pützgasse* war nach A. Wrede im Mittelalter ein »zu einem gemeinsamen Pötz führender Weg (platea versus puteum)« (NKS, Bd. 2, S. 312). *Püts* von mlat. *puteus* = ›Brunnen‹ (vgl. Georges, Bd. 2, Sp. 2099f.; Habel/Gröbel, Sp. 323) bezeichnet einen der zahlreichen öffentlichen Ziehbrunnen, die »in Gemeinschaft gebraucht u. unterhalten« (NKS, Bd. 2, S. 312) wurden. Die Schreinsurkunden, die Liegenschaften in dieser Straße lokalisieren, referieren auf jenen in dieser Straße gelegenen Brunnen (*apud puteum* = ›bei dem Brunnen‹), der ihr bereits im 12. Jahrhundert den entsprechenden Namen gegeben hat.

Nennung	Straßenname	Belege
1170/90	in platea versus puteum	H, I, 336
1187/1200	in Putcegazcin	H, I, 358
1260	in Putzgazze	KTK, I, 355
1260	dom. oppos. puteo in Putzg.	KTK, I, 354
1288	in Puzgasse	KTK, I, 354
1302	dom. apud puteum in Putgasse	KTK, I, 355
1420	in der Putzgasse	KTK, I, 355
1483	Pützgasse	KTK, I, 354
1514	[allernächst dem] Pütz	KTK, I, 355
1561	Pützgasse	KTK, I, 355
1571	Die putsgaß	Mercator

Die Reingaß

Heute: **Rheingasse**
1. Stadterweiterung (Mercator-Plan S. 142/143)

Die *Rheingasse* führt parallel zum *Filzengraben* vom *Malzbuchel* zum Rheinufer, wo sie von zwei gleichnamigen Pforten abgeschlossen wurde (a. 1270 *ante Rinporzin*, Keussen, Bd. 1, S. 63), die durch ihr Größenverhältnis (›Große‹ und ›Kleine‹ *Rheingassenpforte*), Alter und Lage im Mittelalter unterschieden wurden.

Auf einer dieser Rheinpforten befand sich eine Kapelle, die den Heiligen Nikolaus und Sergius geweiht war. Im Martinschrein wird diese Kapelle in dem Jahrzehnt zwischen 1149–1159 als *capella s. Nicolai* (Hoeniger, Bd. 1, S. 46) und 1528 als *S. Sergius* oder *Tzeryss Kapelle* gegenüber der *Ryngassenpoirtzen up der alter poirtzen* erwähnt (vgl. Keussen, Bd. 1, S. 65).

Wie Weinsberg 1569 berichtet, wurde »s. Sergius capel in der Reingassen, nach der Reinporzen, abgebrochen. Das gab an dem orde vil gutter lucht und reinicheit, dan sei war grois mit weiten bogen uber die Ringass gebaut« (Buch Weinsberg, Bd. 2, S. 190).

Die *Rheingasse* (= ›die Gasse, die zum Rhein führt‹) gehört neben der *Salz*- und der *Mühlengasse* zu den drei erhaltenen römischen Zugangsstraßen zum Rhein (vgl. Keussen, Bd. 1, S. 157* f.).

Nennung	Straßenname	Belege
1135/42	in vico Reni	H, I, 17
1142/56	platea Reni	H, I, 26
1200	in platea Reni	KTK, I, 67
1205/14	in Ringazzin	H, II/1, 305
1232	in platea Reni	KTK, I, 66
1254	in Ringazzin	KTK, I, 66
1298	in Ringassen	KTK, I, 69
1321	in platea Reni	S, I, 7
1350	in Ryngassen	KTK, I, 67
1405	in der Ryngasse	KTK, I, 68
1426	in der Ryngasse	KTK, I, 66
1456	in der Rijngasse	KTK, I, 70
1486	in Rijngasse	KTK, I, 70
1540	in der Rhingassen	W, I, 146
1545	in der Ringassen	W, I, 232
1571	Die Reingaß	Mercator
1581	in der Ringasse	W, III, 88

Die remers gaß

Heute: WDR-Gelände (zwischen Auf dem Berlich/Neven-DuMont-Straße)
Römerstadt (Mercator-Plan S. 234/235)

Nach H. Keussen hieß die ehemalige *Römergasse* »nach dem Hause Reimbach Reimbachgasse« (Keussen, Bd. 1 , S. 167*).

Da bei R. Hoeniger für das 12. Jahrhundert und die erste Hälfte des 13. Jahrhunderts keine auf diese Straße bezogenen Nennungen vorliegen, veranlassen die ältesten

Belege bei H. Keussen dazu, den Straßennamen auf den Hausnamen *Reimbach* (1259) zurückzuführen. Ebenso wie die Straßenbezeichnungen variieren die Schreibungen des Hausnamens: a. 1259 *Reimbach*, a. 1288 *Reymbag*, a. 1388 *Reymbach* und a. 1487 *Reymerhoff*.

Der Hausname kommt auch als Beiname des jeweiligen Hausbesitzers vor; so beispielsweise a. 1271 *Aleidis de Reimbach*. Am Anfang des 14. Jahrhunderts führt die Kontraktion der Straßenbezeichnung zu der Kurzform *Remarsgasse* (1310), während *Reimbach* als Haus- und Familienname auch im 15. Jahrhundert noch vorkommt.

Nennung	Straßenname	Belege
1259	dom. Reimbach	KTK, I, 363
1260	vicus, qui dicitur Reinbach	KTK, I, 366
1263	in pl.[atea] Rembachgassen	KTK, I, 363
1264	Reymbachgazzin	KTK, I, 365
1264	in Reymbachgazzin contig. dom. de Reimbach	KTK, I, 365
1271	dom. Aleidis de Reimbach, que Reimbach voc.	KTK, I, 364
1275	in Reimbachgaze […] mans. A. de Rembag	KTK, I, 364
1288	dom. in Rembaggasse	KTK, I, 364
1309	in Reymbaggassen	KTK, I, 363
1310	Remarsgasse	KTK, I, 365
1355	in ordone Reymersgasse	KTK, I, 363
1397	Reymbachgasse	KTK, I, 365
1397	Reymarsgasse	KTK, I, 366
1420	Reymersgasse	KTK, I, 366
1487	Reymerhoff in der Reymersgasse	KTK, I, 365
1531	in der Reimersgassen	W, I, 75
1538	in der Reimersgassen	W, I, 127
1571	Die remers gaß	Mercator
1586	auf der Remersgassen	KTK, I, 364

Die salts gaß

Heute: **Salzgasse**
1. Stadterweiterung (Mercator-Plan S. 142/143)

Die *Salzgasse* ist wie die Straßen *Rheingasse* und *Mühlengasse* eine ehemalige römische Zugangsstraße zum Rhein (vgl. Keussen, Bd. 1, S. 157* f.), die den *Heumarkt* mit dem Rheinufer verbindet. In den Schreinsurkunden des 12. Jahrhunderts wird sie zwar schon als *platea salis* (zw. 1142/1156) bezeichnet. Vielfach wird aber anstelle dieses Straßennamens eine charakterisierende Beschreibung notiert: »*inter illos, qui sal vendunt*« oder »*inter venditores salis*« (Hoeniger, Bd. II/1, S. 275). Hierin ist nicht nur ein Hinweis auf dort ansässige Salzhändler, sondern auch auf eine noch nicht gefestigte Bezeichungspraxis zu sehen. Die Lage der *Salzgasse* zwischen *Heumarkt* (Lebensmittelmarkt), *Fischmarkt* und dem Rheinufer im Marktviertel von St. Martin bestätigt sie als ›Gasse der Salzhändler‹.

Nennung	Straßenname	Belege
1135/42	in vico salis	H, I, 17
1142/56	platea salis	H, I, 27
1176	Saltgaszen	L, I, 461
1190/1206	inter venditores salis	H, II/1, 275
1192/93	in Salzgazzin	H, I, 201
1205/14	in platea salis	H, II/1, 314
1210/25	versus Salzgazzen	H, II/1, 284
1261	super plateam Salis	KTK, I, 71
1279	in Salzgassin	KTK, I, 147
1307	in Salzgassen	KTK, I, 71
1359	in platea Salis	KTK, I, 71
1465	apud plateam Salis	KTK, I, 71
1542	uff der Salzgassen	W, I, 175
1571	Die salts gaß	Mercator
1586	gegen der Salzgassn	W, III, 322

Die schaeffen pforts und straiß

Heute: **Schaafenstraße**
2. Stadterweiterung (Mercator-Plan S. 272)

An der Stadtgrenze Kölns in römischer Zeit (Westseite des *Neumarktes*) befand sich die sogenannte *älteste Schafenpforte*. Die *Scha(a)fenstraße* verband im hohen und späten Mittelalter die spätere *alte Schafenpforte* (= *Ovina porta* von mlat. *ovinus* = ›vom Schaf‹; vgl. Georges, Bd. 2, Sp. 1425; Habel/Gröbel, Sp. 270) mit der *neuen Schafenpforte* (= *nova Ovina porta*), durch die man die Stadt im Westen verließ. Straßenverlauf und Standort der *Schafenpforte*, die dreimal nach Westen verschoben wurde, bezeugen die Stadterweiterungen der Jahre 1106 (Einbeziehung von Oversburg, Niederich und St. Aposteln) und den Bau der sogenannten großen Mauer (nach 1180).

H. Jakobs führt den Namen der Pforten auf ihre wirtschaftliche Bestimmung zurück: »Als im 11. Jahrhundert der Bau der Apostelnkirche das alte Römertor am Neumarkt verschloß, wurde im wenig südlich gelegenen *Laach* (›Loch‹?), hart an der Grenze der *Cricmar*, ein neuer Durchgang durch die Mauer gebrochen. Er erhielt den Namen *Schafporz, porta ovina*. Der Name läßt keinen Zweifel über die wirtschaftliche Bestimmung der Pforte. Eine Untersuchung der Namen östlich der *Cricmar* zeigt an, daß ein Teil der Herden irgendwann von hier aus über die Sternengasse-Peterstraße-Lungengasse durch das Schafentor getrieben wurde« (Jakobs, 1987, S. 1440).

Neben den Bezeichnungen für Pforten und Straße erscheinen noch in den Schreinsurkunden des 14. und 15. Jahrhunderts Beinamen für Anwohner, die auf die Schafzucht verweisen: a. 1386 *Herm. Scheffer* (Keussen, Bd. 1, S. 438) und a. 1493 *Joh. Scheyffer* (Keussen, Bd. 1, S. 440). Im Jahre 1427 wird *Tielman von Buyrbach*, einem Schäfer, ein Stück Land an dieser Straße in Erbleihe gegeben (vgl. Keussen, Bd. 1, S. 439).

Offensichtlich handelt es sich bei diesem Straßennamen ursprünglich um eine funktionsbedingte Stadttorbezeichnung, die schließlich auf den gesamten Straßenzug zwischen den gleichnamigen Toren übertragen wurde.

Nennung	**Straßenname**	**Belege**
1159/80	ante ovinam portam	H, II/1, 9
1170/83	ante novam ovinam portam	H, II/1, 17
1200	iuxta Scayfporcen	KTK, I, 440
1235	ante Scaporzen	KTK, I, 437
1264	ante novam Schafporzen	KTK, I, 438
1280	in Scaporzstrazen [...] versus Ovinam portam	KTK, I, 437
1280	in platea Ovine porte	KTK, I, 437
1293	in Schaportzenstraze [...] dom. Suaf	KTK, I, 437
1293	in vico Ovina strata	KTK, I, 438
1300/01	in Schaporzestraze	KTK, I, 439
1359	in Schaperstrasen	KTK, I, 437
1386	in der Schaifferstrasse	KTK, I, 438
1408	up der Schaefferstraessen	KTK, I, 439
1420	an der Schayferstrasse	KTK, I, 440
1478	auf der Schaifferstrasse	KTK, I, 440
1497	in der Schaifferstrasse	KTK, I, 438
1552	Schaifenpforzen	W, II, 12
1571	Die schaeffen pforts und straiß	Mercator

Die schaersgaß

Heute: **Schartgasse**
Römerstadt (Mercator-Plan S. 308/309)

Die für diese Straße erst im 14. Jahrhundert einsetzende Schreinsbuchüberlieferung dokumentiert die heutige *Schartgasse* als *platea Machorii* (1310), also als ›die Straße des Machorius‹, der nach mittelalterlicher Bezeichnungspraxis als ein Anwohner oder Grundbesitzer in dieser Straße anzusehen ist. Im Jahre 1368 erscheint in den Schreinsbüchern ein »*dom.*[*us*] *Machorii*« »*in cono platee Machorisgassen*« (Keussen, Bd. 1, S. 260). Ob sich der Beiname *Machorius* vom mlat. *mactus* = ›selig‹ (Habel/Gröbel, Sp. 229) herleiten läßt und damit auf das gleichnamige *Seligen huys* (1394), *Seiligen huys* (a. 1340), *olim vocabatur des Seelichen huyss* (1428; vgl. Keussen, Bd. 1, S. 260) in dieser Straße beziehen läßt, ist unsicher. Dieser Zusammenhang würde aber erklären, wie der Anwohner *Machorius* hundert Jahre später (1457) sogar als *S. Machorius* in einer Straßenbezeichnung erscheinen konnte.

Die erst am Ende des 15. Jahrhunderts auftauchende Bezeichnung *Schorresgasse* (1492) ist auf den Wegfall der anlautenden Silbe *Ma-* (in *Machoriusgasse*) zurückzuführen. Die Kontraktion von *Machorius* zu *Scheersgasse* (a. 1451) bzw. *Schaersgaß* (1571) wird durch das Gewerbe der Wollkratzer (mhd. *scherren* = ›scharren‹, ›kratzen‹; vgl. Lexer, Bd. 2, Sp. 711) motiviert sein, denn »altköln. (13. Jh.) scheren, (15. Jh.) scheiren, (2. H. 16. Jh.) Prät. schoren« hat die »Grundbedeutung (zer)schneiden, (zer)trennen. 1. im Kölner Gewerbe, bei der Tuchbereitung, altes hochbedeutsames Wort, die Arbeit des Scherers bezeichnend, der dem gewalkten Tuch durch Entrauhen u. Pressen erst ein rechtes Ansehen verlieh, Knötchen u. Flöckchen aus dem Gewebe entfernte u. überstehende Fäden abschnitt« (NKS, Bd. 3, S. 25). Die Lage der Gasse, umgeben von Straßen der Tuchproduktion, spricht hierfür.

Nennung	Straßenname	Belege
1310	in platea Machorii	KTK, I, 260
1336	in platea Machorii	KTK, I, 260
1358	in cono platee Machorisgassen	KTK, I, 260
1398	in Machorisgasse	KTK, I, 260
1407	in der Machorisgasse	KTK, I, 260
1428	in der Kafoerissgasse	KTK, I, 260
1451	in der Scheersgasse	KTK, I, 259
1457	in S. Machorisgasse	KTK, I, 260
1471	in der Machorisgasse	KTK, I, 260
1481	in der Marchoriusgasse	KTK, I, 260
1492	in der Schorressgasse	KTK, I, 260
1571	Die schaersgaß	Mercator

Die schilder gaß

Heute: **Schildergasse**
Römerstadt (Mercator-Plan S. 234/235)

Hinter den lat. Bezeichnungen der *Schildergasse* wie beispielsweise *platea Clippeatorum* verbirgt sich (m)lat. *clipeolus* = ›der kleine Schild‹ (vgl. Georges, Bd. 1, Sp. 1210; Habel/Gröbel, Sp. 65).

Wie A. Wrede (vgl. NKS, Bd. 2, S. 22) hält aus diesem Grunde auch E. Volckmann diese Straße für eine Gewerbeansiedlung der Wappenmaler: »Der *Schilder* oder *Schilter* (mhd. *schiltaere*), scutarius, clipeator, auch in Weiterbildung *Schilderer*, war ursprünglich der Schildmacher, der den Schild verfertigte, der in einem eckigen, später auch rundformigen Holzgestell mit starkem Lederüberzug, vielfach mit Metallbeschlag und Bemalung bestand. Schon das wiederholt erwähnte ›Capitulare de villis‹ führt den Schilder (scutarius) unter den auf jedem Königshofe zu haltenden Gewerkern auf. [...] Im ersten Jahrzehnt des 15. Jahrhunderts finden wir jedenfalls am Niederrhein bereits eine hochentwickelte Kunststufe der Schilder, denn Wolfram von Eschenbach singt in seinem Parzival (158, 15): ›von *Köln* noch von *Mastricht*/ kein *schiltaere* entwürfe baz/ denn alser ûfem orse (Rosse) saz.‹ Ein Jahrhundert später treten uns hier, besonders aber in Köln, der größten, gewerbe- und kunstreichsten Stadt des damaligen Deutschland, die ersten bedeutenden Meister der Malerei entgegen. [...] Eine der bedeutendsten Straßen Alt-Kölns im Bezirk St. Peter trägt den Namen *Schildergasse* (platea clippeatorum) noch heute und bereits 1225 finden wir eine ›domus que vocatur Palacium in Schildergaze‹ erwähnt; hier erhalten später auch die Ämter der Schilderer, Wappensticker und Sattelmacher sowie die Glasmacher das Haus ›zome Rosenboume‹ (1452) in Erbleihe« (Volckmann, 1921, S. 244f.).

Sowohl für das 13. als auch das 15. Jahrhundert lassen sich anhand von Einträgen im Petersschrein hier ansässige Schilderer belegen: So 1205/1214 »*ex opp. dom. Martini Schildirs*« (Hoeniger, Bd. II/1, S. 311) und 1423 »*Hilger Platvoys der Schilderer*« (Keussen, Bd. 1, S. 262).

Nennung	Straßenname	Belege
1170/90	in Skildirgazin	H, I, 345
1186/96	in platea clipeorum	H, II/1, 30
1190/1202	in platea clipeorum	H, II/1, 40
1205/14	dom. [...], que opposita est domui Martini Schildirs	H, II/1, 311
1205/14	in Schildergazzin	H, II/1, 311
1225	dom., que voc. Palacium in Schildergaze	KTK, I, 261
1237	in platea Clippeatorum	KTK, I, 265

1300	in platea Schildergasse	KTK, I, 262
1308	in platea Clippeorum	KTK, I, 261
1336	in vico Clipeatorum	KTK, I, 263
1352	in Schildergassen	KTK, I, 263
1390	up der Schildergassen	KTK, I, 264
1423	Hilger Platvoys der Schilderer	KTK, I, 262
1431	in vico Clipeatorum	KTK, I, 261
1441	in der Schildergasse	KTK, I, 262
1461	in Schildergassen	KTK, I, 262
1535	in der Schildergasse	KTK, I, 262
1545	in der Schildergassen	W, I, 228
1571	Die schilder gaß	Mercator

Die schmier straiß

Heute: **Komödienstraße**
2. Stadterweiterung (Mercator-Plan S. 234/235)

Neben der Bezeichnung *enge Gasse* (*in angulo platee*) erscheint die heutige *Komödienstraße* in den ältesten Schreinsbucheinträgen zwischen den Jahren 1150 und 1165 als *platea pauperum* (= ›Armengasse‹; vgl. Georges, Bd. 2, Sp. 1518 f.; Habel/Gröbel, Sp. 277 f.). Diese Bezeichnung bezieht sich auf das hier gelegene Hospital St. Andreas bzw. das Beginenhaus *Zederwalt* (*beggine voluntarie pauperes*, Keussen, Bd. 2, S. 107). Nach dem Beginenhaus *Zederwalt*, das in Anschreinungen seit dem Jahre 1224 vorkommt, wird der entsprechende Teil der *Komödienstraße* auch *platea Ziderwalde* (1287) genannt.

Noch im 12. Jahrhundert lassen sich insbesondere hier ansässige Fetthändler belegen; so beispielsweise 1170/1178 ein »*Winand von Gerardus, qui vendit arvinam*« (Keussen, Bd. 2, S. 110) und zwischen den Jahren 1178/1183 ein *Walram Arvinarius* (Keussen, Bd. 2, S. 104). Im Jahre 1246 wird ein Anwohner *Volquinus Smeerre* erwähnt, dessen Handelsprodukt ihm offensichtlich zum Beinamen geworden ist und das volkssprachliche Vorbild für die Bezeichnung *Smirgassen* darstellt.

Aufgrund dieser Befunde läßt sich mit H. Keussen resümieren: »Die heutige Komödienstrasse [war] im 12. Jahrhundert die Armenstrasse (platea pauperum), ob nach dem am östlichen Ende gelegenen Hospital von S. Andreas oder nach der armen Bevölkerung, die sich hier am Fusse der Römermauer angesiedelt hatte, mag dahingestellt bleiben. Ihr späterer Name Schmierstrasse (inter Arwinatores) schreibt sich von den hier ansässigen Fetthändlern her, von denen einer schon 1178/83 das südliche Eckhaus an Unter Fettenhennen besass« (Keussen, Bd. 1, S. 162*; vgl. NKS, Bd. 3, S. 45).

Nennung	Straßenname	Belege
1150/65	in platea pauperum	H, II/1, 80
1163/68	in vico pauperum	H, II/1, 63
1164/76	in platea pauperum	H, II/1, 95
1170/78	Winand von Gerardus, qui vendit arvinam	H, II/1, 105
1178/83	in angulo platee	H, II/1, 118
1178/83	Walram Arvinarius	KTK, II, 104
1224	dom. et ar. Ciderwalt	KTK, II, 107
1246	dom. [...] in qua manet Volquinus Smeerre	KTK, II, 110
1287	in pl.[atea] Ziderwalde	KTK, II, 108
1302	in platea Smirgassen	KTK, II, 108
1302	in platea Ziderwalt	KTK, II, 107
1302	Ulr. Smirre	KTK, II, 108
1303	beggine volunatarie pauperes in platea Ziderwalde	KTK, II, 107
1309	Ulr. Arvinator	KTK, II, 108
1311	in platea Smirstraze	KTK, II, 109
1316	dom. Rodolfi Arvinatoris in platea Arvinatorum	KTK, II, 109
1317	conventiculum beghinarum pauperum in Smstr.	KTK, II, 107
1323	in Smerstraessen	KTK, II, 109
1326	Arvinatoris	KTK, II, 108
1348	in platea Zederwalt	KTK, II, 107
1353	ar. voc. Zederwalt supra plateam Smirstraysse	KTK, II, 107
1397	in der Smierstrasse oder Zederwalt	KTK, II, 108
1400	in de Smyrstraisse	S, II, 97
1411	in der Smirstrasse [...] Zederwalt	KTK, II, 108
1428	Smyrstrasse vor Zeiten Zederwailt	KTK, II, 109
1452	in der Smerstraissen	KTK, II, 110
1478	Smyerstrassen	KTK, II, 105
1487	in der Smyerstraissen	S, II, 688
1528	boven der Smyrstrassen	KTK, II, 103
1534	in der Smirstraissen	W, I, 103
1571	Die schmier straiß	Mercator

Die scholtiß gaß

Heute: **Poststraße**
Römerstadt (Mercator-Plan S. 308/309)

Ohne jegliche Konkurrenz von einer anderen Straßenbezeichnung wird zwischen den Jahren 1263 und 1571 dieses Teilstück der heutigen *Poststraße* durchgehend als *Schultheißgasse* (latinisiert, volkssprachlich und in diversen Schreibungen) bezeichnet. Da für diese Straße die Schreinsbuchüberlieferung erst nach dem Jahre 1263 nachvollziehbar ist, kann der Benennungsgrund nicht mehr mit Sicherheit angegeben werden. Der Hinweis sowohl auf das mlat. *scultetia* (= ›Schulzenamt‹) bzw. *scultetus* (= ›Schultheiß‹; vgl. Habel/Gröbel, Sp. 357) als auch das mhd. *schultheize* (*scholtheisz*, *schultaz*, *scholtheize*, *scultiz* = ›Richter‹, ›Schultheiß‹; vgl. Lexer, Bd. 2, Sp. 815) lassen einen hier ansässigen Schultheißen, der die entsprechende Straßenbezeichnung motivierte, vermuten.

Da diese Gasse, in der A. Mercator 1571 lediglich ein Gebäude verzeichnet hat, bis zur Stadterweiterung von 1180 an den südlichen Stadtrand führte, könnte ihr Name auch eine Kontraktion von *schultheizen-burger* darstellen, das die Anwohner der Straße als Hintersassen charakterisieren würde (vgl. Lexer, Bd. 2, Sp. 815).

Nennung	Straßenname	Belege
1263	Scoltheizengazzen	KTK, I, 259
1307	in Schultheyssengassen	KTK, I, 259
1332	vicus Sculteti	KTK, I, 259
1349	in ordone Schoyltisgassen	KTK, I, 259
1365	in cono Schultisgacen	KTK, I, 259
1377	in Schoiltisgassin	KTK, I, 259
1394	in cono platee Schultisgasse	KTK, I, 259
1415	in der Schoiltissgasse	KTK, I, 259
1451	auf der Schoultissgassen	KTK, I, 259
1468	in der Scholtisgasse	KTK, I, 259
1479	in der Schoultisgasse	KTK, I, 259
1535	in der Scholtesgassen	KTK, I, 259
1571	Die scholtiß gaß	Mercator

Die seusgaß

Heute: **Rosenstraße**
3. Stadterweiterung (Mercator-Plan S. 57)

Noch im Jahre 1571 führt die heutige *Rosenstraße* durch ausschließlich landwirtschaftlich genutztes Gelände, so daß hier nicht genauer belegbare Schweinehaltung (*Saugasse*) denkbar ist. Lediglich zwei Gebäude werden von A. Mercator in dieser Straße eingetragen, die die *Achterstraße* mit dem Rheinufer verbindet.

Der Name *Saugasse* wird »M. 15. Jh. verfeinert (euphemistisch, schönfärberisch) Rosengasse. Saugasse hielt sich trotzdem weiterhin im Volksmund« (NKS, Bd. 2, S. 374). *Saugasse* könnte aber auch für ›verunreinigte Gasse‹ stehen. Denn in einem Ratsbeschluß aus dem Jahre 1590 wird Jost Pfingsthorn das Recht eingeräumt, »das unsaubere enge Gässlein, gen. die Saugasse« (Keussen, Bd. 2, S. 186f.) an beiden Enden mit Türen zu versehen. Im übrigen schließen sich diese beiden Deutungsmöglichkeiten – ›Saugasse‹ und ›verunreinigte Gasse‹ keineswegs aus, sondern bedingen geradezu einander.

Nennung	Straßenname	Belege
1288	inter plateam Suwegassen et vineam	KTK, II, 186
1311	super plateam Suwegassin	KTK, II, 174
1329	super plateam Suwegassin	KTK, II, 186
1330	in kono platee Suvegassin	KTK, II, 186
1353	ex opp. Suegassen	KTK, II, 180
1363	in ordone Sueygassen	KTK, II, 180
1378	auf der Suwengassen	KTK, II, 186
1381	in der Suwgasse	KTK, II, 186
1418	Suwegasse	KTK, II, 180
1453	auf der Rosengassen	KTK, II, 175
1478	zo der Rosen allernächst der Rosengassen	KTK, II, 175
1571	Die seusgaß	Mercator
1590	Saugasse	KTK, II, 187

Die snoir gaß

Heute: **Schnurgasse**
3. Stadterweiterung (Mercator-Plan S. 308/309)

Die etymologische Deutung dieses Namens hat in der Forschung zu unterschiedlichen Ergebnissen geführt. A. Wrede zieht im Gegensatz zu E. Volckmann möglicherweise hier ansässiges Töpfergewerbe in Betracht: »Die Herkunft ihres Namens ist ungewiß; ob er mit früher in der Gegend betriebener Töpferei zusammenhängt, wie man aus den alten Formen snar, snor (zu schnarren der Töpferscheibe) vermutet, ist sachlich nicht gesichert« (NKS, Bd. 3, S. 56).

Im Gegensatz zu diesem Deutungsvorschlag führt E. Volckmann den Straßennamen wegen der Formen *snur-* (1351) und *Snor-* (1313) auf die Gewerbebezeichnung der Schnurmacherinnen, den »Hilfsarbeiterinnen eines selbständigen Webers, [...] die schmale leinene Bänder verfertigten« (Volckmann, 1921, S. 94), zurück. Im Mhd. wird unter einem *snar-macher* (1175/1205 *Snargazzen*) ein Seiler verstanden (vgl. Lexer, Bd. 2, Sp. 1025).

Nennung	Straßenname	Belege
1175/91	in Snargazzen	H, II/1, 252
1304	in Snargassen	KTK, II, 187
1313	in Snorgassen	KTK, II, 187
1341	Snoirgasce	KTK, II, 187
1360	in der Snargassen	KTK, II, 187
1400	in der Snoirgasse	KTK, II, 187
1457	in der Snoirgassen	KTK, II, 187
1487	Snoirgasse	KTK, II, 187
1571	Die snoir gaß	Mercator
1580	in der Snorgassen	W, III, 68

Die spilmans gaß

Heute: **Spielmannsgasse**
2. Stadterweiterung (Mercator-Plan S. 97)

Die 1428 auftretende Bezeichnung *Spulmansgasse* scheint wie die Analogie zu einer im Jahre 1403 in Breslau vorkommenden *Spulegasse* auf hier ansässiges Weberhandwerk (mhd. *spuole* = ›Weberspule‹; Lexer, Bd. 2, Sp. 1124) hinzuweisen. Nach E. Volckmann ist diese Annahme aber irrig, »denn diese Spulmannsgasse war jahrhundertelang eine einfache Spielmannsgasse, die wahrscheinlich von einem Stadtschreiber holländischer Herkunft, der den hellen i-Laut mit dem ihm heimischer anmutenden ü verwechselte, derart verballhornt wurde« (Volckmann, 1921, S. 88).

Wegen der Latinisierung der *Spielemannisgazzin* (zw. 1205/1214; vgl. Hoeniger, Bd. II/1, S. 314) zu *platea Mimorum* (1217; vgl. Keussen, Bd. 2, S. 48) geht auch A. Wrede von einer »Straße der Mimen, fahrenden Sänger u. Musikanten« (NKS, Bd. 3, S. 112) aus. Bis zur Einbeziehung des südlichen Stadtteils Airsbach im Jahre 1180 lag diese *Spielmannsgasse* parallel zum *Katharinengraben* am südlichen Stadtrand, und somit in einer Gegend, die Wohnquartieren Auswärtiger entsprochen haben könnte. Das heutige *Altengrabengäßchen*, das auf dem Stadtplan A. Mercators (1571) unbezeichnet dargestellt ist, wurde im 14. und 15. Jahrhundert ebenfalls *Spilmansgassen* genannt (vgl. *Spillengasse*).

Nennung	Straßenname	Belege
1205/14	in Spilemansgazzin	H, II/1, 314
1205/14	in Spielemannisgazzin	H, II/1, 314
1217	secus plateam, que Mimorum appellatur	KTK, II, 48
1263	in fine Spilemansgassen	KTK, II, 46
1286	in Spilmansgasse	KTK, II, 48
1302	in Spelmansgassen	KTK, II, 47
1330	in vico Speilmansgasse	KTK, II, 49
1356	in Spilmansgassin	KTK, II, 48
1365	in Spelmansgassen	KTK, II, 49
1370	in Spilmansgassen	KTK, II, 46
1395	in der Spilmansgasse	KTK, II, 47
1400	in Spilmannesgassin	KTK, II, 49
1424	Spilmansgasse	KTK, II, 46
1475	in der Spilmansgasse	KTK, II, 46
1481	in der Spijlmansgasse	KTK, II, 47
1482	in der Spulmansgassen	KTK, II, 49
1538	in der Spilmansgasse	KTK, II, 47
1571	Die spilmans gaß	Mercator
1592	Spilmansgassen	W, IV, 148

Die steirne gaß

Heute: **Sternengasse**
Römerstadt (Mercator-Plan S. 142/143)

Auch für die heutige *Sternengasse* tritt in der Überlieferung der Schreinsbücher die häufig anzutreffende Übereinstimmung von Personenbezeichnung, Haus- und Straßenname auf. So bewohnte im Jahre 1268 ein Anwohner namens *Hertwici Sterren* die *Sterrengasse* (a. 1296 *Hermannus Sterre*; a. 1307 *Thome Sterre*). Die Personennamen zeigen wie die Latinisierung des Straßennamens *platea Stellarum*, daß während des Mittelalters diese Straße für eine *Sternengasse* gehalten wurde. Denn das (m)lat. *stella* steht für ›Stern‹ (vgl. Georges, Bd. 2, Sp. 2792f.; Habel/Gröbel, Sp. 378). Da es sogar mehrere Häuser *Zum Stern* in dieser Straße gab, mußten diese durch attributive Zusätze unterschieden werden: (a. 1347) *domus ad antiquam Stellam* – (a. 1390) *domus ad auream Stellam*.

Dementsprechend erklärt Weinsberg diesen Straßennamen folgendermaßen: »1591 [...] haus zum Sternen in der Sternegassen, da die gass den namen vom haus hat« (Buch Weinsberg, Bd. 4, S. 122).

Wie A. Wrede gezeigt hat, kann aber der Straßenname nicht von dem angesprochenen Hausnamen stammen: »Zu beachten ist, daß das Haus zum Stern noch 1296 zum Nußbaum hieß, als es in den Besitz des Hermann Sterre (Stern) überging, u. 1307 ad stellam (zum Stern) genannt ist, offenbar nach dem neuen Besitzer Sterre (Stern). In einer Schreinsnote von 1388 heißt es noch einmal deutlich domus olim ad nucum sed nunc ad antiquam stellam (das Haus, ehedem zum Nußbaum genannt, heißt jetzt zum alten Stern). Der viel ältere Name sterringazze kann also von diesem Haus nicht hergeleitet sein« (NKS, Bd. 3, S. 120).

H. Jakobs hat den Straßennamen etymologisch auf die Schafzucht zurückgeführt. »Aus römischer Zeit stammt auch die Sternengasse [...]. Doch ist auf unsere Belege nach allem fraglos die allgemeine Bemerkung A. Bachs anwendbar: ›Mhd. *ster(e)*, *sterre*, sw. m., ›Widder‹ liegt wohl in manchen Namen mit *Stern-* vor. Dabei braucht weder an das Sternbild noch an den Tierkreis des Widder gedacht zu werden, sondern allein an das männliche Zuchtschaf. [...] Eines der am frühesten dort erwähnten Häuser hieß *Zur Schafpforte*: *dom. et area voc. Schafporche* (a. 1288), *Schafporze* (14. Jahrhundert). [...] im frühen und späten 12. Jahrhundert [...] entstanden am Rinkenpfuhl die *Alte Schafenpforte* und am Mauritiuswall die *Neue Schafenpforte*. Beide Punkte sind noch heute durch die *Schaafenstraße* verbunden. Das Haus *Schafporze* im Osten der Sternengasse könnte zwar – für sich genommen – nicht in den Gang der dargelegten Entwicklung einbezogen werden; da sich aber aus den Namen ergab, daß das Vorgelände der *Cricmar* einst als Weide oder Koppel gedient haben muß, ist anzunehmen, daß sich in der Sternengasse der älteste Auslaß der Schafe befunden hat, der im Zuge der Besiedlung immer weiter nach Westen vorgeschoben wurde – ein Prozeß, der sich in der Namengebung für die Tore auswirkte« (Jakobs, 1987, S. 1443 f.).

Der Bezeichnungsbereich der *Sternengasse* erstreckte sich im Mittelalter über die heutige *Sternengasse* und die *Leonhard-Tietz-Straße* hinaus bis zur *Peterstraße*.

Nennung	Straßenname	Belege
1246	in Sterringazzen	KTK, I, 265
1268	in Sterrengassen, que fuit Hertwici Sterren	KTK, I, 269
1274	in platea Stellarum	KTK, I, 270
1288	dom. […] voc. Schafporche in platea Stellarum	KTK, I, 265
1296	dom. ad Nucum […] Hermanni Sterre	KTK, I, 265
1307	dom. ad Stellam, que fuit ansedel patris Thome Sterre, in Sterregassen	KTK, I, 265
1330	dom. […] voc. Schaporzen	KTK, I, 265
1347	dom. ad antiquam Stellam	KTK, I, 265
1353	in platea Stellarum	KTK, I, 266
1363	in platea Stellarum iuxta dom. Schayfportze	KTK, I, 265
1374	in Sterrengassen	KTK, I, 269
1390	ad auream Stellam	KTK, I, 265
1402	zume ailden Sterren	KTK, I, 265
1435	in Sterngasse	KTK, I, 265
1453	in der Sterrengasse	KTK, I, 266
1487	in der Sterngassen	KTK, I, 266
1528	an der Sternengassenort	W, I, 58
1549	zum Sternen in der Sternengasse	W, I, 312
1571	Die steirne gaß	Mercator

Die stolcksgaß

Heute: **Stolkgasse**
2. Stadterweiterung (Mercator-Plan S. 178/179)

Die Dokumentation des Formenreichtums der Bezeichnungen für die *Stolkgasse* während des Mittelalters hat eine besonders umfangreiche Namenserie erfordert. Wie aus dieser ersichtlich wird, herrschte offenbar bereits bei den Schreibern des Schreinsbuches für den Stadtteil Niederich Unklarheit über die Grundbedeutung der Straßenbezeichnung. Entsprechend kontrovers sind hierzu vorgetragene Forschungsmeinungen. Das mhd. *stuol* (= ›Stuhl‹), das im Altköln. als *stoil* (1388 *Stoilgasse*) oder *stoel* (1456 *Stoelgasse*) vorkommt (vgl. NKS, Bd. 3, S. 134), hat zu etymologischen Deutungen der *Stolkgasse* als Ansiedlung der (mhd.) *stuoler* (= ›Stuhlflechter‹) oder (mhd.) *stuollachen-macher* (›Stuhllakenmacher‹) geführt (vgl. v. Loesch, Bd. 1, S. 32*).

H. Keussen hat dieser Deutung allerdings widersprochen: »Der Name Stolkgasse, der in zahlreichen Varianten erscheint, wird schwerlich nach den Stuhllakenmachern genannt sein; auch ihrer Benennung liegt anscheinend ein Eigenname zugrunde« (Keussen, Bd. 1, S. 162*).

Am südöstlichen Ende der *Stolkgasse* ist auf dem Mercator-Plan das Dominikanerkloster zu erkennen, das dort explizit als *Prediker cloister* bezeichnet wird. Auf dieses Kloster, in dem Albertus Magnus (»um 1193 in Lauingen (Schwaben) als Graf von Bollstädt geboren, 1280 in Köln gestorben«; NKS, Bd. 1, S. 21) gewirkt hat, beziehen sich Straßenbezeichnungen wie *platea Predicatorum*, *Preechergasse* oder *Predikerstrasse*. Entsprechend der Bezeichnungstradition dieser Gasse in der zweiten Hälfte des 15. und 16. Jahrhunderts hat Mercator auf seinem Stadtplan allerdings nur *Die stolcksgaß* eingetragen.

Nennung	Straßenname	Belege
1163/68	in vico qui dicitur Stolenchengazze	H, II/1, 62
1168/69	in Stolegengazzen	H, II/1, 83
1168/69	in vico Stolechengaza	H, II/1, 82
1170/78	in Stolchingazze	H, II/1, 106
1178/83	in Stolchengazen	H, II/1, 123
1178/83	in platea illa que dicitur Stolechingazza	H, II/1, 118
1188/1203	in Stolkingazze	H, II/1, 172
1202/12	in platea Stolagorum	H, II/1, 186
1209/15	iuxta Stolgingasse	H, II/1, 200
1232	in platea stoycorum	L, II, 97
1235	in fine de Stolkengazen	KTK, II, 154
1252	in platea Stoycorum	KTK, II, 152
1256	in Stolikengazen	KTK, II, 156
1259	in platea fratrum Predicatorum	KTK, II, 154
1281	Stolchingazzin	KTK, II, 154
1287	in fine platee Predicatorum	KTK, II, 155
1289/90	in pl.[atea] Stolichorum	KTK, II, 151
1297	in Stolzgengasse	KTK, II, 153
1311	in pl.[atea] Predicatorum	KTK, II, 167
1334	iuxta murum Predicatorum in der Stoylgassin	KTK, II, 154
1336	in vico Stolidorum	KTK, II, 151
1365	in platea Predicatorum	KTK, II, 151
1388	in der Stoilgasse	KTK, II, 155
1401	in der Pretgeregasse	KTK, II, 154

1402	in Stollichgassin	KTK, II, 152
1417	bij den Preetgeren	KTK, II, 154
1417	Predikerstrasse	KTK, II, 157
1428	Preechergasse	KTK, II, 155
1428	iuxta Predicatores	KTK, II, 151
1449	in vico Stoilchgassen	KTK, II, 155
1452	in der Stollgasse	KTK, II, 151
1456	in der Stoelgasse	KTK, II, 151
1487	in der Stolchgassen	S, II, 690
1528	in der Stolchgassen	KTK, II, 151
1571	Die stolcksgaß	Mercator
1581	Stolkgass	W, III, 117

Die Straisburger gaß

Heute: Auffahrt Deutzer Brücke
1. Stadterweiterung (Mercator-Plan S. 142/143)

Die parallel zur Ostseite des *Heumarktes* verlaufende Gasse (ehemals *Im Himmelreich*) wird zwischen dem 13. und 16. Jahrhundert als *Straßburgergasse* bezeichnet. Der spätere Name *Im Himmelreich* bezieht sich auf das a. 1260 im Martinschrein erwähnte Haus eines *Winricus Paradisus* und die hier im 15. Jahrhundert ansässige Gaffel *Himmelreich* (vgl. NKS, Bd. 1, S. 355).

Die Straßennamenbildung des Mittelalters wird hiervon jedoch nicht tangiert. Mit Ausnahme von vier Belegen, die diese Gasse ›Straße der Silberschmiede‹ (*Vicus Argentinensium* von (m)lat. *argentarius* = ›Silberschmied‹; vgl. Georges, Bd. 1, Sp. 560; Habel/Gröbel, Sp. 24) nennen, heißt diese Gasse duchgehend *Straßburgergasse* nach dem hier befindlichen »ursprünglich durch Stammesverwandtschaft bedingten Sitze der Gildekaufleute […] der Strassburger« (Keussen, Bd. 1, S. 160*).

Nennung	Straßenname	Belege
1235	versus Engezingazzen	KTK, I, 31
1260	dom. Winrici Paradisi	KTK, I, 30
1319	in Straisburgergassen	KTK, I, 31
1332	Vicus Argentinensium	KTK, I, 32
1350	in Straisburgassen	KTK, I, 30
1369	in Straysburgassen	KTK, I, 30
1388	in vico Argentinensi	KTK, I, 31
1392	in vico Argentinensi	KTK, I, 31

1410	in der Straesburgassin	KTK, I, 31
1430	in der Straissburgergasse	KTK, I, 31
1442	in vico Argentinensi	KTK, I, 32
1457	in der Straisburgasse	KTK, I, 31
1479	in der Straisbergasse	KTK, I, 32
1487	Gaffel zum Himmelreich	KTK, I, 30
1535	in der Straisburgergasse	KTK, I, 31
1539	in der Straisberassen	W, I, 140
1571	Die Straisburger gaß	Mercator

Die streit gaß

Heute: **Streitzeuggasse**
Römerstadt (Mercator-Plan S. 234/235)

Entsprechend ihrer westlichen Verlängerung, der *wolfs gaß* (heute: *Wolfsstraße*) wird die *Streitzeuggasse* zeitweilig auch *Wolfsgasse* genannt. Darüber hinaus finden sich im 15. und 16. Jahrhundert auch den Straßenzug charakterisierende Bezeichnungen wie *uff dem Dreck*. Erst im 16. Jahrhundert lassen sich Gewerbe mit dem Straßennamen in Verbindung bringen, da die *Streitzeuggasse* am Ende des Untersuchungszeitraumes der »Hauptsitz der Harnischmacher« (Volckmann, 1921, S. 109) war. *Die streit gaß* scheint ihren Namen aber kaum dem Gewerbe der Streitzeugmacher zu verdanken, da *Stritgazin* – latinisiert *platea Litis* – bereits zwischen den Jahren 1170 und 1190 vorkommt. Immerhin begegnen in der Schreinsbuchüberlieferung hier ansässige Verfertiger von Wehrgehängen (lat. *cingulatores*; vgl. Keussen, Bd. 1, S. 377; Georges, Bd. 1, Sp. 1136f.; Habel/Gröbel, Sp. 60). Ob derartige Ausrüstungsgegenstände als *Streitzeug* die kontrahierte Namenform *streit gaß* motiviert haben, muß offen bleiben (vgl. NKS, Bd. 3, S. 140).

Nennung	Straßenname	Belege
1170/90	in Stritgazzin	H, I, 337
1187/1200	in Stritgazcin	H, I, 365
1237	in Stritgazzen	KTK, I, 384
1258	dom. [...] in pl.[atea] Litis contig. dom. Michahelis Cingulatoris	KTK, I, 377
1260	Wolfisgazzen	KTK, I, 385
1265	in pl.[atea] Litis	KTK, I, 378
1273	in Wolfsgasse	KTK, I, 384
1280	in Strijtgassin	KTK, I, 381

1280	in term. Lupi	KTK, I, 384
1309	in vico dicto Streyetgassen	L, III, 58
1344	in pl. Litis	KTK, I, 377
1412	Wolfsgasse	KTK, I, 384
1412	Wolfsgasse	KTK, I, 384
1420	Stritgasse	KTK, I, 377
1484	in der Strytgasse	KTK, I, 381
1487	up den Dreck	KTK, I, 385
1528	in Strijdtgasse	KTK, I, 381
1553	gegen der Stritgassen uber	W, II, 20
1571	Die streit gaß	Mercator
1590	uff dem Dreck	KTK, I, 384

Die viltzengaß

Heute: **Richmodstraße**
Römerstadt (Mercator-Plan S. 234/235)

In den bei R. Hoeniger und H. Keussen auffindbaren Schreinsbucheinträgen des Kolumbaschreines lassen sich weder Hausnamen noch Produktionsstätten belegen, die die Bezeichnung *viltzengaß* zweifelsfrei erklären würden. Somit vorläufig auf die Etymologie des Namens beschränkt, verweisen insbesondere die frühesten Nennungen *Willecingazin* (1170/90) und *Vilcingazcin* (1187/1200) auf aus Filz gefertigte Produkte (vgl. mhd. *vilzîn* = Adj. ›von Filz‹; vgl. Lexer, Bd. 3, Sp. 352).

Der ebenfalls aus dem 12. Jahrhundert stammende latinisierte Beiname eines Anwohners *Filtor* bezeichnet möglicherweise einen Wollenweber oder Filzer (vgl. mhd. *vilzer*; Lexer, Bd. 3, Sp. 352). Das altköln. *viltz* (*viltzengaß*) und das mlat. *filtrum* (*Heinrich Filtoris*) beziehen sich in ihrer Grundbedeutung auf gestampftes, dichtes Gewebe bzw. ein Fasergebilde aus Wolle oder Tierhaaren. Aus der nahegelegenen *Fleischmengergasse* an der Südseite des *Neumarktes* hätten Filzer diesen Grundstoff beispielsweise für Filzhüte, die nach 1200 »besonders als Teil der Ausrüstung der Turm- und Torwächter« (NKS, Bd. 1, S. 213) erwähnt werden, beziehen können. Außer dieser *viltzengaß* findet sich auf dem Stadtplan A. Mercators ein *viltzen graben* (heute: *Filzengraben*), der zum Rhein führend die Stadtbezirke der 940 einbezogenen Rheinvorstadt von dem Schreinsbezirk Airsbach trennt.

Lediglich einmal erscheint in Quellen des 14. Jahrhunderts eine abweichende Gassenbezeichnung, die Nennung *Zweynbuckengasse*, die auf einen Grundbesitzernamen rekurriert. Hiervorn blieb die Bezeichnungspraxis der Gasse allerdings unbeeinflußt.

Nennung	Straßenname	Belege
1170/90	Willingazin	H, I ,338
1170/90	Willecingazin	H, I, 334
1187/1200	Vilcingazcin	H, I, 376
12. Jhdt.	dom. Heinrici Filtoris	KTK, I, 360
1248	Wilcegassen	KTK, I, 360
1265	in pl.[atea] Vilcegasse	KTK, I, 359
1268	in Wilcegazzen	KTK, I, 285
1274	in Wilcegasse	KTK, I, 359
1289	super angulo platee Wilzengassen	KTK, I, 285
1290	in angulo platee Wilzegaz	KTK, I, 285
1301	in Wilzegasse	KTK, I, 359
1301	Henr. fi. Thome de Zuenbucken	KTK, I, 359
1323	in Wilzegassen	KTK, I, 359
1347	Zweynbuckengasse	KTK, I, 360
1368	in Wilzengassin	KTK, I, 360
1571	Die viltzengaß	Mercator
1582	Filzengasse	KTK, I, 360

Die vleischmengergaß

Heute: **Fleischmengergasse**
Römerstadt (Mercator-Plan S. 308/309)

Im Gegensatz zu heute bezeichnet die mittelalterliche *Fleichmengergasse* nur die Verbindungsstraße zwischen *Lungengasse* und *Neumarkt*. Im Spätmittelalter war die heutige *Fleischmengergasse* »ein Hauptsitz der Fleischverkäufer« (Volckmann, 1921, S. 25). Das altköln. *menger* bezeichnet nach A. Wrede im 13. Jahrhundert vornehmlich »Kleinhändler mit Fleischwaren […], Händler mit geringwertigem Fleisch, Abfällen« (NKS, Bd. 1, S. 231). Seine Wurzeln hat es im (m)lat. *mango* (= ›Händler‹; vgl. Georges, Bd. 2, Sp. 795 f.; Habel/Gröbel, Sp. 233) und war in Köln »vom 12. Jh. bis gegen Ende des 16. Jh. lebendig, ehe es durch Händler verdrängt wurde« (NKS, Bd. 2, S. 191).

Die zahlreichen als Fleischer ausgewiesenen Anwohner dieser Gasse lassen sich fast für den gesamten Untersuchungszeitraum belegen: so a. 1262 *Wilhelm Carnifex* – a. 1477 *Joeris der Vleischeuwer*. Darüber hinaus stand in unmittelbarer Nähe das städtische Fleischhaus (belegt beispielsweise a. 1407, Stein, Bd. 2, S. 199, 332). Die *Fleischmengergasse* ist somit ein spätmittelalterliches Beispiel, das paradigmatisch die Übertragung einer Gewerbebezeichnung (*Joh. de Puteo, carnifex*) auf einen Personen- bzw. Beinamen (*Wilhelm Carnifex*) und dessen Ausweitung auf den Straßennamen (*Vleischmengergassen*) zeigt.

Nennung	Straßenname	Belege
1226	dom. [...] Wytrami Carnificis	KTK, I, 425
1262	dom. Wilhelmi Carnifex	KTK, I, 408
1285	dom. Wilhelmi Carnificis	KTK, I, 406
1285	dom. [...] Conr. Carnifex	KTK, I, 426
1297	dom. [...] Gerl. Carnifex	KTK, I, 426
1312	dom. [...] Wilhelmi Carnificis	KTK, I, 408
1326	Joh. de Puteo, carnifex	KTK, I, 406
1334	dom. cum macello dicto vleischbank	KTK, I, 426
1345	in pl.[atea] Carnificum	KTK, I, 406
1346	dom. Gerlaci Carnificis in platea Carnificum	KTK, I, 406
1348	Joh. von Nusse [Fleischverkäufer]	KTK, I, 426
1361	dom. [...] Girlaci Carnificis	KTK, I, 406
1375	in der Vleischsmengergassen	KTK, I, 408
1403	in der Vleysmengergasse	KTK, I, 409
1420	in der Vleissmengergasse	KTK, I, 409
1460	prope [...] Fleismengergassen	KTK, I, 426
1477	in der Vleischeuwergasse	KTK, I, 407
1477	Joeris der Vleischeuwer	KTK, I, 407
1485	Vleischeuwerstrasse	KTK, I, 409
1500	in der Vleischmengergasse	KTK, I, 408
1571	Die vleischmengergaß	Mercator

Die vriesen straiß und pforts

Heute: **Friesenstraße**
3. Stadterweiterung (Mercator-Plan)

M.-L. Schwering hat diesen Straßennamen auf hier ansässige friesische Kaufleute zurückgeführt: »Als Fernkaufleute gehörten die Friesen zum wichtigsten Element der mitteleuropäischen Kaufmannschaft seit der karolingischen Zeit. Eine friesische Handelsniederlassung ist in Köln zur Karolingerzeit nachweisbar. Für die friesischen Kaufleute, die Köln mit Pferd und Wagen auf dem Landweg erreichten, war die heutige *Friesenstraße* der Halteplatz. Für solche, die den Wasserweg wählten, öffnete sich ein Wohnquartier in der Nähe des Heumarktes, das ebenfalls *Friesenstraße* hieß, später dann den Namen *Tipsgasse* erhielt (1242 *Frisingazze*, 1377 *in vico Frisonum*).

Der *Friesenstraße* an der Römermauer begegnet man als *frisconia platea* oder *inter Friscones* in den Urkunden nach 1100. Aus dieser Zeit sind uns auch friesische Namen der Bewohner des Viertels überliefert. [...] Titwardus Friso [...] Wuardus Friso« (Schwering, S. 43; vgl. NKS, Bd. 1, S. 251).

Die *Friesenstraße* führt im Mittelalter durch die in die sogenannte große Mauer (nach 1180) eingelassene gleichnamige *Friesenpforte* aus der Stadt hinaus. Die friesische Handelsniederlassung befand sich folglich nicht nur wegen der geringeren Bebauungsdichte am äußersten Stadtrand. Vielmehr indiziert eine derartige Fremdensiedlung jene mittelalterliche Mentalität, die beinahe jede Form von Fremdheit auch räumlich realisierte.

Nennung	**Straßenname**	**Belege**
1165/85	platea Frisonum	H, II/1, 219
1165/85	Tiwardus Friso	H, II/1, 220
1178/1202	Wiardus Frizo	H, II/1, 229
1178/1202	inter Frisones sitam	H, II/1, 227
1178/1202	in Frisonica platea	H, II/1, 227
1235	in pl.[atea] Frisonum	KTK, II, 244
1244	in pl.[atea] Frisonum	KTK, II, 242
1244	versus portam Friseam	KTK, II, 242
1259	in pl.[ateam] Frisonum	KTK, II, 241
1281	iuxta portam Frisionum	KTK, II, 244
1291	in Vrisingasse	KTK, II, 242
1326	in pl.[atea] Frisonum	KTK, II, 242
1353	in Vresengasse	KTK, II, 242
1356	Vreysengasse [...] Vreisenpforte	KTK, II, 242
1390	in Vreisenstrasen	KTK, II, 244
1400	Vreisengasse	KTK, II, 242
1417	Fresenstrasse	KTK, II, 241
1422	in der Vresengasse	KTK, II, 244
1422	Vresengasse	KTK, II, 241
1455	in der Vriesenstrasse	KTK, II, 244
1478	Vriesenstrasse	KTK, II, 244
1571	Die vriesen straiß und pforts	Mercator
1595	uff der Vreisenstrassen	W, IV, 222

Die wale gaß

Heute: **Alte Wallgasse**
3. Stadterweiterung (Mercator-Plan S. 272)

Die südliche Hälfte der heutigen Straße *Alte Wallgasse* entspricht bis zu der Kreuzung von *Kettengasse*, *Benesisstraße* und *Ehrenstraße* der westlichen Grenze der Stadterweiterung des Jahres 1106. Etwas unterhalb der erwähnten Kreuzung befand sich die sogenannte *alte Ehrenpforte*. Da sich zu der Zeit der dokumentierten Schreinsbuchüberlieferung die neue (nach 1180) Stadtgrenze bereits seit mehr als 20 Jahren weiter westlich (heute: *Friesenwall*) in Gestalt der sogenannten großen Mauer befand, notierten die Schreinsbuchschreiber folgerichtig a. 1229 »*curia prope vetus Fossatum*« = ›Hof an dem *alten* Wall‹ (Keussen, Bd. 2, S. 230). Damit ist für die *Walengasse* neben der Deutung M.-L. Schwerings, der sie als Wohnsitz »welscher Handelsleute« auffaßt (vgl. Schwering, S. 43), auch mhd. *wal* (= ›Wall‹, lat. *vallum*, mlat. *fossatum*; vgl. Lexer, Bd. 3, Sp. 647) gegeben.

Die Ansiedlung Fremder am Stadtrand entspräche ähnlich wie im Falle der Friesen mittelalterlicher Mentalität, die ihr Verhältnis zu Fremdem immer auch räumlich realisierte. Das Mhd. kennt aber auch *wal, wale* mit der Bedeutung ›Feld‹ (vgl. Lexer, Bd. 3, Sp. 647). Wie oben dargestellt, liegt der überwiegende Teil der *Alten Wallgasse* bis zur Einbeziehung durch den großen Mauerring nach 1180 vor den Toren der Stadt und damit in einem Gebiet bauloser landwirtschaftlicher Nutzflächen. Noch A. Mercator hat auf seinem Stadtplan (1571) beiderseits dieser Gasse große Feld- und Gartenflächen eingetragen.

Nennung	Straßenname	Belege
1196/1224	in Walengazzen	H, II/1, 240
1229	prope vetus Fossatum	KTK, II, 230
1232	super Vallum antiquum	KTK, II, 230
1248	in Walengazzen	KTK, II, 229
1284	in platea Walengasse	KTK, II, 230
1327	in Walegassen	KTK, II, 230
1349	in Walingassen	KTK, II, 229
1371	in der Walengassen	KTK, II, 229
1395	in der Walengasse	KTK, II, 230
1428	in der Waillengasse	KTK, II, 229
1462	in der Walengasse	KTK, II, 229
1571	Die wale gaß	Mercator
1592	die Walegass	W, IV, 159

Die weber straiß

Heute: **Weberstraße**
2. Stadterweiterung (Mercator-Plan S. 97)

Das mhd. *webaere*, *weber* und das altköln. *wever* (13. Jahrhundert) bzw. *weiver* (14. Jahrhundert) bezeichnen einen »Arbeiter, der handwerksmäßig Gewebe wirkt« (NKS, Bd. 3, S. 274). Die gleichnamige Straße befindet sich »im Bereich des mittelalterlichen Wollenamtes der Oversburch (Airsburch, -bach, Oberstadt im Süden), das mit dem Wollenamt vom Griechenmarkt die große bedeutende Kölner Weberzunft bildete. [...] [Die Weberstraße] war die Hauptader des Kirchspiels u. Weberviertels *vun Zint Jan*« (NKS, Bd. 3, S. 275).

Sogar die Straßenbezeichnung *platea S. Johannis* (a. 1242; 1260) bzw. *versus s. Johannem* (a. 1308), die auf die gleichnamige Pfarrkirche hindeutet, zu der die *Weberstraße* im Süden auf dem Mercator-Plan führt, ist indirekt mit dem Weberhandwerk ›verwoben‹: In ihr befindet sich eine Darstellung des hl. Severus, der nicht nur als Schutzpatron der Polizei (*severus* = ›streng‹), sondern vor allem der Weber-, Tuch- und Strumpfmacher verehrt wurde. Bevor Severus zum Bischof von Ravenna berufen wurde (342–344?), war er selbst Wollweber (vgl. LThK, Bd. 9, Sp. 704).

Nennung	Straßenname	Belege
1205/14	in Wevirgazzin	H, II/1, 318
1242	dom. voc. Wellini Fullonis in platea s. Johannis	KTK, II, 56
1256	in platea Textorum	KTK, II, 53
1260	in platea s. Johannis baptiste	KTK, II, 54
1280	in platea Weyverstrassen	KTK, II, 56
1295	in platea Textorum	KTK, II, 55
1307	in platea Textorum	KTK, II, 53
1308	versus s. Johannem	KTK, II, 53
1344	in der Weverstrasin	KTK, II, 56
1367	in Weyverstraissen	KTK, II, 54
1422	in der Weyverstrasse	KTK, II, 54
1444	in platea Textorum	KTK, II, 55
1457	in der Weverstrasse	KTK, II, 56
1539/40	in der Weverstrasse	KTK, II, 54
1571	Die weber straiß	Mercator
1574	in der Wefferstraissen	W, II, 272
1575	die Weiferstrass	W, II, 293

Die weehrgaß

Heute: **Kleine Spitzengasse**
2. Stadterweiterung (Mercator-Plan S. 97)

Sofern die Lage von Grundbesitz in der heutigen *Kleinen Spitzengasse* in den Schreinsurkunden nicht mit Bezeichnungen der *Großen Spitzengasse* (wie 1281 *in Spitze*), in die dieses Gäßlein führt, lokalisiert wurde, wurde sie *Twergasse* genannt. Ähnlich wie bei den zahlreichen Kölner Achterstraßen stellen auch die mehrfach vorkommenden Quergassen (so auch für *Antonsgasse*, *Börsengäßchen*) keine individuellen Straßennamen dar, sondern lediglich Bezeichnungen nach der Lage (vgl. NKS, Bd. 3, S. 267). Das mhd. *twer*, *dwer* (Adj.) steht für ›quer‹ oder ›schräge‹. Mit mhd. *twer* wurde im Mittelalter die Lage eines zwischen zwei anderen Objekten im Raum gelegenen Gegenstandes angegeben (vgl. Lexer, Bd. 2, Sp. 1598). Auf dem Mercator-Plan verbindet *Die weehrgaß* (wohl ein Mißverständnis Mercators) die Straßen *In der spitzen* (heute: *Tel-Aviv-Straße*) und *voir den vrouwenbruderen* (heute: Teilstück der *Severinstraße*; zur Etymologie von *spitze* vgl. *In der spitzen*).

Nennung	Straßenname	Belege
1281	in Spitze	KTK, II, 45
1316	in Spitze	KTK, II, 46
1358	in der Spitzen	KTK, II, 46
1362	in Twergassen	KTK, II, 46
1376	up der Spitzen	KTK, II, 46
1420	in der Twergasse	KTK, II, 46
1436	in der Spytzen	KTK, II, 46
1439	in der Spitzen	KTK, II, 46
1479	in der Spitzen	KTK, II, 46
1571	Die weehrgaß	Mercator

Die weidegaß

Heute: **Weidengasse**
3. Stadterweiterung (Mercator-Plan S. 178/179)

Hinter *Weide-* in der Straßenbezeichnung bei A. Mercator (*Die weidegaß*) steht das mittelhochdeutsche *wîde* = ›Weide‹ (vgl. Lexer, Bd. 3, Sp. 821).

Ebenfalls auf dieser Sprachstufe (mhd.) versteht man unter *wîdach* »einen Ort, wo viele Weiden stehen« (Lexer, Bd. 3, Sp. 821). Der charakterisierende Grundzug mittelalterlicher Bezeichnungspraxis und die Lage dieser Gasse lassen eine wörtliche Deutung des Straßennamens sowohl auf ›Weide‹ als auch auf ›Weidenbäume‹ beziehbar erscheinen, denn die *Weidengasse* führt auf dem Stadtplan Mercators (1571) vom *Eigelstein* zur Stadtmauer durch kaum bebautes Gelände.

Nennung	Straßenname	Belege
1298	in Widengasse	KTK, II, 285
1312	in Widengassen	KTK, II, 285
1344	in Widegassin	KTK, II, 285
1352	in vico Wydengassen	KTK, II, 284
1363	in cono platee Widengasse	KTK, II, 284
1389	Wijdengasse	KTK, II, 284
1395	in der Wijdengasse	KTK, II, 286
1408	in der Wijdengasse	KTK, II, 285
1415	in der Widengassen	KTK, II, 285
1450	in der Wydengasse	KTK, II, 285
1490	in der Wijdengasse	KTK, II, 286
1571	Die weidegaß	Mercator
1585	in der Widengassn	W, V, 255

Die weÿer straiß

Heute: **Weyerstraße**
3. Stadterweiterung (Mercator-Plan S. 308/309)

Die ältesten überlieferten Bezeichnungen in den Schreinsbüchern lauten latinisiert *platea Piscine*. Im (M)lat. steht *piscina* für ›Fischteich‹, ›Weiher‹, ›Teich‹, aber auch für ›Schlammgrube‹ (vgl. Georges, Bd. 2, Sp. 1717; Habel/Gröbel, Sp. 290). Die mhd. Form *wiger* (*Wigerstrazen*) und altkölnisch *wier* (14. Jahrhundert), *wijer* (15. Jahrhundert) und *weyer* (16. Jahrhundert) haben die gleiche Bedeutung wie das mlat. *piscina* (vgl. NKS, Bd. 3, S. 267).

Neben den lateinischen und diversen volkssprachlichen Bezeichnungsformen erscheinen im Spätmittelalter und im 16. Jahrhundert Nennungen wie *Keiserstrais* (vgl. Buch Weinsberg, Bd. 3, S. 368), angeblich »weil Kaiser u. Könige, wenn sie vom Westen her Köln besuchten, durch das Weihertor u. über die Weiherstraße einzogen« (NKS, Bd. 3, S. 268). Anläßlich der Beschreibung öffentlichen Strafvollzugs berichtet Weinsberg, wie Gerhart von Werden »uber den Altenmart, Heumart, Bach zur Wierporzen aus, wie die keisersstrais genant wirt, zu Melaten gescleift und da mit ketten an den post gehefft« (Buch Weinsberg, Bd. 3, S. 368) worden sei.

Nennung	Straßenname	Belege
1265	in platea Piscine	KTK, II, 226
1272	in platea Piscine	KTK, II, 226
1274	versus portam Piscine	KTK, II, 222
1314	supra Ripam	KTK, II, 222
1322	in platea Wigerstrazen	KTK, II, 222
1337	in der Wyerstrasse	KTK, II, 225
1385	super stratam Piscine	KTK, II, 222
1390	auf der Wijerstrasse	KTK, II, 224
1411	Wijerstrasse	KTK, II, 225
1422	auf der Wijerstrasse	KTK, II, 223
1469	auf der Wijerstrasse	KTK, II, 224
1472	in der Wyerstrasse	KTK, II, 224
1499	auf der Wyerstrasse	KTK, II, 225
1553	Weierporz	W, II, 42
1571	Die weÿer straiß	Mercator
1571	Die Weier pforts	Mercator
1587	keisersstrais	W, III, 368

Die witsche gaß

Heute: **Große Witschgasse**
2. Stadterweiterung (Mercator-Plan S. 97)

Dieser Straßenname kommt in der Form *Die kleine witsche gaß* auf dem Stadtplan A. Mercators (1571) in unmittelbarer Nähe (südlich parallel) noch ein zweites Mal vor. Die *Große Witschgasse* führt den ältesten belegten Straßennamen Kölns. In einer gefälschten Schenkungsurkunde aus dem Jahre *959 wird ein aus dem Besitz Erzbischof Brunos an St. Martin übergehendes Haus *in platea Vizechini* lokalisiert (vgl. Keussen, Bd. 2, S. 63).

Deutlicher noch in der ebenfalls gefälschten Urkunde von *1022 heißt es von »*Walgerus platee, que nunc. Wilechini inhabitator fuit*« (Keussen, Bd. 2, S. 63). Folglich erscheint hier ein *Vizechin[us]* im 10. bzw. *Wilechin[us]* oder *Wizechin[us]* als Anwohner, auf den dieser Straßenname zurückgeht. »Der Name der Straße führt in seiner ältesten Form wizechin(us) auf einen germanischen Rufnamen zurück, dessen Kurzform wizo in mannigfaltiger Schreibung« (NKS, Bd. 3, S. 289) im Untersuchungszeitraum vorkommt.

Nennung	Straßenname	Belege
*959	in platea Vizechini	KTK, II, 63
1021	walgerus platee, que vocatur wilechini	L, I, 98
*1099/1131	in Wicegenesgazen	KTK, II, 63
1145/80	Bennone de Witschingazzin	H, I, 294
1205/14	plateam, que dicitur Witzesgazzin	H, II/1, 318
1233	in Wicchinsgazze	KTK, II, 63
1246	in angulo Wintzginsgasse	KTK, II, 60
1272	in Witzchinsgassen	KTK, II, 61
1274	in Wichgassen	KTK, II, 61
1277	in Witzinsgassen	KTK, II, 62
1301	in Witzensgassen	KTK, II, 60
1331	in Wijtzensgassen	KTK, II, 62
1364	in Witschgassin	KTK, II, 61
1399	in der Witzgasse	KTK, II, 60
1400	Witzgasse	S, II, 96
1410	in der Witzgasse	KTK, II, 62
1436	in der Witzgasse	KTK, II, 60
1480	in der Wytzgasse	KTK, II, 60
1531	an der Witzgassenort	W, I, 76
1539/40	in der Witzgasse	KTK, II, 60
1571	Die witsche gaß	Mercator
1584	die Witzgass	W, III, 240

Die wolfs gaß

Heute: **Wolfsstraße**
Römerstadt (Mercator-Plan S. 272)

H. Jakobs hat diesen alten Kölner Straßennamen folgendermaßen gedeutet: »Über den ›Wolf‹ läßt sich vielleicht ebenso wie über den ›Löwen‹ im allgemeinen nicht streiten, aber wenn in der *Wolf[s]straße* (*vicus lupi*, *Wolvisgaz* a. 1170/90) beziehungsweise in ihrer westlichen Verlängerung, der Streitzeuggasse, die Bezeichnung *vicus lupi* mit *up dem Drecke* wechselt, ist der Befund eindeutig: *wolf* weist auf Dreck« (Jakobs, 1987, S. 1445).

Gegen diese Namendeutung kann folgendes eingewendet werden: Signifikanterweise taucht die Bezeichnung *up dem Dreck* erst am Ende des 15. Jahrhunderts auf, wohingegen *Wolvisgaz* bereits zwischen den Jahren 1170 und 1190 überliefert ist. Im Mittelalter, also in Zeiten überwiegender Holzbauten, standen hier sogar Häuser mit steinernem Giebel, deren Bauweise alles andere als eine vernachlässigte Gegend anzeigen. In der frühen Neuzeit wird hier zunehmend Grundbesitz vom Gertrudenkloster erworben bis die *Wolfsstraße* schließlich zu einer annähernd unbewohnten Gegend, einer »blinde[n] Gasse, darin keine Häuser liegen, daß viel Unflat hineingeworfen« (Bürgermeister Bobandt 1615 über die *Wolfsstraße* nach NKS, Bd. 3, S. 292) herabsinkt. Somit scheint der Übergang der Bezeichnung *Wolvisgaz* (1170/90) (der doch eher ein Haus- oder Personennamen zugrunde liegen wird) zu *uff dem Dreck* (1590) vielmehr den nachweislichen Niedergang dieser Straße zu beschreiben, ohne daß ›Wolf‹ als Bestandteil des Straßennamens im Hochmittelalter bereits auf ›Dreck‹ verwiese.

Nennung	Straßenname	Belege
1170/90	vicus lupi	H, I, 333
1170/90	in Wolviscazcin	H, I, 352
1179/90	in Wolvisgaz	H, I, 341
1221	platea Lupi	KTK, I, 387
1260	in Wolvesgasse	KTK, I, 387
1260	in Wolfisgazzen	KTK, I, 385
1273	in Wolfgassen	KTK, I, 384
1280	in term. Lupi	KTK, I, 384
1291	in pl.[atea] Wolfgassen	KTK, I, 384
1292	versus plateam Lupi	KTK, I, 384
1300	in pl.[atea] Lupi	KTK, I, 386
1348	Woylfsgassen	KTK, I, 386
1352	in vico Lupi	KTK, I, 384
1420	auf der Wolfsgassen	KTK, I, 387
1487	up den Dreck	KTK, I, 385
1571	Die wolfs gaß	Mercator
1590	uff dem Dreck	KTK, I, 384

Die wuiste gaß

Heute: Bebauung (zwischen Goldgasse/Servasgasse)
2. Stadterweiterung (Mercator-Plan S. 178/179)

Dieses heute nicht mehr existierende Gäßlein führte von der *Johannisstraße* parallel zu *Gold-* und *Penzgasse* zum Rheinufer. Die älteste Bezeichnung *Wustergazzen* (a. 1163/72) weist auf das mhd. *wüeste*, *wuoste* (Adj.), das für ›wüst‹, ›öde‹, ›einsam‹, ›verlassen‹, ›leer‹ und ›unbebaut‹ steht, aber auch ›unschön‹ und ›häßlich‹ bedeuten kann (vgl. Lexer, Bd. 3, Sp. 982). Ähnliche Bedeutungen hat auch das altköln. *woist* (*woistgassin*; vgl. NKS, Bd. 3, S. 295). Das entsprechende mhd. Substantiv *wüstecheit* ist nicht nur gleichbedeutend mit ›Wüste‹, sondern auch mit ›Unsauberkeit‹ (vgl. Lexer, Bd. 3, Sp. 982).

Diese beiden Konnotationen (›leer‹/›unsauber‹) haben auch lat. Nennungen wie *platea deserta* inne (mlat. *desertum* = ›Wüste‹; *desertio* = ›Abfall‹; vgl. Georges, Bd. 1, Sp. 2080; Habel/Gröbel, Sp. 106).

Da während des gesamten Mittelalters Schreinsbucheinträge die Bebauung dieser Straße dokumentieren, scheidet die Namendeutung ›leer‹, ›unbebaut‹ aus: *Die wuiste gaß* (Mercator) muß folglich für eine verunreinigte Gasse gehalten werden. Die Nachbarschaft zur *Goldgasse* (= ›Gasse der Goldgräber/Unratabfuhr‹) stützt diese etymologische Namendeutung.

Nennung	**Straßenname**	**Belege**
1163/72	in der Wustergazzen	H, II/1, 89
1172/80	super plateam que dicitur deserta	H, II/1, 112
1178/83	in platea que dicitur Wustegazze	H, II/1, 125
1180/85	in platea [...] que dicitur deserta	H, II/1, 134
1215	Deserta platea	KTK, II, 145
1259	in Wustgazze	KTK, II, 145
1335	in Woystgassen	KTK, II, 145
1362	in Woystgassen	KTK, II, 145
1386	in Woistgassin	KTK, II, 145
1420	in der Woistergasse	KTK, II, 145
1452	in der Woustgasse	KTK, II, 144
1479	in der Wuestgasse	KTK, II, 145
1483	in der Wustergasse	KTK, II, 145
1486	in der Wuistergasse	KTK, II, 144
1571	Die wuiste gaß	Mercator

Die wurffell pforts

Heute: **Maria-Ablaß-Platz/Börsenplatz**
2. Stadterweiterung (Mercator-Plan S. 234/235)

Da die Nähe zur sogenannten *Würfelpforte* in den Schreinsbucheinträgen zur Lokalisierung von Grundbesitz diente, wird ihr Name (bei Mercator *Die wurffell pforts*), der an der Stelle des heutigen *Maria-Ablaß-Platzes* eingetragen ist, hier wie ein Straßenname behandelt.

Die *Würfelpforte* markiert die Stadtgrenze nach der Stadterweiterung von 1106 (Einbeziehung von Niederich u.a.), bevor nach 1180 die große Stadtmauer um Köln errichtet wurde. Weil man nach 1180 von *Unter Sachsenhausen* durch die *Würfelpforte* die Kirche St. Gereon über die *Gereonstraße* erreichte, hieß diese Pforte auch *Gereonspforte* (a. 1180/1215).

Mit der *Wurpilporcen* ist innerhalb der namenkundlichen Forschung das mhd. *würfel* (*wurfel*, *worfel* = ›Würfel‹) in Verbindung gebracht worden (vgl. Lexer, Bd. 3, Sp. 1006). Nicht zuletzt deshalb, weil sich dieses Spiel im Spätmittelalter so großer Beliebtheit erfreute, daß es sogar im Jahre 1435 auf dem Domhof verboten werden mußte (vgl. Stein, Bd. 2, S. 283; Keussen, Bd. 2, S. 297). Nach E. Volckmann bezeichnet mhd. *wurfelaere* den ›Wurfeler‹ oder ›Würfelmacher‹, der zu den Drechslern zu zählen ist, »welcher die allgemein beliebten ›Schelmenbeine‹, die Würfel (mhd. worpil), aus Knochen, Elfenbein oder auch Metall herstellte« (Volckmann, 1921, S. 173).

Demgegenüber hat bereits W. Scheben darauf aufmerksam gemacht, daß dem Tornamen lat. *pilum* (= ›Wurfpfeil‹; vgl. Georges, Bd. 2, Sp. 1708) zugrunde liege, da »sämmtliche Stadtthore früher theils mit sagittarii oder Bogenschützen, theils mit ballistarii oder Wurfschützen besetzt waren« und somit »der Name Würfelthor daher nur auf Letztere zurückgeführt werden« (Scheben, S. 158f.) könne. Noch 1238 wird dieses Tor einem Theodoricus mit dem Beinamen *Balistarius* (= ›der Wurfschütze‹) verliehen (vgl. Scheben, S. 159).

Nennung	Straßenname	Belege
1178/83	ante portam s. Gereonis	H, II/1, 117
1180/85	ante portam s. Gereonis	H, II/1, 136
1180/85	iuxta portam s. Gereonis	H, II/1, 135
1200/30	iuxta Wurpilporcen	KTK, II, 119
1209/15	adversus portam s. Gereonis	H, II/1, 201
1260	Wurpilporce	KTK, II, 119
1304	versus Wurpelporzen	KTK, II, 119
1335	Wurpilporce versus s. Mariam Indulg.	KTK, II, 119
1343	versus Wurpelporzen	KTK, II, 120
1344	Wurpelporze versus eccl. s. M. ad Ind.	KTK, II, 119
1407	an der Wurpelpforte	KTK, II, 119
1420	an der Wurpelpforte	KTK, II, 119
1433	an der Wurpelportzen	KTK, II, 120
1571	Die wurffell pforts	Mercator
1577	an der Wurpelportzn	W, V, 107

Dohm hoff

Heute: **Roncalliplatz**
Römerstadt (Mercator-Plan S. 142/143)

Die Bezeichnung *Dohm hoff* bezieht sich bei A. Mercator auf den Platz südlich des alten erzbischöflichen Palastes und des Doms. Auf dem Domhof stand der erzbischöfliche Saal, der a. 1674 abgebrochen wurde, um an dieser Stelle das Offizialatsgericht zu bauen (vgl. Keussen, Bd. 2, S. 293). Schon im Mittelalter befand sich hier das Hochgericht und der sogenannte *Blaue Stein*, der bereits im Jahre 1243 als »*in curia Col. ad flavum lapidem*« (Keussen, Bd. 2, S. 297) erwähnt wird. Versehen mit dem Wappen des Erzbischofs als Symbol des Blutbannes stieß der Henker Verurteilte »dreimal an den Stein auf ihrem Todeswege« (Buch Weinsberg, Bd. 2, S. 111, Anm. 4).

Dem Saal waren zahlreiche *Gademen* (= »einstöckige[s] Häuschen in der Art einer kleinen Verkaufsbude«, NKS, Bd. 1, S. 266) vorgebaut, wo Geldwechsler standen und eine Vielfalt von Waren (Gürtel, Beutel, Alteisen u. a.) feilgeboten wurde (vgl. Keussen, Bd. 2, S. 294, 297 f.).

Nennung	Straßenname	Belege
965	Coloniae palatio	KTK, II, 292
1075	curtis regia	KTK, II, 292
1164	domus episcopi	H, I, 83
1209/12	in curia palacii	KTK, II, 290
1229	in Curia episcopi	KTK, II, 290
1305	super Curiam episcopalem	KTK, II, 290
1332	super Curia	KTK, II, 289
1396	auf dem Doemhoeve	KTK, II, 290
1416	upme Doymhoyve	KTK, II, 293
1480	Hs. zome Pallais	KTK, II, 290
1486	upme Doymhoeve	KTK, II, 290
1542	uff dem doimhof	W, I, 175
1545	uff dem domhoff	W, I, 228
1571	Dohmhoff	Mercator
1572	uff dem Domhoife	W, II, 231

An der gulden wagn
Prediker closter
Hinder dem alten dhom
S. Marcellen
Dohm hoff
S. Mariegraden
S. Maximins strass
S. Johans strass
V
V
I

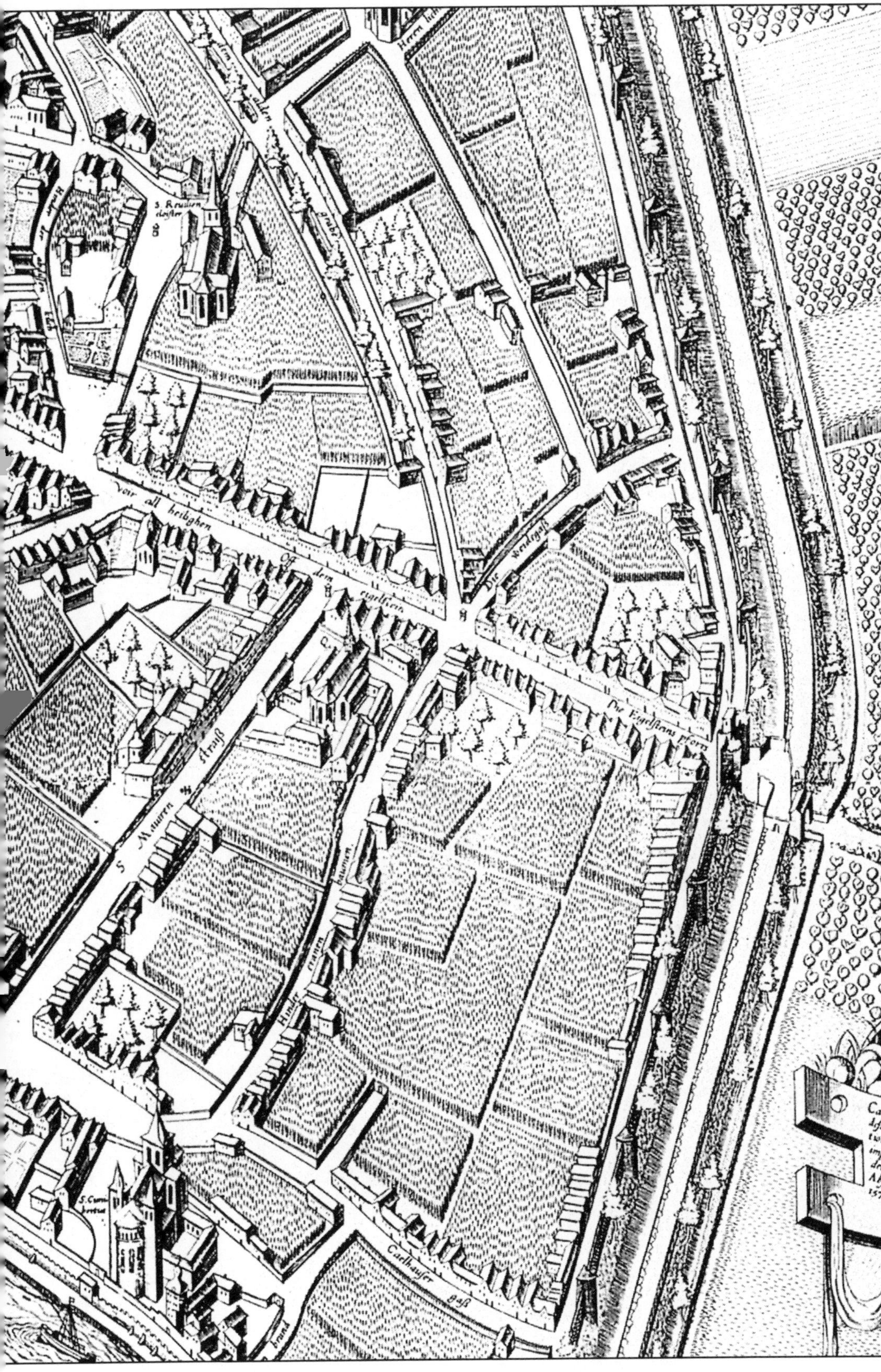

Voir all heilighen
Of dem eigelstein
Die Eigelsteins Porz
S. Mauren Straß
Hinder Carthauser gaß

Draken pforts

Heute: **Roncalliplatz/Domkloster**
Römerstadt (Mercator-Plan S. 142/143)

Während die sogannte *Hachtpforte* im Südwesten des Domhofes diesen gegenüber der Straße *Unter Goldschmied* abschloß, trennte die *Drachenpforte Unter Gottesgnaden* (Verlängerung von *Unter Taschenmacher*) vom *Domhof* (vgl. *Dohm hoff*). Wie am erzbischöflichen Saal (vgl. *Dohm hoff*) befanden sich auch unter der *Drachenpforte* Gademen, obwohl Händlern dieser Aufenthalt verboten wurde (so beispielsweise a. 1341; vgl. Stein, Bd. 1, S. 39; Keussen, Bd. 2, S. 296).

So wie auf dem Mercator-Plan (1571) das Stadttor bei St. Gereon *Gereonsloch* heißt, wird auch die *Drachenpforte* im Jahre 1414 *Drachenloch* genannt. Ihren Namen könnte sie von einer an ihr angebrachten Drachendarstellung haben, da Drachen häufig – abschreckend, warnend, Dämonen bannend – in der kirchlichen Bauplastik eine wichtige Rolle spielen. Darüber hinaus kommt »Drache m.: lat. draco, ein Ungeheuer mit Flügeln, feurigen Augen u. glühender Zunge […] seit dem 13. Jh. mehrfach [als] Bezeichnung Kölner Bürgerhäuser« (NKS, Bd. 1, S. 148) vor.

Nennung	Straßenname	Belege
1315	prope Draconis portam	KTK, II, 296
1357	unter Haigtporzen	KTK, II, 294
1359	Drachgenportzen	KTK, II, 294
1365	Haichtportzen	KTK, II, 294
1374	Hachtportze	KTK, II, 294
1376	zu der Draichenportzen	KTK, II, 293
1400	Drachenportz	S, I, 39
1414	beneven der Hachtportzen	KTK, II, 294
1416	bij der Drachenportzen upme Doymhoyve	KTK, II, 293
1416	Drachenloch	KTK, II, 296
1462	boven der Drachenportzen	KTK, II, 296
1470	porte Hachte	KTK, II, 294
1476	zu der Drachenportze	KTK, II, 294
1500	zu der Hachtportze	KTK, II, 294
1565	an dem Drachenportzgen	KTK, II, 295
1571	Draken pforts	Mercator

Drusiansgassen

Heute: **Drususgasse**
Römerstadt

Auf dem Mercator-Plan (1571) ist diese Gasse unbezeichnet geblieben. Die von F.F. Wallraf nach dem Bruder des römischen Kaisers Tiberius benannte heutige *Drususgasse* erscheint in den frühesten Belegen als eine Gasse des *Vogelo* (*platea Vogelonis*), bei dem es sich nach mittelalterlicher Bezeichnungspraxis um einen Anwohner oder Grundbesitzer gehandelt haben muß. In den Schreinsbüchern von St. Kolumba konkurriert diese Bezeichnung bis zum Ende des 13. Jahrhunderts mit *platea Drusiane*.

Noch auf dem Stadtplan Mercators befindet sich auf der östlichen Straßenseite der gebäudelose Garten der Minoriten, während sich auf der gegenüberliegenden Straßenseite schmale Häuschen unter 13 (!) Giebeln aneinanderdrängen. Diese Tatsache legt es nahe, die Straßenbezeichnung *Drusiane-* oder *Druziane-* auf das klanglich verwandte mhd. Zahlwort *driuzehen* (vgl. Lexer, Bd. 1, Sp. 468) zurückzuführen. Damit entspräche diese Straßenbezeichnung dem Namenbildungstyp von *Unter Sachsenhausen*, der aus *under XVI huisern* (Mercator) entstanden ist.

Nennung	Straßenname	Belege
1220	in pl.[atea] Vogelonis	KTK, I, 305
1225	in platea Drusiane	KTK, I, 308
1241	in pl.[atea] Vogelonis	KTK, I, 306
1247	in pl.[atea] Wogelonis	KTK, I, 307
1253	in pl.[atea] Vogelonis	KTK, I, 307
1266	in Vogelstr.	KTK, I, 305
1270	in Druzianegazze	KTK, I, 308
1287	platea Drusiane	KTK, I, 306
1295	in vico Drusiane	KTK, I, 306
1342	in parvo vico dicto Drusiainsgasse	KTK, I, 307
1344	in Drusiansgasse	KTK, I, 310
1376	in Drusiainsgasse	KTK, I, 310
1380	in ordone Drusiaynsgassen	KTK, I, 306
1394	in Drusiansgasse	KTK, I, 311
1543	in der Drg.	KTK, I, 306

Endeloessergasse

Heute: Auffahrt Severinsbrücke
2. Stadterweiterung

Noch auf dem Stadtplan A. Mercators (1571) ist das ehemalige *Follergäßchen* zwischen *Klappergasse* (bei Mercator *Die klappergaß*) und *Kleine Witschgasse* (*Die klein witsche gaß*) als Sackgasse ohne Bezeichnung dargestellt. Sie führt vom Rheinufer in Richtung *Follerstraße* (*Die foller straiß*). Im Gegensatz zu einer Sackgasse im Schreinsbezirk Airsbach, die metaphorisch lat. *in Sacco* bzw. im 16. Jahrhundert *Im Sack* heißt, wird dieses Gäßchen *platea sine fine*, verdeutscht *Endelosegassen*, genannt. Diese vom 13. bis zum 15. Jahrhundert durchgehende Bezeichnung muß als Paradoxon angesehen werden, da wie im Nhd. das mhd. *endelôs* für ›endlos‹, ›unendlich‹ steht (vgl. Lexer, Bd. 1, Sp. 551) und eine Sackgasse gerade das Gegenteil einer nicht endenden Straße ist.

Nennung	Straßenname	Belege
1261	platea sine fine	KTK, II, 14
1263	in Endelosengassen	KTK, II, 14
1302	in platea Endelosegassen	KTK, II, 14
1307	in Endelosegassen	KTK, II, 14
1327	in Endelosirgassen	KTK, II, 14
1342	in ordone Endelosergassen	KTK, II, 14
1449	in der Endeloessergasse	KTK, II, 14

Engegasse

Heute: zwischen Hühnergasse/Seidmacherinnengäßchen
1. Stadterweiterung

Die ehemalige *Trichtergasse* zwischen *Marsplatz* und *Unter Käster* – bei A. Mercator (1571) unbezeichnet – existiert heute nicht mehr. In den Schreinsurkunden wird sie wie zahlreiche namenlose Gäßchen einfach ›enge‹ Gasse (*Arta platea*, *Encgasse*, *Engergasse*) genannt. Vielfach beschränken sich die Schreinsbuchschreiber auch auf Umschreibungen ihrer Lage ohne einen Namen anzugeben.

Die Bereichsbezeichnung *Unterlan* ist vielfach als ›unter den Hallen‹ gedeutet worden. Tatsächlich finden sich derartige Hallen in den Schreinsurkunden von St. Brigida (vgl. Hoeniger, Bd. 1, S. 299). Da diese Bezeichnung aber älter sein wird als die Gademen in dieser Gasse, ist es aufschlußreich, daß der entsprechende Bereich vielfach als *vulgo dicitur la* erscheint (vgl. Hoeniger, Bd. 1, S. 299). *La* verweist aber eindeutig auf das mhd. *la* = ›Sumpf‹, ›Lache‹, ›Sumpfwiese‹ (vgl. Lexer, Bd. 1, Sp. 1805). Darüber hinaus stellt *Unter Lan* einen eigenen Schreinsbezirk dar. Die etymologische Bezeichnungsherleitung von ›Sumpf‹ ist auch topographisch plausibel, da sich der Bezirk *Unter Lan* in der Nähe des versumpften Rheinhafens befand.

Nennung	Straßenname	Belege
1159/75	vulgo dicuntur lan	H, I, 299
1244	inter Laen	KTK, I, 151
1272	inter Laen	KTK, I, 151
1304	in Arta platea	KTK, I, 150
1332	in Arto vico	KTK, I, 150
1333	in platea, que dic. Encgasse	KTK, I, 151
1355	under Laen	KTK, I, 151
1397	Engergasse	KTK, I, 150
1447	under Laynen	KTK, I, 150
1564	Engergasse	KTK, I, 150
1579	die Engegasse	KTK, I, 151

Frankenthorn

Heute: **Am Frankenturm**
1. Stadterweiterung (Mercator-Plan S. 178/179)

Mit Ausnahme der Märkte *Holzmarkt* (bei Mercator *Der holts marckt*), *Thurnmarkt* (*thurnmarckt*), *Fischmarkt* (*Vischmarckt*) und der Straße *An Lyskirchen* (*voir lieskirchen*) hat A. Mercator das Rheinufer westlich der Stadtmauer ohne Bezeichnungen auf seinem Stadtplan dargestellt.

Im 12. Jahrhundert wird der heute *Am Frankenturm* genannte Uferbereich lediglich lat. *in Litore Reni* (von mlat. *litoralis* = ›an der Küste gelegen‹; vgl. Georges, Bd. 2, Sp. 678; Habel/Gröbel, Sp. 224; hier als ›am Ufer des Rheins‹ zu übersetzen) bezeichnet. In Ermangelung eines feststehenden Namens werden im Mittelalter für den westlichen Teil der Uferstraße die Namen hier endender Straßen angegeben: z. B. *bei der Schoirlinggasse*.

»*Schorlaker* ist die ursprüngliche Bezeichnung für die in der Gewandschneider-Urkunde von 1247 erwähnten fratres qui *Schorren* dicuntur« (Volckmann, 1921, S. 89f.; vgl. *Off dem brande*).

Ferner dienten der näheren Lokalisierung von Objekten auf der Ostseite des Rheinufers herausragende Bauten wie beispielsweise das sogenannte *Schorlingsgas-*

sentor in der Stadtmauer, das nach der gleichnamigen Straße benannt wurde (vgl. *Off dem brande*) und der *Frankenturm*, der sogar namentlich auf dem Mercator-Plan eingetragen wurde. Dieser »diente seit dem späten Mittelalter als Gefängnis [...] [und] wurde 1865 niedergelegt. Seinen Namen trug er vermutlich nach einem Burggrafen Franco (12. Jh.)« (NKS, Bd. 1, S. 246).

A. 1342 und 1347 erscheint er als »*turris Trium regum*« (Keussen, Bd. 1, S. 119, 121). »Eine Chronik berichtet, an der Stelle seien 1164 die Gebeine der Hl. Dreikönige feierlich in die Stadt eingeführt worden« (NKS, Bd. 1, S. 246).

Nennung	Straßenname	Belege
1197/1215	in littore Reni	H, I, 309
1231	in Schorlachergazzen	KTK, I, 121
1269	in fine Scorlincgazzin	KTK, I, 121
1270	in Littore Reni	KTK, I, 120
1307	in Schorlinxgassin	KTK, I, 121
1342	super vico dicto Koninxgasse	KTK, I, 119
1342	versus turrim Trium regum	KTK, I, 119
1347	turris Trium regum	KTK, I, 121
1370	up Frankenturne	KTK, I, 121
1370	porta Franconis	KTK, I, 121
1370	captivi up Frankenturne	KTK, I, 121
1371	in ordone vici Koninxloch	KTK, I, 120
1375	Schurrespforte	KTK, I, 121
1378	Schoirregassenpforte	KTK, I, 121
1379	porta Schorlinch	KTK, I, 121
1410	zu Frankenturme wärts	KTK, I, 120
1420	bei der Schorlinxportze up deym Over	KTK, I, 120
1435	bei der Schoirlincgasse	KTK, I, 120
1566	zu Frankenturm wärts	KTK, I, 120
1571	Frankenthorn	Mercator

Gereonsdreisch

Heute: **Gereonsdriesch**
3. Stadterweiterung

Gereonsdriesch bezeichnet den Platz östlich der Kirchen St. Gereon und der Pfarrkirche St. Christoph, zu dem die heutigen Straßen *Steinfelder Gasse* (bei Mercator *An der Leenpforte*), *Gereonstraße* (*S. Gereons straiß*) und *Klingelpütz* (bei Mercator unbezeichnet) führen. Auf dem Stadtplan A. Mercators sind nur die Namen der dort befindlichen Kirchen (*S. Gereons stift S. Christofels kirch*) eingetragen. Der Bereich *Gereonsdriesch* ist bei A. Mercator unbezeichnet.

Dem ungeachtet läßt sich dieser in den Schreinsbüchern von St. Christoph spätestens seit dem 14. Jahrhundert nachweisen. Vor 1312 (erster volkssprachlicher Beleg *upme Dreysche*) lokalisieren die Schreinsbuchschreiber dortigen Grundbesitz mit Hinweisen auf die beiden genannten Kirchen oder die *Gereonspforte* (*porta s. Gereonis*, bei Mercator *Gereonsloch*).

Das Mhd. kennt *driesch* als Bezeichnung für ›unangebautes Land‹, ›ungepflügter Acker‹, also als Ableitung von dem Adjektiv *driesch* in der Bedeutung von ›ungehandhabt liegen lassen‹ (vgl. Lexer, Bd. 1, Sp. 462). Wie A. Wrede (NKS, Bd. 1, S. 152) deutet auch E. Volckmann den Kölner *Gereonsdriesch* als Brachland: »Der in Brache liegende Teil der Allmende, ein ruhendes Ackerland oder Trift, wird in Niederdeutschland *Dreesch* oder *Driesch* (Dreysche) genannt, woraus wir ersehen, daß z.B. der *St. Gereonsdriesch* in *Köln* einst bürgerlicher Feld- oder Viehwirtschaft diente, bis er 1106 in die erweiterte Stadtbefestigung einbezogen wurde« (Volckmann, 1921, S. 5).

Nennung	Straßenname	Belege
1172	sacerdos s. Christofori	KTK, II, 246
1196/1224	area super ackere	H, II/1, 242
1196/1224	ante porticum	H, II/1, 239
1243	versus portam s. Gereonis	KTK, II, 248
1266	ante porticum s. Gereonis	KTK, II, 246
1295/99	ex opp. porticus s. Gereonis	KTK, II, 246
1312	upme Dreysche	KTK, II, 247
1351	auf Dreis	KTK, II, 247
1364	auf Gereons driesch	KTK, II, 246
1390	up s. Gereons driessch	KTK, II, 247
1397	auf dem Drisch	KTK, II, 246
1436	auf dem Driesch	KTK, II, 248
1446	zome Dryesche	KTK, II, 255
1449/50	iuxta s. Christophorum	KTK, II, 246
1477	up s. Gereoins dreesche	KTK, II, 248
1571	S. Gereons stift S. Christofels kirch	Mercator
1589	auf s. Gereonsdreischs	W, IV, 65
1590	uff den Dreischs	W, V, 345

Goltgass

Heute: **Schwalbengasse**
Römerstadt

Die heutige *Schwalbengasse* – auf dem Stadtplan A. Mercators (1571) zwar bebaut, aber unbezeichnet dargestellt – verbindet die Straßen *Langgasse* und *Auf dem Berlich*, zu dessen namentlichen Einzugsbereich sie im Mittelalter gehörte. Im 14. und 15. Jahrhundert ist sie eine Gasse der Kesselschläger: Erstmals im Jahre 1315 wird sie *supra Berlicum under Kessilsleygeren* genannt. In den Schreinsbüchern kommen *Percussores caldariorum* (Kesselschläger) mehrfach als Hausbesitzer und Anwohner vor.

Sollte sich das ›Gold‹ in der Bezeichnung bei Weinsberg (*Goltgass am Berlich*, vgl. Buch Weinsberg, Bd. 4, S. 193) nicht auf die Produkte der Kesselschläger beziehen, ist auch an eine euphemistische Bezeichnungsweise des 16. Jahrhunderts zu denken, da die Kölner ›Goldgassen‹ (nach Goldgräbern) auf das Gegenteil von Gold, nämlich Unrat und Abfall verweisen. In diesem Sinne könnte die *Goltgass* bei Weinsberg eine verruchte Gasse meinen, zumal am *Berlich* – wie die mehrfachen Ordnungsmaßnahmen gegen die Prostitution zeigen – die »gemeinen Töchter« zu Hause waren (vgl. Keussen, Bd. 1, S. 375; Stein, Bd. 2, S. 593).

Die *Goltgass* war ähnlich konnotiert wie »der Berlich die uneirliche stat« (Keussen, Bd. 1, S. 375). Weinsberg hält für das Jahr 1596 den Verkauf des *Berligshoernhauses* fest. Durch dieses »schanthaus« seien der »ganze ort und nachparschaft, als Clarissencloister, dabei es nit fern lag, die Burgmaur, Breitstrass, Goltgass und huser [...] daher berugtiget, veracht und geschant worden. Die Berligshoern waren auch in sulchem stande der verdamnis, das sie nit wie christen zum hilligen sacrament moisten gain oder uff geweihete kirchove begraben werden oder mit ehrlichen leuten umbgain, dan man hilts darvur, das wenich hoffnong der besserunge bei innen were« (Buch Weinsberg, Bd. 4, S. 193).

Nennung	Straßenname	Belege
1170/90	in Berleich sito	H, I, 333
1223/30	in Berlico	KTK, I, 376
1270	in Berlico	KTK, I, 376
1290	in term. Berlico	KTK, I, 375
1307	supra Berlicum	KTK, I, 375
1315	supra Berlicum under Kessilsleygeren	KTK, I, 375
1317	inter Percussores caldariorum	KTK, I, 375
1336	in Berlico [...] Arn. factor caldariorum	KTK, I, 376
1338	in Berlico	KTK, I, 375
1350	super Berlico [...] dom. Henrici Caldariatoris	KTK, I, 375
1367	dom. Henrici Caldariatoris	KTK, I, 376

1380	upme Berliche	KTK, I, 376
1403	in der Kesselgasse	KTK, I, 376
1410	in der Kesselgassin	KTK, I, 375
1426	Kesselgassen	KTK, I, 376
1451	Kesselsgasse	KTK, I, 376
1459	under Kesseslegeren	KTK, I, 375
1460	Kesselgassen bei dem Berlich	KTK, I, 375
1491	der Berlich die uneirliche stat	KTK, I, 375
1500	up dem Berlge by den Clairen	KTK, I, 375
1594	Goltgass	W, IV, 193

Goultgasse

Heute: **Brunostraße**
3. Stadterweiterung

Die heutige *Brunostraße* liegt zwischen *Karthäuserwall* und *An St. Magdalenen.* Im Mittelalter führte sie als Sackgasse durch landwirtschaftliche Nutzflächen bis zum äußersten Stadtrand an die große Stadtmauer. A. Mercator hat in dieser auf seinem Plan namenlosen Straße lediglich einen einzigen Hof verzeichnet, den *Walravenhof* (belegt a. 1410, 1479; vgl. Keussen, Bd. 2, S. 179). Da sich Schreinsbucheinträge vornehmlich auf bebauten Grundbesitz beziehen, läßt sich diese Gasse im Schreinsbuch kaum nachweisen. H. Keussen führt nur fünf Schreinsbucheinträge auf, von denen lediglich drei eine Straßenbezeichnung enthalten. Für das 12. Jahrhundert gibt es wegen fehlender Bebauung keine urkundlichen Zeugnisse über Bezeichnungen, die sich auf diese Straße beziehen.

Der Name *Goltgasse* läßt sich von daher nur topographisch und in Analogie zu den anderen im Kölner Gesamtnamenkorpus vorkommenden ›Goldgassen‹ als euphemistische Bezeichnungspraxis für verunreinigte Gegenden (wie die zum Rhein führenden ›Goldgassen‹) erklären. Da diese *Goltgasse* zum Stadtgraben führte und dieser der Ablagerung von Unrat diente, kann von einer derartigen Namenbedeutung ausgegangen werden.

Nennung	Straßenname	Belege
1362	in Goltgassen [...] versus murum cicitatis	KTK, II, 179
1410	Walraven Hof	KTK, II, 179
1410	in der Goultgasse	KTK, II, 179
1468	in der Goultgasse	KTK, II, 179
1479	Walraven Hof	KTK, II, 179

Gyrsgasse

Heute: **Gürzenichstraße**
1. Stadterweiterung

Die ehemalige *Geyergasse* ist auf dem Stadtplan A. Mercators lediglich unbezeichnet dargestellt. Die älteste Nennung *platea, que de domo Hartmanni Gir* (a. 1200) impliziert bereits den Benennungsgrund nach dem Haus der Kölner Patrizierfamilie *Gir*, die in ihrem Wappen einen Geierkopf führte.

D. Kühn stellt in dem ersten Teil des *Parzival* den Familiennamen *Gir* als den Übernamen eines »raffgierigen« Kaufmanns dar: »Für eine der Kaufmannsfamilien wurde ein Spottname zum offiziellen Namen: Hardevust – die harte Faust. Eine andere hieß Overstolz – also überstolz, arrogant. Und es gab die Familie Unmaze – die ›maze‹ war eine der höchsten ethischen Kategorien dieser Zeit, die in fast jeder Hinsicht unmäßig, maßlos war. Es gab ein letztes Beispiel, eine Familie Gir – der Name wurde in einem Dokument ins Lateinische übersetzt: avaritia, Habgier, Raffgier ... (Später, zu sehr viel Geld gekommen, versuchten die Girs, den Namen wenigstens in ›Geier‹ umdeuten zu lassen – vergebens.)« (Kühn, Parzival, S. 178).

Seit dem Jahre 1284 konkurriert *Duvilsgassen* mit der Straßenbezeichnung nach dem Anwohner und Hausbesitzer Hartmann *Gir*. Während *Duvil* von mhd. *tiuvel* = ›Teufel‹ (vgl. Lexer, Bd. 2, Sp. 1448) stammt, ist *Gir* – wie D. Kühn es getan hat – auf mhd. *gir* = ›begehrend‹, ›verlangend‹ zurückzuführen (vgl. Lexer, Bd. 1, Sp. 1019). Dem altköln. *duvel* und *gir* ist aber nach A. Wrede eine Konnotation gemeinsam: »alles, was über das Maß geht, ist *Düvels-*, *verdüvelt*« (NKS, Bd. 1, S. 135).

Nennung	Straßenname	Belege
1200	platea [...] Hartmanni	KTK, I, 12
1245	platea, que ducit a domo Hartmanni Gir	KTK, I, 12
1266	in platea Girsgazzin	KTK, I, 12
1284	in Duvilgassen	KTK, I, 12
1286	in vico Dyaboli	KTK, I, 12
1301	platea, que voc. Duvelgassin	KTK, I, 12
1339	in Gyrsgassen	KTK, I, 12
1362	in platea Duvelgassen	KTK, I, 12
1366	platea nunc voc. Gijrsgasse	KTK, I, 12
1374	in der Gijrsgasse	KTK, I, 12
1416	in der Girstgasse	KTK, I, 12
1426	in Gyrsgasse	KTK, I, 12
1432	in der Gijrsgasse	KTK, I, 12
1450	in der Ghijrsgasse	KTK, I, 12

1504	in Gyrsgasse	KTK, I, 12
1580	an der Geirsgasse	W, III, 64

Hinder cranen baumen

Heute: **Unter Krahnenbäumen**
3. Stadterweiterung (Mercator-Plan S. 178/179)

Die Straße *Unter Krahnenbäumen* ist die Verlängerung der heutigen *Eintrachtstraße* (bei Mercator *Off dem alden graben*). Diese beiden Straßen beschreiben den Verlauf der Stadtgrenze zwischen den Jahren 1106 und 1180. Die nach 1180 verfaßten Schreinsbucheinträge verorten dementsprechend hiesigen Grundbesitz latinisiert als *super Antiquam fossam* (beispielsweise a. 1264).

Die älteste Nennung *in vico bivio* (von mlat. *bivium* = ›Kreuzweg‹, ›Scheideweg‹; Georges, Bd. 1, Sp. 837; Habel/Gröbel, Sp. 38) bezieht sich auf die Kreuzung der Straßen *Eigelstein*, *Eintrachtstraße* und *Weidengasse* am westlichen Ende von *Unter Krahnenbäumen*.

»In der Straße, die seit dem 14. Jh. immer stärker besiedelt wurde, waren seit dieser Zeit auch Faßbinder (Bodenbinder, Büttner, mlat. doleator) ansässig« (NKS, Bd. 2, S. 86). Aus diesem Grunde enthält das Schreinsbuch Straßenbezeichnungen wie *under Boedenbenderen* und führt auch den entsprechenden Anwohnerbeinamen *Boedenbender*.

Darüber hinaus erscheint bereits seit dem 12. Jahrhundert mehrfach der »Personenname (Bei-, Familienname) Cranboim (Gottfrid), Kraenboim [...], der mit Wacholderbaum [...] wiederzugeben wäre« (NKS, Bd. 2, S. 86), sich aber anhand von Schreinsbucheinträgen nicht eindeutig als Anwohnername belegen läßt.

Nachweislich befand sich hier aber im 14. Jahrhundert ein Haus, das im Jahre 1311 als *dom. in curte ad Gruem* und nochmals 1341 als *ad Gruem* in den Schreinsbüchern erscheint (vgl. Keussen, Bd. 2, S. 280). Das mlat. *grus, gruris* steht für ›Kranich‹ (vgl. Georges, Bd. 1, Sp. 2979; Habel/Gröbel, Sp. 172). Da die volkssprachliche Bezeichnung *Cranenboymen* erstmals 1363 auftritt, könnte sie sich auf den klangverwandten Hausnamen beziehen.

Nennung	Straßenname	Belege
1180/85	in vico bivio	H, II/1, 137
1264	super Antiquam fossam	KTK, II, 278
1311	apud dom. Doleatricis	KTK, II, 280
1332	dom. [...] Arnoldi Budenmechers	KTK, II, 279
1332	in antiquo Fossato	KTK, II, 279

1358	in Antiquo fossato [...] Geyrl. Doleator	KTK, II, 279
1363	apud Cranenboymen	KTK, II, 279
1367	inter Doliatores	KTK, II, 279
1382	sub Kranenbomen	KTK, II, 279
1388	inter Doleatores	KTK, II, 278
1414	under Boedenbenderen	KTK, II, 279
1420	under Kranenboymen	KTK, II, 280
1425	under Boedenbenderen	KTK, II, 280
1440	bei [...] Gerarts Boedenbenders	KTK, II, 280
1440	under Bodenbenderen	KTK, II, 278
1457	under Cranenboymen	KTK, II, 279
1468	under Kranenbeumen	KTK, II, 278
1477	under Bodenmecheren	KTK, II, 279
1479	auf dem Graben under Kranenboemen	KTK, II, 279
1495	neben dem Boedenbender	KTK, II, 280
1495	under den Kranenboumen	KTK, II, 280
1571	Hinder cranen baumen	Mercator

Hinder dem alten dhom

Heute: **Marzellenstraße** (südliches Teilstück)
2. Stadterweiterung (Mercator-Plan S. 178/179)

Auf dem Stadtplan A. Mercators (1571) wird die südliche Hälfte der heutigen *Marzellenstraße Hinder dem alten dhom* genannt, wo sie zur Kapelle *S. Pauwels* führt. Der Straßenbezeichnung stehen im Mittelalter mehrere gleichnamige Bezugspunkte gegenüber: im 12. und frühen 13. Jahrhundert St. Paul und St. Viktor, im 14. Jahrhundert ein Brauhaus, genannt *Dume* (*braxatoria dicta Dume*), das im Jahre 1359 als Brauhaus zum *alden Doyme* und 1589 als zum *alden Doem* in den Schreinsbüchern erscheint.

Als ›alter Dom‹ wurde ebenfalls die in dieser Straße gelegene Kirche St. Viktor bezeichnet. H. Keussen gibt die Jahre 1170/78 als ihre Entstehungszeit bzw. den Zeitraum ihrer ersten Erwähnung an (vgl. Keussen, Bd. 1, S. 148*). Diese war den Heiligen Maternus, Viktor und Matthias geweiht (vgl. Hoeniger, Bd. II/1, S. 103).

Nennung	Straßenname	Belege
1150/65	ecclesiasticus s. Pauli	H, II/1, 70
1163/68	iuxta s. Paulum	H, II/1, 63
1163/72	iuxta sanctum Paulum	H, II/1, 87

1170/78	iuxta s. Victorem	H, II/1, 103
1202/12	iuxta s. Paulum	H, II/1, 180
1215	versus aldem Dumen	KTK, II, 131
1228	ecclesia alde Dum	KTK, II, 131
1247	prope s. Paulum	KTK, II, 132
1267	ex opp. s. Pauli	KTK, II, 131
1268	contra s. Paulum	KTK, II, 132
1292	dom. ad aldeme Dome	KTK, II, 131
1305	iuxta domum braxatoriam dictam Dume	KTK, II, 130
1359	alden Doyme	KTK, II, 130
1366	dom ad [...] antiquum Summum	KTK, II, 131
1370	in opp. eccl. s. Pauli	KTK, II, 132
1390	vur s. Pauwels	S, II, 75
1528	Kapelle zo dem alden Doym	KTK, II, 131
1548	vur s. Pauls	W, I, 309
1571	Hinder dem alten dhom	Mercator
1580	vor s. Paulus	W, III, 69
1588	bei s. Paulus neben dem alten Dom	W, IV, 42
1589	zum alden Doem	KTK, II, 130

Hinder den Augustinen

Heute: **Cäcilienstraße/Pipinstraße**
Römerstadt (Mercator-Plan S. 142/143)

Auf das seit 1280 bestehende Augustinerkloster (vgl. Keussen, Bd. 1, S. 149*) beziehen sich auf dem Mercator-Plan gleich drei Straßennamen: *Hinder den Augustinen*, *hinder den Augustinen* (heute: *Große Sandkaul*) und *voir den Augustinen* (*Hohe Straße* zwischen *Cäcilienstraße/Schildergasse*).

Bereits a. 1257 gibt es im Burggrafenhof eine Kapelle St. Nicolaus, die im 14. Jahrhundert von dem Kloster genutzt wird (vgl. Keussen, Bd. 1, S. 148*). Schreinsbucheinträge, die hiesigen Grundbesitz beschreiben, beziehen sich häufig auf die am Kloster vorbeiführenden Straßen *Große Sandkaul*, den angenzenden Abschnitt der *Hohe Straße* (*under Pannenslegern*) und die auf der gegenüberliegenden Straßenseite befindliche Stiftskirche St. Maria im Kapitol. Diese wird a. *689 erstmals erwähnt (vgl. Keussen, Bd. 1, S. 147*).

Nennung	Straßenname	Belege
1149/65	iuxta ortum abbatisse	H, I, 52
1260	in Santkule	KTK, I, 175
1273	supra Santkulen	KTK, I, 175
1297	ex opp. curie abbatisse s. Marie in Cap.	KTK, I, 175
1297	versus Santkulen	KTK, I, 175
1300	in vico, quo itur ad fratres Augustinenses	KTK, I, 175
1340	in vico, qui tendit ab ecclesia fratrum Aug.	KTK, I, 63
1350	versus Augustinenses	KTK, I, 174
1369	versus Augustinenses	KTK, I, 175
1369	versus Augustinenses	KTK, I, 174
1383	apud monasterium s. Marie in Cap.	KTK, I, 63
1400	iuxta abbaciam apud Augustinenses	KTK, I, 4
1400	bij s. Marien	KTK, I, 63
1428	bei den Augustinen under Pannenslegern	KTK, I, 4
1571	Hinder den Augustinen	Mercator

hinder den Augustinen

Heute: **Große Sandkaul**
Römerstadt (Mercator-Plan S. 142/143)

»Der Name Sandkaule ist zufrühest im 12. Jh. als bürgerlicher Herkunftsname de Santkulin überliefert, als Flurbezeichnung in deutscher Form um 1400 up der Santkulen. [...] Auf der Sandkaule begreift in den Schreinsbüchern des späten Mittelalters das ganze Gelände der Pfarre St. Alban; hier lag am Fuß des Hügels, auf dem die Kirche St. Maria in Capitolio errichtet wurde, eine große Sandgrube« (NKS, Bd. 3, S. 7). Zu Augustinern, Burggrafenhof und St. Maria im Capitol vgl. *Hinder den Augustinen.*

Die meisten Lokalisierungen der auf diese Straße bezogenen Schreinsbucheinträge beziehen sich auf die Sandkaule. Der anwachsende Grundbesitz der Augustiner hat auf die Bezeichnungspraxis keinen nennenswerten Einfluß. Dennoch hat A. Mercator auf seinem Plan *hinder den Augustinen* gleich zweimal eingetragen. Hier zeichnet sich eine Tendenz Mercators ab, sich als auswärtiger Kartograph bei der Wahl von Straßenbezeichnungen vornehmlich nach herausragenden Gebäuden, folglich auch nach Kirchen und Klöstern zu richten (vgl. *Hinder den Augustinen*, *voir den Augustinen*, *Off der santkaulen*).

Nennung	Straßenname	Belege
1257	versus capellam in curia burgravi	KTK, I, 180
1272	dom. […] Hermanni Lamp	KTK, I, 179
1282	dom. Lamp, que nunc est ecclesia Augustinorum	KTK, I, 181
1282	iuxta curiam brugravii	KTK, I, 179
1311	super Foveam arene	KTK, I, 181
1354	in Fovea arene	KTK, I, 180
1366	ex opp. curie burgravii	KTK, I, 181
1400	up Santkule	KTK, I, 179
1400	prope Burgrevehove	KTK, I, 182
1420	up Santkulen	KTK, I, 180
1431	up der Santkuylen	KTK, I, 178
1450	bij des Burchgreven hoeve	KTK, I, 179
1498	up der Santkulen	KTK, I, 181
1505	up der Santkulen	KTK, I, 179
1535	uff der Santkulen	KTK, I, 180
1571	hinder den Augustinern	Mercator
1572	uff der Santkuilen	W, II, 233

hinder den Minnerbroder

Heute: **An der Rechtschule**
Römerstadt

Für die heutige Straße *An der Rechtschule* hat A. Mercator *Op hoigher smitten* auf seinem Stadtplan (1571) eingetragen. Nach der Bezeichnungspraxis im Kolumbaschrein ist *An der hohen Schmiede* jedoch lediglich der Bereich des heutigen *Wallrafplatzes* am nördlichen Ende der *Hohe Straße* (vgl. *Op hoigher smitten*). Diese zwischen *Unter Fettenhennen* (bei Mercator *voir der vetter hennen*) und *Römergasse* (*Die remers gaß*) liegende Straße führt während des Mittelalters drei verschiedene Bezeichnungen.

Anscheinend nach einem Grundbesitzer oder Anwohner wird sie seit der ersten Hälfte des 13. Jahrhunderts *Vogelstraße* (in wechselnder Schreibung) genannt. Der zugrunde liegende Eigenname *Vogelo* kommt in Köln mehrfach vor. Mit diesem Straßennamen assoziierbar erscheinen auch spätmittelalterliche Bei- und Hausnamen wie *zu den bunter Vederen*.

Da sich der Straßenverlauf entlang des Gartens (mlat. [*h*]*ortus* = ›Garten‹; vgl. Georges, Bd. 2, Sp. 3085; Habel/Gröbel, Sp. 268) des Minoritenklosters erstreckt (*ex* *opp. orti fratrum Minorum*), wird diese Straße im 15. und 16. Jahrhundert *hinter den Minoriten* genannt. Das 1221 in der *Seyengasse* bezeugte Minoritenkloster wird 1245 in die parallel zu *An der Rechtschule* verlaufende *Minoritenstraße* (*voir den minderbruderen*) verlegt (vgl. Keussen, Bd. 2, S. 148*). Seit 1260 ist auf der nördlichen Straßenseite eine dem hl. Egidius geweihte Kapelle des Siegburger Hofes belegt, der die Straße die Bezeichnung *Egidiusstraße* (*platea s. Egidii*) verdankt.

Der zwischen den Jahren 1433–37 errichtete Bau der Juristenschule (vgl. Keussen, Bd. 1, S. 357) hat sich auf die Namenbildung für diese Straße nicht ausgewirkt. So heißt es beispielsweise a. 1438: »dat huys zom Voyss hynder den Mynrebroederen, dat nu der Juristen schoile is« (Keussen, Bd. 1, S. 357).

Nennung	Straßenname	Belege
1220/30	in pl.[atea] Vogelonis	KTK, I, 356
1230	in pl.[atea] Vugelonis	KTK, I, 357
1245	in pl.[atea] Vogelonis	KTK, I, 356
1253	in pl.[atea] Wogelonis	KTK, I ,357
1256	in Vogelstraten	KTK, I, 356
1260	in fine platee s. Egidii	KTK, I, 357
1262	in fine platee Vogelonis	KTK, I, 355
1267	in Vogelstrazen	KTK, I, 356
1274	super angulum Vogelstrazen	KTK, I, 355
1283	sita a capella s. Egidii	KTK, I, 357
1283	apud s. Egidium	KTK, I, 357
1290	apud domum lignorum fratrum Minorum	KTK, I, 355
1291	capella s. Egidii	KTK, I, 357
1300	in Vogelstrazen	KTK, I, 358
1304	in pl.[atea] Volgelonis	KTK, I, 356
1323	in Vogelstrazen	KTK, I, 358
1332	ex opp. orti fratrum Minorum	KTK, I, 359
1333	capella s. Egidii	KTK, I, 357
1342	Heilka v. der bunter Vederen	KTK, I, 358
1343	retro fratres Minores	KTK, I, 358
1395	versus capellam s. Egidii	KTK, I, 356
1397	Hs. zu der bunter Vederen	KTK, I, 358
1400	bij s. Egidien	S, II, 97
1438	hynder den Mynrebroederen	KTK, I, 357
1448	Voegelstrasse	KTK, I, 359
1452	hinder den Mynrebroideren	KTK, I, 358
15. Jhd.	retro Minores iuxta scholas iuristarum	KTK, I, 358
1534	hinder den Minderbroderen	W, I, 104
1538	hinder den Minnerbroder	W, I, 127

Hinder der abdissen küch

Heute: **Ursulastraße**
2. Stadterweiterung (Mercator-Plan S. 178/179)

Das namenmotivierende Äbtissinnengut war Stiftseigentum von St. Ursula. Diese Stiftskirche wird bereits im 7. Jahrhundert erwähnt (vgl. Keussen, Bd. 1, S. 147*, S. 164). Wie die Auszüge aus den Schreinsbüchern der Jahre 1163 und 1350 zeigen, wird bei der Lokalisierung von Grundbesitz an die Märtyrerlegende der hl. Ursula und der sagenhaften 11.000 Jungfrauen angeknüpft, da sich in unmittelbarer Nähe ein frühmittelalterliches Gräberfeld mit tausenden Gebeinen, die man den Märtyrerinnen zuschrieb, befand. Bemerkenswerterweise findet sich die Heiligenlegende in der Bildung des Straßennamens aber kaum wieder. Trotz der Reliquienverehrung des Mittelalters und der Bedeutung Ursulas als Schutzheilige Kölns und ihrer Begleiterinnen, die durch zwölf schwarze Flämmchen auf weißem Feld im Kölner Stadtwappen symbolisiert werden, bleibt die ›Küche der Äbtissin‹ als Namenmotivation dominant und erscheint 1571 auf dem Stadtplan.

Nennung	Straßenname	Belege
1163/72	prope ss. virgines	H, II/1, 89
1183/92	retro coquinam abbatisse	H, II/1, 48
1183/92	post ortum domine abbatisse	H, II/1, 147
1202/12	retro curiam abbatisse ss. virginum	H, II/1, 178
1255	retro coquinam abbatisse s. Virginum	KTK, II, 166
1270	versus s. Virgines	KTK, II, 167
1309	retro coquinam d. abbatisse eccl. s. Virginum	KTK, II, 166
1365	retro coquinam abbatisse s. undecim mil. Virg.	KTK, II, 166
1373	versus s. Virgines	KTK, II, 166
1402	zume alden Hultzmarte	KTK, II, 167
1428	zome Houltze (Houltzmart)	KTK, II, 167
1571	Hinder der abdissen küch	Mercator

Hinder der alter mauren

Heute: **Alte Mauer am Bach**
Römerstadt (Mercator-Plan S. 308/309)

Die angeführten Belege für Grundbesitz in der heutigen Straße *Alte Mauer am Bach* sind nicht nur spärlich, weil H. Keussen nur diese originalsprachlichen Schreinsbucheinträge verzeichnet hat, sondern auch, weil in dieser Straße zwischen *Färbergasse* und *Bachemstraße* im Mittelalter »keine Häuser nachzuweisen« (Keussen, Bd. 1, S. 228) sind. Von ihrer Lage her beschreibt diese Straße den Verlauf der südlichen Stadtgrenze des römischen Kölns. Hieraus erklärt sich auch ihre Bezeichnung *iuxta Antiquum murum* = ›bei der alten (römischen Stadt-)Mauer‹. Aus diesem Grunde werden Liegenschaften zwischen dem 14. und 16. Jahrhundert durchgehend als ›gegenüber/an/auf usw. der alten Mauer‹ gelegen bezeichnet.

Nennung	Straßenname	Belege
1313	ex opp. Antiqui muri	KTK, I, 229
1344	iuxta Antiquum murum	KTK, I, 229
1361	supra Antiquum murum	KTK, I, 228
1369	iuxta Antiquum murum	KTK, I, 229
1469	up der alder Muyren	KTK, I, 229
1571	Hinder der alter Mauren	Mercator

Hinder S. Merrien

Heute: **Stephanstraße**
1. Stadterweiterung (Mercator-Plan S. 142/143)

Die Lokalisierungen von Grundbesitz beziehen sich vornehmlich auf die an der Ecke *Hohe Pforte/Stephanstraße* gelegene St. Stephanus Kapelle, »die gemäss Inschrift 1009 von Erzbischof Heribert geweiht, 1472 (ob nach Neubau?) neu geweiht, 1834 abgebrochen« (Keussen, Bd. 1, S. 33) wurde. Da diese Kapelle mit einer Schmalseite an die Straße *Hohe Pforte* grenzte, notiert Weinsberg 1528 »*s. Steffan uff der Hoeporzen*« (Buch Weinsberg, Bd. 1, S. 58).

Die von H. Keussen übersetzten Schreinsbucheinträge ›hinter S. Marie‹ (1407) und ›zu S. Marien wärts‹ (1447) wurden nicht in die Namenserie aufgenommen. Dennoch sind sie semantisch von Interesse, indizieren sie doch, daß sich der *Marienplatz* im 15. Jahrhundert namentlich bis vor die Kirche St. Stephan ausweitete. St. Maria im Kapitol wird erstmalig im Jahre 689 erwähnt (vgl. Keussen, Bd. 1, S. 45). Das Konkurrieren mehrerer Kirchen als Bezugspunkte der Straßennamenbildung unterstreicht Kölns *imago* als ›Heilige Stadt‹.

Nennung	Straßenname	Belege
1142/56	iuxta s. Stefanum	H, I, 27
1171/72	iuxta s. Stephanum	H, I, 110
1255	versus s. Stephanum	KTK, I, 79

1277	versus capellam s. Stephani	KTK, I, 79
1300	ad s. Stephanum	KTK, I, 79
1342	apud s. Stephanum versus Altam portam	KTK, I, 33
1355	ex opp. s. Stefani	KTK, I, 79
1357	apud capellam s. Stephani	KTK, I, 79
1400	retro capellulam s. Stephani	KTK, I, 79
1420	bei S. Steffain	KTK, I, 79
1528	s. Steffan uff der Hoeporzen	W, I, 58
1571	Hinder S.Merrien	Mercator

Hinder S. Tuenis

Heute: **Antoniterstraße**
Römerstadt (Mercator-Plan S. 142/143)

In zahlreichen Schreinsbucheinträgen wird die *Antoniterstraße* noch der sie westlich verlängernden *Cäcilienstraße* zugerechnet (vgl. *S. Cicilien straiß*). Gemäß der namenmotivierenden Topographie im Mittelalter gehen zwar zwei Straßenbezeichnungen auf die gleichnamige Kirche zurück (*Antoniterstraße*, *Antonsgasse*; vgl. NKS, Bd. 1, S. 36), obwohl sich die Antoniterkirche in keiner der beiden Straßen befindet. Diese steht in der *Schildergasse*. Offensichtlich vermochten sich auf die Antoniterkirche bezogene Bezeichnungen nicht gegen *Schildergasse* durchzusetzen. Lediglich im Falle der bei Mercator *S. Tuenis gaß* genannten heutigen *Antonsgasse* liegt die Namenmotivation näher. Auf dem Stadtplan von 1571 ist sie als Zugangsstraße zu dem gleichnamigen *S: Thonis stift* dargestellt.

Nennung	Straßenname	Belege
1260	iuxta fratres Saccatos	KTK, I, 230
1306	fratres saccati, qui nunc sunt Anthonii	KTK, I, 231
1315	ex. opp. fratrum Antonii	KTK, I, 230
1337	retro fratres b. Anthonii	KTK, I, 230
1344	in vico retro s. Anthonium	KTK, I, 231
1366	in platea retro s. Anthonium	KTK, I, 230
1428	hinter S. Anthonis	KTK, I, 230
1472	hinter S. Anthonis	KTK, I, 231
1499	hynder s. Thoinyss	KTK, I, 230
1500	retro s. Anthonium	KTK, I, 231
1571	Hinder S. Tuenis	Mercator

Hinder Sant Claren

Heute: **St.-Apern-Straße**
3. Stadterweiterung (Mercator-Plan S. 234/235)

Die heutige *St.-Apern-Straße* befand sich bis 1106 *extra veterem murum*, denn zu ihrer Ostseite verlief bis zur zweiten Stadterweiterung die Stadtgrenze. Noch im 13. und 14. Jahrhundert nehmen dementsprechend etliche Schreinsbucheinträge Bezug auf die dortige römische Stadtmauer (*iuxta antiquum murum*).

Sowohl am Anfang als auch am Ende dieser Straße hat A. Mercator eine Kirche auf seinem Stadtplan eingetragen: St. Apern im Süden und St. Clara im Norden. Im Sinne der Namentheorie kann man bei dieser Straße nicht von einem individuellen Namen sprechen. Denn einerseits gehört diese Straße namentlich zu den zahlreichen ›Steinwegen‹ (*Via lapidea*); andererseits müssen sich während des gesamten Untersuchungszeitraumes alle Örtlichkeitsangaben in dem Schreinsbuch von St. Christoph mit Hinweisen entweder auf die Römermauer oder die Kirchen behelfen: »*Via lapidea, qua itur de s. Aphro versus s. Claram*« (Keussen, Bd. 2, S. 231). Eine Ausnahme in diesem Zusammenhang stellen die Bezeichnungen *platea s. Apri* (a. 1350), *S. Aperenstrasse* (a. 1448) und *S. Apernstrasse* (a. 1476) dar.

Wie aber die Eintragung auf dem Stadtplan von 1571 zeigt, haben derartige Nennungen keinen Einfluß auf die Straßenbezeichnung bei Mercator gehabt: *Hinder Sant Claren*.

Nennung	Straßenname	Belege
1170/90	iuxta hospitale s. Apri	H, I, 340
1260/70	versus s. Aprum	KTK, II, 232
1288	extra veterem murum	KTK, II, 234
1292	iuxta antiquum murum	KTK, II, 233
1296	apud s. Aprum	KTK, II, 232
1302	apud hospitale s. Apri	KTK, II, 233
1329	prope antiquum murum	KTK, II, 234
1344	s. Aprum ex opp. muri s. Clare	KTK, II, 231
1350	in platea s. Apri	KTK, II, 231
1365	apud antiquum murum	KTK, II, 234
1366	Via lapidea, qua itur de s. Aphro versus s. Claram	KTK, II, 231
1368	s. Aperenstraisse	KTK, II, 231
1382	auf S. Apern Steinwege	KTK, II, 233
1400	in Via lapidea s. Aphri versus s. Claram	KTK, II, 231
1401	hinter den Claren [...] auf dem Steynwege	KTK, II, 230
1446	bij s. Aperen	S, II, 333

1448	hinter den Klaren auf S. Apernstrasse	KTK, II, 232
1476	S. Apernstrasse	KTK, II, 235
1498	Steynnewege gü. den Claren	KTK, II, 231
1571	Hinder Sant Claren	Mercator

hinter Gurzenich

Heute: **Gürzenichstraße**
Römerstadt

In dieser Straße befand sich der Hof derer *von Gurzenich*. In der zweiten Hälfte des 12. Jahrhunderts wird ein *Adolfus de Gurzenich* erwähnt, dessen Familienname ursprünglich auf einen heute noch existierenden Ortsnamen (Dorf im Kreis Düren) zurückgeht.

Zwischen den Jahren 1441–1447 wurde auf dem Gelände dieses Hofes unter Einbeziehung weiterer Grundstücke das Tanz- und Festhaus errichtet, auf das der Name derer *von Gurzenich* übergegangen ist. Der sog. *Gürzenich* beherbergte im Obergeschoß den größten mittelalterlichen Festsaal des Reiches. Das Erdgeschoß diente als Stapel (vgl. NKS, Bd. 1, S. 318).

Weder die Ansiedlung eines Adelshauses noch der spätere *Gürzenich* mit seiner gesellschaftlichen, politischen (Stätte eines allgemeinen Reichstages im Jahre 1505) und ökonomischen Bedeutung haben eine entsprechende Straßenbezeichnung motiviert. Das kleine Anrainergäßchen gelangte während des gesamten Mittelalters zu keinem individuellen Namen und ist auch auf dem Mercator-Plan (1571) ohne Bezeichnung dargestellt.

Dementsprechend mußte sich im Mittelalter mit Lageumschreibungen unter Hinweis z.B. auf das nahegelegene Haus Quattermart oder die allgemeine Bezeichnung ›gegenüber der Santkulen‹ beholfen werden. Den *Gürzenich* selbst hat Mercator auf seinem Plan recht detailgetreu dargestellt und ihn am Planrand namentlich aufgeführt: *Gortzenich kauffhauss*.

Nennung	Straßenname	Belege
1260	ex opp. pomerii dom. Gurzinnich	KTK, I, 164
1260	versus curiam Gurcenig	KTK, I, 164
1303	retro curiam Gurzeniggerhof	KTK, I, 164
1307	versus Santkulen	KTK, I, 165
1331	ex opp. dom. Philippi Quattermart	KTK, I, 165
1466	gü. dem Dantzhuyse	KTK, I, 164
1530	kaufhus Gurzenich boven mauren	W, I, 69

1541	hinten am Gürzenich	KTK, I, 165
1592	uff der Santkuln [...] hinder Gurzenich	W, IV, 159

hinter Marcilienstein

Heute: **Am Rinkenpfuhl**
3. Stadterweiterung

Diese Straße führte im Mittelalter annähernd parallel zur Stadtmauer direkt auf die Kirche St. Mauritius zu. A. Mercator hat sie auf seinem Stadtplan (1571) eingetragen, ohne ihr eine Bezeichnung zu geben. Wie die für das Mittelalter erstellte Serie von Lagebezeichnungen von Grundbesitz in dieser Gasse dokumentiert, hat sich bis 1571 kein individueller Straßenname herausgebildet. Die Schreinschreiber behelfen sich dementsprechend mit der Angabe von Verortungen wie ›bei der Schafpforte am Wall‹ (*iuxta Ovinam portam supra Vallem*) oder ›am Pfuhl‹ (*iuxta Paludem* von (m)lat. *palus* = ›Sumpf‹, ›Teich‹, ›Weiher‹; vgl. Georges, Bd. 2, Sp. 1452; Habel/Gröbel, Sp. 271).

Das Mlat. kennt *palus* auch in der Bedeutung ›Pfahl‹, die hier aber nicht in Betracht kommt, da die volkssprachliche Nennung *dicti poile* wie das mhd. *phuol* (= ›Pfuhl‹; vgl. Lexer, Bd. 2, Sp. 268) und das altkölnische *poil* eindeutig auf einen ›Pfuhl‹ verweist. Derartige kölnisch-ripuarische Flurnamen sind in Köln sehr verbreitet. Die heutige Straßenbezeichnung *Am Rinckenpfuhl* ist ein Kompositum aus dem Grundbesitzernamen *Rinck* + *pfuhl*, der bereits im 15. Jahrhundert vorkommt.

Nennung	Straßenname	Belege
1190/1202	iuxta ovinam portam supra vallem	H, II/1, 39
1200	prope Antiquam fossam	KTK, II, 213
1264	supra Anticum vallum	KTK, II, 213
1286	super Antiquam fossam	KTK, II, 213
1300	iuxta Paludem versus Schaporzen	KTK, II, 213
1322	ex opp. Paludi	KTK, II, 213
1473	(Besitz der Familie Rinck)	KTK, II, 213
1500	wedemhuyse der pastorien	KTK, II, 213
1569	Dr. Joh. Rincken hinter Marcilienstein	KTK, II, 213

hinter S. Marien

Heute: **Marienplatz**
1. Stadterweiterung

Im Gegensatz zu den Schreinsbucheinträgen der *St.-Apern-Straße*, in denen sich zumindest im 15. Jahrhundert der verortende Namentyp Heiligenname + Grundwort (-straße/-gasse) = *S. Aperenstrasse* herausbildet, fehlen für den südwestlich an St. Maria im Kapitol vorbeiführenden Straßenzug vergleichbare Heiligennamen als Straßenbezeichnungen. Die Bezeichnungspraxis der Schreine bleibt bis ins 16. Jahrhundert in Ermangelung eines Straßennamens auf umschreibende Lokalisierungen angewiesen. Als deren Verortungsobjekte konkurrieren im 12. und 13. Jahrhundert: 1. eine Mistgrube (*in Sterquilionio* von mlat. *stercilinium* = ›Mistgrube‹; vgl. Georges, Bd. 2, Sp. 2794; Habel/Gröbel, Sp. 378) und 2. die ursprünglich Peter und Paul geweihte, spätere St. Nothburgis Kapelle (um 1100 entstanden; vgl. Keussen, Bd. 1, S. 148*). Im 14. Jahrhundert tritt daneben verstärkt St. Maria im Kapitol auf (*689 erstmals erwähnt; vgl. Keussen, Bd. 1, S. 147*). Der heutige *Marienplatz* blieb bei A. Mercator unbezeichnet. Im Gegensatz hierzu ist seine westliche Verlängerung, die *Stephan-Straße* als *Hinder S. Merrien* auf dem ersten Stadtplan Kölns eingetragen.

Nennung	Straßenname	Belege
1163/67	iuxta s. Notburgim	H, I, 85
1167/72	in sterquilinio	H, I, 90
1170/71	in sterculinio	H, I, 103
1171/72	super miste	H, I, 115
1172	capella s. Notburgis	KTK, I, 53
1200	dom. [...] Henrici de Sterquilinio	KTK, I, 50
1254	super Mistam	KTK, I, 50
1255	dom. Ulrici de Mistin	KTK, I, 50
1282	prope s. Mariam in Cap. prope Mistam	KTK, I, 50
1300	inter capell. s. Noitburgis et eccl. s. Marie	KTK, I, 53
1323	apud s. Mariam ad Cap.	KTK, I, 51
1332	apud Capitolium	KTK, I, 51
1353	in loco, qui olim dicebatur supra Mistam	KTK, I, 51
1359	supra Mistam contra [...] s. Marie	KTK, I, 51
1455	zo s. Noetberge bei S. Marien	KTK, I, 53
1487	hinter S. Marien	KTK, I, 52
1579	hinder sant Merien	W, III, 34

Hoenergasse

Heute: **Hühnergasse**
1. Stadterweiterung

Dieses kleine Gäßchen (a. 1252) »*in Antiquo foro in loco, qui dic. under Layn*« (Keussen, Bd. 1, S. 125) trägt bis in das 16. Jahrhundert gemeinsam mit dem Immunitätsbezirk *Unterlanen* einen etymologisch nicht eindeutig zu erklärenden Namen. Da das mhd. *lâ* gleichbedeutend mit ›Sumpf‹ oder ›Sumpfwiese‹ ist (vgl. Lexer, Bd. 1, Sp. 1805) und sich die Gasse in der erst 940 einbezogenen Rheinvorstadt, dem versandeten römischen Hafengelände, befindet, könnte die älteste überlieferte Bezeichnung *lan* (zwischen 1159/1175) auf das im Frühmittelalter ungenutzte Gelände der Rheinvorstadt anspielen.

Die im 14. und 15. Jahrhundert verstärkt auftretenden Nennungen *under Lanen* könnten sich auch auf die Bebauung der Gasse mit »Gaddemchen (cubiculis, domunculis)« (NKS, Bd. 1, S. 360) beziehen. Beispielsweise für das Jahr 1414 sind hier »4 Gaddemen allernächst bei dem Grudelhus [...] under Lanen« (Keussen, Bd. 1, S. 124) als Neubauten belegt.

Der Name *Hühnergasse* erscheint nicht vor dem 15. Jahrhundert (*Hunergasse*, auch verderbt als *Huvengasse*) und bezieht sich auf den kleinen *Hühnermarkt* (vgl. *Hoenermart*) am Südende des *Alter Marktes* (vgl. Buch Weinsberg, Bd. 1, S. 257 f.).

Nennung	Straßenname	Belege
1159/75	vulgo dicuntur lan	H, I, 299
1190/1225	in fine lain	H, I, 305
1232	in platea, que dicitur Lana	L, II, 97
1248	inter Layn	KTK, I, 124
1267	under Lanen	KTK, I, 124
1306	inter Lain	KTK, I, 125
1337	sub Lanen	KTK, I, 124
1362	under Laynen	KTK, I, 125
1395	under Laynen	KTK, I, 124
1414	under Lanen	KTK, I, 124
1421	Huvengasse	KTK, I, 128
1446	under Lanen	S, II, 333
1479	Hunergasse	KTK, I,1 28
1546	in der Honergassen hinder dem Altenmart	W, I, 257
1546	under Lanen [...] am kleinen Honermarte	KTK, I, 125
1569	Hoenregasse	KTK, I, 125
1586	Hoenergasse bei Lanen	KTK, I, 124

1586	Lainengasse, sonst die Hunergasse gen.	KTK, I, 124
1586	Hoenergasse	KTK, I, 124

Hoenermart

Heute: zwischen Alter Markt/Marsplatz
1. Stadterweiterung

Obwohl am südwestlichen Ende des *Alter Markts* im Mittelalter eine Vielzahl von Waren (Wildbret, Handschuhe u. a.) feilgeboten werden, erscheint für den gesamten Untersuchungszeitraum der *Alter Markt* südlich zwischen *Hühnergasse* und *Marsplatz* als *Hühnermarkt*. Bereits an der Wende des 12. zum 13. Jahrhundert heißt es im Brigidenschrein *super Hunremarkit*. Neben der lat. Nennung *in Foro pullorum* (von mlat. *pullus* = ›Huhn‹; vgl. Georges, Bd. 2, Sp. 2077; Habel/Gröbel, Sp. 321) deuten auch Beinamen wie *Heyno Pullator* auf den hiesigen Handel mit Hühnern. Auf dem ältesten Stadtplan Kölns (1571) ist allerdings lediglich *Der Aldemarckt* eingetragen.

Nennung	Straßenname	Belege
1197/1215	supra Hunremarcht	H, I, 321
1197/1215	super Hunremarkit	H, I, 315
1210/25	in foro pullorum	H, II/1, 279
1244	in Foro pullorum	KTK, I, 98
1303	supra Hoenremart	KTK, I, 98
1324	cum foro pullorum	H, I, 296
1341	Heyno Pullator in Forum pullorum	KTK, I, 101
1377	Forum pullorum	KTK, I, 101
1395	Foro pullorum	KTK, I, 99
1441	am Hoenremart	KTK, I, 100
1470	apud forum pullorum	KTK, I, 101
1503	Hoenermart	KTK, I, 100
1505	Honremart	KTK, I, 98
1511	Honremart	KTK, I, 101
1546	in der Honergassen	W, I, 257
1564	Honergassen	KTK, I, 100
1584	Hoenermart	KTK, I, 99

Huntzgassen

Heute: **Taubengasse**
3. Stadterweiterung

Dieses schmale Gäßchen am Stadtrand zwischen der Kirche St. Mauritius und der Stadtmauer trägt auf dem Stadtplan Mercators (1571) die Bezeichnung *Die hondts gaß*. Diese Beschriftung ist kurios, da sich in den Schreinsbüchern keine entsprechenden Nennungsbelege finden lassen. Zudem hat A. Mercator die südlich benachbarte heutige *Huhnsgasse* namenlos dargestellt, obwohl diese nachweislich seit dem 14. Jahrhundert zu den Kölner ›Hundegassen‹ zählt. Somit hat Mercator die Straßenbezeichnungen wahrscheinlich verwechselt.

Die Bezeichnung *Hundsgasse* kommt im mittelalterlichen Köln dreifach vor: Neben der heutigen *Taubengasse* wurden auch die *Färbergasse* und *An St. Agatha Hundegasse* genannt. Der Irrtum Mercators wird durch eine Ortsangabe bei Weinsberg bestätigt. Dort heißt es: »*uff der Weierstraissn neigst der Huntzgassen*« (Buch Weinsberg, Bd. 4, S. 207). Die *Weyerstraße* mündet nämlich in die heutige *Huhnsgasse* und nicht in die *Taubengasse*. Die Überlieferung von mittelalterlichen Bezeichnungen der *Taubengasse* wird zudem dadurch erschwert, daß hier scheinbar selbst 1571 lediglich zwei Höfe in ansonsten bauloser Umgebung gestanden haben.

Nennung	Straßenname	Belege
1311	hered. Gerardi de Mummerslog	KTK, II, 206
1357	apud portam Ovinum ex opp. muri civitatis	KTK, I, 424
1357	ex opp. muri civitatis	KTK, I, 424
1371	in Fossa ex opp. muri civitatis	KTK, I, 425
1371	retro s. Mauritium	KTK, II, 209
1387	in opp. muri civitatis Col.	KTK, II, 209
1387	apud terram monasterii s.Mauritii	KTK, II, 209
1475	hinter S. Mauricius	KTK, II, 209
1571	Die hondts gaß	Mercator
1594	neigst der Huntzgassen	W, IV, 207

im Däll

Heute: **Kurt-Hackenberg-Platz**
Römerstadt

Die *Bechergasse* liegt im Schreinsbezirk St. Brigida. Ihr platzartiges nördliches Ende hatte im Mittelalter von *Bechergasse* abweichende Bezeichnungen und gehörte dem Schreinsbezirk Hacht zu. Die westliche Verlängerung der nicht mehr existierenden *Kammachergasse* (bei Mercator *Off dem brande*), die in die *Bechergasse* übergeht, führt im Mittelalter drei verschiedene Bezeichnungen: (von Ost nach West) *Plückhof – Botengäßchen – Im Thal.*

Der *Im Thal* genannte Platz, dem der heutige *Kurt-Hackenberg-Platz* entspricht, ist auf dem Stadtplan A. Mercators ohne Namen dargestellt. Spätestens seit dem 14. Jahrhundert wird er *im Daele* (in wechselnder Schreibung) genannt. In der Platzmitte befand sich ein Pütz (Brunnen) und östlich davon Richtung Rhein eine Kaule, die nach einem Ratsprotokoll von 1574 von den Nachbarn *im Däll* instandgesetzt werden sollte (vgl. Keussen, Bd. 2, S. 309). Wie das mhd. *tal* (vgl. Lexer, Bd. 2, Sp. 1397) drückt das altköln. *dal* (vgl. NKS, Bd. 1, S. 122) auch im übertragenen Sinne ›tiefer liegendes Gelände‹ aus. Entsprechende Bezeichnungen beziehen sich hier auf die Senkkaule. In spätmittelalterlicher Zeit wird dieser Platz dem Namen nach der Gasse *Auf dem Brand* zugerechnet: *im Dale auf dem Brand.*

Nennung	Straßenname	Belege
1365	im Daele	KTK, II, 305
1367	im Daell an der Soe	KTK, II, 305
1376	zu Dale wärts	KTK, II, 308
1380	beneden der Soy	KTK, II, 305
1382	in dem Dayll	KTK, II, 305
1410	im Dale	KTK, II, 308
1414	im Daele	KTK, II, 305
1483	im Dale auf dem Brande	KTK, II, 309
1488	in dem Dale	KTK, II, 305
1500	im Dale	KTK, II, 305
1530	im Dail	W, I, 66
1537	im Dall	W, I, 119
1541	im Dail	W, I, 153
1574	im Däll	KTK, II, 309

im halben Maen

Heute: **Halbmondgäßchen**
1. Stadterweiterung

Im Mittelalter läßt sich für dieses kleine Gäßchen in der Rheinvorstadt kein eigener Straßenname nachweisen. Die Schreinschreiber von St. Martin lokalisieren hier befindlichen Grundbesitz lediglich allgemein mit *sub Lobiis* (= ›unter den Speichern‹; vgl. Habel/Gröbel, Sp. 224) oder *in angusta platea* (= ›in der engen Gasse‹; vgl. Georges, Bd. 1, Sp. 430; Habel/Gröbel, Sp. 18).

Zwischen dem 13. und 15. Jahrhundert nehmen die Verortungen Bezug auf eine Badestube, die noch 1412 in dem Straßennamen *Batstoeven Gasse* erscheint. Erst für das 16. Jahrhundert läßt sich hier ein Brauhaus *in halben Maen* (»mane, man swstm. f. nbf. mone, mon: mond«; Lexer, Bd. 1, Sp. 2025) belegen. Angesichts dieser Überlieferung verwundert es kaum, daß A. Mercator dieses Gäßchen auf seinem Stadtplan (1571) ohne Bezeichnung dargestellt hat.

Nennung	Straßenname	Belege
1200	in platea, que descendit ad Forum	KTK, I, 14
1256	in Angusta platea retro Hastatores	KTK, I, 14
1266	platea de Rodinburg versus Forum	KTK, I, 14
1273	in Angusta platea retro stupam balnei	KTK, I, 14
1282	stupa balnei	KTK, I, 14
1301	retro Rodenburg in parvo vico	KTK, I, 14
1316	contigua vici, qui tendit versus stupam balnei	KTK, I, 24
1331	in ordone vici apud antiquam stupam	KTK, I, 24
1331	antiqua stupa	KTK, I, 14
1332	in ordone platee, qua itur ad stupam	KTK, I, 24
1334	stupa balnei	KTK, I, 14
1346	sub Lobiis in fine Anguste platee	KTK, I, 14
1365	usque ad estuarium scil baydestoyve	KTK, I, 14
1390	versus vicum Salis ex opp. balnei stupe	KTK, I, 9
1391	antiquum estuarium vulg. baitstove	KTK, I, 14
1395	antiquum estuarium in cono Arte platee	KTK, I, 70
1412	Batstoeven Gasse	KTK, I, 9
1421	[nächst der Badstube]	KTK, I, 14
1452	Engergasse	KTK, I, 24
1478	zu den Louven	KTK, I, 14
1478	Engergasse	KTK, I, 70
1478	[alte Badstube] bei der Engergasse	KTK, I, 14
1589	Brauhaus im halben Maen	KTK, I, 14

im Pluckhoff

Heute: **Kurt-Hackenberg-Platz**
Römerstadt

An der Stelle der heutigen *Bischhofsgartenstraße* lag im Mittelalter die *Kammachergasse* (bei Mercator *Off dem brande*). Ihre westliche Verlängerung bis zu der angrenzenden *Bechergasse* (*bechergesgen*; diesem Teil entspricht heute: *Kurt-Hackenberg-Platz*) führte ostwärts drei verschiedene Bezeichnungen: *Plückhof – Botengäßchen – Im Thal*. Es verwundert nicht, daß A. Mercator auf seinem Stadtplan (1571) zwar dieses kleine Gäßchen dargestellt hat, ohne allerdings auch nur einen der drei überlieferten Namen einzutragen.

Gegenüber dem erzbischöflichen Baum- und Tiergarten (seit 1485 Schützenhof der Domherren) ist zwischen dem 14. und 16. Jahrhundert ein sog. *Plückhof* bezeugt. »Die Herkunft des Namens ist ungewiß; möglicherweise bezeichnete der Hof eine zu der erzbischöflichen Hauswirtschaft gehörige Anlage« (NKS, Bd. 2, S. 304). Da der *Pluckhoeve hinter Bischofs Bongart* (von mhd. *boumgarte* = ›Baumgarten‹; vgl. Lexer, Bd. 1, Sp. 334) und dessen Küche stand, liegt die Vermutung nahe, den Hofnamen im Zusammenhang mit mhd. *plucken, phlucken* = ›pflücken‹ (vgl. Lexer, Bd. 2, Sp. 256) als einen Obsthof zu deuten.

Nennung	Straßenname	Belege
1360	an dem Pluckhoeve	KTK, II, 308
1372	auf dem Pluckhove	KTK, II, 308
1376	auf dem Pluckhoif	KTK, II, 308
1382	auf dem Pluckhove	KTK, II, 308
1390	auf dem Pluckhoeve hinter Bischofs Bongart	KTK, II, 308
1473	up deme Pluckhove	KTK, II, 309
1482	upme Pluckhove	KTK, II, 308
1488	auf dem Pluckhoeve	KTK, II, 308
1492	auf dem Pluckhove	KTK, II, 308
1574	im Pluckhoff	KTK, II, 309

Im sack

Heute: Ohne Entsprechung
2. Stadterweiterung (Mercator-Plan S. 178/179)

Im Bereich der ehemaligen *Hofergasse* zwischen *Maximinenstraße* und *Machabäerstraße* hat Mercator eine buchstäbliche Sackgasse mit *Im sack* beschriftet. Während das (m)lat. *saccus* auch für ›grobes Gewand, schmutzigen, wertlosen Anzug‹ steht, ist hier die Bedeutung ›Sack‹ (›Sackgasse‹) gemeint (vgl. Georges, Bd. 2, Sp. 2440; Habel/Gröbel, Sp. 347). Entsprechend des heutigen Sprachgebrauchs ist ›Sackgasse‹ ein metaphorischer Audruck für eine »Gasse ohne Ausgang« (NKS, Bd. 3, S. 3).

In dieser Gasse sind im Spätmittelalter diverse Häuser und Höfe belegt: Neben einem Haus *Vuspelze* tritt auch ein Hof *Irregang* auf. Im allgemeinen werden derartige Liegenschaften als ›hinter den Höfen‹ befindlich lokalisiert. Einen individuellen Namen scheint diese Sackgasse bis zu Mercators Zeiten nicht erhalten zu haben.

Nennung	Straßenname	Belege
1135/83	apud curias	H, II/1, 59
1163/68	post curiam	H, II/1, 64
1202/12	retro curias versus eccl. S. Maximini	H, II/1, 181
1222	super plateam honder Hoeven	KTK, II, 88
1254	retro Curias	KTK, II, 88
1301	retro Curias	KTK, II, 87
1301	contra vicum, qui ducit [...] vers. s. Maximinum	KTK, II, 87
1307	versus Machabeos	KTK, II, 87
1324	retro Curias ex opp. olim domui Vuspelze	KTK, II, 87
1368	tendit super curiam Irregange	KTK, II, 87
1371	in platea achter Hoeven	KTK, II, 88
1376	aichter Hoeven	KTK, II, 87
1387	retro Curias	KTK, II, 87
1407	achter Hoyven	S, II, 201
1407	achter Hoeven	KTK, II, 88
1457	hynder Hoeven	KTK, II, 88
1474	hinder Hoeven	KTK, II, 87
1571	Im sack	Mercator

Im viltzen graben

Heute: **Filzengraben**
2. Stadterweiterung (Mercator-Plan S. 142/143)

Dieser Straßenzug wurde hauptsächlich von dem hier zum Rhein fließenden *Duffesbach* (ehemals *Hürther Bach*) geprägt. Dem Verlauf von Bach und Straße entspricht die Stadtgrenze zwischen der a. 940 einbezogenen Rheinvorstadt und dem erst a. 1106 integrierten Stadtteil Airsbach.

Die Straßenbezeichnung leitet E. Volckmann folgendermaßen her: »Dagegen verdankt der *Filzengraben* in *Köln* den Hutfiltern seinen Namen, denn er wird 1281 platea Wiltrorum, 1291 Vilzengraben und 1337 platea filtrorum genannt, wozu Keussen bemerkt: ›vielleicht steht der Name des Filzengrabens (platea filtrorum) – derselbe Name begegnet in Kerpen bei Köln – mit dem Gewerbe der Filzhutmacher (operarii pileorum, qui vulgariter dicuntar [sic] *Vilzinhüde*) in Zusammenhang‹ (!). Später war der Filzengraben ein Hauptsitz der Faßbinder (in Vilzengraben inter ligatores vasorum), die dort im 16. Jahrhundert ihr prächtiges Amthaus [...] erbauten« (Volckmann, 1921, S. 61).

Weinsberg berichtet 1572 von seinem Vorschlag, den hier fließenden Bach besser zu nutzen, indem hier eine Wassermühle gebaut werden sollte, über deren Verwendungsmöglichkeiten er spekuliert: »Ich habs im rait in sonderheit getriben, das es ins wirk gestallt wurde, dan man hat den lebentigen sprunk, die bach, die seir vergeblich durch die stat flois, und ob sei wol nit allerding zu einer malzmullen wurde dienen, so kunt man doch alzit ein folmul, spleismul, papirmul, olimul oder ander mul darvan machen, das die anlage alzit zu nutz queme« (Buch Weinsberg, Bd. 2, S. 237; zur Etymolgie von *viltzen* vgl. *Die viltzen gaß*).

Im 13. und 14. Jahrhundert saßen hier auch die Faßbinder: *in Vilzengraven inter Ligatores vasorum* (vgl. Habel/Gröbel, Sp. 222, 418). Diese hatten hier auch ihr Gaffelhaus, von dessen Neubau Weinsberg berichtet: »A. 1539 ist der bau der neuwer fasbendergaffel zum Oberstolz im Filzegraben vollenzogen und gans bereidt worden« (Buch Weinsberg, Bd. 1, S. 140). Die mittelalterliche Bezeichnungspraxis der Straße ist hiervon jedoch unbeeinflußt geblieben.

Nennung	Straßenname	Belege
1147/58	in Vilcergraven	KTK, II, 14
1205/14	in viltzirgravin	H, II/1, 318
1212	Vilcirgravin	KTK, II, 14
1257	in Vilzengraven inter Ligatores vasorum	KTK, II, 14
1272	in platea Filtrorum	KTK, II, 14
1275	in Wilzegraven	KTK, II, 11
1281	in platea Wiltrorum	KTK, II, 10

1291	in Vilzengraven	KTK, II, 11
1291	iuxta domum Engilberti Ligatoris vasorum	KTK, II, 11
1303	in Vilzengraven	KTK, II, 11
1303	in platea Viltrorum	KTK, II, 12
1331	in Vilzengraven	KTK, II, 11
1347	in vico filtrorum	KTK, II, 13
1356	in dem Viltzengraven	KTK, II, 12
1367	in Viltzegraven	KTK, II, 12
1427	beneden den Vijlzengraven	S, II, 253
1436	yn der Viltzengraven	KTK, II, 11
1477	in dem Viltzengraven	KTK, II, 13
1539	im Filzegraben	W, I, 140
1539/40	in der Vyltzengrave	KTK, II, 11
1571	Im viltzen graben	Mercator
1572	im Filzgraben	W, II, 237
1580	im Vilzegraben	W, III, 69

in Arta platea

Heute: **Kastellsgäßchen**
1. Stadterweiterung

Das heutige *Kastellsgäßchen* besaß im Mittelalter keinen individuellen Namen. Wie zahlreiche andere Gäßchen Kölns wurde es lediglich als ›enge‹ Gasse (*angusta platea*) bezeichnet (vgl. mlat. *angustia* = ›Enge‹; Georges, Bd. 1, Sp. 430f.; Habel/Gröbel, Sp. 18; mlat. *artus* = ›eng‹, ›kärglich‹; vgl. Georges, Bd. 1, Sp. 602; Habel/Gröbel, Sp. 26).

Trotz geschlossener Bebauung bis zum Jahre 1571 finden sich bei H. Keussen lediglich zwei Bezeichnungshinweise auf das heutige *Kastellsgäßchen*. Die Lokalisierung von dort befindlichem Grundbesitz bezieht sich auf die parallel verlaufende *Salzgasse* bzw. *Lintgasse*, da beinahe alle damaligen Häuser mit einer Front einer dieser Gassen zugehörten. Aufgrund dieser Quellenlage verwundert es kaum, daß dieses Gäßchen auf dem ältesten Stadtplan Kölns (1571) unbezeichnet dargestellt worden ist.

Nennung	Straßenname	Belege
1237	in Angusta platea	KTK, I, 129
1297	in Arta platea	KTK, I, 129

In de wale gaß

Heute: **Waisenhausgasse**
3. Stadterweiterung (Mercator-Plan S. 308/309)

Der Straßenname *wale gaß* kommt bereits im Schreinsbezirk St. Christoph vor (vgl. *Die wale gaß*). In den Schreinsbüchern von St. Mauritius befindet sich kein Aufschluß über den Benennungsgrund der im Mittelalter annähernd baulosen *Walengasse* (*Waisenhausgasse*), die erst durch die große Stadtmauer von 1180 in die Stadt einbezogen wurde. Sie führte durch die Weingärten des an ihrer Westseite gelegenen Pantaleonsklosters vorbei durch das Pantaleonstor aus der Stadt. Anstelle von herausragenden Gebäuden dienten von daher den Schreinsbuchschreibern hier stehende Eibenbäume zur Lokalisierung von Liegenschaften, so daß die nördlich an St. Pantaleon vorbeiführende Straßenseite auch bezeichnet wurde als *subtus Palmeboymen* (a. 1356), *hinter Palmboymen* (a. 1402), *unter den Palmboemen* (a. 1456; vgl. Keussen, Bd. 2, S. 219).

Zumindest spätmittelalterliche Schreinsbuchschreiber faßten diese Gasse als eine regelrechte ›Wallgasse‹ auf (*Wallegasse*; vgl. Keussen, Bd. 2, S. 218), was ihrer Lage und dem mhd. *wal* = ›Wall‹, ›Ringmauer‹ (Lexer, Bd. 3, Sp. 647) entspricht. Das Mhd. kennt *wal* aber auch als Bezeichnung für ›Feld‹ (Lexer, a. a. O.), die die Topographie der Gasse bis 1571 (Mercator hat lediglich drei Gebäude hier verzeichnet) widerspiegeln würde.

Für das Jahr 1594 findet sich bei Weinsberg eine sozialtopographische Bemerkung, die sich auf die heutige *Waisenhausgasse* bezieht: »[...] in der Walengassen hinder den Weissenfrauwen, das von alters ein verachte gass plach zu sin und arme lude, hoeren und gar sclecht folk daselbst zu wonen« (Buch Weinsberg, Bd. 4, S. 201). Schon im 13. Jahrhundert (a. 1249) hat es hier ein Armenhospital gegeben »*domi et aree inter hospitale pauperum et dom. nostra*« (Keussen, Bd. 2, S. 218).

Nennung	Straßenname	Belege
1273	in Walengassen	KTK, II, 218
1289	Herm. de Walengassin	KTK, II, 219
1309	in platea Walingasse	KTK, II, 217
1347	in Waylengassen	KTK, II, 216
1356	retro s. Panthaleonem subtus Palmeboymen	KTK, II, 219
1367	in ordone Walengassen	KTK, II, 216
1377	retro Panthaleonem [...] subtus Palmeboemen	KTK, II, 219
1385	in der Walengasse	KTK, II, 217
1399	unter den Palmbeumen	KTK, II, 219
14. Jhd.	iuxta claustrum s. Panthaleonis sub Palmis	KTK, II, 219
1402	bei S. Panthaleon hinter Palmboymen	KTK, II, 219

1412	bei S. Pantaleon unter den Palmboemen	KTK, II, 219
1413	in der Walengasse	KTK, II, 217
1415	Palmboemen	KTK, II, 219
1456	unter den Palmboemen	KTK, II, 219
1463	in der Walengasse	KTK, II, 217
1480	in der Walnusgasse	KTK, II, 217
15. Jhd.	in Wallegassen	KTK, II, 218
1528	in der Walengasse	KTK, II, 218
1571	In de wale gaß	Mercator
1594	in der Walengassen	W, IV, 201

in dem Putzhoiffe

Heute: **Großer Griechenmarkt** (zwischen Poststraße/Färbergasse)
Römerstadt

Der von A. Mercator lediglich als *Off dem buchell* bezeichnete Straßenzug (heute: *Großer Griechenmarkt*) wird im Mittelalter in fünf Abschnitten unterschiedlich bezeichnet: *Off dem buchell – Brunsteynsgasse – in dem Putzhoiffe – an der Kriegsportzen – up der Maissen.*

Pützhof ist die Bezeichnung für den *Großen Griechenmarkt* zwischen *Färbergasse* (bei Mercator *Die hondtsgaß*) und *Poststraße* (*Die Scholthiß gaß*). Wie auch bei dem *Pützhof* in St. Laurenz handelt es sich hier offensichtlich um ein Gehöft mit einem Ziehbrunnen, der gemeinschaftlich genutzt wurde oder zum Haus gehörte. Denn nicht nur lat. *via ad puteum* (= ›Weg zum Brunnen‹; vgl. Georges, Bd. 2, Sp. 2099; Habel/Gröbel, Sp. 323), sondern auch das volkssprachliche *Pütz* (von lat. *puteus*, köln. *Pötz*; vgl. NKS, Bd. 2, S. 312) deuten auf einen der Kölner Brunnen, die die Bildung von Straßennamen motiviert haben.

Nennung	Straßenname	Belege
1288	in Putzhoven	KTK, I, 241
1315	in Putzhove	KTK, I, 240
1328	in Putzhoeve	KTK, I, 238
1336/37	in Putzhoyve	KTK, I, 242
1349	upme Putzvalle	KTK, I, 244
1362	in Putzhove	KTK, I, 239
1369	via ad puteum	KTK, I, 239
1379	in Putzhoeve	KTK, I, 238
1411	upme Kriechmarte ynme Putzhoyve	KTK, I, 243

1420	in deym Putzhove	KTK, I, 241
1435	Putzgassen	KTK, I, 244
1459	in dem Putzhof	KTK, I ,240
1479	in dem Pützhof	KTK, I, 242
1480	in dem Potzhof nächst dem Pütz	KTK, I, 240
1481	in dem Putzhoeve	KTK, I, 240
1535	in dem Putzhoiffe	KTK, I, 243

In der hellen

Heute: **In der Höhle**
Römerstadt (Mercator-Plan S. 142/143)

Nach E. Volckmann hatte »helle, im gewöhnlichsten Sinne Hölle [...] noch in manchen Gegenden die Bedeutung von Feuerstätte, Herd, Kamin« (Volckmann, 1921, S. 279). Der allgemeine etymologische Hinweis E. Volckmanns wird durch ein in den Jahren 1256, 1313 und 1391 erwähntes Haus *domus ad Forficem* (vgl. Keussen, Bd. 1, S. 158, 160) gestützt, da das mlat. *forpex* für ›Feuerzange‹ steht (vgl. Georges, Bd. 1, Sp. 2822; Habel/Gröbel, Sp. 157).

Ohne hierdurch einen zwingenden Widerspruch herbeizuführen leitet A. Wrede die Straßenbezeichnung ab von »dem Haus zur Hellen in der Martinstraße (14. Jh.); dieses Haus aber hieß nach dem ehemaligen Besitzer Henricus de Helle, der 1278 erwähnt wird« (NKS, Bd. 1, S. 361).

Zwischen *Gülichplatz* und *Martinstraße* wurde die Höhle nach einem Haus *Mommersloch* vornehmlich im 14. Jahrhundert auch *Mommerslochgassen* genannt.

Nennung	Straßenname	Belege
1256	in Mumbernsloch	KTK, I, 159
1278	Henricus de Helle	NKS, I, 361
1302	in ordone Mumersloig	KTK, I, 159
1322	super ordone versus Marporze	KTK, I, 159
1323	in fine Mummersloch	KTK, I, 159
1352	in ordone Mumarslochgassen	KTK, I, 159
1393	Mommerslochgassen	KTK, I, 159
1401	in der Hellen	KTK, I, 158
1452	in der Hellen	KTK, I, 159
1471	in der Hellen	KTK, I, 160
1484	Mommerslocher Gasse	KTK, I, 159
1487/92	in der Hellen	KTK, I, 160

1501	in der Hellen	KTK, I, 158
1521	in der Hellen	W, I, 28
1527	in der Hellen	W, I, 50
1535	in der Hellen	KTK, I, 160
1561	in der Hellen	W, II, 114
1571	In der hellen	Mercator

In der spitzen

Heute: **Tel-Aviv-Straße**
2. Stadterweiterung (Mercator-Plan S. 308/309)

A. Wrede hat den Straßennamen *In der spitzen* als einen regelrechten Flurnamen aufgefaßt: »Die große Spitzengasse war zum Perlengraben hin eine Sackgasse, wie der Zusatz in sacco [... andeutet]; die Gr. Spitzengasse wurde erst später zum Perlengraben durchgebrochen, ob noch im 15. Jh. steht nicht fest; der Mercator-Plan zeigt den Durchgang zum Perlengraben. Die Bezeichnung Spitze verdankt die Straße vermutlich ihrer Lage im Gelände; sie bildete eben eine spitzenförmig vorstehende Häusergruppe, einen ersten Ansatz von Bebauung im westlichen Teil der Oberstadt (Vorstadt Airsbach). Der Name ist also ursprüngl. ein richtiger Flurname, der seit dem 12. Jh. sonst auch im Ackergelände bezeugt ist. Spitze auf das feine, kunstfertige Gewebe zu beziehen, ist unbedingt abzulehnen« (NKS, Bd. 3, S. 109). A. Wredes Namendeutung wird vom mhd. Sprachgebrauch dadurch erhärtet, daß *spitze* für ›keilförmige Anordnungen‹ steht (vgl. Lexer, Bd. 2, Sp. 1102).

Nennung	**Straßenname**	**Belege**
1281	in Spitze	KTK, II, 44
1283	in Sacco de Spitze	KTK, II, 45
1290	retro Sitzam in Sacco	KTK, II, 45
1295	super Spitze	KTK, II, 45
1302	in vico Spizze	KTK, II, 44
1306	in der Spitzen	KTK, II, 44
1330	versus Saccum	KTK, II, 45
1339	in Spiza [...] versus Saccum	KTK, II, 45
1357	Fovea rusticorum in Sacco	KTK, II, 45
1358	in der Spitzen inme Sacke	KTK, II, 45
1366	in der Spytzen	KTK, II, 45
1399	in dem Sacke	KTK, II, 45
1420	in der Spitze	KTK, II, 45

1425	im Sacke	KTK, II, 45
1450	in dem Sacke	KTK, II, 45
1455	an der Spijtzen	KTK, II, 44
1479	zum Sack	KTK, II, 46
1481	in der Spitze	KTK, II, 44
1535	in der Spitze	KTK, II, 44
1571	In der spitzen	Mercator
1596	in der Spitzn	W, IV, 267

In der Straisbergassen

Heute: Gelände der Handwerkskammer/Auffahrten zur Deutzer Brücke
1. Stadterweiterung

In den verschlungenen engen Gäßchen südöstlich vom Kölner *Heumarkt*, die sich ehemals über das Gelände der heutigen Handwerkskammer und der Auffahrten zur Deutzer Brücke erstreckten, überschneiden sich im Mittelalter die Bezeichnungen. Denn nicht nur die von Mercator mit Namen versehene *(Die) Straißburger gaß*, sondern auch ihre Anrainergassen nehmen in ihren Nennungen Bezug auf oberländische Anwohner. Die hier dokumentierte Bezeichnungspraxis bezieht sich auf die ehemalige *Straßburgergasse*, die auf dem Mercator-Plan (1571) unbezeichnet geblieben ist.

In der im Jahre 1200 *Goltgazze* genannten Straße kommen allein drei Häuser vor, die ›Gold‹ in ihrem Hausnamen führen: *Goldberg* (1281–1466), *ad auream Caput* (1200) = *zu dem golden Haupt* (1487) und *ad auream Oven* (1200–1390).

›Gold‹ kommt darüber hinaus auch als Beiname hier ansässiger Personen vor: a. 1260 *Cristina, Witwe des Th. de Aurea* (vgl. Keussen, Bd. 1, S .80–83).

Erstmals 1260 erscheint die Bezeichnung *Strazburgazzin*, die in einem Schreinsbucheintrag von 1357 explizit als neue Bezeichnung der ehemaligen *Goldgasse* aufgeführt wird und damit einen Namenwechsel im Mittelalter anzeigt: »*in Aurea platea, que nunc voc. Straysburgassen*« (Keussen, Bd. 1, S. 80). Die Bezeichnung *Goldgasse* kommt im 15. Jahrhundert noch einmal mit diesem Hinweis vor, wird aber schließlich verdrängt.

M.-L. Schwering hat den Gassennamen *Straisbergassen* auf die Herkunft von Anwohnern bezogen: »Im Mittelalter saßen in der *Straßburgergasse* vor allem ›oberländische‹ Kaufleute« (Schwering, S. 43). Hinter Nennungen wie *platea Argentina* verbirgt sich möglicherweise der ähnlichlautende *argentifex*, also der Silberarbeiter oder -schmied (vgl. Georges, Bd. 1, Sp. 561).

Nennung	Straßenname	Belege
1200	in Goltgazzin	KTK, I, 80
1200	in platea Aurea	KTK, I, 80
1200	dom. [...] ad aureum Caput voc., in platea Aurea	KTK, I, 80
1228	in pl.[atea] Goltgassin	KTK, I, 80
1260	in Strazburgazzin	KTK, I, 81
1273	in platea Argentina	KTK, I, 80
1279	in Angusta platea	KTK, I, 80
1281	dom. [...] Goltberg in Goltgassin	KTK, I, 80
1297	in Straizburgasse	KTK, I, 81
1308	in Goiltgassin	KTK, I, 80
1319	in platea Straysburgasse	KTK, I, 80
1331	in vico Argentinensi	KTK, I, 81
1335	in platea Argentinensium	KTK, I, 82
1344	in vico Argitinensi	KTK, I, 82
1357	in Aurea platea, que nunc voc. Straysburgassen	KTK, I, 80
1359	in cono platee Goyltgasse	KTK, I, 81
1367	in Straysburgassen	KTK, I, 81
1414	in der Straisburgasse	KTK, I, 80
1417	Goiltgasse, nun gen. Straisburgasse	KTK, I, 80
1425	in der Straisburgasse	KTK, I, 80
1456	in der Straisburgasse	KTK, I, 82
1539	in der Straisbergassen	W, I, 140

Kleiner Fischmarkt

Heute: **Auf dem Rothenberg** (zwischen Lintgasse/Salzgasse)
1. Stadterweiterung

Die heute *Auf dem Rothenberg* genannte Gasse in der 940 einbezogenen Rheinvorstadt gehört im Mittelalter mit ihrem südlichen Teil zum Schreinsbezirk St. Martin. Bezogen auf einen dort seit dem 13. Jahrhundert vorkommenden Hausnamen wird die Gasse *Rodenbergergasse* oder *uff der Rodenbercher straisse* genannt. Zwischen *Salzgasse* (bei Mercator *Die salts gaß*) und *Lintgasse* (*Die lintgaß*) zählt *Auf dem Rothenberg* zu St. Brigida.

Dieser Teil wird in Abgrenzung zu dem nahegelegenen *Fischmarkt* am Rheinufer *Kleiner Fischmarkt* (*in parvo Foro piscium* von mlat. *parvus* = ›klein‹; vgl. Georges, Bd. 2, Sp. 1495f.; Habel/Gröbel, Sp. 275; *pisculus* = ›Fisch‹; vgl. Georges, Bd. 2,

Sp. 290; Habel/Gröbel, Sp. 1718) genannt. A. Mercator hat den *Vischmarckt* zwar auf seinem Stadtplan (1571) mit einem Namen versehen, das schmale, engbebaute Gäßchen *Auf dem Rothenberg* bzw. *Kleiner Fischmarkt* aber lediglich unbezeichnet dargestellt. Offenbar nach einem spätmittelalterlichen Hausbrand erscheint der *Kleine Fischmarkt* auch mit dem Zusatz *auf dem Brande*.

Nennung	Straßenname	Belege
1252	in minori Foro piscium	KTK, I, 146
1268	in parvo Foro piscium	KTK, I, 146
1280	in minori Foro piscium	KTK, I, 146
1285	in parvo Foro piscium	KTK, I, 146
1324	in Foro piscium	KTK, I, 146
1339	in Foro minori piscium	KTK, I, 146
1361	in parvo Foro piscium	KTK, I, 146
1366	in parvo Foro piscium	KTK, I, 146
1389	in parvo Foro piscium	KTK, I ,122
1428	auf dem Brande oder dem kleinen Fischmarkt	KTK, I, 132
1432	verbrannte Hfst. auf dem kleinen Fischmarkt	KTK, I, 146
1442	auf dem kleinen Fischmarkt	KTK, I, 122
1580	auf dem kleinen Fischmarkt	KTK, I, 146
1587	auf dem kleinen Fischmarkt auf dem Brande	KTK, I, 130
1588	auf dem Brande	KTK, I, 146

Klingelputz

Heute: **Klingelpütz**
3. Stadterweiterung

Die Straßenbezeichnung *Klingelpütz* (köln. *Klingelpötz*) hat A. Wrede als einen Flurnamen aufgefaßt (vgl. NKS, Bd. 2, S. 48f.). Wie aus der erstellten Namenserie ersichtlich, verschränken sich im Mittelalter die Bezeichnungen für die ineinander übergehenden Straßen *Klingelpütz* und *Plankgasse*. Aus diesem Grunde erscheinen in den Schreinsbucheinträgen verzeichnete Grundstücke in der Straße *Klingelpütz* auch als *in Placgassen* gelegen.

Wredes Klassifizierung als Flurname widerspricht, daß bereits im 13. Jahrhundert ein Anwohnername *Clingelman* belegt ist, dessen Name auch als Hausname vorkommt. In der ersten Hälfte des 14. Jahrhunderts erscheint auch ein entsprechend bezeichneter Brunnen als *Clingelmantzputze* (mhd. *putze* = ›Brunnen‹; vgl. Lexer, Bd. 2, Sp. 269; mlat. *puteus* = ›Brunnen‹; vgl. Georges, Bd. 2, Sp. 2099f.; Habel/Gröbel, Sp. 323). Das Kompositum aus abgeschliffenem Anwohnernamen *Klingil(-man)* und dem Bestimmungswort *putz* dient im Spätmittelalter als Straßenname.

Die etymologische Deutung von *Plachgaze* umgreift mehrere Möglichkeiten, die sich auf mhd. *placke* (= ›Fleck‹, ›Gegend‹; vgl. Lexer, Bd. 2, Sp. 275) oder nd. *placker* = ›Schinder‹ (vgl. Lexer, Bd. 2, Sp. 279) als Charakterisierung des Straßenzustandes oder eines Anwohners beziehen. Beide Bedeutungen schließen sich im übrigen nicht aus.

An der Westseite des Straßenzuges *Klingelpütz/Plankgasse* befand sich eine Kapelle bzw. ein Kloster *Corporis Christi*. Dieses ist auf dem Plan Mercators gut zu erkennen und mit *Herren lichnaem cloist.*[*er*] beschriftet. Hierauf nimmt eine Straßenbezeichnug des 14. Jahrhunderts Bezug: *platea Corporis Christi*.

Nennung	Straßenname	Belege
1240	in Plachgaze	KTK, II, 257
1263	in vico Placgassin iuxta dom. Clingilmanshus	KTK, II, 257
1280	in Placgassen inter hered. Clingilmanni	KTK, II, 257
1290	versus Plaggassen	KTK, II, 256
1299	in Plg. iuxta dom. Clingelmani	KTK, II, 257
1349	Clyncgilputze in Placgassen	KTK, II, 256
1352	super plateam Corporis Christi	KTK, II, 240
1353	ex opp. putei Klingelmans putze	KTK, II, 256
1353	in vico Plackgassin	KTK, II, 256
1359	inter hered. dicti Clingilman [...] in Placgassen	KTK, II, 257
1367	in vico Placgassen iuxta Clincgilmantz puteum	KTK, II, 256
1370	bi deme Clincgilputze an der Plackgasse	KTK, II, 258
1377	iuxta Clingelmantzputze	KTK, II, 256
1433	in der Plackgasse bei dem Klyngelputze	KTK, II, 258
1474	gü. Clyngelmansputze	KTK, II, 257
1490	in der Plackgasse bei dem Klingelputz	KTK, II, 258

Kreig pforts

Heute: **Griechenpforte**
Römerstadt (Mercator-Plan S. 308/309)

A. Mercator hat auf seinem Stadtplan (1571) keiner der beiden heutigen Straßen *Großer Griechenmarkt* bzw. *Kleiner Griechenmarkt* einen entsprechenden Namen gegeben, obgleich Vorformen dieser Straßennamen seit dem 12. Jahrhundert nachweisbar sind. Anstelle eines frühneuhochdeutschen Äquivalents zu *Großer Grie-*

chenmarkt erscheint bei Mercator *Off dem buchell.* Der Straßenzug, dessen südlichster Abschnitt dem heutigen *Kleinen Griechenmarkt* entpricht, trägt auf dem Mercator-Plan lediglich die Bezeichnung *Die loeher gaß.* Mercators einziger schriftlicher Hinweis auf die beiden ›Griechenmärkte‹ ist die auf seinem Plan verzeichnete *Griechenpforte*, die *Kreig pforts.*

Da sich in den Schreinsbucheinträgen von St. Aposteln die meisten Lokalisierungen an diesem südlichsten Stadttor des römischen Kölns, das noch bis 1180 die Grenze der Stadt bildete, oder an dem nördlich von ihr gelegenen *Griechmarkt* orientieren, wurden sowohl auf *Griechenpforte* als auch auf *Griechenmarkt* bezogene Nennungen in die Namenserie aufgenommen.

Deren kontroverse Namendeutung soll hier kurz skizziert werden: Von *Greca porta* bzw. *forum Grecorum* ist vielfach auf hier angeblich ansässige Griechen in Zusammenhang mit der griechischen Kaiserin Theophanu, (die seit 991 in der nahegelegenen St. Pantaleonsabtei ruht), geschlossen worden. Wie aber zahlreiche Beispiele von irreführenden Latinisierungen zeigen (vgl. *Die hanen straiß vnd pforts*, genannt nach dem Anwohner *Anselm Hageno*, latinisiert zu *porta gallorum*), kann von Übersetzungen oft nicht auf Benennungsgründe geschlossen werden. Darüber hinaus ist »ein namhafter griechischer Anwohner an der Gr.-Pf. [...] nicht nachweisbar« (NKS, Bd. 2, S. 91).

A. Wrede lehnt auch die Etymolgie von *Griechenmarkt*, die auf das Wort *Krakke* = ›altes Pferd‹, ›Schindmähre‹, das hier einen Pferdemarkt suggeriert, ab. Vielmehr führt er das Bestimmungswort *crig* wegen seiner lautlichen Entsprechung mit mhd. *kriec*, md. *krieg*, *kric*, mnd. *kriech*, mnl. *crijch* und altköln. *kriech*, *krich*, *kreich* auf ›Kampf‹, ›Streit‹, ›Krieg‹ zurück (vgl. NKS, Bd. 2, S. 91).

H. Jakobs hingegen sieht in der ältesten volkssprachlichen Nennung *Cricmar* (a. 1159/1180) eine »pleonastische« Wortbildung: »*Cricmar* lautete *Kriechmaar* und bedeutet soviel wie ›Tümpelmaar‹«. Entsprechend verwendet noch »das moderne Kölsch [...] das Femininum *die Maar* in der Bedeutung ›Morast, Teich‹« (Jakobs, 1987, S. 1436). Da auf dem *Griechenmarkt* weder griechische Anwohner noch Märkte nachzuweisen sind, muß dieser ursprünglich für Weideland gehalten werden.

Nennung	Straßenname	Belege
1159/80	ante Grecam portam	H, II/1, 9
1180/89	ante Grecam Portam	H, II/1, 21
1186/96	ante Crigportam	H, II/1, 29
1235	iuxta Crichporzin	KTK, I, 412
1251	versus Grecam portam	KTK, I, 410
1251/69	versus Cricporzen	KTK, I, 410
1301	ante Grecam portam	KTK, I, 411
1301	in Greco Foro	KTK, I, 410
1363	apud portam Grecorum	KTK, I, 411

1364	iuxta portam Grecorum in Greco foro	KTK, I, 411
1381	Kreichmarte	KTK, I, 410
1391	Kriechmarte	KTK, I, 411
1409	zer Kruychen auf dem Kryechmarkt	KTK, I, 410f.
1420	Kriechportze	KTK, I, 411
1420	Kriechmarte	KTK, I ,411
1444	bei der Kreigportze	KTK, I ,412
1449	Jacobs v. der Kriechportzen	KTK, I, 411
1544	versus forum Grecorum	W, I, 210
1571	Kreig pforts	Mercator
1585	uff dem Kreichmart nit weit von der Kreichprotzen	W, V, 250

Kronengassen

Heute: **Gürzenichstraße** (zwischen Große Sandkaul/Kleine Sandkaul)
Römerstadt

Das ehemalige *Kronengäßchen* verband die beiden Gassen *Große Sandkaul* und *Kleine Sandkaul* auf der Höhe des Burggrafenhofes. Dort sind seit dem 13. Jahrhundert zwei Häuser *Zur Landskrone* nachweisbar. In einem Schreinsbucheintrag des Jahres 1270 werden beide explizit als verschiedene Häuser genannt: »*dom.* [...] *voc. magna Lanscronen super Santkulen et dom.* [...], *que minor* (*parvum*) *Lanzcronin voc.*« (Keussen, Bd. 1, S. 182). Aufgrund dieser Überlieferung muß mit A. Wrede davon ausgegangen werden, daß diese Gasse »nach dem Patrizierhaus zur Landskrone« (NKS, Bd. 2, S. 100) genannt wurde. Obwohl die Hausbezeichnungen bereits im 14. Jahrhundert auf den Gassennamen übertragen wurden und dieser auch im 16. Jahrhundert noch vorkommt, findet sich auf dem Stadtplan Mercators nichts Entsprechendes. Das *Kronengäßchen* ist 1911 durch den Bau des Stadthauses verschwunden.

Nennung	Straßenname	Belege
1254	versus dom. Landescrone	KTK, I, 182
1276	in fine platee, que tendit de Lanzcronin	KTK, I, 165
1276	versus curiam burgravii	KTK, I, 165
1295	parvum Lanskrone	KTK, I, 182
1336	Hs. zo der Lantzkronen	KTK, I, 181
1339	parva dom. dicta kleyn Lantzcronen	KTK, I, 181
1339	dom. grose Lantzcrone	KTK, I, 181

1351	in Lanscronengassen	KTK, I, 165
1370	super Santculin [...] ex opp. dom. Lanscronin	KTK, I, 165
1448	in der Lantzcroenengassen	KTK, I, 165
1448	Landskronengasse	KTK, I, 181
1452	Lantzkronengasse	KTK, I, 165
1459	Lantzkronengasse [...] Hs. zer Lantzkronen	KTK, I, 165
1499	in der Cronengasse	KTK, I, 165
1528	Kronengasse	KTK, I, 165
1535	gü. der Lantzkronen	KTK, I, 183

Lyertzgasse

Heute: **Kettengasse**
2. Stadterweiterung

Bis zur Stadterweiterung von 1180 und dem Bau der großen Mauer liegt das Gelände der heutigen *Kettengasse* außerhalb der Stadt. Nach 1180 führt die *Lyertzgasse* (=heutige *Kettengasse*) von der *Ehrenstraße* an die Stadtmauer. Das von ihr durchschnittene Gelände war selbst um 1571 lediglich sporadisch bebaut und auf beiden Straßenseiten von Gärten umgeben. Die südliche Straßenhälfte gehörte zum Hof *Benesis* (vgl. Keussen, Bd. 1, S. 396, 415).

Diese Gasse ist auf dem Stadtplan A. Mercators (1571) zwar dargestellt, aber nicht mit einer zeitgenössischen Bezeichnung versehen worden. Diese Unterlassung ist insbesondere deswegen bedauerlich, weil auch bei H. Keussen keine Nennungen von Straßenbezeichnungen aus dem 15. und 16. Jahrhundert vorliegen. Im Mlat. stehen *Lieus* bzw. *Lyaeus* (griech.) für ›Sorgenlöser‹ (Beiname des Bacchus) und für ›Wein‹ im Allgemeinen (vgl. Habel/Gröbel, Sp. 222). Sofern sich *Lyarts-* oder *Lyerts-* nicht auf einen ähnlichlautenden Anwohner-, Haus- oder Hofnamen bezieht, werden hier befindliche Weingärten gemeint sein.

Nennung	Straßenname	Belege
1323	in Lyartsgassen	KTK, I, 415
1342	ex oposito Liartgassin	KTK, I, 415
1364	in ordone Lijgersgassen	KTK, I, 409
1364	in ordone Ligersgassen	KTK, I, 405
1365	in vico Lyersgassen	KTK, I, 415
1393	in Lijrgassin	KTK, I, 405
1397	in der Lyersgassin	KTK, I, 415
1408	in der Lyertzgasse	KTK, I, 415

1417	Liersgasse	KTK, I, 405
1425	Lyartzgassen	KTK, I, 405
1461	in der Lyertzgasse	KTK, I, 415

marckmans gaß

Heute: **Markmannsgasse**
1. Stadterweiterung (Mercator-Plan S. 142/143)

Die vom *Heumarkt* durch die Rheinvorstadt und das gleichnamige *Markmannsgassentor* zum Rheinufer führende ehemalige *Friedrich-Wilhelm-Straße* wird im gesamten Mittelalter als *Marckman(n)sgasse* (in verschiedenen Schreibungen) bezeichnet. Nach A. Wrede ist sie »benannt nach einem dort im 12. Jh. bezeugten Grundbesitzer Markmanus« (NKS, Bd. 2, S. 180).

Noch a. 1200 wird in den Schreinsbüchern mehrfach ein Haus eines *Marcmannus Wivilruzin* erwähnt. R. Hoeniger kann bereits für die erste Hälfte des 12. Jahrhunderts den Personennamen *Marcman* belegen: »Ein dom. Marcmannus de Suburbio [...] begegnet c. 1150–1169 in den Notierungen des Martinschreines (Mart. 2 II 33 und 4 II 23). Als Mitglied des Kölner Schöffensenats kommen seit 1149 zwei verschiedene Männer des Namens nebeneinander vor« (Hoeniger, Bd. II/1, S. 72).

Nennung	Straßenname	Belege
1172/78	in platea Marcmanni	H, I, 118
1178/83	iuxta plateam Marcmanni	H, I, 138
1200	sub Lobio [...] dom. Marcmanni Wivelruzis	KTK, I, 10
1200	iuxta dom. Marcmanni Wivilruzin	KTK, I, 11
1200	in fine Marckmannisgazen	KTK, I, 11
1214	plateam Marmansgazzin	KTK, I, 11
1231	super plateam contra dom. Marcmanni	KTK, I, 10
1232	in platea Marcmansgassen	KTK, I, 10
1284	in fine Marcmansgassen	KTK, I, 10
1322	sub Lobiis in fine Marcmansgassen	KTK, I, 10
1330	in platea Marcmannsgassen	KTK, I, 11
1392	in Marckmansgassen	KTK, I, 10
1432	auf der Marckmannsgassen	KTK, I, 10
1471	in der Marckmansgasse	KTK, I, 11
1571	marckmans gaß	Mercator
1583	Markmansgass	W, III, 209

Marengassen

Heute: Auffahrt Deutzer Brücke (zwischen Kühgasse/Thurnmarkt)
1. Stadterweiterung

Die kleine *Marengasse* verbindet im Mittelalter die Straßen *Kühgasse* und *Knitmarkt* in der Kölner Rheinvorstadt und ist heute der Auffahrt zur Deutzer Brücke gewichen. Für dieses kleine Gäßchen in der eng bebauten Rheinvorstadt lassen sich in den Schreinsbüchern nur wenige Belege finden. Obwohl die Rheinvorstadt bereits im 10. Jahrhundert (a. 940) in das Stadtgebiet einbezogen wurde, stammen sämtliche Belege der Gassenbezeichnung erst aus dem 14. Jahrhundert.

Entsprechend schwierig gestaltet sich die Namendeutung von *Marengasse*, die im Untersuchungszeitraum mit nur einer Ausnahme (*Meylainsgasse*) als solche bezeichnet wird. Da bei *maren-* wohl kaum an das mhd. *meren* = ›Ufer‹ (wie in *meren-poste* = ›Pfosten am Ufer zur Befestigung der Schiffe‹; vgl. Lexer, Bd. 1, Sp. 2109) zu denken ist, verbirgt sich hinter dieser Gassenbezeichnung eher der lat. Anwohnername *Marreus*. Anwohner dieses Namens kommten im 13. Jahrhundert in dieser Gasse mehrfach vor: *domus Ulr. Marrei*, *Wernerus Marrei* oder *Henricus Marreich*. Nachdem im 14. Jahrhundert der Beiname *Marreus* vorübergehend *Marreich* lautete, bildet er im 15. Jahrhundert abgeschliffen zu *Maren* einen Bestandteil des Straßennamens *Marengasse*. Bedauerlicherweise hat A. Mercator auf dem Stadtplan (1571) für diese Gasse keinen zeitgenössischen Straßennamen eingetragen.

Nennung	Straßenname	Belege
1232	dom. [...] Ulr. Marrei	KTK, I, 84
1247	in Litore Reni prope dom. Werneri Marrei	KTK, I, 84
1350	Meylainsgassen	KTK, I, 84
1367	prope dom. Henrici Marreich	KTK, I, 84
1443	auf der Marengassen	KTK, I, 84
1455	auf der Marengassen	KTK, I, 84
1498	auf der Marengassen Ort	KTK, I, 84

Mollengasse/Nuwegasse

Heute: **Am Bollwerk**
1. Stadterweiterung

Während des gesamten Untersuchungszeitraumes trägt der Bereich des Kölner Rheinufers keinen individuellen Namen und wird lediglich als ›am Rheinufer‹ (*in Li-*

tore Reni) bezeichnet. Offensichtlich genügte diese Bezeichnungspraxis den Bedürfnissen mittelalterlichen Fisch- und Holzhandels, der durch hier ansässige *Hoilzmenger* (vgl. Keussen, Bd. 1, S. 108) und *Salmenschnider* (vgl. Keussen, a. a. O.) belegt ist.

Zur Lokalisierung dort befindlichen Grundbesitzes mußten von daher die Schreinsbuchschreiber zwischen den Jahren 1197 und 1567 angrenzende Gassen und ihre Namen heranziehen: »*tusschen der Molengassen ind der Nuwergasse*« (Keussen, Bd. 1, S. 108). Auch A. Mercator hat diese Gasse auf seinem Stadtplan (1571) namenlos dargestellt.

Nennung	**Straßenname**	**Belege**
1197/1215	in littore Reni	H, I, 314
1227	in Nova platea	KTK, I, 108
1233	in Littore Reni in fine platee Molendinorum	KTK, I, 108
1269	versus Novam plateam	KTK, I, 108
1305	versus Molengasse	KTK, I, 108
1312	inter Novam plateam et Scorlingsgassen	KTK, I, 108
1343	inter Novum vicum et Molengassin	KTK, I, 108
1407	beneden der Nuwergasse	S, II, 182
1430/40	an der Nuwergassen	S, II, 263
1486	tusschen der Molengassen ind der Nuwergassen	KTK, I, 108
1567	zwischen der Mollengasse u. der Nuwegasse	KTK, I, 108

neben dem Borghoff

Heute: **Burghöfchen**
Römerstadt

Die heute *Burghöfchen* genannte Gasse verbindet die Straßen *Große Sandkaul* und *Hohe Straße* im Schreinsbezirk St. Alban. Südlich von diesem Gäßchen befand sich im Mittelalter der Burggrafenhof. Dieser ist durch diverse Übertragungen von Liegenschaften bereits im 12. Jahrhundert bezeugt. Nachdem im Jahre 1197 der Burggraf Heinrich »*dom. cum curte in civitate sita*« (Keussen, Bd. 1, S. 163) einem Symon, Bruder Gerhards *inter macellos* verpfändet hatte, fiel der Burggrafenhof samt Burggrafschaft im Jahre 1279 an die Erzbischöfe zurück. Im 14. Jahrhundert wurde die Leibzucht des Burggrafenhofes von den Erzbischöfen Walram und Wilhelm an den Ritter Heinrich von Sinzig und dessen Sohn Ritter Roilmann, Herrn von Arendale, verliehen.

Neben dem Burggrafenhof, zu dem im 13. Jahrhundert bereits eine St. Nikolaus Kapelle gehörte (a. 1257 »*capella in curia burggravi*«; Keussen, Bd. 1, S. 163), entstand 1282 anstelle des Hauses *Lamp* ein Oratorium: »*dom. Lamp, que nunc est ecclesia Augustinorum*« (Keussen, Bd. 1, S. 164). Zu der expandierenden Augustinerinnenklause gehörten mehrere Häuser und Grundstücke, auf die sich die Straßenbezeichnungen mehr und mehr bezogen, so daß es beispielsweise a. 1455 »*in dem Burchhoyve bij den Augustijnen*« (Keussen, Bd. 1, S. 163) hieß.

Nennung	Straßenname	Belege
1184/94	in vico burcgravii	H, II/1, 300
1257	in curia burgravi	KTK, I, 163
1266	ex opp. curie burggravii	KTK, I, 155
1392	in curiam burgravii	KTK, I, 163
1401	gü. des Burggrafen Hof	KTK, I, 155
1455	in dem Burchhoyve bij d. Augustijnen	KTK, I, 163
1485	allernächst des Burchgreven Hof	KTK, I, 163
1487/92	bei dem Burghof vor den Augustinern	KTK, I, 163
1492	auf dem Burghof	KTK, I, 155
1583	neben dem Borghoff	W, III, 185

neben der Gotzgnaden

Heute: **Kurt-Hackenberg-Platz**
Römerstadt

Das kleine Gäßchen in Verlängerung von *Unter Taschenmacher* wird im Spätmittelalter nach einem Hausnamen *Unter Gottesgnaden* genannt. Vom Domhof aus mußte man, um in die Gasse *Unter Gottesgnaden* zu gelangen, die *Drachenpforte* am südöstlichen Ende des Domhofes passieren, die dementsprechend *die Gottesgnade under der Drachenportze* genannt wurde. Unweit von dieser entfernt lag »*der marstall gelegen alreneest, da man durch die Drachenportze geit*« (Keussen, Bd. 2, S. 304).

Das *Gotzgnaden* genannte Haus selbst befand sich nach Weinsberg hinter dem Saalgericht (vgl. Buch Weinsberg, Bd. 3, S. 366), wo unter Vorsitz des Offizials das geistliche Gericht tagte (vgl. Keussen, Bd. 2, S. 137*). Auch die *Gottesgnade* gehörte zu erzbischöflichem Besitz und wude 1458 mit ihrem Keller und allem Zubehör »vom Erzbischof an den Riemenschneider Ger. v. dem Busch« (Keussen, Bd. 2, S. 304) gegen Erbzins verliehen.

Auf dem Stadtplan A. Mercators sind lediglich die Straßen *Unter Taschenmacher* (bei Mercator *unter Teschmecher*) kreuzend *Am Hof* (*Unter Helmschleger*) und die

Drachenpforte (*Draken pforts*) mit Namen versehen. Demgegenüber ist das Gäßchen *Unter Gottesgnaden* ohne seinen Straßennamen dargestellt.

Nennung	Straßenname	Belege
1383	dom. Aule prope [...] stabulum	KTK, II, 303
1383	versus vicum Judeorum	KTK, II, 303
1414	die Goitzgnade	KTK, II, 303
1416	an der Marstallen under den boigen	KTK, II, 304
1416	der kelre zu der Goitzgnaden	KTK, II, 304
1427	bei der Draichenpoirtzen	KTK, II, 304
1458	die Gotts gnade under der Drachenportzen	KTK, II, 304
1497	under Drachenportzen	KTK, II, 304
1587	vor der Gotzgnaden	W, III, 366
1589	die Gots gnadt	KTK, II, 304
1596	in der Gotzgnaden	W, V, 427

neben S. Huprichs huys

Heute: Gelände des Kölner Hauptbahnhofs
2. Stadterweiterung

Auf dem Stadtteilplan Niederich von H. Keussen führt die ehemalige *Hubertsgasse* annähernd parallel zur *Marzellenstraße* von der *Trankgasse* zur *Maximinenstraße*. A. Mercator hingegen hat diese Gasse auf seinem Stadtplan (1571) lediglich als eine von der *Trankgasse* nördlich wegführende Sackgasse dargestellt ohne ihr einen Namen zu geben.

In den entsprechenden Schreinsbucheinträgen lassen sich zwischen dem 12. und 14. Jahrhundert Namenbelege finden, die sich in diesem Zeitraum von *Snegilgazzin* (1178) zu *Snailgasse* (1399) wandeln. Im Mhd. existiert *snegel* mit der Bedeutung ›Schnecke‹ und könnte auf ein Hauszeichen oder einen lautverwandten Hausnamen verweisen (vgl. Lexer, Bd. 2, Sp. 1028).

Im Falle des Bestimmungswortes *snel*- bzw. *snail*- bleibt die Etymologie durch die Quellenlage im Spekulativen. Im Mhd. kommt *snel* als Adjektiv (= ›schnell‹) vor und könnte – da dieses sonst als Beiwort auftritt – den Beinamen eines Anwohners meinen (vgl. Lexer, Bd. 2, Sp. 1029). Bereits die Schreinsbuchschreiber des 15. Jahrhunderts scheinen keinen unmittelbaren Zugriff auf die Semantik dieses Straßennamens mehr gehabt zu haben, denn a. 1472 erscheint diese Gasse als *Smalengassen* (mhd. *smal* = Gegensatz zu *grôz*, ›breit‹; vgl. Lexer, Bd. 2, Sp. 999). 1434 ist die »von Alters gen. die Snailgasse« (Keussen, Bd. 2, S. 89) sogar als *S. Huprechtsgasse* belegt.

Wie die Erwähnung aus dem 16. Jahrhundert zeigt, handelt es sich hierbei aber um einen Hausnamen: *neben S. Huprichs huys* (vgl. Keussen, Bd. 2, S. 135).

Nennung	Straßenname	Belege
1178/83	in Snegilgazzin	H, II/1, 116
1180/85	in vico qui vocatur Snegilgazzin	H, II/1, 131
1183/92	Snegilgazzen	H, II/1, 151
1183/92	iuxta Snegilgazze	H, II/1, 145
1188/1203	Snelgazen	H, II/1, 165
1209/1215	in platea que dicitur Vingirgasse	H, II/1, 201
1215	in platea Snegelgaze	KTK, II, 88
1231	Snelgazen	KTK, II, 88
1239	Snegelisgaszin	KTK, II, 88
1313	super vicum, qui dic. Sneylgasse	KTK, II, 135
1353	supra vicum Sneelgassen	KTK, II, 135
1399	Snailgasse	KTK, II, 89
1400	Snaelgasse	KTK, II, 135
1434	S. Huprechtsgasse [...] gen. die Snailgasse	KTK, II, 88
1472	Smalengassen	KTK, II, 135
1475	Snailgasse	KTK, II, 135
1535	neben S. Huprichs huys	KTK, II, 135

Neckelsgasse

Heute: Finanzamt/Hauptzollamt (zwischen Blaubach/Perlengraben)
2. Stadterweiterung

Auf dem Mercator-Plan (1571) verbindet die heute nicht mehr existierende *Weißgerbereckgasse* (bei Mercator ohne Bezeichnung) die Straßen *Perlengraben* (*Off dem piele graben*) und die ehemalige *Weißbüttengasse* (*buttegaß*). Dieser erst mit der Stadterweiterung von 1106 in die Stadt einbezogene Bereich wurde an der Wende des 12. zum 13. Jahrhundert »besiedelt und bebaut« (NKS, Bd. 3, S. 280).

Obwohl die *Neckelsgasse* (1487) mit dem *Perlengraben* einen spitzen Winkel bildet und es sich somit wie bei dem Namentyp *In der Spitzen* um einen typischen Flurnamen handeln könnte, schließt A. Wrede »nhd. Ecke, Eck, ahd. ecka, egga (Ecke, Kante)« (NKS, Bd. 3, S. 280f.) als Grundbedeutung des Straßennamens *Nekkelsgasse* aus. Stattdessen führt er »eck mit den alten Formen ekle [... auf] den alten Rufnamen Ecke, Kurzform zu Namen wie Eckbert, Eckehard, Egilward u. älter Acleward« (NKS, Bd. 3, S. 281) zurück. »Seit der 2. H. des 14. Jh. mit anlautendem n gebildete Namensformen bestehen aus n als Rest der Präp. in, en u. dem alten eigentlichen Namen Eckel, also Neckelsgasse gekürzt aus in (en) Eckelsgasse« (NKS, Bd. 3, S. 281). Somit wird es sich hier um die Übertragung eines Personennamens auf den Straßennamen handeln.

Nennung	Straßenname	Belege
1220	Eklegasse	KTK, II, 59
1242/48	in angulo platee Eckingazzen	KTK, II, 57
1248	Eckilgazze	KTK, II, 59
1248/54	Eklegazzen	KTK, II, 59
1257	Egglegasce	KTK, II, 59
1277	Heckelgasse	KTK, II, 59
1289	Ekelgassen	KTK, II, 59
1306	in Eckilgassen	KTK, II, 59
1340	Eckilgassin	KTK, II, 59
1365	in Eckilgassen	KTK, II, 59
1375	in Neckilsgassin	KTK, II, 59
1390	in Neckilgassin	KTK, II, 57
1410	Neckelsgasse	KTK, II, 59
1464	Neckelsgasse	KTK, II, 59
1487	Neckelsgasse	KTK, II, 57

off dem alden graben

Heute: **Kardinal-Frings-Straße/Eintrachtstraße**
3. Stadterweiterung (Mercator-Plan S. 234/235)

A. Mercator hat diese Straße als *Off dem alden graben* (1571) bezeichnet. Anhand der Überlieferung der Straßenbezeichnungen aus Schreinsbucheinträgen des Mittelalters läßt sich die Geschichte der Stadterweiterungen rekonstruieren und folglich begründen, warum diese Straße bereits im 16. Jahrhundert ›alter‹ Graben genannt wurde.

Bis zu der zweiten Stadterweiterung 1106 (der Einbeziehung der Stadtteile Oversburg, St. Aposteln und Niederich) lag diese Straße *extra vallum civitatis*. Nach dem Jahre 1106 bildete sie die nördliche Grenze Kölns. Während der den späteren Straßenverlauf vorzeichnende Wall (mlat. *vallum* = ›Wall‹; vgl. Georges, Bd. 2, Sp. 3361; Habel/Gröbel, Sp. 417) in den 70er Jahren des 12. Jahrhunderts noch *vallum s. Marie* genannt wird, erscheint er im frühen 13. Jahrhundert bereits als *antiqua fossa* (= ›alter Graben‹ von mlat. *fossa*; vgl. Georges, Bd. 1, Sp. 2829; Habel/Gröbel, Sp. 158).

Da zwischen der zweiten Stadterweiterung und den Bezeichnungen *antiqua fossa* weniger als hundert Jahre liegen, wird sich diese attributive Bezeichnungspraxis nicht nur auf das Alter des Stadtgrabens beziehen. Die Bezeichnung ›alter Graben‹ bringt vielmehr zum Ausdruck, daß die Funktion dieses Grabens als nördliche Stadtgrenze im 13. Jahrhundert bereits obsolet geworden ist. Denn in das Jahr 1180 fällt die dritte große Stadterweiterung und der Bau der großen Stadtmauer um Köln, die die nördliche Stadtgrenze bis zum *Eigelsteintor* verschob.

Nennung	Straßenname	Belege
1178/1202	in vallo s. Marie	H, II/1, 225
1178/1202	infra exterius vallum civitatis	H, II/1, 231
1260	apud Antiquam fossam	KTK, II, 275
1314	in Antiqua fossa	KTK, II, 275
1336	apud Antiquum fossatum	KTK, II, 274
1367	in Fossa antiqua	KTK, II, 275
1420	up dem Alden Graven	KTK, II, 275
1466	auf dem Aldengraven	KTK, II, 274
1485	an dem Alden Graven	KTK, II, 275
1571	off dem alden graben	Mercator
1589	uff dem Altengraven	W, IV, 67

Off dem beerlich

Heute: **Auf dem Berlich**
Römerstadt (Mercator-Plan S. 234/235)

A. Wrede hat diesen alten Kölner Straßennamen auf hier ursprünglich betriebene Landwirtschaft zurückgeführt: »Bälich, Om: Auf dem Berlich, Straße zw. Breite Straße u. Zeughausstraße, der höchst gelegene Teil des römischen Stadtkerns, anscheinend in röm. Zeit noch nicht bebaut; [...] zu altkölsch ber, mnd. ber, ripuar. bier (Eber, Zuchtschwein) u. leich (Fläche), vgl. perleihc, perlach in Augsburg; der Berlich, der zuweilen auch als platea Scotterum super antiquum Berlicum (auf dem alten Berlich) oder einfach Scottingasse zur Ortsbestimmung diente, wurde im frühen Mittelalter vermutlich als Schweinetrift benutzt« (NKS, Bd. 1, S. 48).

Seit dem 13. Jahrhundert erscheint der *Berlich* auch entweder mit dem Zusatz *in Scothegazen* oder lediglich als *Schottengasse*. Im Mhd. kommt das Adjektiv *schotte* mit der Bedeutung ›durch Herumwälzen verunreinigt‹, ›schmutzig‹ vor (vgl. Lexer, Bd. 2, Sp. 774). In diesem Sinne – und wohl nicht als ›Gasse der Schotten‹ – stützen Nennungen wie *Schottengasse* die Etymologie des als Schweinetrift genutzten *Berlich*.

Nennung	Straßenname	Belege
1170/90	in Berleich	H, I, 333
12. Jhd.	supra Berlec	KTK, I, 278
1205/14	supra Berleig	H, II/1, 306
1220	super Berleich	KTK, I, 275
1220	in pl.[atea] (S)cotorum	KTK, I, 276
1221	in Berlico in Scothegazen	KTK, I, 276
1225	in Berlico in pl.[atea] Scothorum	KTK, I, 275
1241	in pl.[atea] Scotorum	KTK, I, 276
1252	in Berlico in Schotingasse	KTK, I, 276
1263	in pl.[atea] Scottingazze	KTK, I, 276
1286	in Berlico in Scottengassen	KTK, I, 276
1289	in Schottengassen	KTK, I, 278
1304	in loco seu vico, qui Berlinc dicitur	L, III, 25
1329	in der Schottegasse super antiquum Berlicum	KTK, I, 278
1364	iuxta Berlicum	KTK, I, 277
1484	up dem Berlich	KTK, I, 277
1571	Off dem beerlich	Mercator

Off dem brand

Heute: **Dagobertstraße**
3. Stadterweiterung (Mercator-Plan S. 178/179)

Die heutige *Dagobertstraße* verbindet im Mittelalter die Straßen *Unter Kahlenhausen* (bei Mercator *Die Caelhauser gaß*) mit dem Rheinufer. Die Lage am nördlichen Stadtrand mit geringer Bebauung noch um 1571 erklärt die geringe Anzahl von Bezeichnungsbelegen aus den Schreinsbüchern. Im Gegensatz zu den gleichnamigen Straßen (vgl. *Off dem brande*/heute: *Auf dem Brand*, *Off dem brande*/heute: *Bischofsgartenstraße*) deutet in den Schreinsbüchern für den Bereich *Dagobertstraße* nichts darauf hin, was die Eintragung *Off dem Brande* bei Mercator rechtfertigte oder erklärte. Hier liegender Grundbesitz wird – wenn nicht lediglich mit einem Hinweis auf St. Kunibert versehen – mit der Ortsangabe ›auf dem Berge‹ (*super Monte*) lokalisiert. In einem Schreinsbucheintrag des Jahres 1357 wird explizit ein Weinberg erwähnt, auf den sich die Angabe *super Monte* beziehen könnte.

Nennung	Straßenname	Belege
1327	super orreum dominorum de s. Kuniberto	KTK, II, 269
1352	super vineam de Schyderich	KTK, II, 269

1375	in loco up deim Berge iuxta Caldenhusen	KTK, II, 269
1391	super Monte	KTK, II, 269
1401	auf dem Berghe	KTK, II, 269
1420	bei S. Cunibert auf dem Berge	KTK, II, 269
1571	Off dem brand	Mercator

Off dem brande

Heute: Zwischen Bischofsgartenstraße/Große Neugasse
Römerstadt (Mercator-Plan S. 178/179)

Auf dem Mercator-Plan (a. 1571) wird diese Gasse *Off dem brande* genannt. Mit ihrer östlichen Hälfte gehörte sie zu dem Schreinsbezirk St. Brigida. Parallel zu der heutigen Straße *Große Neugasse* führte sie am erzbischöflichen Baum- und Tiergarten (seit 1485 Schützenhof der Domherren) vorbei.

Die Bezeichnung ›auf dem Brande‹ tritt im Schreinsbuch allerdings erst seit dem 14. Jahrhundert auf, in dem diese Gasse dem Namen nach der zu ihr führenden Gasse *Auf dem Brand* zugerechnet wird (bei Meractor *Off dem brande*). Der Benennungsgrund dieses Gassennamens kann nicht mehr eindeutig angegeben werden. Einerseits wird im Schreinsbuch am Ende des 12. Jahrhunderts ein Haus des *Hildebrandus Panificis* erwähnt. Dieser Anwohnername könnte sich auf den Straßennamen übertragen haben (vgl. Keussen, Bd. 1, S. 111).

Andererseits wird die Ausdehnung der Bezeichnung *Auf dem Brand* auf den Bereich der heutigen *Bischofsgartenstraße* durch den Umstand begünstigt, daß sich hier am Ende des 15. Jahrhunderts tatsächlich mehrere Hausbrände ereignet haben. Im Schreinsbuch werden 1494 zwei abgebrannte Häuser notiert (vgl. Keussen, Bd. 2, S. 309).

Auch die Bezeichnung *Schorlosgassin*, die im allgemeinen mit den Kölner Gewandschneidern in Verbindung gebracht wird, kann durch die Bedeutung von mlat. *scoria* = ›Asche‹ auf einen Brand in dieser Gegend deuten.

Lautlich äußerst ähnlich kommt im Mlat. aber auch *scoriare* vor, das ›abhäuten‹ und ›schinden‹ meint (vgl. Habel/Gröbel, Sp. 356). In dieser Bedeutung ist ein Hinweis auf den nahegelegenen erzbischöflichen Fleischhof enthalten. Angeblich seit dem 10. Jahrhundert besteht hier der erzbischöfliche Fleischhof (*domus carnium archiepiscopi*), nach dem diese Gasse im Spätmittelalter lat. *in Foro carnium* und bis in das 14. Jahrhundert volkssprachlich *up deme Vleishove* genannt wird. Vom Fleischhof gelangte man durch dieses Gäßchen in Richtung *Bechergasse* an der erzbischöflichen Fettwaage (*libra domini dicta Vetwage*; Keussen, Bd. 2, S. 309) vorbei zur erzbischöflichen Küche (*sub arcu coquine domini episcopi*; Keussen, Bd. 2, S. 309).

Nennung	Straßenname	Belege
10. Jhd.	dom. carnium archiepiscopi	KTK, II, 308
1197/1215	in Scholachirgazzin iuxta dom. Hildebrandi	H, I, 321
1294	in fine Schorlosgassin versus Vleyschof	KTK, I, 112
1307	contra plateam Vleyshoif	KTK, I, 112
1315	in Foro carnium	KTK, II, 309
1340	upme Vleischove	KTK, I, 129
1342	up deme Vleishove	KTK, II, 305
1342	super Curia carnium	KTK, II, 309
1350	[auf dem] Vleyshoyven	KTK, II, 308
1369	[auf dem] Vleyschoeve	KTK, II, 308
1370	[auf dem] Brande	KTK, II, 308
1376	[auf dem] Vleischhove	KTK, II, 308
1382	up deym Vleischove	KTK, I, 129
1401	[auf dem] Brande	KTK, II, 308
1483	[auf dem] Brande	KTK, II, 309
1496	[auf dem] Brande	KTK, II, 308
1497	[auf dem] Vleischove	KTK, II, 308
1571	Off dem brande	Mercator

Off dem brande

Heute: **Auf dem Brand**
1. Stadterweiterung (Mercator-Plan S. 178/179)

Diese Straßenbezeichnung kommt im mittelalterlichen Namenkorpus der Stadt Köln mehrmals vor (vgl. *Off dem brand*/heute: *Dagobertstraße*, *Off dem brande*/heute: zwischen *Bischofsgartengasse*/*Große Neugasse*).

Vom 12. bis zum 16. Jahrhundert erscheint diese Straße in diversen Schreibungen als eine *Schorlachergasse*. Vor dem 16. Jahrhundert deuten auf die Bezeichnung *Off dem brande* lediglich der Anwohnername bzw. Hausbesitzer *Hildebrand*: a. 1197 »*dom. Hildebrandi Panificis*« (Keussen, Bd. 1, S. 111) und die Lokalisierung ›zum Brand wärts‹ aus dem Jahre 1410 (vgl. Keussen, Bd. 1, S. 112). Etymologisch berühren sich die beiden Bezeichnungen derselben Straße *Off dem brande* und *Scorlagensgaze* lediglich in der Bedeutung des mlat. *scoria*, das für ›Asche‹, aber auch für ›Schlacke‹ und ›Dreck‹ stehen kann (vgl. Habel/Gröbel, Sp. 356).

E. Volckmann hält diese Gasse für eine Gewerbesiedlung der Gewandschneider: »*Schorlaker* ist die ursprüngliche Bezeichnung für die in der Gewandschneider-Urkunde von 1247 erwähnten fratres qui *Schorren* ›dicuntur‹ […]. Die für die ursprüngliche Schorlaker- oder Schorlachergasse wiederholt vorkommende Bezeichnung Schorlinx-, Scorlin- und Schoirlinx-Gasse ist auf die *Schorlisse* oder *Schurlitz* zurückzuführen. [...] (aus mlat. scorlicium); die Schorlisse oder Schorlitze war also ein einfaches gewebtes Unterkleid, das die Schoren oder Schorlaker, als gelernte Weber, herstellten. [...] Die heute ›Auf dem Brand‹ genannte Gasse (der Name erinnert jedenfalls an eine Feuersbrunst in der zweiten Hälfte des 16. Jahrhunderts [...] war ehemals die Gasse der Schorlaker oder Schoren und des Webstoffgewerbes überhaupt von vornherein, denn schon in den ältesten Schreinsurkunden (1197/1215) wird dort ein ›domus que fuerat Gevehardi panificis‹ und gleichzeitig ein ›domus Hildebrandi panificis‹ erwähnt« (Volckmann, 1921, S. 89f.).

Nennung	**Straßenname**	**Belege**
1197/1215	domus, que fuerat Gevehardi panificis	H, I, 308
1197/1215	in Scorlagensgaze	H, I, 316
1197/1215	Schorlachirgazzin [...] dom. Hildebrandi panificis	H, I, 325
1197/1215	in Schorlachirgazzin	H, I, 323
1205/14	in Schorlachirgazzin	H, II/1, 314
1227	in Schorlachergazzen	KTK, I, 109
1235	in Schorlaggirgazzen	KTK, I, 110
1244	in Schorlorgassin	KTK, I, 112
1248	in Schorlaggazzen	KTK, I, 109
1255	Scorlaggazzen	KTK, I, 112
1259	Schorlichisgazzen	KTK, I, 109
1301	in Schorlofgassin	KTK, I, 110
1332	Schoyrlinxgassen	KTK, I, 107
1362	Schorrisgasse	KTK, I, 112
1384	in Schorresgassen	KTK, I, 109
1405	Schorlinxgasse	KTK, I, 111
1410	zum Brand	KTK, I, 112
1473	auf der Schorlinxgassen	KTK, I, 107
1510	Schoerlynxsgasse	KTK, I, 110
1546	in der Schorlinxgasse	KTK, I, 110
1561	auf dem Brande in der Schoirlinxgasse	KTK, I, 110
1563	in der Schoerersgasse	KTK, I, 110
1571	off dem brande	Mercator
1584	Schorlinxgasse	KTK, I, 110
1587	auf dem Brand	KTK, I, 110
1590	auf dem Brande	KTK, I, 111

Der Nui marckt
alder mauren
Hinder Sant
Casius gaß
Schutten hoff
Off dem
Die lang gaß
Die koffer gaß
Swader gaß
Die hertzoghs strass
S. Margarden gaß
vor den minnenbruderen

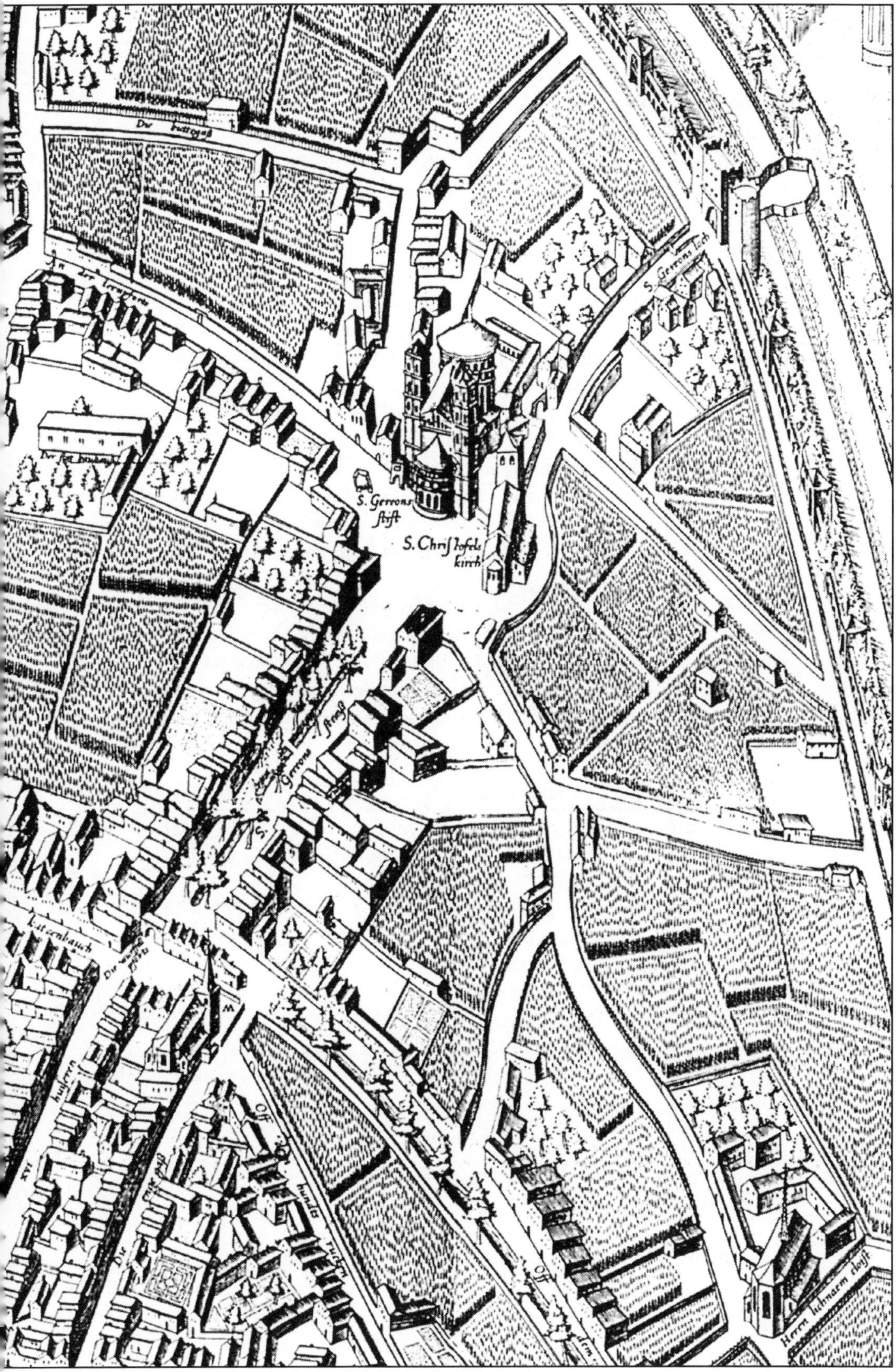
S. Gerrons stift
S. Christofels kirch

Off dem buchell

Heute: **Großer Griechenmarkt** (zwischen Krummer Büchel/Kämmergasse)
Römerstadt (Mercator-Plan S. 308/309)

Die von A. Mercator auf seinem Stadtplan (1571) lediglich *Off dem buchell* genannte Straße führt im Mittelalter in fünf ihrer Abschnitte verschiedene Bezeichnungen, die im *Lexikon der mittelalterlichen Straßennamen Kölns* als unabhängige Straßen aufgeführt werden. Für alle fünf Abschnitte konnten den Schreinsbüchern Nennungsbelege entnommen werden, die dem Verlauf des *Großen Griechenmarktes* von Osten nach Westen entsprechend festgehalten wurden: *Off dem buchell – Brunsteynsgasse – in dem Putzhoiffe – (an der) Kreig pforts – up der Maissen.*

Im Schreinsbezirk St. Peter sind ähnlich gebildete Örtlichkeitsbezeichnungen wie *Off dem buchell* mehrfach anzutreffen: Von der *Hohen Pforte* (bei Mercator *Auff der hochpforts*) gelangt man über den *Hochpfortenbüchel* (bei Mercator unbenannt) und den *Krummen Büchel* (*Am crommen buchell*) auf das östlichste Teilstück des *Großen Griechenmarktes*, der im Mittelalter durchgehend *Off dem buchell* genannt wird.

In diesen Fällen handelt es sich um typische Beispiele der den Namenträger charakterisierenden Bezeichnungsweise des Mittelalters. Mhd. *buckel* steht für ›Erhebung‹, während mhd. *buch* den ›Bauch‹ bezeichnet (vgl. Lexer, Bd. 1, Sp. 376). Mit dieser sprechenden Namenbildung ist eine ansteigende oder geschwungene Straßenführung gemeint. Im Spätmittelalter erscheint diese Bezeichnung darüber hinaus als Beiname von Anwohnern oder Grundbesitzern wie z. B. *Theolonis de Cumulo.*

Nennung	Straßenname	Belege
1310	Joh. de Cumulo super Cumulum	KTK, I, 241
1315	in Cumolo ex opp. dom. Johannis de Cumulo	KTK, I, 238
1331	super Cumulum	KTK, I, 238
1334	prope dom. Theolonis de Cumulo	KTK, I, 240
1350	supra Monticulum	KTK, I, 238
1365	ad Monticulum in Monticulo	KTK, I, 241
1392	versus Monticulum	KTK, I, 239
1451	auf dem Büchel	KTK, I, 241
1550	am Buchel	W, I, 343
1571	Off dem buchell	Mercator

Off dem eigelstein

Heute: **Eigelstein**
2. Stadterweiterung (Mercator-Plan S. 178/179)

Die heute *Eigelstein* genannte Straße verbindet im Mittelalter die Grenzen der Stadterweiterungen von 1106 und 1180. Sie führt zu der gleichnamigen *Eigelsteinpforte* in der großen Stadtmauer, durch die man Köln im Norden verließ.

Während die frühesten Belege in den Schreinsbüchern aus der Mitte des 12. Jahrhunderts diese Gegend mit dem Örtlichkeitsnamen ›auf dem Buchel‹ (mlat. *in Monticulo* von *monticulus* = ›kleiner Berg‹; vgl. Georges, Bd. 2, Sp. 1000; Habel/Gröbel, Sp. 246) bezeichnen, wird am Ende des 12. Jahrhunderts namentlich bereits auf den *Eigelstein* Bezug genommen: a. 1172/80 »*in Monticulo, illa pars que respicit ad lapidem, que dic. Eygelsten*« (Hoeniger, Bd. II/1, S. 114).

Nach H. Keussen geht dieser Stein bzw. sein »Name [...] auf die römischen Reste zurück, welche in auffälliger Weise im Strassenbild hervortraten« (Keussen, Bd. 1, S. 167*). Diese Straße zählt zu den ältesten Kölns, da sie – so A. Wrede – als »römische Heerstraße in Richtung Neuß-Niederrhein [aus dem römischen Köln herausführt]. Der Name ist abzuleiten aus lat. aquila (Adler); in römischer u. weit bis ins Mittelalter reichender Zeit schmückte der röm. Legionsadler eine Säule, die als Zeichen oder Denkstein an der Westseite der Straße noch bis ins 13. Jh. hinein stand« (NKS, Bd. 1, S. 178).

Nennung	Straßenname	Belege
1147/48	in vico, qui dic. Buchel	KTK, II, 83
1163/68	in monticulo	H, II/1, 67
1172/80	in Monticulo, illa pars, que respicit ad lapidem, qui dic. Eygelsten	H, II/1, 114
1176	Henricus de monticulo	L, I,325
1178/83	in Mont. in ea media parte, que respiciti Eigylstein	H, II/1, 122
1180/85	in platea, que ducit ad Monticulum	H, II/1, 138
1220/30	versus portam Eigelstene	KTK, II, 78
1260	apud Antiquam portam in Monticulo	KTK, II, 78
1279	versus Egelsteyne	KTK, II, 79
1317	up Eygilsteyne	KTK, II, 83
1325	Egelsteynsstrasse	KTK, II, 78
1342	up den Buchele up Eygelstein	KTK, II, 82
1371	up Egelstein	KTK, II, 80
1407	upme Eygelsteyne	S, II, 200
1420	[auf dem] Eygilsteyne	KTK, II, 79

1446	upme Eygelsteyne	KTK, II, 79
1466	up Eygelstein	KTK, II, 80
1528	uff dem Igelstein	W, I, 54
1542	vur der Igelsteinsporzn	W, I, 169
1563	hinder der Eigelsteinsporzen	W, II, 123
1571	Off dem eigelstein	Mercator
1588	uff dem Igelstein	W, IV, 34

Off dem hundts rucken

Heute: **Auf dem Hunnenrücken**
2. Stadterweiterung (Mercator-Plan S. 234/235)

Die heutige Straße *Auf dem Hunnenrücken* verläuft im Mittelalter von der Kirche St. Maria Ablaß entlang der Weingärten von St. Ursula. Entsprechend wird in einem Schreinsbucheintrag von 1260 lokalisiert: *»ex opp. vinee dominarum de s. Virginibus«* (Keussen, Bd. 2, S. 90). Wie aus den Bezeichnungsbelegen für diese Straße ersichtlich, heißt sie im Mittelalter von Schreibvarianten abgesehen durchgehend *Hunsrucge*. Der heutige *Hunnenrücken* führt zwar zu der Kirche der hl. Ursula, die mit ihren sagenhaften 11.000 Begleiterinnen nach ihrem Märtyrertod durch eine Hunnenschar als Schutzheilige Kölns verehrt werden.

Die Straßenbezeichnung wurde aber »erst von F.F. Wallraf in der Revolutionszeit mit der Ursulalegende verwoben [...] und [hieß] bis dahin *Hundsrücken*« (Jakobs, 1987, S. 1449). H. Jakobs zählt diesen Straßennamen zu den sog. *hun*-Namen, die der ripuarischen Velarisierung (R. Schützeichel) ausgesetzt waren: »*hun* → *hunk*. Daneben gab es als Folge der gleichen sprachlichen Erscheinung *hunt* ›Hund‹ → *hunk*« (Jakobs, 1987, S. 1448).

Wie schon F.F. Wallraf spricht H. Keussen diesen ›Hundegassen‹ und somit möglicherweise auch dem *Hundsrücken* pejorative Konnotationen zu: »der Name [...] war für diese Straßen keinenfalls eine Auszeichnung« (Keussen, Bd. 1, S. 168*).

A. Wrede hat die topographische Situation zu folgender Etymologie veranlaßt: Altkölsch »rucge, rucke, kölsch Rögge, erklärt sich aus dem Ansteigen der Straße von der Ursulastraße her; deshalb könnte in huns, huntz ein entstelltes huhen (hohen) erblickt werden, das im Volksmund eben hungs, in der amtlichen Schriftsprache hunt(z) wurde« (NKS, Bd. 1, S. 375).

Nennung	Straßenname	Belege
1202/12	Hunsrucge	J, 87, 1449
1260	inter eccl. s. Virginum et s. Mariam ad Indulg.	KTK, II, 90
1277	inter eccl. s. Virginum et s. Mariam ad Indulg.	KTK, II, 90
1337	in vico Hunsrucge	KTK, II, 89
1342	supra Huntzrucge	KTK, II, 89
1349	in vico Huntzrucge	KTK, II, 89
14. Jhd.	upme Hunsruchgen	KTK, II, 89
1409	[auf dem] Hunsrucgen	KTK, II, 89
1417	[auf dem] Hondsrugge	KTK, II, 90
1452	[auf dem] Huntzrugge	KTK, II, 89
1468	[auf dem] Huntzrucgen	KTK, II, 89
1481	up de Honsrugge	KTK, II, 89
1528	up dem Hundtzrugghe	KTK, II, 89
1571	Off dem hundts rucken	Mercator
1577	uff dem Huntzrucken	W, II, 356

Off dem piele graben

Heute: **Perlengraben**
3. Stadterweiterung (Mercator-Plan S. 308/309)

In den ältesten Belegen aus den Schreinsbüchern des 13. und 14. Jahrhunderts erscheint der heutige *Perlengraben* als ›Alter Graben‹ (*super Antiquum fossatum* von mlat. *fossa* = ›Graben‹; vgl. Georges, Bd. 1, Sp. 2829; Habel/Gröbel, Sp. 158). Diese Bezeichnung rekurriert auf den Stadtgraben, der zwischen 1106 und 1180 die südliche Grenze Kölns bildete. Nach der dritten Stadterweiterung (1180) und dem Bau der großen Stadtmauer wurde dieser inzwischen ausgediente Stadtgraben zum ›alten‹ Graben.

Im 15. Jahrhundert wurde der wasserführende Graben wirtschaftlich genutzt. Entsprechend leitet A. Wrede die Bezeichnung *Perlengraben* von »Pellergraben, Graben der Fellpflücker, Weißgerber« (NKS, Bd. 2, S. 278) ab, da das mlat. *pelliparius* den Gerber bezeichnet (vgl. Habel/Gröbel, Sp. 280; im klass. Latein steht *pellio* für ›Kürschner‹; vgl. Georges, Bd. 2, Sp. 1543). »Erst um 1400, 1409, als sich mittlerweile Gerber (Weißgerber, Leimsieder) bei dem Graben niedergelassen hatten, taucht die Ortsangabe peilregraven auf, [...] aus dem man schon ein vollsprachliches *päle* (Perle) heraushört. Die Umbildung in Perlegraben ist wohl um die Mitte des 16. Jh. oder bald nachher geschehen, zuerst 1580 bezeugt. Das Grabenwasser wurde von den Gerbern stark verbraucht; neues Wasser erhielt der Graben aus dem oberhalb fließenden Bach (Duffesbach). Das verbrauchte Wasser hatte nur kümmerlich Abfluß mittels Senkgruben, keinen natürlichen, so daß vielerlei Störungen des Gerbergewerbes die Folge waren. Ein 1584 vom Rate gefaßter Plan zur Abhülfe der Übelstände konnte wegen hoher Kosten nicht durchgeführt werden« (NKS, Bd. 2, S. 278).

Im Gegensatz zu A. Wrede läßt sich nach H. Keussen die Umlautung der Straßenbezeichnung zu *Perlengraben* bereits im 15. Jahrhundert feststellen.

Nennung	Straßenname	Belege
13. Jhd.	super Antiquum fossatum	KTK, II, 186
1307	super antiquum Fossatum	KTK, II, 186
1327	supra Antiquum fossatum	KTK, II, 186
1381	in Fossa	KTK, II, 186
1401	zum Graven wärts	KTK, II, 187
1409	[auf dem] Peilregraven	KTK, II, 212
1413	[auf dem] Alten Graben	KTK, II, 186
1432	[auf dem] Peelregraven	KTK, II, 186
1436	up dem Peelregraven	KTK, II, 212
1448	beim Graven	KTK, II, 186
1451	auf dem Graven	KTK, II, 186
1482	[auf dem] Perlengraven	KTK, II, 212
1491	[auf dem] Pelregraven	KTK, II, 212
1571	Off dem piele graben	Mercator
1577	uff den Perlegraben	W, II, 356
1580	hinder dem Perlegraven	W, III, 68
1589	uff dem Perlegraben	W, IV, 86
1590	hinder dem Pelegraven	W, V, 346

Off dem poel

Heute: **Perlenpfuhl**
Römerstadt (Mercator-Plan S. 142/143)

In der Straße *Perlenpfuhl*, die von der *Hohe Straße* (vgl. *Onder wapensticker*) auf die *Herzogstraße* führt, befindet sich im Mittelalter auf der Höhe des *Perlengäßchens* eine Senkkaule. Sowohl das (m)lat. *palus, -udinis* (= ›Sumpf‹, ›Teich‹, ›Weiher‹; Georges, Bd. 2, Sp. 1452; Habel/Gröbel, Sp. 271) als auch »mnd. pol, pul, mnl., ndl. poel [...], mhd., ahd. pfuol« (NKS, Bd. 2, S. 306) nehmen auf diese topographische Besonderheit Bezug. Die altköln. Wörter *poel*, *pul* und *poyle* haben ebenfalls eine »Wasserlache, Pfütze, stehendes, trübes, faulendes Wasser« (NKS, Bd. 2, S. 306) beinhaltende Semantik.

Da im Kolumbaschrein beispielsweise 1292 ein Anwohner explizit als *Linwaytmengere* (mhd. *lînwât* = ›Leinenzeug‹, ›Leinwand‹; mhd. *lînwâtmenger* = ›Leinwandhändler‹; vgl. Lexer, Bd. 1, Sp. 1929) angesprochen wird, kann diese Gasse mit E. Volckmann als eine »echte Tuchmachergasse« angesehen werden. Volckmanns Deutung stützt sich insbesondere auf die Etymologie des Straßennamens *Dravergasse*: »*Draver* ist die ndrh. Wiedergabe des frz. *drapier* oder vlam. drapenier, womit man den Lakenmacher bezeichnete; drap = Tuch, mlat. drappus, hat sich noch heute im Rotwelsch als Drapp oder Trapp erhalten, doch war das Wort drapier, im Deutschen Trapier, im Mittelalter in Deutschland allgemeiner bekannt« (Volckmann, 1921, S. 89).

Bis in die zweite Hälfte des 16. Jahrhunderts konkurrieren Formen von *Dravergasse* mit jenen wie *auf dem poele* als Bezeichnungen dieser Straße.

Nennung	Straßenname	Belege
1170/90	in Dravirgazin	H, I, 340
12. Jhd.	in Dravirgazcin	KTK, I, 353
1262	supra Paludem	KTK, I, 352
1264	super Dravergassen	KTK, I, 332
1266	in Dravergasse	KTK, I, 352
1273	super angulum Dravergazzen	KTK, I, 332
1292	super Palude [...] in Dravergasse	KTK, I, 353
1292	in Dravergasse Joh. [...] seu Linwaytmengere	KTK, I, 353
1310	in Dravergassen	KTK, I, 351
1324	supra Pule	KTK, I, 354
1350	supra Paludem prope Dravergassen	KTK, I, 354
1400	Dravergassen	KTK, I, 333
1412	[auf dem] Poele	KTK, I, 353
1420	Dravergassen	KTK, I, 332
1440	up deme Poyle	KTK, I, 352
1485	[auf dem] Poele in der Dravergasse	KTK, I, 352
1487	upme Poyl	KTK, I, 352
1566	Hs. Perlenberg bei der Dravergasse	KTK, I, 352
1571	Off dem poel	Mercator
1587	[auf dem] Pohell in der Dravergasse	KTK, I, 353
1589	Dravergassen	KTK, I, 333

Off dem poell

Heute: **Peterstraße/Poststraße**
Römerstadt (Mercator-Plan S. 308/309)

Die heutige *Peterstraße* führt im Mittelalter von der *Lungengasse* zur *Agrippastraße* über eine Kaule zu ihrem südlichen Ende. Aus diesem Grunde erscheint diese Straße in der ältesten Nennung als *prope Cradinpul* (a. 1220) und wird noch auf dem Stadtplan des Kartographen A. Mercator mit *Off dem poell* (a. 1571) bezeichnet. Diese Örtlichkeitsbezeichnung kommt auch im Schreinsbezirk St. Kolomba vor (vgl. *Off dem poell*/heute: *Perlenpfuhl*) »Pohl m. [...]: Pfuhl; mnd. pol, pul, mnl., ndl. poel [...] mhd., ahd. pfuol; [ist] eines der ältest bezeugten, mindestens seit dem 12. Jh. gebräuchlichen kölschen Wörter, 12., 13. Jh. pol, pul, später meist poyl, poil, poel; 1342 up deme poile; 1567 op dem poell u. sonst sehr häufig als Ortsangabe« (NKS, Bd. 2, S. 306), die eine Kaule oder »Wasserlache, Pfütze; stehendes, trübes, faulendes Wasser« (NKS, Bd. 2, S. 306) bezeichnet.

Während sich bis in die zweite Hälfte des 14. Jahrhunderts das Kompositum aus einem mutmaßlichen Anwohnernamen *Craden* und *poil* als Straßenbezeichnung hält, erscheinen im 15. und 16. Jahrhundert lediglich noch die zu reinen Flurnamen abgeschliffenen Nennungen. Diese beziehen sich auf jene Kaule, deren einstiger Anwohner oder Eigentümer offensichtlich in Vergessenheit geraten war.

Nennung	Straßenname	Belege
1220	prope Cradinpul	KTK, I, 259
1306	super Cradenpoil	KTK, I, 258
1307	super Cradenpul	KTK, I, 259
1315	versus s. Petrum	KTK, I, 259
1358	supra Craydenpoyle	KTK, I, 259
1370	prope Kradenpoyle super Forum Grecorum	KTK, I, 258
1420	up dem Poile	KTK, I, 258
1430	[auf dem] Poele	KTK, I ,259
1438	[gü. dem] Poille	KTK, I, 258
1465	[auf dem] Kradenpoile	KTK, I ,259
1474	up deme Poille	KTK, I, 259
1495	up dem Pole	KTK, I, 259
1571	Off dem poell	Mercator

Off dem steinwech

Heute: **Steinweg**
1. Stadterweiterung (Mercator-Plan S. 142/143)

In den ältesten Schreinsbucheinträgen von St. Martin wird der heutige *Steinweg*, der in der Rheinvorstadt unweit der ehemaligen römischen Stadtmauer verlief, *inter carnifices* (von mlat. *carnifex* ›unter Fleischern‹; vgl. Habel/Gröbel, Sp. 50) genannt. Auch die Bezeichnung *inter Macella* aus dem 14. Jahrhundert deutet noch auf hiesige Fleischbänke hin (mlat. *macellum* = ›Fleischmarkt‹, ›Fleischbank‹, ›Metzgerei‹; vgl. Georges, Bd. 2, Sp. 745; Habel/Gröbel, Sp. 229).

In der latinisierten Bezeichnung *Via lapidea* und dem volkssprachlichen »Steinweg ist ein Hinweis auf römische Führung« (Jakobs, 1987, S. 1449) zu sehen, denn »die verschiedenen Steinwege, die als Glaciswege« dienten, verliefen nach H. Keussen »in einiger Entfernung von der Römermauer östlich und westlich« (Keussen, Bd. 1, S. 157*). Daß das Straßenmerkmal ›Pflasterung‹ seit dem 12. Jahrhundert als Straßenbezeichnung fungiert und sich gegen die Verortung des Fleischergewerbes durchsetzt, erklärt sich aus dem Umstand, daß gepflasterte Straßen im mittelalterlichen Köln eine Besonderheit darstellten.

Nennung	Straßenname	Belege
1135/42	inter carnifices	H, I, 14
1142/56	sub macellis	H, I, 22
1192/93	in Steinwige	H, I, 205
1200	in Lapidea via	KTK, I, 77
1200	in platea, que olim vocabatur inter Macellum	KTK, I, 77
1233	super Viam lapidem inter Macellos	KTK, I, 77
1251/55	super Viam lapideam	KTK, I, 77
1285	inter Macellos	KTK, I, 77
1300	super Lapidea via	KTK, I, 77
1343	inter Macella	KTK, I, 77
1385	upme Steynweige	KTK, I, 78
1400	upme Steynwege	KTK, I, 77
1535	uff dem Steynwege	KTK, I, 77
1548	uff dem Steinwech	W, I, 287
1571	Off dem steinwech	Mercator
1578	uff dem Steinwech	W, III, 1

Off der alder mauren

Heute: **Gertrudenstraße**
Römerstadt (Mercator-Plan S. 272)

Die heutige *Gertrudenstraße* führt im Mittelalter vom *Neumarkt* entlang der alten Römermauer (*ex opp. Veteris muri*) zu der sog. *ältesten Ehrenpforte* in der römischen Stadtmauer, durch die man im Westen den Bereich des römischen Kölns verließ. Angesichts der Stadterweiterungen von 1106 und 1180 war eine Differenzierung der jeweils westlich vorgeschobenen *Ehrenpforten* nötig geworden. A. Mercator hat auf seinem Stadtplan (1571) die Reste der römischen Stadtmauer eingezeichnet, die entlang der ganzen Westseite von *Neumarkt* und *Gertrudenstraße* verlief. In diesem Bereich war sie lediglich bei St. Aposteln und an der Stelle der *ältesten Ehrenpforte* durchbrochen. Dieses bis in das 16. Jahrhundert am besten erhaltene Stück der römischen Stadtmauer, die St. Aposteln von der Innenstadt trennte, war ein prädestinierter Bezugspunkt für die Straßennamenbildung. In Abgrenzung von der Stadtmauer aus dem 12. Jahrhundert wurde die römische Stadtmauer Kölns ›alte‹ Mauer genannt. Dementsprechend trug die im Schreinsbezirk St. Kolumba zu ihr parallel verlaufende Straße die Bezeichnung *Off der alder mauren*.

Nennung	Straßenname	Belege
1170/90	ante portam eream	H, I, 335
12. Jhd.	iuxta Eream portam	KTK, I, 313
1266	ex opp. Veteris muri versus s. Apostolos	KTK, I, 314
1271	versus antiquum murum	KTK, I, 314
1296	ex opp. Veteri muro	KTK, I, 313
1336	ex opp. Antiqui muri	KTK, I, 314
1356	ex opp. Veteris muri	KTK, I, 314
1407	[gü. der alten Mauer]	KTK, I, 314
1504	[auf der alten Mauer]	KTK, I, 314
1571	Off der alder mauren	Mercator
1588	uff der Altermuren	W, V, 305

Off der bach

Heute: **Blaubach** (zwischen Perlengraben/Tel-Aviv-Straße)
2. Stadterweiterung (Mercator-Plan S. 308/309)

Dieser von einem Bachlauf geprägte Straßenzug bildete die Grenze zwischen dem römischen Köln und der Einbeziehung von Airsbach durch die zweite große Stadterweiterung Kölns (a. 1106).

In den Schreinsbucheinträgen des 13. und 14. Jahrhunderts wird die Lage hiesigen Grundbesitzes mit der Latinisierung *super Ripam* bzw. *in Ripa* beschrieben. Das (m)lat. *ripa* bezeichnet in der Regel Bereiche ›am Rand‹ oder ›am Ufer‹ (vgl. Georges, Bd. 2, Sp. 2396; Habel/Gröbel, Sp. 344). Hier dürfte aber weniger ›am Stadtrand‹ als ›am Bachlauf‹ gemeint sein.

Der Bachlauf am ehemaligen Stadtrand, dem die Straße ihre kontinuierliche Bezeichnung ›auf der Bach‹ (*up der Bach*, *Off der bach*) zwischen dem 13. und 16. Jahrhundert verdankt, heißt unweit von hier entfernt seit dem Spätmittelalter *under Blaferber*, da sich der Bachlauf insbesondere für die Ansiedlung von Färbern eignete (vgl. *Onder blaverfer*).

Weinsberg unterscheidet zwischen *Oberbach* und *Underbach*, denn er berichtet 1583: »Die nachparn sint gutwillig gewest. Die Oberbach haben 4 rotmeister erwelt, die Underbach 4 rotmeister« (Buch Weinsberg, Bd. 3, S. 166).

Nennung	Straßenname	Belege
1212	super Ripam	KTK, II, 4
1257	in Ripa	KTK, II, 3
1261	in Ripa	KTK, II, 3
1309	in Ripa	KTK, II, 3
1348	iuxta Ripam	KTK, II, 3
1364	supra Ripam	KTK, II, 3
1420	up der Bach	KTK, II, 3
1456	up der Bach	KTK, II, 8
1498	up der Baich	KTK, II, 4
1517	uff der Bach	W, I, 21
1528	uff der Bach	W, I, 58
1535	uff der Bach	KTK, II, 9
1548	uff der Bach	W, I, 287
1548	uff der Underbach	W, I, 298
1571	Off der bach	Mercator
1582	uff der Bach	W, III, 148

Off der borch mauren

Heute: **Burgmauer**
Römerstadt (Mercator-Plan S. 234/235)

Die heutige Straße *Burgmauer* bildete die nördliche Grenze des römischen Kölns bis zur zweiten Stadterweiterung im Jahre 1106 und der Einbeziehung des Stadtteils Niederich (St. Aposteln und Airsbach). Entsprechend lokalisieren die Schreinsbuchschreiber des 11. Jahrhunderts hier gelegenen Grundbesitz mit der Latinisierung *infra nostrae urbis muros* (= ›innerhalb unserer Stadtmauer‹).

Nach dem Bau der großen Stadtmauer (1180) verlieren die Reste der römischen Stadtmauer ihre fortifikatorische Funktion und werden in Abgrenzung von der Stadtmauer des 12. Jahrhunderts als *antiquus murus urbis* bezeichnet.

A. 1256 erscheint in einer Schreinskarte von St. Kolumba erstmalig *burchmure* als Bezeichnung der ehemaligen Stadtmauer; *burch* bedeutet aber in diesem Zusammenhang wie das got. *baurgs*, ahd. *burg* und afries. *burch* nichts Anderes als ›Stadt‹ (vgl. afries. *Colnaburch* = ›Stadt Köln‹; vgl. NKS, Bd. 1, S. 116). Bis in die Frühe Neuzeit dient die *Burgmauer* als Bezugspunkt des Straßennamens, der von Mercator (1571) als *Off der borch muren* wiedergegeben wird.

Nennung	Straßenname	Belege
1028	infra nostrae urbis muros	KTK, I, 301
1170/90	iuxta urbis murum	H, I, 332
1221	Ger. de Urbis muro	KTK, I,301
1267	prope Veterem urbis murum	KTK, I, 302
1272	super Veterem urbem	KTK, I, 301
1277	supra Burgmure	KTK, I, 301
1320	super Murum urbis	KTK, I, 302
1324	super Antiquum murum urbis	KTK, I, 305
1347	supra Murum urbis	KTK, I, 301
1420	[auf der] Burchmure	KTK, I, 304
1457	super murum antiquum castrensem	KTK, I, 305
1571	Off der borch mauren	Mercator
1574	uf der Burchmuren	KTK, I, 302
1582	uff der Borgmauren	W, III, 147

Off der neckars kaulen

Heute: Grünanlage (zwischen Follerstraße/Severinsbrücke)
2. Stadterweiterung (Mercator-Plan S. 97)

Die ehemalige *Nächelsgasse* zwischen *Follerstraße* und *Holzmarkt* wird im 13. Jahrhundert als *super Neckilskulin* bezeichnet. Das mhd. *kule* (= ›Grube‹; vgl. Lexer, Bd. 1, Sp. 1766) weist diesen Straßennamen als eine Örtlichkeitsbezeichnung aus, deren erster Wortbestandteil *Neckel-* von A. Wrede mit Vorbehalt auf einen gleichnamigen Grundbesitzer der nach ihm benannten Grube zurückgeführt wird: »Ein Kölner Bürger Neckyl u. Neckel (Matthias) ist allerdings erst 1336 u. mehrfach später bezeugt: Ma(t)thias Neckyl carnifex (Fleischhauer) am Neumarkt« (NKS, Bd. 2, S. 221). Im 15. Jahrhundert sind *Gerart* und *Peter Neckel* als Nadelmacher bezeugt (vgl. NKS, Bd. 2, S. 221).

Bis in die zweite Hälfte des 15. Jahrhunderts konkurrieren zwei auf diese Straße bezogene Namen: *Bucspenregasse* (in diversen Schreibungen) und *Neckelskule*. Da die Bezeichnung *Bucspenregasse* in Schreinsbucheinträgen des 16. Jahrhunderts nicht mehr erscheint, hat A. Mercator folgerichtig auf seinem Stadtplan *Off der neckars kaulen* eingetragen. Die Nennungen *Bucspenresgassen* (a. 1333), *Bucsperresgassen* (a. 1337) oder *Bucspenriisgassin* (a. 1343) können auf kein zeitgenössisches Bestimmungswort mehr zurückgeführt werden. Allerdings scheint wie bei *Neckelskule* das inlautende s (Genitiv) auf einen Eigennamen oder Grundbesitzer zu deuten.

Nennung	Straßenname	Belege
1224	super Neckilskulin	KTK, II, 37
1249	super Neckilskule	KTK, II, 37
1317	prope Neckilskulen	KTK, II, 37
1333	in Bucspenresgassen	KTK, II, 37
1337	in Bucsperresgassen	KTK, II, 37
1343	in Bucspenriisgassin iuxta Neckilskulin	KTK, II, 37
1346	super ordone Neckilskulin	KTK, II, 36
1367	sive ordone Neckilskulen	KTK, II, 36
1367	in Bucspenregassen	KTK, II, 36
1368	in Bukspenregassen	KTK, II, 37
1400	an der Neckeltzkuylen	KTK, II, 46
1418	[auf der] Neckelskule	KTK, II, 36
1418	[auf der] Kule	KTK, II, 36
1430	in der Buckspenresgassen	KTK, II, 37
1432	Buckspenrisgassen	KTK, II, 37
1446	Neckelskule	KTK, II, 36
1458	Buckspenregasse	KTK, II, 37

1462	Buckspenregasse	KTK, II, 37
1478	in Buckspenregassen	KTK, II, 37
1483	an der Neckelskule	KTK, II, 37
1548	an der Neckelskuilen	W, I, 304
1571	Off der neckars kaulen	Mercator

Off der santkaulen

Heute: **Kleine Sandkaul**
Römerstadt (Mercator-Plan S. 142/143)

Die *Kleine Sandkaul* (heute zwischen *Cäcilienstraße* und *Gürzenichstraße*) führt im Mittelalter vom *Elogiusplatz* (bei Mercator *S. Loÿe plats*) mit einer Rechtskurve zur *Martinstraße* (*boven mauren*).

»Auf der Sandkaule begreift in den Schreinsbüchern des späten Mittelalters das ganze Gelände der Pfarre St. Alban; hier lag am Fuß des Hügels, auf dem die Kirche St. Maria in Capitolio errichtet wurde, eine große Sandgrube« (NKS, Bd. 3, S. 7).

Der Name *Sandkaule* tritt im Bereich dieser Straße auch als »bügerlicher Herkunftsname« (NKS, Bd. 3, S. 7) auf wie die Beispiele der Grundbesitzer *Waldemann de Santculin*, *Gerard de Santkulen* aus dem 13. Jahrhundert und *Johannes Emilricus up Santkulen* aus dem 14. Jahrhundert zeigen. Außer lat. *Fovea arene* (mlat. *fovea* = ›Grube‹; vgl. Georges, Bd. 1, Sp. 2831; Habel/Gröbel, Sp. 158; *arena* = ›Sand‹; vgl. Georges, Sp. 556; Habel/Gröbel, Sp. 24) ist zwischen dem 13. und 15. Jahrhundert das volkssprachliche *up der Santkulen* als Straßenbezeichnung überliefert.

Nennung	Straßenname	Belege
1256	prope dom. Waldemanni de Santculin	KTK, I, 183
1266	super Santkulen	KTK, I, 182
1266	ex opp. dom. Gerardi de Santkulen	KTK, I, 182
1270	super Santkulen	KTK, I, 182
1282	super Fovea harene	KTK, I, 182
1312	super Santkulen	KTK, I, 183
1335	in Fovea arene	KTK, I, 182
1335	ansedil Johannis Emilricus up Santkulen	KTK, I, 182
1341	up Santkulin	KTK, I, 183
1368	super Foveam arene	KTK, I, 182
1373	up der Santculen	KTK, I, 183
1400	up Santkulen	KTK, I, 182
1455	up der Santkulen	KTK, I, 183

1483	up der Santkulen	KTK, I, 182
1528	uff der Santkuilen	W, I, 52
1571	Off der santkulen	Mercator

Off der velbach

Heute: **Rothgerberbach**
3. Stadterweiterung (Mercator-Plan S. 308/309)

Die heutige Straße *Rothgerberbach*, die auf dem Stadtplan A. Mercators *Off der velbach* heißt, verläuft parallel zur Grenze des römischen Kölns und bleibt bis zu der Stadterweiterung des Jahres 1180 ein Bereich *extra muros civitatis*. Noch auf dem Mercator-Plan ist ihre südliche Straßenseite vollkommen baulos, während sich auf der Nordseite lückenlos kleinere Häuser aneinanderreihen.

Im 13. und 14. Jahrhundert wird diese Straße in den Schreinsbüchern lediglich als *super Ripam* bezeichnet. Das (m)lat. *ripa* = ›Ufer‹, ›Rand‹ (vgl. Georges, Bd. 2, Sp. 2396; Habel/Gröbel, Sp. 334) ist hier als ›auf‹ bzw. ›am Bach‹ zu übersetzen.

Im 15. Jahrhundert erscheinen als Differenzierung gegenüber anderen Teilstükken des Baches die Bezeichnungen *bei den Velpluckeren* (a. 1404) und *unter den Loerren* (a. 1455). Weinsberg setzt diese beiden Bezeichnungen etymologisch zu einander in Beziehung: Bei der Beschreibung des Bachlaufes merkt er an, daß dieser »von dannen bis an die Fleischhall zu Weissenfrauwen langs der loerer heuser uff der Velbach her [verlaufe], davon sie den namen Velbach« (Buch Weinsberg, Bd. 4, S. 120) habe.

Da das mhd. *vel*, *veller* für ›Haut‹, ›Fell‹ steht (vgl. Lexer, Bd. 3, Sp. 51) und mhd. *plucke*, *plucken* (wie *vlocke*, *phlücken*, *phlucte*, ndrh. *plucken*, nd. *plocken*, *plukken*; vgl. Lexer, Bd. 2, Sp. 256) ›pflücken‹ bedeutet, ist bei *Velpluckeren* von hier ihrem Gewerbe nachgehenden Gerbern (= Fellpflückern) auszugehen.

Auch das mhd. *lôwen* deutet auf ›gerben‹, denn das mhd. *lôwer* bezeichnet den Gerber (vgl. Lexer, Bd. 1, Sp. 1972), während mit *lô, -wes* ›Gerberlohe‹ gemeint ist (vgl. Lexer, Bd. 1, Sp. 1946).

Nennung	Straßenname	Belege
1273	super Ripam	KTK, II, 215
1316	supra Ripam	KTK, II, 214
1352	supra Ripam	KTK, II, 214
1377	supra Ripam	KTK, II, 215
1404	bei den Velpluckeren	KTK, II, 214
1420	unter den Velpluckeren up der Bach	KTK, II, 215

1420	up der Bach under den Velpluckeren	KTK, II, 215
1434	super Rivulum	KTK, II, 214
1455	unter den Loerren	KTK, II, 215
1528	uff der Felbach	W, I, 58
1535	uff der Bach	KTK, II, 215
1571	Off der velbach	Mercator
1591	uff der Velbach	W, IV, 120

Off der weschbach

Heute: **Am Weidenbach**
3. Stadterweiterung (Mercator-Plan S. 308/309)

Der bei dem Kartographen A. Mercator *Off der weschbach* (1571) genannte Straßenzug führt von der *Kreig pforts* (*Griechenpforte*) an St. Pantaleon vorbei zu der *bachpforts* (1571), durch die man das mittelalterliche Köln im Westen verließ. Bis zum Bau der großen Stadtmauer (1180) lag sie folglich *extra muros civitatis* und wurde durch Weideflächen und vor allem durch einen Bachlauf geprägt. Diese Merkmale spiegeln sich in der Namengebung wider: *in Bachstrayssen*.

»Bei dem Bachgewässer handelt es sich um den Duffesbach, der in reichsstädtischer Zeit bei der Bachpforte (nahe dem Weyertor) in die Stadt trat u. oberirdisch durch die Straßen Weidenbach, Rotgerberbach, Blaubach, Mühlenbach, Filzengraben in den Rhein floß. Der Bachweg ist erst im 14. Jh. zum Teil als Baugelände aufgeschlossen worden« (NKS, Bd. 3, S. 282).

Die Bezeichnung *weschbach* geht nach A. Wrede auf die Bachnutzung »zum Reinigen der Wäsche« (NKS, Bd. 3, S. 282) zurück. Im spätmittelalterlichen Schreinsbuch von St. Mauritius wird im Jahre 1478 explizit ein Grundstück erwähnt, »das nun eine Bleiche ist, gü. dem Weingart der Herren von S. Panthaleoin zur Bachpforte wärts« (Keussen, Bd. 2, S. 219). Nach dem Bericht von Weinsberg wird das hier befindliche Gelände noch am Ende des 16. Jahrhunderts als Bleiche genutzt. Hierbei ist aber offen, ob ›Bleichen‹ von Wäsche oder ›Bleichen‹ als Arbeitsschritt der Tuchherstellung gemeint ist: »[...] die Bach bei s. Panthaleon neigst der Bachporz [hat] den namen der Weschbach bekomen umb der bleichen willen des linendoichs« (Buch Weinsberg, Bd. 4, S. 120).

Hier befindet sich im 15. Jahrhundert auch das Kloster *Weidenbach* (a. 1402 durch die Brüder vom gemeinsamen Leben gegründet; vgl. NKS, Bd. 3, S. 282), das seinen Namen von einem ursprünglichen Hausnamen in dieser Straße erhalten hat.

Nennung	Straßenname	Belege
1094	iuxta monasterium (Beati Pantaleonis)	L, I, 160
1325	in Bacstrazen	KTK, II, 222
1329	super Ripa ex opp. vinee s. Pantaleoni	KTK, II, 219
1350	in platea Ripe	KTK, II, 222
1363	in Bachstrayssen	KTK, II, 222
1364	in vico Bachstraisse [...] versus Bachportze	KTK, II, 221
1372	in Bachstrayssen	KTK, II, 222
1385	in Baichstrasen	KTK, II, 222
1402	zu Wydenbach	KTK, II, 220
1433	Hs. Weidenbach	KTK, II, 220
1471	Wijdenbach	KTK, II, 219
1517	an der Wydenbecher kloster	KTK, II, 220
1528	zo Wydenbach	KTK, II, 220
1571	Off der weschbach	Mercator

Off S. Catreinen graben

Heute: **Katharinengraben**
3. Stadterweiterung (Mercator-Plan S. 97)

Der heutige *Katharinengraben* bildet die Stadtgrenze zwischen den Arealen der Stadterweiterungen von 1106 und 1180. Bezeichnungen wie *secus Valum vetus* und *in Antiquo fossato* (nach 1175) beziehen sich auf diese dritte große Stadterweiterung, nach der der funktionslos gewordene (Katharinen-)Graben von der neuen Stadtgrenze (große Mauer) als ›alter‹ Graben (von mlat. *vetus* = ›alt‹; vgl. Georges, Bd. 2, Sp. 3460f.; Habel/Gröbel, Sp. 423) abgehoben wird.

Bei H. Keussen erscheint 1269 das Deutschordenshaus (*domus Teuthonica*) gegenüber dem Hospital St. Katharina (*apud s. Katherinam*) auf der Südseite des *Katharinengrabens*. Der L-förmige Bau des Deutschordenshauses lag mit seinem Hauptgebäude auf der *Severinstraße*, weswegen A. Mercator auf dem ältesten Stadtplan Kölns *Voir dem Duitschen hause* eingetragen hat. Zu dem Katharinenhospital, das sich vornehmlich der Pflege erkrankter Pilger und anderer Fremder widmete, gehörte auch ein *ellender* Kirchhof (vgl. Buch Weinsberg, Bd. 4, S. 73). Dieser Friedhof, der, am Stadtrand gelegen, der Bestattung Fremder diente, erscheint a. 1371 als »*cimiterium pauperum ad s. Katharinam*« (Keussen, Bd. 2, S. 184) bzw. als »*cimiterium alienorum*« (Keussen, Bd. 2, S. 184). Im 16. Jahrhundert verschmelzen die Ortsangaben des Katharinenhospitals und des Stadtgrabens zu dem Straßennamen *Off S. Catreinen graben*.

Nennung	Straßenname	Belege
1175/91	secus Valum vetus	KTK, II, 185
1188/1210	iuxta veterem Fossam	H, II/1, 261
1246	in Antiquo fossato hospitale s. Katerine	KTK, II, 185
1251/88	supra Antiquum fossatum	KTK, II, 184
1269	[...] domo Teuthonica apud s. Katherinam	KTK, II, 184
1317	super Antiqua fossa	KTK, II, 185
1333	aichter deme spittale van s. Katerinen	KTK, II, 184
1333	up der steede graven	KTK, II, 184
1371	cimiterium pauperum ad s. Katharinam	KTK, II, 184
1371	[...] custodienti cimiterium alienorum	KTK, II, 184
1528	Der ellendyge Kirchhof	KTK, II, 184
1538	uff dem Altengraven	W, I, 122
1563	vur s. Catharinen	W, II, 125
1571	Off S. Catreinen graben	Mercator
1589	den Ellenden kirchoff hinder s. Catharinen hospital	W, IV, 73

Oirmants gaß

Heute: **Fleischmengergasse** (zwischen Kleiner Griechenmarkt/Bayardsgasse)
Römerstadt (Mercator-Plan S. 308/309)

Erst durch den Straßendurchbruch von 1890 wurden die Straßen *Fleischmengergasse* und die ehemalige *Ortmannsgasse* topographisch und namentlich zu einer *Fleischmengergasse* vereinigt (vgl. NKS, Bd. 1, S. 231). Im Mittelalter aber verbindet die *Oirmants gaß* (Mercator) seit dem 13. Jahrhundert die heutigen Straßen *Bayardsgasse* und *Kleiner Griechenmarkt.*

Zu Beginn des 13. Jahrhunderts erscheint in den Schreinsbüchern ein *domus Ortwini*, so daß davon auszugehen ist, daß die Straßenbezeichnung *Ortwinsgasse* in verschiedensten Schreibungen auf einen Grundbesitzer in dieser Straße zurückgeht. Warum ausgerechnet der Name des Haubesitzers *Ortwin* zur Straßenbezeichnung herangezogen wurde, erklärt H. Jakobs mit dem Umstand, daß *Ortwin* zu jenen »Namen, die auf zugewanderte Personen zurückgehen« (Jakobs, 1987, S. 1437), zähle.

Nennung	Straßenname	Belege
1200	prope domum Ortwini	KTK, I, 407
1235	in Ortwinsgazin	KTK, I ,408
1251/62	in Ortwingazzen	KTK, I, 407

1269	in Ortwinsgaszen prope dom. Ortwini	KTK, I, 407
1271	in Hortwinesgazen	KTK, I, 408
1284	in Norwingasse	KTK, I, 408
1286	in Nortwinisgassen	KTK, I, 407
1294	in Ortwinsgassen	KTK, I, 408
1310	in Orduinsgassen	KTK, I, 408
1314	in Ortwisgassen	KTK, I, 408
1345	in Ortusgassen	KTK, I, 407
1349	in Ortwinsgassen	KTK, I, 407
1370	in der Ortwijnsgasse	KTK, I, 408
1397	Ortmannsgasse	KTK, I, 408
1455	in der Ortliefsgasse	KTK, I, 409
1461	in der Ortwynsgasse	KTK, I, 407
1571	Oirmants gaß	Mercator

Onder blaverfer

Heute: **Blaubach**
2. Stadterweiterung (Mercator-Plan S. 308/309)

Die heute *Blaubach* genannte Straße wird in Schreinsbucheinträgen bis ins 16. Jahrhundert durchgehend als ›auf der Bach‹ (= *super Ripam*) bezeichnet. Berufsbezeichnungen von Hauseigentümern und Hausfunktionen (Produktionsstätten) lassen dennoch keinen Zweifel darüber aufkommen, aus welchem Grunde im 16. Jahrhundert die seit dem 13. Jahrhundert lediglich auf den Bachlauf rekurierenden Bezeichnungen durch *under Blaferber* – in diversen Schreibungen – zurückgedrängt werden. Bereits für das Jahr 1289 läßt sich sowohl ein *Jordan Colorator* (vgl. Keussen, Bd. 2, S. 9) als auch ein *domus zo dem Weitkoichen* (vgl. Keussen, Bd. 2, S. 7) nachweisen (vgl. mlat. *colorare* = ›färben‹; Georges, Bd. 1, Sp. 1284; Habel/Gröbel, Sp. 68).

Die verschiedenen Färber als spätmittelalterliche Hausbesitzer wie beispielsweise (a. 1439) *Lambert der Verwer* (Keussen, Bd. 2, S. 7), (a. 1487) *Maess Blaverver* (Keussen, Bd. 2, S. 6) und (a. 1439) der Färber *Goswin von Euskirchen* (Keussen, Bd. 2, S. 8) bedingen ebenso wie Häuser, in denen Waid zum Blaufärben verarbeitet wurde, entsprechende Straßenbezeichnungen. Darüber hinaus ist ebenfalls für das 15. Jahrhundert der Hausname *Blaubach* belegt (vgl. Keussen, Bd. 2, S. 7).

Auch Weinsberg hat den Straßennamen den hier angeführten Befunden entsprechend auf das Gewerbe der (Blau-)Färber zurückgeführt: »Diss zit war der handel mit dem blaferben uff der Bach van der Hoeporzen an bis an die porz zu Weissenfrauwen mit so fil ferbern bewont, das die strais Under Blaferber heischs, und hatten alle genog zu toin, dan man forte das bla garn zu Frankfort, zu Antwerp, in Westphalen zu allen seiten hin uis Koln und war ein groisser handel und narung« (Buch Weinsberg, Bd. 1, S. 30).

Nennung	Straßenname	Belege
1212	super Ripam	KTK, II, 4
1256	supra Ripam	KTK, II, 4
1283	supra Ripam	KTK, II, 9
1289	surpa Ripam [...] mansio Jordani Coloratoris	KTK, II, 7
1301	dom. [...] zo dem Weitkoichen	KTK, II, 7
1380	supra Ripam	KTK, II, 7
1420	up der Bach	KTK, II, 3
1439	Hs. Lambreichts des Verwers	KTK, II, 7
1456	up der Bach	KTK, II, 8
1487	Maess (v. Bracht) Blaverver	KTK, II, 6
1498	up der Baich	KTK, II, 4
1521	blaferben uff der Bach	W, I, 30
1521	Under Blaferber	W, I, 30
1531	ein rich wollenferber [...] uff der Oberbach	W, I, 72
1535	uff der Bach	KTK, II, 4
1548	ferber zum Wolf uff der Bach	W, I, 289
1571	Onder blaverfer	Mercator

Onder goltsmiden

Heute: **Unter Goldschmied** (zwischen Am Hof/Große Budengasse)
Römerstadt (Mercator-Plan S. 142/143)

Die heutige Straße *Unter Goldschmied* wird im Mittelalter lediglich zwischen den Straßen *Am Hof* und *Große Budengasse* als *Onder goltsmiden* (Mercator) bezeichnet. Zwischen *Große Budengasse* und *Obenmarspforten* trägt sie bei Mercator den Namen *Voir S. Laurentius*.

»Unter Goldschmied [zeichnete] sich schon im 12. Jahrhundert als Sitz der Goldschmiede aus, die ihre Häuser und Gaddemen bis an die Marspforte und auch in die Strasse am Hof hinein ausdehnten« (Keussen, Bd. 1, S. 160*). Neben entsprechenden Hausnamen wie *zome Golde* oder *zom gulden Horne* und in den Schreinsbüchern genannten Goldschmieden wie *Joh. de Wermolzkirchen* oder *Heinrich de Weisthoyven* zeugen auch administrative Regelungen von hier tätigen Goldschmieden. So wird beispielsweise 1397 festgelegt, daß Goldschmiede nicht länger arbeiten dürfen, »as man s. Laurentius ind s. Albayn geluyt hait« (Keussen, Bd. 1, S. 200). In dem Haus *zome gulden Horne*, das die Goldschmiede a. 1401 erwarben, hielten E. Volckmann zufolge die Goldschmiede »bereits 1396 ihre Versammlungen« (Volckmann, 1921, S. 139) ab.

Nennung	Straßenname	Belege
1175/91	inter aurifabros	H, I, 260
1239	inter Aurifabros	KTK, I, 200
1336	[Goldschmied] Joh. de Wermolzkirchen	KTK, I, 195
1353	[Goldschmied] Henr. de Weisthoyven	KTK, I, 200
1421	Goultsmedengasse	KTK, I, 195
1426	Hs. zome Golde	KTK, I, 200
1428	under Goultsmeden	KTK, I, 195
1430	under Goiltsmeden	KTK, I, 198
1443	Hs. zome Goulde boyven Marportzen	KTK, I, 200
1460	Hsr. zome Goilde [...] enboeven Marportzen	KTK, I, 200
1468	under Goltsmeden	KTK, I, 195
1571	Onder goltsmiden	Mercator
1579	Peter Reck [...] goltsmit	W, III, 30
1579	Under Goltsmiden	W, III, 30

Onder karbender

Heute: **Mühlenbach**
2. Stadterweiterung (Mercator-Plan S. 142/143)

Für den heutigen *Mühlenbach* zwischen *Mathiasstraße* und *Waidmarkt*, der in den *Filzengraben* (*Vilcergrave* von mhd. *vilcer* = ›Wollenweber‹, ›Filzer‹; vgl. Lexer, Bd. 3, Sp. 352) übergeht, hat der Kartograph A. Mercator *Onder karbender* auf seinem Stadtplan eingetragen.

Die bachdurchflossene Straße beschreibt mit ihrem Verlauf die südliche Stadtgrenze des römischen Kölns bis zu der Stadterweiterung von 1106. Während des gesamten Mittelalters wird diese Straße deshalb *prope Ripam* genannt (von mlat. *ripa* = ›Ufer‹, ›Rand‹; Georges, Bd. 2, Sp. 2396; Habel/Gröbel, Sp. 344; hier zu übersetzen als ›am Bach‹).

Zur Differenzierung von den östlichen Straßen entlang des sich von der *Bachpforte* durch die Straßen *Off der weschbach* (heute: *Weidenbach*), *Off der velbach* (*Rothgerberbach*) und *Off der bach* (*Blaubach*) fließenden Gewässers werden im

16. Jahrhundert für den *Mühlenbach* die Bezeichnungen *uff der Nederbach* und *uff der Underbach* gebräuchlich.

Auf *karbender* im Sinne von »Karrenbinder, -packer; Arbeiter in der Güterbestätterei; Auflader, der Stückgüter kunstgerecht auf Plan- oder Frachtwagen verstaut« (NKS, Bd. 2, S. 19), deutet in den Schreinsurkunden nichts. Allerdings läßt sich vom 12. bis zum 15. Jahrhundert ein Haus *Kerpen* (a. 1163 *Kerpene*; a. 1264 *Karpen*; a. 1400 *Kerpenre ort*; a. 1477 *Karpena*) belegen, das zu der ähnlich klingenden Bezeichnung *Onder Karbender* beigetragen haben könnte.

Gegen Ende des 13. Jahrhunderts sind hier Radmacher bezeugt, die aber in den Schreinsbüchern nicht lautverwandt zu *karbender* als *carpentarius* (= ›Stellmacher‹, Zimmermann; vgl. Georges, Bd. 1, Sp. 1007; Habel/Gröbel, Sp. 50), sondern jeweils als *Factor rotarum* bezeichnet werden. Nach diesen Befunden scheint ein ursprünglicher Hausname entsprechend der Topographie des 16. Jahrhunderts zu einem Gewerbenamen mutiert zu sein.

Nennung	Straßenname	Belege
1163	dom. Kerpene in Vilcergrave	KTK, II, 33
1212	prope Ripam	KTK, II, 36
1233	dom. [...] que fuit Heidenrici de Karpena	KTK, II, 33
1264	dom. [...] que Carpena dic.	KTK, II, 33
1287	super Ripa ex opp. Factoribus rotarum	KTK, II, 36
1349	super Ripam	KTK, II, 35
1368	secus Ripam	KTK, II, 34
1386	up der Bach	KTK, II, 35
1400	up Kerpenre orde	S, II, 96
1469	Kerpen	KTK, II, 33
1477	Karpena	KTK, II, 33
1535	uff der Bach	KTK, II, 34
1549	uff der Nederbach	W, I, 327
1549	uff der Under-Bach	W, I, 327
1571	Onder karbender	Mercator

onder Sijdenmecheren

Heute: **Seidmacherinnengäßchen**
1. Stadterweiterung

Das am nordwestlichen Ende des *Heumarktes* zum *Marsplatz* führende ehemalige *Seidmachergäßchen* ist auf dem Mercator-Plan (1571) zwar unbenannt, wird aber im

Schreinsbuch von St. Martin bereits zwischen 1149 und 1159 als *inter venditores sellarum* erwähnt (vgl. mlat. *sellarius*, *sellator* = ›Sattler‹; Habel/Gröbel, Sp. 359). Neben den Sattlern sind im 12. Jahrhundert im Bereich dieses engen Gäßchens (*angusta platea*) auch Handschuhmacher (*inter Cirothecarios* von mlat. *chirotheca* = ›Handschuh‹; vgl. Habel/Gröbel, Sp. 58) bezeugt.

Im 13. Jahrhundert sitzen hier auch Schuhmacher, insbesondere Verfertiger von Kinderschuhen, sog. *Kyntschomecher* (mlat. *calcei puerorum/calceus* = ›Schuh‹; vgl. Georges, Bd. 1, Sp. 918; Habel/Gröbel, Sp. 43). Ferner waren hier auch noch im 14. Jahrhundert Haubennäherinnen (*inter Netrices mitrarum*) tätig.

Im 15. Jahrhundert tritt in Schreinsbucheinträgen die volkssprachliche Bezeichnung *onder Sijdenmecheren* auf, die mit dem altköln. *side* entsprechend dem ahd. *sida* und mhd. *side* auf Seidmacher verweist (vgl. NKS, Bd. 3, S. 92). A. 1373 wird hier seitens der Stadt »an Stelle eines Teiles eines privaten Kramhauses die neue Halle spec. für Kölner Tuch, die daher Kölnische Halle genannt wurde« (Keussen, Bd. 1, S. 74) eingerichtet. Im 14. Jahrhundert begegnet vereinzelt die Bezeichnung *Duystergasse*, die auf einen gleichlautenden Hausnamen zurückgeht, der lat. als *domus Obscura* wiedergegeben wurde.

Nennung	**Straßenname**	**Belege**
1149/59	inter venditores sellarum	H, I, 42
1165/72	inter cirothecarios	H, I, 75
1168/72	inter sellatores	H, I, 94
1172/78	inter sellatores	H, I, 62
1175/78	inter venditores cirotecarum	H, I, 136
1200	inter Sellatores	KTK, I, 73
1202	ex opp. loco, ubi calcei venduntur	KTK, I, 76
1231	in angusta platea, ubi mitre venduntur	KTK, I, 76
1232	halla in fine ex opp. Corium incidentium	KTK, I, 75
1247	inter Sellatores	KTK, I, 74
1247	contra Coreorum incisores	KTK, I, 75
1273	cumulus, in quo venduntur calcii bovini	KTK, I, 76
1299	dom. Obscura	KTK, I, 38
1303	in arto vico Mitrarum	KTK, I, 76
1336	in vico Duystergasse	KTK, I, 74
1340	in vico Hubenedersingasse	KTK, II, 330
1348	dom. zome Dusterenhus	KTK, I, 38
1351	inter Netrices mitrarum	KTK, I, 76
1360	inter Corricidas	KTK, I, 75
1367	dom. zome Duysterenhuyss	KTK, I, 38
1383	in opp. locorum, ubi calcei venduntur puerorum	KTK, I, 75

1437	an dem Seidmarkte	KTK, I, 76
1444	Duysterhuyss	KTK, I, 38
1444	under Leedersnyderen	KTK, I, 75
1449	under Leedersnyderen	KTK, I, 75
1465	under Sydemecheren	KTK, I, 75
1469	onder Sijdenmecheren	KTK, I, 76
1500	dom. Swartzenhuis al. zom Duisterhuiss	KTK, I, 38

Onder spoirmecheren

Heute: **Hohe Straße** (zwischen Obenmarspforten/Große Budengasse)
Römerstadt (Mercator-Plan S. 142/143)

Zwei Charakteristika der Kölner *Hohe Straße* verweisen auf ihren römischen Ursprung: 1. ihre geradlinige Führung parallel zur östlichen Grenze des römischen Kölns; 2. die bis ins 13. Jahrhundert gebräuchliche Bezeichnung *Steinstraße* (*strata lapidea*; vgl. NKS, Bd. 1, S. 372).

Im Mittelalter trägt die *Hohe Straße* in verschiedenen Abschnitten divergierende Abschnittsbezeichnungen: *Auff der hochpforts – unter pfannen schleger – voir den Augustinen – Onder wapensticker – Onder spoirmecheren – An der gulder wagen – Op hoigher smitten – voir der vetter hennen – Paffen pforts.*

Zwischen den heutigen Straßen *Obenmarspforten* und *Große Budengasse* wird sie seit dem 14. Jahrhundert – in diversen Schreibungen – *under spermecheren* genannt. Sowohl die Latinisierung *inter Hastarios* (von mlat. *hasta* = ›Speer‹, ›Lanze‹; vgl. Georges, Bd. 1, Sp. 3013 f.; Habel/Gröbel, Sp. 174) als auch die von H. Keussen übersetzte Schreinsbucheintragung von 1315 »bei denjenigen, wo man die Speere macht« (Keussen, Bd. 1, S. 207), deuten auf hier ansässige Speermacher.

Da hier a. 1348 auch ein *Scheidenmacher Gottschalk* (vgl. Keussen, Bd. 1, S. 207) wohnhaft ist und A. Merctaor diesen Straßenabschnitt mit *onder spoirmecheren* (mhd. *spor* = ›Sporn‹: *daz ros hiwer mit den sporn*; vgl. Lexer, Bd. 2, Sp. 1106 f.) bezeichnet, ist davon auszugehen, daß hier verschiedenste Waffen und Ausrüstungsgegenstände produziert wurden.

Nennung	Straßenname	Belege
1196/1200	in angulo super stratam lapideam	H, I, 271
1200	super Lapideam stratam	KTK, I, 206
1260	in Lapidea platea	KTK, I, 330
1315	(wo man die Speere macht)	KTK, I, 207
1383	inter Hastilarios	KTK, I, 207

1393	inter Hastarios	KTK, I, 207
1422	under Spermecheren	KTK, I, 207
1437	under Spormecheren	KTK, I, 330
1449	under Spermecheren	KTK, I, 206
1454	zu den Scheichtmecheren	KTK, I, 206
1470	under Schechtmecheren	KTK, I, 207
1490	zu den Scheichtmecheren	KTK, I, 206
1545	Under-Spermecher	W, I, 232
1557	unter Spormecheren	KTK, I, 330
1571	Onder spoirmecheren	Mercator
1590	Und(er) Spermecher	W, IV, 93

Onder wapensticker

Heute: **Hohe Straße** (zwischen Brückenstraße/Schildergasse)
Römerstadt (Mercator-Plan S. 142/143)

Die heutige Kölner *Hohe Straße* führte im Mittelalter in verschiedenen Abschnitten unterschiedliche Bezeichnungen: *Auff der hochpforts – unter pfannen schleger – voir den Augustinen – Onder wapensticker – Onder spoirmecheren – An der gulder wagen – Op hoigher smitten – voir der vetter hennen – Paffen pforts.*

Ihre geradlinige Führung parallel zur östlichen Grenze des römischen Kölns verweist ebenso wie die Bezeichnung *Lapidea strata* (›Steinstraße‹) auf römischen Ursprung, da im Mittelalter nur sehr wenige Straßen gepflastert waren.

Zwischen *Brückenstraße* und *Schildergasse* wird sie seit dem 15. Jahrhundert *under Wapensticker* genannt. Ahd. *wāfan* steht wie mhd. *wāfen* und altköln. *wapen* für ›Waffe‹ im allgemeinen, insbesondere aber für ›Schwert‹. Bis in das 16. Jahrhundert hinein treten nach A. Wrede hier neben auch die Bedeutungen ›Waffen-‹ oder ›Schildzeichen‹. »Das nhd. Wort wapen, seit dem 16. Jh. allmählich auch wappen u. Wappen geschrieben, behielt die Bedeutung Waffen-, Schildzeichen, das hd. wafen, nhd. Waffe, die Bedeutung Kampfgerät« (NKS, Bd. 3, S. 259). Etymologisch muß dementsprechend davon ausgegangen werden, daß mit der Straßenbezeichnung *under Wapensticker* Verfertiger von Waffen- bzw. Schildzeichen gemeint sind.

Nennung	Straßenname	Belege
1170/90	in lapidea via	H, I, 333
1248/49	in Lapidea platea	KTK, I, 332
1299	in platea Lapidea	KTK, I, 332
1487	under Wapenstickeren	KTK, I, 161

1490	under Wapenstickern	KTK, I, 332
1545	Under-Wapensticker	W, I, 232
1560	under Wapenstickeren	KTK, I, 332
1571	Onder wapensticker	Mercator
1581	Under Wapensticker	W, III, 83
1587	Under Wapenstickern	W, III, 392

Op die roer

Heute: **Auf der Ruhr**
Römerstadt (Mercator-Plan S. 234/235)

Im Gegensatz zur heutigen Straßenführung verband die Gassse *Auf der Ruhr* im Mittelalter die *Schwertnergasse* mit der Kreuzung von *Elstergasse*, *Mörsergasse*, *Kupfergasse* und *Röhrergasse*. An dieser Kreuzung befand sich seit dem 12. Jahrhundert der Brunnen (mlat. *puteus*, altköln. *putz* = ›Brunnen‹; vgl. Georges, Bd. 2, Sp. 2099; NKS, Bd. 2, S. 312) eines Anwohners *Malman*. Dessen Eigenname wurde auf den Brunnennamen übertragen: *Malmansputze*. Bis in das 14. Jahrhundert hinein entbehrt diese Gasse einen individuellen Namen, so daß hier befindlicher Grundbesitz in den Schreinsbüchern mit Lokalisierungen wie *bij Malmansputze* umschrieben werden mußte.

Erst nach 1377 erscheint die volkssprachliche Bezeichnung *up der Roren* als Straßenname, deren Bedeutung H. Keussen folgendermaßen zu erklären versucht: »Östlich vom Heumarkt lagen die heutigen Strassen Auf der Aar und Pelzergasse über einem älteren Kanal und hiessen daher Auf der Aducht, die Pelzergasse insbesondere sub Lobiis super Aqueductu. Vielleicht ist der Strassenname auf der Ruhr (1487 up der Roren) ähnlich zu erklären« (Keussen, Bd. 1, S. 165*).

Nennung	Straßenname	Belege
1170/90	iuxta Malinpuzze	H, I, 334
1221	iuxta Malemansputce	KTK, I, 367
1260	versus Malemansputze	KTK, I, 366
1279	prope Malemansputz	KTK, I, 366
1286	ex opp. puteo	KTK, I, 366
1300	platea iuxta Malmansputze	KTK, I, 367
1304	ex opp. Maylmansputze	KTK, I ,366
1377	up der Roren	KTK, I, 366
1398	bij Malmansputze	KTK, I, 367
1487	up der Roren	KTK, I ,366

1564	up der Ruren	KTK, I, 367
1571	Op die roer	Mercator
1585	auf der Ruir	KTK, I, 367

Op hoigher smitten

Heute: **Wallrafplatz**
Römerstadt (Mercator-Plan S. 142/143)

Der heutige *Wallrafplatz* wurde im Mittelalter mit zahlreichen Schreibvarianten *zo der hoer Smytten* genannt. A. Mercator hat auf seinem Stadtplan (1571) allerdings fälschlicherweise die Bezeichnung *Op hoigher smitten* für die sich an den *Wallrafplatz* anschließende Straße *An der Rechtschule* eingetragen. Diese wird aber in den Schreinsbüchern im Mittelalter *Vogelstrazen*, *iuxta scholas iuristarum* und *platea s. Egidii* genannt (vgl. *hinder den Minderbrodern*/heute: *An der Rechtschule*). Der Schreinspraxis entsprechend bezieht sich die untenstehende Namenserie lediglich auf den Bereich des heutigen *Wallrafplatzes* und nicht auf die von A. Mercator so genannte Straße.

Als Teil der *Hohe Straße*, bei der wegen ihrer geradlinigen Führung parallel zur östlichen Grenze des römischen Kölns und ihrer Bezeichnung als *Steinstraße* von römischem Ursprung ausgegangen werden kann, erscheint auch der heutige *Wallrafplatz* im 13. Jahrhundert als *in Lapidea platea* (zur *Hohe Straße* vgl. die mittelalterlichen Abschnittsbezeichnungen *Auff der hochpforts – unter pfannen schleger – voir den Augustinen – Onder wapensticker – Onder spoirmecheren – An der gulder wagen – Op hoigher smitten – voir der vetter hennen – Paffen pforts*).

Seit 1286 sind hier ansässige Schmiede auch namentlich überliefert wie z. B. *Hermannus Faber* oder *Conradus Faber*. Bis zum Ende des Mittelalters kann eine hier betriebene Schmiede (mlat. *fabrica* = ›Schmiede‹; vgl. Georges, Bd. 1, Sp. 2650; Habel/Gröbel, Sp. 143) dokumentiert werden. Sie wird auch nach dem Jahre 1579 volkssprachlich noch als *Hoffschmidt* erwähnt. Auf diese geht die Straßenbezeichnung zurück.

Nennung	Straßenname	Belege
1245	in Lapidea platea	KTK, I, 328
1251	in Lapidea platea	KTK, I, 328
1286	Hermannus Faber	KTK, I, 327
1286	dom. Conradi Fabri	KTK, I, 328
1334	fabrica ex opp. dom ad Agnum	KTK, I, 327
1390	der smyt hinder dem Doymkloster	KTK, I, 327

1400	in der groisser smytten	KTK, I, 327
1448	zo der hoer Smytten	KTK, I, 327
1487	neben der hohen Schmiede	KTK, I, 327
1568	langs die Hohe-Smit	W, II, 190
1571	Op hoigher smitten	Mercator
1579	platea ab officina fabrili vulgo die Hoffschmidt dicta	KTK, I, 327

Paffen pforts

Heute: **Unter Fettenhennen** (zwischen Komödienstraße/Trankgasse)
Römerstadt (Mercator-Plan S. 178/179)

Örtlichkeitsbezeichnungen wie *an der Paffenporzen* beziehen sich auf ein Teilstück der heutigen *Hohe Straße*, deren Abschnitte im Mittelalter unterschiedliche Namen tragen: *Auff der hochpforts – unter pfannen schleger – voir den Augustinen – Onder wapensticker – Onder spoirmecheren – An der gulder wagen – Op hoigher smitten – voir der vetter hennen – Paffen pforts.*

Mit dem Tornamen *Pfaffenpforte* ist der sagenhafte Kampf des Bürgermeisters *Hermann Gryn* gegen einen Löwen in der Löwengrube des Kölner Rathauses in Verbindung gebracht worden. Der Legende nach wurden die beiden mordlustigen Geistlichen, die Grin einem Löwen ausliefern wollten, in diesem Torbogen erhängt. Ihr Tod im Torbogen der *Pfaffenpforte* ist auf zahlreichen Abbildungen und Kupferstichen immer wieder dargestellt worden. Ihre Hinrichtung ist auch als Begründung für den Namen der umgebauten Durchfahrt des römischen Nordtores angesehen worden.

Die Torbenennung nach einem derartigen historischen Ereignis würde im Gesamtnamenkorpus eine absolute Ausnahme darstellen, die der Namenbildung mittelalterlicher Mentalität kaum entspräche. Deshalb wird hier davon ausgegangen, daß der Name *Pfaffenpforte* wohl eher als Synthese aus einer verortenden Namengebung in Bezug auf das ehemalige römische Nordtor (*-portze*) und deren Eigentümer (*Paffen-*: bis zur Franzosenzeit ist das Tor im Besitz des Erzstifts; vgl. NKS, Bd. 2, S. 273), sowie den benachbarten kirchlichen Einrichtungen in unmittelbarer Nähe der Pforte (Dompropstei, Domkloster, Kapelle St. Lamberti und Domdechanei) zu verstehen ist. Der Zusammenhang mit der Grin-Legende ist also nicht namenmotivierend, überlagert aber konnotativ die Örtlichkeitsbezeichnung in Mittelalter und Früher Neuzeit.

Nennung	Straßenname	Belege
1076	iuxta portam, quam vulgo vocant Clericorum portam	KTK, II, 298
1164/76	iuxta portam clericorum	H, II/1, 96
1173	iuxta Paffinporcin	KTK, I, 311
1200	apud portam Paffinporze	KTK, II, 298
1200	portae clericorum	KTK, II, 299
1259	versus Paffenporcen	KTK, I, 312
1341	Unter der Paffenporzen	S, I, 39
1386	apud Paffinpoirze	KTK, II, 298
1390	Paffenportz	S, II, 75
1469	porta clericorum	KTK, II, 299
1479	an der paffenportze	KTK, II, 298
1528	Neben der Pfaffenpforte	KTK, II, 298
1553	an der Paffenporzen	W, II, 26
1571	Paffen pforts	Mercator
1595	an der Paffenporzen	W, IV, 222

peerle gesgen

Heute: **Perlengäßchen**
Römerstadt (Mercator-Plan S. 142/143)

Das *Perlengäßchen* verbindet die Straßen *Schildergasse* und *Perlenpfuhl*. Zwischen *Schildergasse* und *Perlengäßchen* wird 1258 ein Haus mit dem Namen *Pelle* erwähnt, das 1284 und 1306 den Namen *Pella* führt (vgl. Keussen, Bd. 1, S. 368). Dieser Hausname deutet entsprechend dem (m)lat. *pelliceus* (›aus Fellen gemacht‹), *pellica* (›Pelzwerk‹), *pellicula* (›kleines Fell‹, ›Haut‹) und *pelliparius* (›Kürschner‹, ›Gerber‹) ursprünglich auf einen entsprechenden hier ansässigen Handwerker hin (vgl. Georges, Bd. 2, Sp. 1542 f.; Habel/Gröbel, Sp. 280). Während des Überlieferungszeitraumes ist das Haus allerdings im Besitz eines Schilderers (*clipeator*).

Seit dem 14. Jahrhundert ist darüber hinaus ein Haus *Perlenberg* überliefert, das auch im 16. Jahrhundert noch erwähnt wird (vgl. *Off dem piele graben*/heute: *Perlengraben*). Insofern muß davon ausgegangen werden, daß dieses Gäßchen seit dem Spätmittelalter »seinen Namen nach dem Eckhaus Perlenberg« (NKS, Bd. 2, S. 278) hat.

Nennung	Straßenname	Belege
1258	dom. [...] Lamberti Clippeatoris dicti Pelle	KTK, I, 368
1284	mans. Lamberti dicti Pella	KTK, I, 368

1327	dom. [...] voc. Perlenberg	KTK, I, 370
1352	dom. Perlinberg	KTK, I, 370
1463	Hs. Perlenberg	KTK, I, 370
1487	in der Perlengasse	KTK, I, 351
1487	auf der Perlengassen	KTK, I, 370
1554	Perlegassen [...] gü. dem Hs. Perlenberg	KTK, I, 370
1571	peerle gesgen	Mercator
1575	in der Engergasse	KTK, I, 370
1576	im Perlengessgen	W, V, 104

Pisconte gaß

Heute: **Börsengäßchen**
1. Stadterweiterung (Mercator-Plan S. 142/143)

Das kleine ›enge Gäßchen‹ (mlat. *angulosus* = ›eng‹, ›winkelig‹; Habel/Gröbel, Sp. 17), das vom *Heumarkt* (vgl. *Der Hewmarckt*) zur *Rheingasse* (vgl. *Die ringaß*) führt, hat A. Mercator auf seinem Stadtplan (1571) als *Pisconte gaß* eingetragen. In den Schreinsbüchern von St. Martin gibt es zwar zu einem derartigen Straßennamen keine direkte Entsprechung. Allerdings wird im 13. Jahrhundert ein in der benachbarten *Rheingasse* gelegenens Haus als *pistrinum* (›Bäckerei‹; Habel/Gröbel, Sp. 290) bezeichnet.

Während dieses Gäßchen in einem Schreinsbucheintrag seiner Lage gemäß *Duergazzen* (›Quergasse‹) heißt und somit noch keinen individuellen Namen trägt, erscheint es im 14. und 15. Jahrhundert ausnahmslos als *Clappergasse*.

Für die Namenmotivation von *Clappergasse* ist Ähnliches geltend zu machen, wie für das entsprechende Teilstück der heutigen *Follerstraße* (bei Mercator *Die klappergaß*), die »vermutlich nach einem Grundstückbesitzer Klapper, der Name kommt nach 1600 weiterhin vor« (NKS, Bd. 2, S. 43), benannt worden ist.

Nennung	Straßenname	Belege
1200	in vicu angusto	KTK, I, 5
1200	dom. [...] que pistrinum voc., in plathea Reni	KTK, I, 69
1236	sita est in Duergazzen	KTK, I, 5
1252	in platea Reni iuxta pistrinum	KTK, I, 69
1303	in Clappergassen	KTK, I, 5
1370	in cono vici Clappergasse	KTK, I, 69
1378	in Klappergassin	KTK, I, 5
1381	in ordone Clappergassin	KTK, I, 5

1404	Clappergassen	KTK, I, 69
1451	Clappergassen	KTK, I, 69
1464	in der Clappergasse	KTK, I, 5
1571	Pisconte gaß	Mercator

Plackgasse

Heute: **Plankgasse**
3. Stadterweiterung

Wegen der Semantik von »Plack m.: Placke(n); mnd. plack(e), Lappen, Fetzen, Schmutzfleck, mnl. placke, ndl. plak (Fleck); ins Mhd. u. Nhd. entlehnt aus dem Ndd.; [...] Im Köln. Ripuar. [...] besondere Bedeutung: [...] Grind, Schorf« (NKS, Bd. 2, S. 300), wird dieser sprechende Straßenname als Hinweis auf eine verunreinigte Gegend bzw. auf verarmte Bewohner des gleichnamigen Hofes (*in Plachove*) aufzufassen sein.

Ferner deutet das nd. *placker* auf ›Schinder‹ (›Abdecker‹), dessen Gewerbe auf den Hofnamen übertragen und der Straßenbezeichnung vorausgegangen sein könnte (vgl. Lexer, Bd. 2, Sp. 279).

Die heutige *Plankgasse* ist auf dem Stadtplan Mercators (1571) unbezeichnet dargestellt und führt von der Kapelle Herrenlichnam (erstmals erwähnt 1331, seit 1426 Regulärkanoniker; vgl. Keussen, Bd. 2, S. 149*) zur *Weidengasse* (*Die weidegaß*). Durch diese Lage zwischen der alten (von 1106) und der neuen (nach 1180) Stadtbefestigung kann mit der heutigen Namenform *Plankgasse* das mhd. *planke* assoziiert werden, das sich auf eine Umplankung (Plankenzaun), Befestigung bzw. *vallum* bezieht (vgl. Lexer, Bd. 2, Sp. 277).

Während des gesamten Mittelalters lautet der Name dieser Gasse aber durchgehend nach dem Hof eines Schinders oder Abdeckers (*Plachofe*) *Placgasse*. Sein Name referiert etymologisch sowohl auf das entsprechende Gewerbe als auch auf die mit diesem verbundene Verunreinigung der Gasse.

Nennung	Straßenname	Belege
1165/85	in Plachove	H, II/1, 214
1196/1224	in Placgaszen	H, II/1, 241
1205/14	in Placgazzin	H, II/1, 305
1240	in Plachgaze	KTK, II, 257
1264	in platea Placgassin	KTK, II, 281
1279	in vico Plackgasse iuxta Antiquum fossatum	KTK, II, 280
1290	versus Plaggassen	KTK, II, 256

1306	super Placgassen	KTK, II, 281
1329	curia in Placgassin	KTK, II, 281
1333	in vico Placgassen	KTK, II, 280
1361	in Plackgasse	KTK, II, 281
1412	in der Plackgasse	KTK, II, 280

Prediker cloister

Heute: **An den Dominikanern**
2. Stadterweiterung (Mercator-Plan S. 178/179)

Während bereits im 9. und 10. Jahrhundert von einer hier gelegenen Stiftskirche St. Andreas berichtet wird (vgl. Keussen, Bd. 2, S. 74 f.), lassen sich in der ersten Hälfte des 13. Jahrhunderts Predigermönche (Dominikaner) in dieser Straße nieder. Die für Theologie und Philosophie äußerst bedeutsamen Dominikaner gründen hier 1248 ein *Studium Generale Teutonicum*. Herausragende Köpfe der Scholastik wie Albertus Magnus, Thomas von Aquin und Meister Eckhart halten sich hier zu Studien- und Lehrzwecken auf. Da die Straßennamen im Mittelalter aber zur Alltags- und nicht zur Erinnerungskultur gehören, kann es nicht verwundern, daß sich die Präsenz der prominentesten Vertreter der Scholastik nicht auf die Bildung eines entsprechenden Straßennamens ausgewirkt hat.

Vielmehr scheint die Straßenbezeichnung im frühen 13. Jahrhundert auf einen Anwohner oder Grundbesitzer *Godebekkir* zurückzugehen. Dennoch bildet sich während des Mittelalters kein individueller Straßenname aus. Interessanterweise beziehen sich jedoch die meisten Verortungen der Ordensniederlassung nicht etwa auf den Namen eines Ordens oder Heiligen, sondern auf den volkssprachlichen Übernamen der Dominikaner (›Prediger‹). Entsprechend hat A. Mercator *Prediker cloister* auf seinem Stadtplan (1571) eingetragen.

Nennung	Straßenname	Belege
1180/85	contra domum prepositi s. Andree	H, II/1, 136
1188/1202	in platea dis Godebekkirs	H, II/1, 171
1202/12	in platea Godisbachere	H, II/1, 178
1207/12	versus plateam Godebeckirs	H, II/1, 190
1209/15	iuxta s. Andream	H, II/1, 201
1231	versus s. Andream	KTK, II, 76
1288	retro cimiterium fratrum Predicatorum	KTK, II, 77
1305	secus Paludem s. Andree	KTK, II, 76
1315	retro s. Andream	KTK, II, 76

1336	retro s. Andream	KTK, II, 76
1348	versus Predicatores	KTK, II, 76
1368	ante Predicatores	KTK, II, 77
1435	retro claustrum eccl. s. Andree	KTK, II, 76
1456	zu den Predigeren	KTK, II, 76
1481	bei den Predigern	KTK, II, 76
1545	vur den Predigern	W, I, 224
1571	Prediker cloister	Mercator
1581	hinder s. Andree	W, III, 82

Pryntgassen

Heute: **Kleine Brinkgasse**
2. Stadterweiterung

Die heutige *Kleine Brinkgasse* verbindet seit dem Mittelalter *Die print gaß* (heute: *Große Brinkgasse*) und *Die eeren straiß* (heute: *Ehrenstraße*). Die hierauf bezogenen Einträge im Apostelschrein verdeutlichen, daß die *Kleine Brinkgasse* einen feststehenden, individuellen Namen im Mittelalter entbehrt, so daß auch A. Mercator diese Gasse auf seinem Stadtplan (1571) nicht beschriftet hat. Aus diesem Grunde müssen sich die Schreinsbuchschreiber entweder mit Richtungsangaben (*in vico, ubi itur ad Printgasse*; *versus Pruntgassen*; *versus antiquam portam Honoris*; Keussen, Bd. 1, S. 401) oder der Angabe der beiden Straßen, zwischen denen die *Kleine Brinkgasse* liegt (*inter vicum Pryntgasse et Erinstraissen*; Keussen, Bd. 1, S. 401) behelfen.

A. Wrede führt das Bestimmungswort in *Printgasse* auf »mnl. prenten, printen, preinten (drücken, pressen), später auf drucken (Buchdruck) bezogen, mnd. prentin« (NKS, Bd. 1, S. 104) zurück. »Da das Bestimmungswort brink aus print hervorgegangen ist, kommt Brink (Grashügel), nnd. brink, ndl. brinc (Grasrain), alter Flur- u. Geländename […] nicht in Betracht« (NKS, Bd. 1, S. 104f.; vgl. *Die print gaß*/heute: *Große Brinkgasse*).

Wie auch im Falle der heutigen *Großen Brinkgasse* ist insbesondere durch Namenformen wie *Pruntgassin* auch an das mhd. *phrüende*, *phruonde* (›Pfründe‹; vgl. Lexer, Bd. 2, Sp. 264f.) zu denken, da sich in der so bezeichneten Gasse unweit von St. Aposteln zahlreiche Liegenschaften befanden, die dem Kloster hofzinspflichtig waren. Darüber hinaus lag der Hof des Propstes von St. Aposteln (a. 1235 *prope dom. prepositi monasterii supra anticum vallum*; Keussen, Bd. 1, S. 400) ebenfalls in der *Großen Brinkgasse*. Wegen der Lage von Probstei und zinspflichtigen Höfen müssen große Teile dieser Gasse als Pfründe des Klosters St. Aposteln angesehen werden, worauf die entstellten Namenformen der Straße ursprünglich Bezug genommen haben könnten (vgl. Keussen, Bd. 1, S. 399ff.).

Nennung	Straßenname	Belege
1277	versus Printgazzen	KTK, I, 401
1290	versus Pruntgassen	KTK, I, 401
1297	versus Pruntgassin	KTK, I, 405
1342	in vico, ubi itur ad Printgasse	KTK, I, 401
1350	inter vicum Pryntgasse et Erinstraissen	KTK, I, 401
1371	in ordone Printgassen	KTK, I, 401
1460	yn der Pryntgassen by den Apostelen	KTK, I, 401

Rodenbercher straisse

Heute: **Auf dem Rothenberg**
1. Stadterweiterung

Dieses ›enge Gäßchen‹ (*Angusta platea* von (m)lat. *angustia* = ›Enge‹; vgl. Georges, Bd. 1, Sp. 430f.; Habel/Gröbel, Sp. 18) in der 940 einbezogenen Rheinvorstadt verbindet die Straßen *Markmannsgasse* (bei Mercator *marck mans gaß*) und *Salzgasse* (*Die salts gaß*). Mercator hat zwischen der lückenlosen Bebauung mit eng gedrängten Häuschen keine Straßenbezeichnung auf seinem Stadtplan (1571) eingetragen. Im Schreinsbuch von St. Martin wird in der Mitte des 12. Jahrhunderts eine Stelle in dieser Straße lat. als *ubi haste raduntur* bezeichnet. Im gesamten 12. Jahrhundert ist für dieses Gäßchen kein eigenständiger Name überliefert. Sie trägt statt dessen die Bezeichnung des sich von hier bis zum *Heumarkt* erstreckenden Bereichs *inter hastatores* (*unter Speermacher* von mlat. *hasta* = ›Stock‹, ›Speer‹, ›Lanze‹; vgl. Georges, Bd. 1, Sp. 3014; Habel/Gröbel, Sp. 174).

Während hier vom 13. Jahrhundert bis zum Ende des 16. Jahrhunderts ein Hausname *Rodenburg* bzw. *Rodenberg* bezeugt ist, wird die Gasse bis ins 15. Jahrhundert lediglich als ›Enge(r)gasse‹ bezeichnet. Der Hausname überträgt sich erst im 15. Jahrhundert auf den Straßennamen als *Rodenburgergasse* bzw. *Rodenbercher straisse*.

Der nördliche Teil der Straße *Auf dem Rothenberg* befindet sich zwischen *Salzgasse* und *Lintgasse* und gehört mit diesem Abschnitt zu dem Schreinsbezirk St. Brigida. In den Schreinsbucheinträgen von St. Brigida erscheint dieser Nordteil des *Rothenberg* in Abgrenzung vom nahegelegenen *Fischmarkt* (bei Mercator *Vischmarckt*) auch als ›Kleiner Fischmarkt‹ (*in minori Foro piscium*; vgl. Keussen, Bd. 1, S. 146).

Nennung	Straßenname	Belege
1142/56	ubi haste raduntur	H, I, 33
1171/72	inter hastatores	H, I, 54
1183/88	inter hastatores	H, I, 154
1200	Angusta platea	KTK, I, 70
1259	dom., […] que voc. Rodenburg	KTK, I, 71
1274	iuxta Rodenburg	KTK, I, 70
1347	dom. Rodenburg	KTK, I, 70
1354	dom. Rodenburch	KTK, I, 71
1393	[auf der Strasse] bei Rodenburgh	KTK, I, 70
1395	in cono Arte platee	KTK, I, 70
1457	Rodenburgergassen	KTK, I, 70
1461	bei Rodenbergh	KTK, I, 70
1470	Rodenbergergasse	KTK, I, 70
1470	in Rodenburgasse	KTK, I, 70
1470	Hs. Roidemberg	KTK, I, 71
1478	Engergasse	KTK, I, 70
1487	Rodenberg	KTK, I, 71
1500	uf der Rodenbercher straisse	KTK, I, 70
1584	Hs. Rodenberch	W, III, 239

S. Briden pfarkirch

Heute: **Brigittengäßchen**
1. Stadterweiterung (Mercator-Plan S. 142/143)

In dem heutigen *Brigittengäßchen* sind im Mittelalter die Pfarrkirche St. Brigida (seit 1172; vgl. Keussen, Bd. 2, S. 148*), eine Schule (seit 1455; vgl. Keussen, Bd. 1, S. 112) und das Pfarrhaus die einzige Bebauung. Dementsprechend fehlen Anlässe für Schreinsbucheintragungen, die über Bezeichnungen dieses Gäßchens im Mittelalter Aufschluß geben könnten. Immerhin ist der Übergang von St. Brigida nach Klein St. Martin eigens als (m)lat. *transitus* (vgl. Georges, Bd. 2, Sp. 3190f.; Habel/Gröbel, Sp. 406) dokumentiert.

Für diesen kleinen Gang von der *Lintgasse* nach St. Brigida (*Brigittengäßchen*) kann keine eigenständige Bezeichnung im Mittelalter nachgewiesen werden. Ebenso fehlt auf dem Stadtplan A. Mercators eine entsprechende Bezeichnung aus dem 16. Jahrhundert. Lediglich die Pfarrkirche St. Brigida wird von Mercator mit Namen versehen.

Nennung	Straßenname	Belege
1172	eccl. s. Brigide	KTK, I, 113
1178/83	ecclesie beate Brigide	H, I, 142
1279	in muro exteriori eccl. s. Brigide	KTK, I, 113
1334	iuxta transitum eccl. s. Brig.	KTK, I, 132
1342	iuxta transitum, per quem itur de eccl. s. Brig.	KTK, I, 132
1361	super transitu, qui ducit in ecclesiam s. Brigide	KTK, I, 132
1373	bei S. Brigida	KTK, I, 113
1438	bei dem Gange S. Brigiden	KTK, I, 132
1571	S. Briden pfarkirch	Mercator

S. Cicilien straiß

Heute: **Cäcilienstraße**
Römerstadt (Mercator-Plan S. 308/309)

Im Mittelalter führt die *Cäcilienstraße* am Langhaus der gleichnamigen Kirche vorbei zum östlichen Ende des *Neumarktes*. Seit dem 12. Jahrhundert trägt diese Straße den Namen der Kirche St. Cäcilia. Das unsichere Gründungsjahr dieses vornehmen Damenstifts fällt in die Amtszeit Erzbischof Williberts (870–889). »Seit dem Ende des 15. Jahrhunderts rechnet man mit einem Gründungsjahr 888« (Schäfke, S. 69). H. Keussen gibt das Jahr 941 als Ersterwähnung an (vgl. Keussen, Bd. 2, S. 147*). Wie auch die Schutzheiligen Kölns (hl. Ursula, hl. Gereon) zählt die hl. Cäcilie zu den christlichen Märtyrerinnen.

Nennung	Straßenname	Belege
1170/83	iuxta plateam s. Cecilie	H, II/1, 18
1186/96	in platea s. Cecilie	H, II/1, 31
1237	an S. Caecilia	KTK, I, 235
1268	in platea s. Cecilie	KTK, I, 235
1306	super platea s. Cecilie	KTK, I, 237
1358	apud s. Ceciliam	KTK, I, 237
1380	in platea s. Cecilie	KTK, I, 235
1404	S. Cillienstrasse	KTK, I, 237
1419	S. Cecillienstrasse	KTK, I, 237
1456	S. Cilienstrasse	KTK, I, 235
1498	S. Cecilienstrasse	KTK, I, 237
1556	uff s. Cecilienstrais	W, II, 83
1571	S.Cicilien straiß	Mercator

S. Cunibertus thorn

Heute: **Konrad-Adenauer-Ufer**
3. Stadterweiterung (Mercator-Plan)

Wie für alle Uferbereiche entwickelte sich auch hier im Mittelalter keine individuelle Bezeichnung. Die Schreinsbuchschreiber behelfen sich bei der Lokalisierung von Liegenschaften mit verortenden Hinweisen auf herausragende Gebäude, zu denen insbesondere Bestandteile der Befestigungsanlage mit Wällen und Gräben, aber auch die Stadtmauer mit ihren Toren und Türmen zählen.

Der in der Namenserie erwähnte ›Stadtturm‹ (*versus turrim civitatis*) ist der heute noch existierende Turm am Rheinufer, der volkstümlich als *Weckschnapp* bezeichnet wird. »Der Turm war ein Teil der Torburg hinter St. Kunibert, die 1891 im Zuge des Abbruchs der alten Kölner Stadtmauer gesprengt wurde. Indessen trägt dieser Turm den mit einer schaurigen Sage verknüpften Namen Weckschnapp zu Unrecht; denn ursprünglich haftete der Name Weckschnapp an einem düsteren, altersgrauen, viereckigen Wachtturm am nördlichen Ende der mittelalterlichen Stadtmauer am Rheinufer, der 1784 bei dem furchtbaren Eisgang auf dem Rhein zerstört wurde; es liegt also eine Übertragung vor« (NKS, Bd. 3, S. 265).

A. Mercator hat auf seinem Stadtplan (1571) den Turm als *S. Cunibertus thorn* ausgewiesen.

Nennung	Straßenname	Belege
1233	prope turrim versus novum fossatum civitatis	KTK, II, 281
1244	in Littore Reni prope novam turrim	KTK, II, 281
1259	turris ultima aquilonaris	KTK, II, 282
1262	de turn den Rin neder zo dale	KTK, II, 282
1314	inter eccl. s. Kuniberti et turrim civitatis	KTK, II, 281
1349	apud turrim civitatis	KTK, II, 281
1376	iuxta turrim s. Cuniberti	KTK, II, 281
1398	prope turrim civitatis	KTK, II, 281
1415	apud murum civitatis versus turrim s. Cuniberti	KTK, II, 281
1446	vur s. Cunibertzthurne	S, II, 329
1482	auf des Custers Gassen Ort	KTK, II, 281
1528	S. Cunibertsturm	KTK, II, 282
1569	uff sant Cunibertz torn	W, V, 71
1571	S. Cunibertus thorn	Mercator
1585	uff s. Cunibertz torn	W, V, 249
1587	Kunibertsturm	KTK, II, 282

Der 12 A postelen kirch
Die apostel
straß
Der Nui marckt
Cassius gaß
Die vilzengaß
Schutten hoff
Hinder
Sant

S. Gereons loch

Heute: **Christophstraße**
3. Stadterweiterung (Mercator-Plan S. 234/235)

Vom sog. *Gereonsdriesch* vorbei an den Kirchen St. Gereon und St. Christoph (bei Mercator *S. Gereons stift* und *S. Christofels kirch*) verließ man im Mittelalter die Stadt Köln über die heutige *Christophstraße* durch das *Gereonstor*.

Sie führt im Mittelalter keinen eigenständigen Namen. Sie erscheint auch auf dem Stadtplan A. Mercators (1571) ohne Bezeichnung. Lediglich die massive Torburg, auf die die Straße zuführt, hat A. Mercator als *S. Gereons loch* bezeichnet. Bereits das mhd. *loch* steht für ›Öffnung‹, kann aber auch die Bedeutung ›Gefängnis‹ haben (vgl. Lexer, Bd. 1, Sp. 1949). Die beiden Namendeutungen (›Öffnung‹, ›Gefängnis‹) werden von der Nutzung der Torburg bestätigt. Sie diente als Durchfahrt und wurde im 15. Jahrhundert auch als Gefängnis genutzt (vgl. Keussen, Bd. 2, S. 262). Vom 13. bis zum 16. Jahrhundert wird diese Torburg durchgehend nach der unweit entfernt stehenden Kirche *Gereonspforte* (*porta Gereonis*) genannt.

Nennung	Straßenname	Belege
1259	infra portam Gereonis [...]	KTK, II, 262
1284	apud portam s. Gereonis	KTK, II, 262
1291	continua porte s. Gereonis	KTK, II, 262
1316	iuxta portam s. Gereonis	KTK, II, 262
1375	iuxta portam s. Gereonis	KTK, II, 262
1446	up s. Gereoinsportzen	S, II, 328
1446	s. Christofori contigua	KTK, II, 235
1528	S. Gereonsturm	KTK, II, 262
1571	S. Gereons loch	Mercator

S. Gereons straiß

Heute: **Gereonstraße**
3. Stadterweiterung (Mercator-Plan S. 234/235)

Die *Gereonstraße* führte von der *Würfelpforte* am *Kattenbug* zu den Kirchen St. Gereon und St. Christoph, vor denen der sogenante *Gereonsdriesch* (vgl. *Gereonsdreisch*/heute: *Gereonsdriesch*) lag. Seit dem 12. Jahrhundert trägt die Straße den Namen der Kirche St. Gereon. Im 13. Jahrhundert wird sie mitunter charakterisierend als *Breite Straße* (*Lata platea*) bezeichnet.

»Unter den Stiften und Klöstern Kölns stand St. Gereon nach dem Dom an erster Stelle. [...] Nordwestlich vor den Mauern des römischen Köln lag hier eines der ausgedehnten Gräberfelder, das seit dem frühen 1. Jahrhundert bis in die Spätantike belegt worden ist. [...] Inmitten dieses Gräberfeldes wird Ende des 4. Jahrhunderts [...] eine ovale Gedächtniskirche errichtet« (Schäfke, S. 100). »Als sich nun herausstellte, daß den inmitten von St. Gereon gefundenen Gebeinen bis auf den Unterkiefer der Kopf fehlte, waren alle schnell bereit, hier St. Gereon selbst zu erkennen« (Schäfke, S. 110). Weitere Grabfunde wurden den Märtyrern der thebäischen Legion des hl. Gereon zugeordnet. »Der großzügige Straßenzug vom Dom durch die römische Stadtmauer hindurch und dann parallel dazu durch das Kölner Bankenviertel nach Westen zielt auf die Chorfassade von St. Gereon. Diese ist im 11./12. Jahrhundert entstanden. Aber der Straßenzug ist älter, war ausgerichtet auf den spätantiken Bau. Wohl nicht zu Unrecht hat man hier eine Prozessionsstraße vom Dom zu der in Gold strahlenden Kirche der goldenen Heiligen, seit dem frühen Mittelalter benutzt, vermutet« (Schäfke, S. 108).

Nennung	Straßenname	Belege
1178/1202	in platea lata beati Gereonis	H, II/1, 225
1180/85	in platea s. Gereonis	H, II/1, 127
1279	in Lata platea	KTK, II, 254
1312	in pl.[atea] s. Gereonis	KTK, II, 253
1321	ex opp. vinee s. Cristof. auf Gereonstr.	KTK, II, 254
1321	in vinea s. Cristoferi	KTK, II, 250
1340	in communi strata, qua itur [...] ad eccl. s. Gereonis	KTK, II, 250
1363	in Lata platea s. Gereonis	KTK, II, 249
1366	in Lata platea	KTK, II, 254
1381	auf S. Gereonstrasse	KTK, II, 251
1432	S. Gereonstrasse	KTK, II, 250
1478	auf S. Gereonstrasse	KTK, II, 249
1500	in pl.[atea] s. Gereonis	KTK, II, 250
1528	uff s. Gereonsstrais	W, I, 55
1571	S. Gereons straiß	Mercator
1578	s. Gereonsstrass	W, III, 14

S. Iohans straiß

Heute: **Johannisstraße**
2. Stadterweiterung (Mercator-Plan S. 178/179)

Die heutige *Johannisstraße* führt im Mittelalter von der Kirche St. Lupus in der Nähe des Domes vorbei an St. Johann und Kordula (seit 1239 in der *Johannisstraße*; vgl. Keussen, Bd. 2, S. 148*) zu dem Stift St. Kunibert, das bereits »866 [...] erwähnt« (Schäfke, S. 156) wird. Da sich die Hospitäler St. Johann und Kordula im Vergleich zur Entstehung von St. Kunibert erst im 13. Jahrhundert in dieser Straße befinden, verwundert es nicht, daß diese in den ältesten Schreinsbucheinträgen als *Kunibertstraße* (*platea s. Kuniberti*) erscheint.

Seit dem 13. Jahrhundert wird sie allerdings ausschließlich *Johannisstraße* (*s. Johans straissen*) genannt.

Nennung	Straßenname	Belege
1164/76	in platea s. Kuniberti	H, II/1, 95
1188/1203	in platea s. Kuniberti	H, II/1, 161
1252	contigue domui hospitali s. Johannis versus s. Kunibertum	KTK, II, 90
1272	in platea s. Cuniberti	KTK, II, 92
1304	contra [...] dom. fratrum b. Johannis	KTK, II, 97
1351	in opp. cymiterii s. Johannis	KTK, II, 97
1412	S. Johans Strasse	KTK, II, 101
1419	up s. Johannsstraissen	S, II, 224
1433	up s. Johans straissen	KTK, II, 91
1456	up s. Johans straisse	KTK, II, 92
1486	up s. Johansstrasse	KTK, II, 92
1535	uff s. Johans strasse	KTK, II, 99
1553	uff s. Johansstrais	W, II, 20
1571	S. Iohans straiß	Mercator
1581	uff s. Johannstrais	W, III, 96
1584	s. Johansstraiss	W, V, 235

S. Loÿe plats

Heute: Parkplatz (zwischen Pipinstraße/Augustinerstraße)
Römerstadt (Mercator-Plan S. 142/143)

Der heute nicht mehr existierende *Elogiusplatz* lag in der Pfarre St. Alban, die in den Schreinsbüchern des späten Mittelalters in Gänze als *Auf der Sandkaul* begriffen wurde. Die Örtlichkeitsbezeichnung *in fovea arene* (mlat. *fovea* = ›Grube‹; vgl. Georges, Bd. 1, Sp. 2831; Habel/Gröbel, Sp. 158; *arena* = ›Sand‹; Georges, Bd. 1, Sp. 556 f.) bezieht sich auf »eine große Sandgrube«, die »am Fuß des Hügels, auf dem die Kirche St. Maria in Capitolio errichtet wurde« (NKS, Bd. 3, S. 7), lag. »Der Name Sandkaule ist zufrühest im 12. Jh. als bürgerlicher Herkunftsname de Santkulin überliefert« (NKS, Bd. 3, S. 7).

Am südlichen Ende der Straße *Kleine Sandkaul* ist seit 1172 eine Kapelle *s. Salvatoris* bezeugt. Im Zinsregister von St. Alban erscheint um 1500 ein Eintrag, der die offizielle Bezeichnung der Kapelle von ihrer allgemein üblichen Benennung (*vulgariter*) differenziert: »*cap. s. Salvatoris appell. communiter s. Eligii, vulgariter s. Loyen capel uf der Santkulen*« (Keussen, Bd. 1, S. 156). Auf diese Kapelle geht die Bezeichnung des Platzes im 16. Jahrhundert zurück: *uff s. Loenplaitz*.

Der im Mittelalter *Eloy* und *Loy* genannte hl. Bischof Eligius (um 590–660) wird insbesondere als Patron der Goldarbeiter und Schmiede verehrt (vgl. LThK, Bd. 3, Sp. 594 f.).

Vom *S. Loyentag* berichtet Weinsberg wie folgt: »A. 1596 den 25. jun., s. Eligii episcopi vel Eloii, feiren die smide durch Coln, ander burger aber nit. Und ist ein capelle uff der Santkuiln platz zu Rhein warts, die den namen von s. Loyen hatt, da die smiden vurmails uff dissen tag misse plagen zu hoern. [...] Sunst haben die smede eitz einen besonder altair von s. Eligio in der Augustinerkirchen. Und die kranke pfert an beinen haben, halten vil von s. Eligio. Uff dissen tag gain der smide leirjongen mit trummen und geweren umb durch die stat, und schenkt in ein rait ein par aimen beirs« (Buch Weinsberg, Bd. 4, S. 263).

Der Name *Loenplaitz* stellt im Namenkorpus eine absolute Singularität dar: Er ist der einzige Name eines Platzes, der nicht als Markt genutzt wurde.

Nennung	Straßenname	Belege
1172	capella s. Salvatoris in parrochia s. Albani	KTK, I, 156
1254	super Santkulen	KTK, I, 155
1271	super Santkulen	KTK, I, 155
1286	capella s. Salvatoris super Fovea harene	KTK, I, 156
1292	ansedel [...] Philippi de Santkulen	KTK, I, 155
1293	super Fovea arene	KTK, I,155
1301	super Santkulen iuxta capellam s. Salvatoris	KTK, I, 156

1311	super Fovea arene	KTK, I, 155
1316	versus dom. Gerardi de Santkulen	KTK, I, 156
1317	super Foveam harene	KTK, I, 155
1333	up Santkulin	KTK, I, 155
1392	up der Santkuylen	KTK, I, 156
1454	up der Santkuylen	KTK, I, 156
1481	bei S. Loyen	KTK, I, 156
1500	s. Loyen capel uf der Santkulen	KTK, I, 156
1528	uff der Santkuilen uff s. Loen capell	KTK, I, 156
1571	S. Loÿe plats	Mercator
1584	uff s. Loenplaitz	W, III, 247

S. Lupy kirch

Heute: Gelände des Hauptbahnhofs
Römerstadt (Mercator-Plan S. 178/179)

Auf dem Gelände des heutigen Hauptbahnhofs verlief im Mittelalter in Verlängerung der *Johannisstraße* eine kleine Sackgasse (ehemals *Lupuseck*) von der Kirche St. Lupus über die *Trankgasse* auf die Kirche St. Mariegraden (östlich des Domes) zu. Im 14. Jahrhundert befand sich bei der Kirche St. Lupus eine sogenannte Lupus-Bruderschaft (»die [...] broedere s. Cuniberts, die man nennet van s. Lupis«; Keussen, Bd. 2, S. 160).

Auf dem ältesten Stadtplan von A. Mercator (1571) ist die Kirche im Aufriß dargestellt und mit der Bezeichnung *S. Lupy kirch* versehen. Der Straßenabschnitt trägt dort jedoch keinen Namen.

Nennung	**Straßenname**	**Belege**
1135/58	dom. apud s. Lupum	H, II/1, 59
1163/68	in vallo iuxta s. Lupum	H, II/1, 64
1183/92	contra ecclesiam s. Lupi	H, II/1, 151
1183/92	iuxta hospitale s. Lupi	H, II/1, 149
1215	iuxta s. Lupum	KTK, II, 161
1224	iuxta hospitale s. Lupi	KTK, II, 161
1254	versus s. Lupum	KTK, II, 159
1287	versus s. Lupum	KTK, II, 158
1293	versus eccl. s. Lupi	KTK, II, 158
1310	versus s. Lupum	KTK, II, 158
1333	versus s. Lupum	KTK, II, 159

1420	zu S. Lupus wärts	KTK, II, 158
1446	bij s. Luckus	S, II, 334
1491	zu S. Lupus wärts	KTK, II, 161
1528	S. Lupus	KTK, II, 160
1571	S. Lupy kirch	Mercator

S. Marcellen straiß

Heute: **Marzellenstraße**
2. Stadterweiterung (Mercator-Plan S. 178/179)

Die *Marzellenstraße* (bei Mercator *S. Marcellen straiß*) führte von *Unter Fettenhennen* vorbei an der Kapelle St. Marzellus zur *Ursulastraße* (vgl. *Hinder der abdissen küch*), wo sich eine kleine Erhebung befand. Sie wird in den Schreinsbüchern erwähnt: *in platea Marcelli versus Monticulum* (von mlat. *monticulus* = ›kleiner Berg‹; vgl. Georges, Bd. 2, Sp. 1000; Habel/Gröbel, Sp. 246). Zusätzliche Hinweise auf topographische Besonderheiten waren wegen des langen Straßenzuges, der mitunter auch als *Lata platea* beschrieben wird, vonnöten.

Von divergierenden Schreibungen abgesehen wurde diese Straße aber bis in die Frühe Neuzeit durchgehend *Marzellenstraße* genannt. Die namenmotivierende Marzellenkapelle wird in den Schreinsurkunden erstmals zwischen 1163 und 1168 erwähnt. Sie war dem hl. Papst Marcellus – im Mittelalter als Märtyrerpapst verehrt – geweiht.

Nennung	**Straßenname**	**Belege**
1163/68	iuxta s. Marcellum	H, II/1, 67
1178/83	in lata platea	H, II/1, 117
1180/85	in monticulo	H, II/1, 138
1183/92	in platea Magna	H, II/1, 148
1215	in platea s. Marcelli	KTK, II, 124
1265	in platea s. Marcelli	KTK, II, 132
1275	in pl.[atea] Marcelli versus Monticulum	KTK, II, 125
1303	in platea s. Marcelli	KTK, II, 125
1327	versus capellam s. Marcelli	KTK, II, 126
1336	in vico s. Marcelli	KTK, II, 122
1365	supra stratam Marcellini	KTK, II, 123
1385	super stratum Marcelli	KTK, II, 132
1400	in pl.[atea] b.[eati] Marcelli	KTK, II, 122
1441	up Marcellisstrasse	KTK, II, 128

1499	auf Marcellysstr.	KTK, II, 128
1529	in pl.[atea] s. Marcelli	KTK, II, 130
1571	S. Marcellen straiß	Mercator
1582	uff sant Marcellenstrassen	W, III, 122
1583	uff s. Marcellenstrass	W, III, 214

S. Margarden gaß

Heute: **Mariengartengasse**
Römerstadt (Mercator-Plan S. 234/235)

Diese Straße wird im Mittelalter nach dem auf ihrer westlichen Seite befindlichen Zisterzienserinnenkloster bezeichnet. Im Schreinsbuch von St. Kolumba erscheint ein früher Hinweis auf einen Garten dieses Kloster bereits 1220 als *Ortus s. Marie* (von mlat. [*h*]*ortus* = ›Garten‹; vgl. Georges, Bd. 1, Sp. 3085; Habel/Gröbel, Sp. 268; NKS, Bd. 2, S. 179).

Der auf dieses Kloster zurückgehende Straßenname bildet sich im 14. Jahrhundert aus einer Kontraktion des Bestimmungswortes ›Garten‹ und des Grundwortes ›Gasse‹ zu *Gardengassin*. Im 15. Jahrhundert schließlich findet der Heiligenname *Maria* Eingang in die Straßennamenbildung. Auf dem Mercator-Plan (1571) erscheint der Straßenname bereits abgeschliffen zu *S. Margarden gaß*.

Nennung	Straßenname	Belege
1220	Ortus s. Marie	KTK, I, 362
1232	conventus in Orto s. Marie	KTK, I, 362
1246	in Orto s. Marie	KTK, I, 341
1298	versus s. Mariam ad Ortum	KTK, I, 342
1339	in Gardengassin	KTK, I, 341
1395	in opp. chori b. Marie ad Ortum in Gardingasse	KTK, I, 343
1443	in Mariengartengasse	KTK, I, 341
1452	vur Mariengarden	KTK, I, 362
1480	in S. Mariengardengasse	KTK, I, 342
1487	S. Mariengarten auf Margardengassen Ort	KTK, I, 343
1528	bei S. Mariengarten	KTK, I, 342
1535	s. Mariengardengassenportzen	KTK, I, 362
1571	S. Margarden gaß	Mercator

S. Margrieten

Heute: **Margarethenkloster**
Römerstadt (Mercator-Plan S. 234/235)

A. Mercator hat das Margarethenkloster auf seinem Stadtplan (1571) im Aufriß dargestellt. Der einschiffige Längsbau mit einem Türmchen an der süd-östlichen Ecke steht parallel zu der Straße *Burgmauer* (bei Mercator *Off der borch mauren*). Der Zugang zu dem Kloster führte im 16. Jahrhundert direkt auf die Straße *Unter Fettenhennen* (bei Mercator *voir der vetter hennen*), über die man zum Dom gelangt.

Dieses Gäßchen erhielt seine Bezeichnung nach einem bereits im 12. Jahrhundert belegten Kloster und Kirchhof. »Die Örtlichkeit, ein Klaustralbezirk (Immunität), umfaßte nur wenige Häuser« (NKS, Bd. 2, S. 180), für den sich während des Mittelalters kein individueller Straßenname ausbildet.

Nennung	Straßenname	Belege
1170/90	cimiterium s. Margarete	KTK, I, 340
1172	iuxta sacellum s. Margarethe	KTK, I, 340
1260	versus capellam	KTK, I, 339
1266	in cimiterio s. Margarethe	KTK, I, 339
1286	ex opp. capelle	KTK, I, 339
1289	versus s. Margaretam	KTK, I, 340
1304	in cymiterio b. Margarete	KTK, I, 339
1398	auf S. Margarethen Kirchhof	KTK, I, 339
1487	auf S. Margreten cloister	KTK, I, 339
1528	S. Margarethen Hosp.	KTK, I, 340
1571	S. Magrieten	Mercator

S. Mariegraden

Heute: **Am Domhof/Frankenplatz**
Römerstadt (Mercator-Plan S. 178/179)

Am heutigen *Frankenplatz* bzw. *Am Domhof* (östlich des Domchores) befand sich seit dem 11. Jahrhundert die Stiftskirche Maria ad Gradus (vgl. Keussen, Bd. 2, S. 302). Das Gefälle zwischen diesem Platz und dem Rheinufer wurde bereits im Mittelalter durch Treppen überwunden, die zur Marienkirche führten.

Die entsprechende Ortsbezeichnung *in loco, qui dicitur ad Gradus* wird bereits in der Vita Annonis auf die Kirche übertragen: »*monasterium, quod dicitur ad Gra-*

dus, in honorem s. Dei genetricis Mariae« (zitiert nach Keussen, Bd. 2, S. 302; lat. *gradus* = ›Stufe‹, ›Treppe‹, ›Steigungsgrad‹; vgl. Georges, Bd. 1, Sp. 2955; Habel/Gröbel, Sp. 169). Auf dem Stadtplan A. Mercators (1571) sind die Stufen der Kirche (bei Mercator *S. Mariegraden*), die der Bogenform des Chores entsprechen, deutlich zu erkennen. »Maria ad Gradus wurde 1817 abgebrochen« (NKS, Bd. 2, S. 178).

Nennung	**Straßenname**	**Belege**
1052	ecclesiam s. Mariae infra urbem	L, I, 119
1056/75	in loco, qui dicitur ad Gradus titulo s.Mariae	KTK, II, 302
1070	in monasterium [...], quod est ad Gradus	KTK, II, 302
1312	S. Maria ad Gradus	KTK, II, 303
1394	nova fabrica eccl. b. Marie ad Gradus	KTK, II, 302
1450	ad fabricam novam eccl. Marie ad Gradus	KTK, II, 302
1476	by s. Mariengredenkirchen	S, II, 551
1477	in dem ombgange von S. Mariengreden	KTK, II, 302
1539/40	apud edem dive virg. Marie ad Gradus	KTK, II, 303
1550	uff s. Mariengraten-cloister	W, I, 344
1571	S. Mariegraden	Mercator

S. Mauritius stein wech

Heute: **Mauritiussteinweg**
3. Stadterweiterung (Mercator-Plan S. 308/309)

Der *Mauritiussteinweg* führt außerhalb des römischen Kölns parallel zur römischen Stadtmauer an der Pfarrkirche und dem Benediktinerinnenkloster St. Mauritius vorbei, das 1144 erstmals erwähnt wird (vgl. Keussen, Bd. 2, S. 148*). Diese Straße reicht bis in den Schreinsbezirk St. Aposteln und endet nördlich an der *Eifelpforte* (*Eufeleportze*) und der Kapelle St. Reinold (seit ca. 1127; vgl. Keussen, Bd. 1, S. 421). Die im Mittelalter noch seltene Straßenpflasterung kann auf römischen Ursprung hindeuten und läßt diese Straße in den Quellen des 14. und 15. Jahrhunderts mit dem charakterisierenden Beinamen *Via lapidea* erscheinen. Dieser Straßenzug ist mit Ausnahme der Mauritiuskirche noch im 16. Jahrhundert annähernd unbebaut.

Der komplexe Straßenname kombiniert einen Heiligennamen (*Mauritius*) mit einem Flurnamen (*Steinweg*). Er ist motiviert durch die Lage der Kirche in dem erst 1180 einbezogenen Stadtteil, umgeben von Gärten und Weinbau (*iuxta vineas*; vgl. lat. *vineus* = ›Weinberg, -garten, -stock‹; Georges, Bd. 2, Sp. 3499; mlat. *vinia* = ›Weinstock‹; Habel/Gröbel, Sp. 426) und früher Straßenpflasterung: *S. Mauritius stein wech* (1571).

Nennung	Straßenname	Belege
1144	ad prevatam novam ecclesiam b. Mauritii	L, I, 241
1170/83	prope s. Reinoldum iuxta murum	H, II/1, 13
1235	versus s. Reinoldum	KTK, I, 423
1235	iuxta antiquum murum	KTK, I, 423
1271	prope Eiflersporzen	KTK, I, 424
1293	versus portam Eufeleportze	KTK, I, 423
1307	versus portam Euflie	KTK, I, 423
1308	in Via lapidea [...] versus S. Mauricius	KTK, II, 208
1311	Eflesporze	KTK, I, 423
1312	Eyfelerporcen	KTK, I, 423
1322	iuxta vineas monialium s. Mauritii	KTK, I, 424
1349	in Via lapidea	KTK, II, 208
1375	supra Viam lapideam in opp. vinee s. Mauritii	KTK, II, 208
1395	in Via lapidea	KTK, II, 208
1400	in Via lapidea apud s. Mauritium	KTK, II, 208
1460	retro capellam s. Reynoldi	KTK, I, 423
1475	Steynwege	KTK, II, 208
1571	S. Mauritius stein wech	Mercator
1591	s. Mauritz-Steinweg	W, IV, 120

S. Maviren straiß

Heute: **Machabäerstraße**
2. Stadterweiterung (Mercator-Plan S. 178/179)

An der vom *Eigelstein* parallel zu der Stadtgrenze von 1106 zum Rheinufer führenden *Machabäerstraße* lag im Mittelalter eine Kapelle und das Benediktinerinnenkloster *Zu den sieben makkabäischen Brüdern.* Diesen »in der Verfolgung gestorbenen u. als Vorbilder für die christl. Martyrer gerühmten Söhne[n] der Makkabäermutter« (NKS, Bd. 2, S. 187) war diese Kapelle geweiht. »Mit dieser Kapelle wurde 1178 ein Benediktinerinnenkloster verbunden, das 1462 abbrannte, A. 16. Jh. wieder aufgebaut u. durch einen Neubau der Kirche bereichert. Das Kloster wurde 1803 aufgehoben, die Kirche, 1808 gänzlich zerfallen, abgetragen« (NKS, Bd. 2, S. 187).

Die Straße erscheint in Schreinsbucheinträgen des 12. Jahrhunderts auch als *platea Razonis.* Da zwischen 1209 und 1215 ein *domus Razonis* (Hoeniger, Bd. II/1, S. 197) bezeugt ist, scheint es sich hierbei um einen Haus- oder Anwohnernamen zu handeln, der vorübergehend als Straßenbezeichnung fungierte. Der östlichste Teil der heutigen Straße (von der *Johannisstraße* bis zum Rheinufer) trägt im Mittelalter einen eigenständigen Namen: *Die blomers gaß*.

Nennung	Straßenname	Belege
1134	ad ecclesiam sanctorum machabeorum	L, I, 211
1135/58	in platea Razonis	H, II/1, 54
1150/65	iuxta Razonem	H, II/1, 72
1158/68	in platea Machabeorum	H, II/1, 84
1180/85	contra ecclesiam (ss. Machabeorum)	H, II/1, 128
1183/92	in platea Razonis	H, II/1, 140
1202/12	versus Machabeos	H, II/1, 175
1209/15	iuxta domum Razonis	H, II/1, 197
1209/15	in oposita parte ss. Machabeorum	H, II/1, 195
1254	versus s. Machabeos	KTK, II, 115
1311	iuxta s. Machabeos	KTK, II, 115
1345	in opp. monast. s. Machabeorum	KTK, II, 115
1420	auf S. Mavyrenstrasse	KTK, II, 117
1446	gü. S. Mavieren-Kloster	KTK, II, 116
1460	gü. S. Mavijren	KTK, II, 115
1482	auf S. Mavyrenstr.[asse]	KTK, II, 117
1571	S. Mauiren straiß	Mercator
1584	uff s. Marvirnstrais	W, III, 248

S. Maximins straiß

Heute: **Maximinenstraße**
2. Stadterweiterung (Mercator-Plan S. 178/179)

Die *Maximinenstraße* verbindet die Straßen *Johannisstraße* und *Eigelstein*. Unweit entfernt von der Abzweigung der ehemaligen *Hofergasse* (bis in das 16. Jahrhundert hinein eine Sackgasse, die auf dem Mercator-Plan *Im sack* heißt), befand sich das Maximinenkloster. Dieses ist nach H. Keussen seit 1188 als Augustinerinnenkloster bezeugt (vgl. Keussen, Bd. 2, S. 148*). Eine lediglich fragmentarisch erhaltene Urkunde aus den Jahren zwischen 1135 und 1158 (vgl. Hoeniger, Bd. II/1, S. 55), deren Datierung aufgrund ihres Zustandes unsicher ist, gibt immerhin darüber Auskunft, daß in dieser Straße vor 1188 an der Stelle eines Klosters die Kapelle S. Maximin gelegen haben muß (vgl. Keussen, Bd. 2, S. 134).

Als Straßenname erscheint bereits vor 1172 *platea s. Maximini*. Nach Schreinsbucheinträgen des 14. Jahrhunderts wurde die östliche Straßenseite zwischen *Hofer-*

gasse und *Eigelstein* als *inter Fabros cultellorum* bezeichnet (vgl. lat. *cultellum* = ›Messer‹; vgl. Georges, Bd. 1, Sp. 1792; Habel/Gröbel, Sp. 94). Als Anwohner sind hier zwar noch im 15. Jahrhundert sogenannte Metzmecher (von mhd. *metze*, *metz* = ›Messer‹; vgl. Lexer, Bd. 1, Sp. 2127) bezeugt, dennoch kann sich diese Gewerbebezeichnung nicht gegen die auf St. Maximin bezogene Straßenbezeichnung durchsetzen. Sie bleibt gegenüber dem Heiligennamen ebenso Episode der mittelalterlichen Namenpraxis wie die vereinzelte Bezeichnung *platea Herdingenhoff*, die auf gleichnamigen Grundbesitz rekurriert.

Nennung	**Straßenname**	**Belege**
1135/58	apud s. Maximin	H, II/1, 55
1163/72	in platea s. Maximini	H, II/1, 88
1200	in eccl. s. Maximini	KTK, II, 134
1209/15	in oposita parte Herdingehove	H, II/1, 196
1259	apud s. Maximinum	KTK, II, 139
1301	ex opp. porte monast. s. Maximini	KTK, II, 139
1317	inter Fabros cultellorum	KTK, II, 140
1324	versus plateam s. Maximini	KTK, II, 137
1324	iuxta domum […] Ulrici Fac. cultellorum	KTK, II, 140
1334	dom. […] Johannis Kurtmeyster, cultellificis	KTK, II, 141
1337	Jac. v. der Hellen, cultellifex	KTK, II, 141
1366	in opp. muri orti s. Maximini	KTK, II, 141
1372	in platea s. Maximini	KTK, II, 132
1390	in platea Herdingenhoff	KTK, II, 138
1406	auf Maxmijnenstrasse	KTK, II, 139
1424	up s. Maximinenstraisse	KTK, II, 143
1436	Meister U. des Metzmechers	KTK, II, 140
1446	up Maximinenstraessen	S, II, 334
1469	zu S. Maximynen wärts	KTK, II, 137
1535	uff s. Maximinenstraissen	W, I, 108
1560	uff s. Maximinenstrass	W, II, 111
1571	S. Maximins straiß	Mercator
1580	uff S. Maximinen strasse	W, V, 163

S. Merrien stift

Heute: **St. Maria im Capitol/Lichhof**
1. Stadterweiterung (Mercator-Plan S. 142/143)

Auch heute heißt der Platz östlich von St. Maria im Kapitol *Lichhof*. Das Benediktinerinnenkloster St. Maria im Kapitol wird bereits im 10. Jahrhundert (953–65) erwähnt: Im 34. Kapitel der Vita Brunonis von Ruotger heißt es: »[...] de ancillis dei, quae in monasterio s. Mariae divinae religioni fuerant deditae« (zitiert nach Keussen, Bd. 1, S. 45). »Der Chronica regia (Königschronik, 1175) zufolge wurde Kölns Marienkirche 689 von der hl. Plektrudis, der Gemahlin Pipins des Mittleren, gegründet; diese errichtete bei der Kirche ein Jungfrauenstift, ein Frauenkloster, dessen Leitung sie selber übernahm. Der Zusatz in capitolio, der bereits 1175 in der Königschronik steht, wird um 1220 von Cäsarius von Heisterbach gebraucht: ecclesia s. Mariae in Capitolio, u. ist seit dieser Zeit geläufig« (NKS, Bd. 2, S. 179).

Wie die Latinisierung *ante Foramen cimiterii s. Marie* verdeutlicht (lat. *coemeterium* = ›Ruhestätte‹, ›Kirchhof‹; vgl. Georges, Bd. 1, Sp. 1228), ist mit dem volkssprachlichen *Lighof* oder *Lichhof* der Friedhof von St. Maria im Kapitol gemeint, denn ahd. *lih* steht wie mhd. *lich* und *lichame* für ›Leiche‹ (vgl. NKS, Bd. 2, S. 139). Mitunter beziehen sich auch Lokalisierungen der Schreinsbücher auf die nord-östlich gelegene Kirche Klein St. Martin.

Nennung	Straßenname	Belege
953	in monasterio s. Mariae	KTK, I, 45
1171/72	ante foramen cimiterii s. Marie	H, I, 51
1186/88	in atrio s. Marie	H, I, 174
1220/25	in eccl. s. Mariae in Capitolio	KTK, I, 45
1282	versus eccl. s. Martini parvi	KTK, I, 46
1300	in Lighof	KTK, I, 46
1315	super Lighove	KTK, I, 47
1328	super Lichhof	KTK, I, 47
1350	supra cimiterium eccl. s. Marie in Cap.	KTK, I, 46
1385	up deym Lijchoyve	KTK, I, 47
1400	upme Lijchove	KTK, I, 47
1419	auf dem Lychoeve	KTK, I, 46
1470	bei S. Maria in Cap.	KTK, I, 46
1571	S. Merrien stift	Mercator

S. Panthleons abdey

Heute: **Am Pantaleonsberg**
3. Stadterweiterung (Mercator-Plan S. 308/309)

Die heute *Am Pantaleonsberg* genannte Straße verläuft im 16. Jahrhundert parallel zur großen Stadtmauer und verbindet die Straße *Am Weidenbach* (bei Mercator *Off der weschbach*) mit der *Waisenhausgasse* (*In de wale gaß*). Bis zu der Stadterweiterung 1180 liegt diese Straße *extra muros civitatis*. Noch auf dem Mercator-Plan (1571) ist hier von dem Eckhaus zur Straße *Am Waidenbach* abgesehen lediglich ein einziges Gebäude dargestellt.

Die durch die Lage vor den Toren der Stadt bedingte fehlende Bebauung hat zwangsläufig einen Mangel an Schreinsbucheinträgen zur Folge, da das Schreinsbuch als Grundbuch in erster Linie private Liegenschaften verzeichnet hat. Dementsprechend läßt sich für diesen Weg zwischen Feldern und Gärten keine Bezeichnungspraxis dokumentieren. Allerdings nehmen Liegenschaftslokalisierungen in den umliegenden Straßen und Wegen vielfach Bezug auf die Weingärten der Abtei (vgl. mlat. *vinia* = ›Weinstock‹; Habel/Gröbel, Sp. 426). Erst 1812 (1813) wird dieser Weg *Pantaleonsberg* (*Mont St. Pantaleon*) genannt (vgl. NKS, Bd. 2, S. 281).

Im Gegensatz zum Straßennamen hat die von A. Mercator auf seinem Stadtplan im Aufriß dargestellte Pantaleons-Kirche (*S. Panthaleons abdey*) eine lange Geschichte: »Reliquien des Heiligen scheinen aus Byzanz [...] im frühen 8. Jahrhundert das Abendland erreicht zu haben« (Schäfke, S. 224). In der Güterumschreibung von König Lothar II. (15. Januar 866) wird bereits eine gleichnamige Kirche erwähnt. Obwohl die Gründungsurkunde vom 22. Mai 964 als Fälschung betrachtet wird, muß in der Einsetzung des Abtes Christian aus St. Maximin in Trier (964) ein Indiz für bereits funktionierendes Klosterleben gesehen werden (vgl. Schäfke, S. 225). Als frühestes Gründungsjahr wird 956 angegeben. Die Kirche der heiligen Märtyrer war neben Pantaleon auch Cosmas, Damian und Quirin geweiht (vgl. Schäfke, S. 226f.). Das spätere Stift wurde von Erzbischof Brun gegründet, der wie auch Kaiserin Theophanu hier seine letzte Ruhestätte gefunden hat (vgl. Schäfke, S. 232).

Nennung	Straßenname	Belege
1094	iuxta monsterium b. Pantaleonis	KTK, II, 221
1229	in fundo ecclesie s. Pantaleoni prope vineam	KTK, II, 221
1299	ex opp. vinee s. Pantaleonis	KTK, II, 217
1331	ex opp. vinee s. Panthaleonis	KTK, II, 217
1347	versus s. Panthaleonem	KTK, II, 216
1375	usque ad hereditatem dominorum s. Pantheleone	KTK, II, 217
1400	versus s. Panthaleonem	KTK, II, 216

1402	vor S. Panthaleoyn	KTK, II, 220
1420	s. Panthaleoins velde	KTK, II, 220
1471	gü. S. Panthaleoyns Weingart	KTK, II, 219
1571	S. Panthleons abdey	Mercator

S. Pauwels

Heute: **Marzellenstraße** (zwischen Dompropst-Ketzer-Straße/Trankgasse)
2. Stadterweiterung (Mercator-Plan S. 178/179)

Die hier gelegene kleine Kirche St. Paul ist spätestens seit 1106 urkundlich belegt. Der Straßenabschnitt, dessen Bezeichnungen sich auf diese Kirche beziehen, gehört bereits im Mittelalter zur *Marzellenstraße*. A. Mercator hat zwar die kleine Kirche und ihren Namen (*S. Pauwels*) auf seinem Stadtplan eingezeichnet, den an ihrer Ostseite passierenden Teil der *Marzellenstraße* aber unbezeichnet gelassen.

Die Schilderung einer Begräbnisprozession für den verstorbenen Paulus von Alfter (1584) bei Weinsberg enthält aber einen eigenen Namen des entsprechenden Straßenabschnitts: »Also wart er hinab uber s. Johansstraiss, die Drankgass uff, vor s. Paulus uber den Eigelstein uber s. Marviren-straiss wider abgetragen« (Buch Weinsberg, Bd. 5, S. 235).

Nennung	Straßenname	Belege
1106	iuxta ecclesiam s. Pauli	KTK, II, 124
1150/65	Hermamnnus ecclesiasticus s. Pauli	H, II/1, 70
1202/12	iuxta s. Paulum	H, II/1, 180
1268	contra s. Paulum	KTK, II, 132
1370	in opp. eccl. s. Pauli	KTK, II, 132
1372	contigua ecclesie s. Pauli	KTK, II, 124
1390	vur s. Pauwels	S, II, 75
1571	S. Pauwels	Mercator
1584	vor s. Paulus	W, V, 235

S. Revilien cloister

Heute: **Ursulaplatz**
2. Stadterweiterung (Mercator-Plan S. 178/179)

A. Mercator hat auf seinem Stadtplan (1571) das Ursulakloster an der Nordgrenze des Schreinsbezirks Niederich im Aufriß dargestellt und mit der Bezeichnung *s. Revilien cloister* versehen. Bis zu der zweiten großen Stadterweiterung (1106) lag das Kloster *extra muros civitatis*. Heute beziehen sich gleich vier Straßennamen auf das Ursula-Kloster: *Ursulaplatz*, *Ursulastraße*, *Ursulagartenstraße* und *Ursulakloster*. Auf dem Mercator-Plan finden sich zwar drei dieser Straßen wieder, jedoch hat der Kartograph lediglich zwei Bezeichnungen eingetragen: *Hinder der abdissen küch* (heute: *Ursulastraße*) und *s. Revilien cloister*.

Die Stiftskirche wird bereits im 7. Jahrhundert urkundlich erwähnt (vgl. Keussen, Bd. 2, S. 164). Das Kloster der hl. Jungfrauen wurde 922 »den adligen Damen des Stiftes Gerresheim (Kanonissen) eingeräumt u. behielt die Bezeichnung monasterium oder ecclesia sanctarum virginum. Im 14. Jh. wurde es weltliches Damenstift, das 1802 aufgelöst wurde; die Klostergebäude wurden später abgebrochen, die Kirche diente weiterhin dem Pfarrgottesdienst. Volkssprachlich hieß das Stift u. auch die Kirche sent Tervylien, zo sent Revylien, Trivilgen, Revilgen, Rivilgen u. noch im 19. Jh. zi Vilje, zinter Vilje, alle entstellt aus (ad) sanctas virgines« (NKS, Bd. 2, S. 257).

Im Gegensatz zu den Bereichen anderer Klöster oder Kirchen bildet sich im Mittelalter aber kein individueller Name für diese Straße heraus.

Nennung	Straßenname	Belege
*625/663	s. Virginum basilica	KTK, II, 164
867	monasterium b. Virginum	KTK, II, 165
922	s. Virginum extra muros Coloniae	KTK, II, 165
931	ad sanctas Virgines	L, I, 51
1105/06	sanctarum ecclesia virginum	KTK, II, 165
1135	in porticu ecclesie sanctarum virginum	L, I, 213
1160	ecclesie sanctarum virginum in Colonia	L, I, 276
1200	eccl. s. undecim millium Virginum	KTK, II, 165
1220	monast. s. Virginum	KTK, II, 165
1380	via lapidea facta ad Virgines	KTK, II, 165
1446	zo s. Revylien	KTK, II, 165
1571	s. Revilien cloister	Mercator
1579	zu sant Revilien	W, III, 37

S. Revilien cloister

Heute: **Ursulakloster**
2. Stadterweiterung (Mercator-Plan S. 178/179)

Wie die drei heutigen Straßennamen *Ursulastraße*, *Ursulaplatz* und *Ursulagartenstraße* stellt auch *Ursulakloster* (bei Mercator *S. Revilien cloister*) eine verortende Bezeichnung dar, die auf das gleichnamige Kloster der hl. Ursula und ihrer sagenhaften 11.000 Begleiterinnen (*s. Virgines*), die allesamt vor Köln den Märtyrertod gefunden haben sollen, verweisen (zur Ursula-Legende vgl. NKS, Bd. 2, S. 256f.) Auch wenn die entsprechenden Straßenzüge auf dem Plan A. Mercators deutlich zu erkennen sind, finden sich dort lediglich für zwei von ihnen Bezeichnungen: *Hinder der abdissen küch* (*Ursulastraße*) und *S. Revilien cloister*. Die volkssprachlichen Bezeichnungen von Kloster und Kirche sind »alle entstellt aus (ad) sanctas virgines« (NKS, Bd. 2, S. 257).

Nennung	**Straßenname**	**Belege**
1188/1203	iuxta ss. Virgines	H, II/1, 163
1222	ante portam claustri orientalem	KTK, II, 164
1261	prope s. Virgines	KTK, II, 151
1300	ex opp. porte s. Virginum	KTK, II, 151
1428	gü. S. Tervigilien	KTK, II, 155
1428	bei S. Trijfilien	KTK, II, 155
1428	op irme cloister	KTK, II, 164
1429	dat nuwe hospitaile by senter Villien	KTK, II, 155
1447	zu S. Tervilien	KTK, II, 152
1449	bei S. Revelien	KTK, II, 155
1450	up unsme cloister	KTK, II, 164
1460	bei S. Ervylien	KTK, II, 156
1482	s. Revylien hospitail oever gelegen	S, II, 571
1484	bei S. Revilien	KTK, II, 152
1528	boven S. Ursula	KTK, II, 164
1571	S. Revilien cloister	Mercator

S. Seres gaß

Heute: **Servasgasse**
2. Stadterweiterung (Mercator-Plan S. 178/179)

Bereits auf dem Stadtplan A. Mercators (1571) erscheint *S. Seres gaß* als Bezeichnung für die heutige *Servasgasse*, die im Mittelalter von der *Johannisstraße* (bei Mercator *S. Johans straiß*) zur *Servatiuspforte* in der Stadtmauer am Rheinufer führte. Obwohl die gleichnamige Kapelle seit dem 12. Jahrhundert bezeugt ist und die *Cervaysporte* oder *Monichportze* namentlich seit dem 13. Jahrhundert in Schreinsbucheinträgen erscheint, kommt der Heiligenname *Servatius* als Bestandteil einer Straßenbezeichnung lediglich 1215 in der Nennung *platea s. Servacii* vor.

An der Bezeichnung *Monichportze* läßt sich noch ablesen, daß sich bei der Kapelle eine Servatiusbruderschaft gebildet hatte. Der hier verehrte Bischof von Tongern und Maastricht († 384) »wird in der Überlieferung auch als Kämpfer gegen den Arianismus dargestellt; sein Name steht auch unter den Teilnehmern der angezweifelten Synode zu Köln 346« (NKS, Bd. 3, S. 309). A. 1807 wird die Kapelle von der französischen Verwaltung geschlossen. »Den Namen des Heiligen bewahrt die Servazgasse [sic] zw. Johannsstraße u. der Straße am Alten Ufer (rheinwärts)« (NKS, Bd. 3, S. 310).

Nennung	Straßenname	Belege
1150/65	apud s. Servatium	H, II/1, 71
1158/69	in vico iuxta s. Servatium	H, II/1, 81
1164/76	iuxta capellam s. Servatii	H, II/1, 94
1215	platea s. Servacii	KTK, II, 150
1259	versus s. Servatium	KTK, II, 97
1292	porta voc. s. Cervaysporte	KTK, II, 74
1304	versus s. Servatium	KTK, II, 97
1336	retro capellam s. Servacii	KTK, II, 150
1340	versus s. Servacium	KTK, II, 97
1373	porta Monachorum	KTK, II, 74
1373	Monichportze	KTK, II, 74
1387	versus s. Servacium	KTK, II, 97
1571	S. Seres gaß	Mercator

S. Tuenis gaß

Heute: **Antonsgasse**
Römerstadt (Mercator-Plan S. 308/309)

Da die heutige *Antonsgasse* quer zu den Straßen *Schildergasse* (bei Mercator *Die Schildergaß*) und *Wollküche/Cäcilienstraße* (*S. Cicilien straiß*) verläuft, wird sie in den Schreinsbucheinträgen des 13. und 14. Jahrhunderts *Twergasse* genannt (vgl. mhd. *twer*, *dwer* = ›quer‹, ›zwischen‹, ›innen liegend‹; vgl. Lexer, Bd. 2, Sp. 1598). Erst in der zweiten Hälfte des 14. Jahrhunderts dient der Heiligenname *Antonius* zur Bildung eines entsprechenden Straßennamens.

Die Bezeichnung dieser Straße als *Tonisgasse* bzw. *Anthoniusgasse* ist topographisch bemerkenswert. Denn in dieser Gasse befand sich lediglich ein Lorenconvent (seit 1312 mit ca. 21 Mitgliedern; vgl. Keussen, Bd. 2, S. 152*), nicht aber die Kapelle St. Antonius. Die Antoniterkirche steht zwischen *Antonsgasse* und *Herzogstraße* in der *Schildergasse*. Diese war »ursprünglich (1260) Kloster der Sackbrüder, 1275 aufgehoben, 1298 den Antonitern übertragen; 1802 wurde das Kloster aufgehoben« (NKS, Bd. 1, S. 35). Zudem bezieht sich auch die Bezeichnung *Antoniterstraße* auf die gleichnamige Religionsgemeinschaft in der *Schildergasse* (bei Mercator *Hinder S. Tuenis*). Auf dem Mercator-Plan ist jedoch zu erkennen, daß sich an der *Antonsgasse* ein Zugang zum *S. Thonis stift* (Mercator) befand.

Nennung	Straßenname	Belege
1290	in Twergasse	KTK, I, 232
1306	in platea Duergassen	KTK, I, 232
1306	in Tuergassen	KTK, I, 232
1329	ex opp. fratrum s. Antonii in Twergassen	KTK, I, 231
1350	in Tuergassen retro s. Anthonium	KTK, I, 231
1373	in vico dicto Twergassin nuncup. Tonijsgasse	KTK, I, 231
1394	in platea Twergasse	KTK, I, 231
1420	in der Thonisgasse	KTK, I, 232
1440	in der Twergasse	KTK, I, 232
1452	in S. Anthoniusgasse	KTK, I, 231
1479	in S. Thonisgasse	KTK, I, 231
1487	in der Thoenisgassen	S, II, 690
1499	Tonisgasse	KTK, I, 231
1567	Thonisgassen	W, II, 167
1571	S. Tuenis gaß	Mercator

Sant Mertens veldt

Heute: **Martinsfeld**
3. Stadterweiterung (Mercator-Plan S. 308/309)

Die heute *Martinsfeld* genannte Straße ist im 16. Jahrhundert vollkommen baulos. Bis zu der Stadterweiterung 1180 liegt sie vor den Toren Kölns. Im Mittelalter führt sie von der *Schnurgasse* (bei Mercator *Die snoir gaß*) bis zur *Waisenhausgasse* (*In de wale gaß*) zu beiden Straßenseiten durch Ackerland, Gärten (*terre arabilis*, *terre ortulante*; vgl. Keussen, Bd. 2, S. 207) und Weinanbauflächen.

Lediglich in einer gefälschten Urkunde von a. *1022 erscheint die Bezeichnung *in campis civitati*, die »in späterer Kopie durch den Zusatz ›vulgo Martinsfeld‹ erläutert« (Keussen, Bd. 2, S. 207) wird. Sowohl die lat. als auch die volkssprachliche Bezeichnungspraxis verwendet in diversen Schreibungen ausschließlich *in campo Martini* bzw. *Martinsfeld*. Da eine gleichnamige Kirche nicht in dieser Straße, sondern als Groß St. Martin in einiger Entfernung von der Straße *Martinsfeld* liegt, handelt es sich hier nicht um einen verortenden Straßennamen. Die Namengebung verrät vielmehr Besitzverhältnisse, denn hiesige Ländereien gehörten zu Groß St. Martin.

Nennung	Straßenname	Belege
1005	ubi s. Severinus b. Martini vidit ascensum.	KTK, II, 207
*1022	in campis civitati / vulgo Martinsfeld	KTK, II, 207
1339	in campo Martini	KTK, II, 207
1347	terre in campo Martini	KTK, II, 207
1373	in campo Martini	KTK, II, 207
14. Jh.	terra arabilis in der Kulen in campo Martini	KTK, II, 207
1400	bei S. Mertijns velde	KTK, II, 207
1409	auf S. Mertyns velde	KTK, II, 207
1416	in S. Mertijns velde	KTK, II, 207
1416	in S. Mertijnsvelde	KTK, II, 207
1441	up s. Mertijns velde	KTK, II, 207
1483	hinter dem Martinsfeld	KTK, II, 208
1571	Sant Mertens veldt	Mercator

Schemmers gaß

Heute: **Schemmergasse**
Römerstadt (Mercator-Plan S. 308/309)

In Verlängerung der *Schartgasse* (bei Mercator *Die schaers gaß*) verbindet die *Schemmergasse* (*Schemmers gaß*) die Straßen *Großer Griechenmarkt* (*Off dem buchell*) und *Kleiner Griechenmarkt* (*Die loeher gaß*). Obwohl diese sich innerhalb der Grenzen des römischen Kölns befindet, lassen sich ihre Bezeichnungen erst ab dem 14. Jahrhundert dokumentieren. Sowohl die Latinisierung *in Arta platea* = ›enge Gasse‹ (von mlat. *artus* = ›eng‹, ›kärglich‹; vgl. Georges, Bd. 1, Sp. 602 f.; Habel/Gröbel, Sp. 26) als auch die volkssprachlichen Nennungen einschließlich des 15. Jahrhunderts bezeichnen diese Gasse als *Engergasse*.

Erst im 16. Jahrhundert wird sie – beispielsweise bei Weinsberg – *Schemmersgass* genannt. Die Quellen bieten keinen Aufschluß darüber, worauf sich *Schemmer* bezieht. Die für Personennamen und Handwerkernamen typische Endung -er + -s legt allerdings eine Anwohnerbezeichnung als Benennungsgrund nahe.

Nennung	Straßenname	Belege
1331	in Arta platea	KTK, I, 261
1353	in der Engergasse	KTK, I, 260
1424	in der Engergasse	KTK, I, 260
1454	in der Engergasse	KTK, I, 261
1464	die Enggasse	KTK, I, 260
1486	in der Engergasse	KTK, I, 260
1537	Schemmersgass	W, I, 119
1571	Schemmers gaß	Mercator
1583	Schemmersgassen	W, III, 202

Schoelgässchen

Heute: **Jabachstraße**
Römerstadt

Im Mittelalter verbindet die heutige *Jabachstraße* die *Leonhard-Tietz-Straße* (bei Mercator *Die steirne gaß*) mit dem Cäcilienkloster. Sie führte an der Kirche St. Peter vorbei, deren Pfarrhaus an der Ecke *Leonhard-Tietz-Straße/Jabachstraße* lag.

Da dieses Gäßchen im Mittelalter keinen individuellen Namen führte, beziehen sich Verortungen auf umliegende topographische Gegebenheiten wie *dat gesgyn by des pastoirs huse zo s. Peter*. Wie zahlreiche andere Kölner Gäßchen wurde die *Jabachstraße* im Mittelalter als eine ›enge Gasse‹ (*Arta platea* von mlat. *artus* = ›eng‹, ›kärglich‹; Habel/Gröbel, Sp. 26) bezeichnet. Erst in der Frühen Neuzeit begegnet eine Straßenbezeichnung, die die spätere *Jabachstraße* als ein *Schoelgässchen* ausweist. »Dieses Gäßchen wurde 1812(13) durch die frz. Verwaltung Passage St. Pierre – Petersgäßchen genannt« (NKS, Bd. 3, S. 76).

Nennung	Straßenname	Belege
1142/56	parrochia s. Petri	H, I, 23
1226	ecclesia b. Petri	KTK, I, 252
1286	versus s. Petrum	KTK, I, 271
1311	ex opp. eccl. s. Petri	KTK, I, 267
1315	super Arta platea	KTK, I, 271
1352	versus s. Petrum	KTK, I, 270
1353	ex opp. s. Petri	KTK, I, 267
1407	hinter S. Peter	KTK, I, 269
1408	Engergasse	KTK, I, 267
1454	hinter S. Peter	KTK, I, 267
1463	dat gesgyn by des pastoirs huse zo s. Peter	KTK, I, 253
1463	zo s. Peter	KTK, I, 253
1539	Schoelgässchen	KTK, I, 267

Scloichgasse

Heute: **Agrippastraße** (zwischen Kämmergasse/Krummer Büchel)
Römerstadt

Das *Schluchgäßchen* verbindet im Mittelalter die Straßen *Kämmergasse* (bei Mercator *Die keimer gaß*) und *Krummer Buchel* (*Am crommen buchell*) im Schreinbezirk von St. Peter. Obwohl A. Mercator diese Gasse auf seinem Stadtplan eingetragen hat, ist sie dort namenlos. Wahrscheinlich hat er sie lediglich als Verlängerung der heutigen *Agrippastraße* angesehen, die er als *Die loeher gaß* bezeichnet.

Im Schrein von St. Peter läßt sich aber für diese Gasse spätestens seit dem 13. Jahrhundert ein individueller Name belegen, der bis zum 15. Jahrhundert in wechselnder Schreibung *Sluiggasse*, *Sluchgasse*, *Sluggasse* oder *Sluychgasse* lautet. Die Deutung des Bestimmungswortes dieses Straßennamens kann nicht mehr zweifelsfrei angegeben werden.

Das Mhd. kennt *slûch* im Sinne von ›Haut‹, ›Schlauch‹, ›Röhre‹, ›Schlund‹ oder ›Abgrund‹ (vgl. Lexer, Bd. 2, Sp. 989). In diesem Sinne läßt sich die Straßenbezeichnung aber weder als metaphorische Charakterisierung des Straßenverlaufs noch auf einen Anwohner, Hausnamen oder -zeichen direkt beziehen. Im Altköln. existiert *Schlech* als Wort für »Schlichte, Weberkleister, flüssiger Brei aus Mehl u. Wasser zum Glätten der Kettenfäden beim Weben« (NKS, Bd. 3, S. 35), der in diesem Gäßchen der Weberpfarre St. Peter angefallen sein könnte.

Im Zusammenhang mit dem ältesten Namensbeleg *Sluiggassen* (a. 1285) wird erwähnt, daß die Hausbesitzer der *Löhr-* und *Kämmergasse area Everardi de Legginnich in Sluiggassen* für ihren Wasserabfluß erwerben (vgl. Keussen, Bd. 1, S. 227). Ein Abzugsgraben wird im Mhd. *sluoche* oder *schlûche* genannt (vgl. Lexer, Bd. 2, Sp. 992). ›Abzugsgraben‹ bietet sich ebenfalls als Bedeutung des Bestimmungswortes des Straßennamens an.

Nennung	Straßenname	Belege
1285	in Sluiggasse	KTK, I, 227
1304	versus Sluggasse	KTK, I, 226
1340	super ordone Sluggassen	KTK, I, 257
1349	in Sluychgassen	KTK, I, 226
1355	in opp. Sluchgassen	KTK, I, 258
1357	in vico Sluggassen	KTK, I, 226
1382	in Sluychgassen	KTK, I, 226
1390	in Sluychgassin	KTK, I, 226
1415	in der Sluychgasse	KTK, I, 226
1420	in der Sluychgasse	KTK, I, 225
1445	in der Sluychgasse	KTK, I, 228
1453	in der Sluychgasse	KTK, I, 225
1465	in der Sluychgasse	KTK, I, 226
1583	Scloichgass	W, III, 202

Sint Severeins kirch und straiß

Heute: **Severinstraße**
3. Stadterweiterung (Mercator-Plan S. 57)

Gegenwärtig wird die Straße von der Severinstorburg bis zu der Kirche St. Georg und den dortigen Plätzen *Waidmarkt* und *Georgsplatz* durchgehend *Severinstraße* genannt. Wegen der erst in der Franzosenzeit eingeführten Hausnumerierung ist eine derartige Straßenlänge mit einer einzigen Bezeichnung im Mittelalter undenkbar. Wie beispielsweise die *Hohe Straße* trägt auch die *Severinstraße* im Mittelalter in verschiedenen Abschnitten divergierende Bezeichnungen. A. Mercator hat sie auf seinem Stadtplan eingetragen. Der Abschnitt zwischen *Waidmarckt* (bei Mercator *Der Weismarckt*) und den Straßen *Kleine Spitzengasse* (*Die weehrgaß*) und *Löwengasse* (*Die lewe gaß*) heißt dort *voir den vrouwenbruderen*; von hier bis *An St. Katharinen*: *Voir s. Ian*; daran anschließend: *Voir dem Duitschen hause* und schließlich: *Sint Severeins kirch und straiß*. Alle Abschnittsbezeichnungen korrespondieren mit Teilen der zeitgenössischen Topographie (zu den Bezugspunkten der Namenbildungen vgl. die Einträge der jeweiligen Bezeichnungen).

Der Name *Severinstraße* ist durch die an ihr gelegene Kirche motiviert, die dem hl. Severin († 594) als einem der Kölner Stadtpatrone geweiht ist. Die Kirche wird bereits im Jahre »804 urkundlich unter dem Namen des hl. Severin u. 866 an 3. Stelle der Kölner Kirchen« (NKS, Bd. 3, S. 248) erwähnt. Der Bereich zwischen *Waidmarkt* und den Kirchen St. Ian und St. Katharina wurde im Zuge der zweiten Stadterweiterung 1106 einbezogen, während der südlich folgende Teil von *Voir dem Duitschen Hause* bis zur Severinspforte erst seit 1180 nicht mehr *extra muros civitatis* liegt.

Die *Severinstraße* ist die wichtigste Fernstraße aus dem Süden (Bonn-Köln) zum Norden (*Hohe Straße-Eigelstein*-Neuss; vgl. NKS, Bd. 3, S. 247). Seit dem 13. Jahrhundert – vor der Bezeichnung *platea s. Severini* – ist in den Schreinsbüchern auch die Latinisierung des volkssprachlichen *Breyderstrasse* (*Lata platea*) überliefert. Bei Weinsberg (1588) ist für die *Severinstraße* auch die Bezeichnung *Herstrass* zu finden (vgl. Buch Weinsberg, Bd. 3, S. 105).

Nennung	Straßenname	Belege
804	s. Severinus	KTK, II, 187
867	monasterium s. Severini Christi confessoris	KTK, II, 188
958	Sancto Severino et fratribus illic famulantibus	L, I, 60
1036/56	hic ecclesiam s. Severini	KTK, II, 188
1144	in claustro s. Severini	KTK, II, 188
1175/1205	versus s. Severinum	H, II/1, 250
1221	prepostitus s. Severini	L, II, 53
1246	in Lata platea	KTK, II, 189
1246	versus s. Severinum	KTK, II, 189
1299	in Lata plateam	KTK, II, 190
1310	in strata s. Severini	KTK, II, 191
1336	mans. […] voc. zome Breide	KTK, II, 189
1347	in platea s. Severini	KTK, II, 191
1374	in platea s. Severini	KTK, II, 189
1376	Breiderstrasse	KTK, II, 190
1405	Breitestrasse	KTK, II, 189
1407	S. Severynstrasse	KTK, II, 195
1409	Breiderstrasse S. Severijns	KTK, II, 193
1414	S. Severijnsstrasen	KTK, II, 193

1455	Breyderstrasse	KTK, II, 196
1463	S. Severijnsstrasse	KTK, II, 196
1497	Breiderstrasse	KTK, II, 194
1528	Severinstrasse	KTK, II, 192
1538	uff s. Severins porz	W, I, 125
1571	Sint Severeins straiß	Mercator
1579	uff s. Severinsstrass	W, III, 33
1581	die Herstrass	W, III, 105
1588	herstraissen van s. Severin	W, V, 303
1591	uff s. Severinsstrass	W, IV, 116

Smedegasse

Heute: zwischen Buttermarkt/Frankenwerft
1. Stadterweiterung

Die ehemalige *Schmiedegasse* führte vom *Buttermarkt* über die *Hafengasse* zur gleichnamigen *Schmiedepforte*. Seit dem 12. Jahrhundert ist hier das entsprechende metallverarbeitende Gewerbe belegt. In den Schreinsbüchern des 12. Jahrhunderts erscheinen neben hier ansässigen Schmieden (*inter ferrarios*) auch Anwohner mit dem expliziten Beinamen ›Schmied‹ wie *Ludewicus Ferrarius* (von mlat. *ferrare* = ›mit Eisen beschlagen‹; vgl. Geoges, Bd. 1, Sp. 2732; Habel/Gröbel, Sp. 150) und eine Schmiede (mlat. *fabrica* = ›Schmiede‹; vgl. Georges, Bd. 1, Sp. 2650; Habel/Gröbel, Sp. 150). Die hier befindliche Hufschmiede ist a. 1487 im Besitz des Kölner Rates (vgl. Keussen, Bd. 1, S. 13).

A. Mercator hat die ehemalige *Schmiedegasse* zwar auf seinem perspektivischen Stadtplan (1571) dargestellt, ihr aber keinen Namen gegeben. Vielfach erscheint der Straßenname auch im Gegensatz zu mhd. *Smidegazzen* in der mittelniederdeutschen Variante als *Smedegaszin*. Beide Schreibvarianten kommen insbesondere im Altköln. des 14. Jahrhunderts vor (vgl. NKS, Bd. 3, S. 46).

Nennung	Straßenname	Belege
1159/67	inter ferrarios	H, I, 82
1186/88	dom. [...], que fuit Ludewici ferrarii	H, I, 170
1191/93	iuxta Renum inter ferrarios	H, I, 197
1200	fabrica [...] in Littore inter Butyratores	KTK, I, 13
1215/30	versus Smidegazzen	H, II/1, 285
1236	in fine Smedegaszin	KTK, I, 7
1279	versus plateam Smidegassen	KTK, I, 6

1293	in fine platee Smidegassin	KTK, I, 12
1302	super Smedegasse	KTK, I, 7
1311	Smidegassen	KTK, I, 13
1335	de vico Smedegasse	KTK, I, 7
1364	Smitgasse	KTK, I, 7
1404	Smedegasse	KTK, I, 13
1446	de smytte an der Salzportzen	S, II, 334
1457	Smytgasse	KTK, I, 7
1466	Smytgasse	KTK, I, 8
1473	Smedegasse	KTK, I, 7
1473	bij der Smytpoirtzen	KTK, I, 13
1476	Smedeportze	KTK, I, 13
1489	porta fabrorum	KTK, I, 13

Spillengasse

Heute: **Altengrabengäßchen**
3. Stadterweiterung

Das heutige *Altengrabengäßchen* führt auf dem Stadtplan A. Mercators (1571) von der *Eintrachstraße* (bei Mercator *Off dem alden graben*) zu der Straße *Klingelpütz*. Die *Eintrachtstraße* beschreibt mit ihrem Verlauf bis zur dritten Stadterweiterung (a. 1180) die nördliche Stadtgrenze Kölns. Im 14. Jahrhundert wird hier Weinbau betrieben (*una vinea* von lat. *vinea* = ›Weinstock‹; vgl. Georges, Bd. 1, Sp. 3499; Habel/Gröbel, Sp. 426). Noch auf dem Mercator-Plan ist das heutige *Altengrabengäßchen* – von lediglich vier Gebäuden abgesehen – als reines Garten- und Ackerland ohne Bezeichnung dargestellt. Entsprechend der späten und geringen Bebauung ist auch die Zahl der Schreinsbucheinträge (Schreinsbuch = Grundbuch) begrenzt.

Im 14. Jahrhundert wird diese Gasse in diversen Schreibungen *Spielmannsgasse* genannt. Im Mhd. wird unter *spilman* der Spielmann, fahrende Sänger, Musikant oder Gaukler verstanden (vgl. Lexer, Bd. 2, Sp. 1093). Trotz der von ihnen verbreiteten Kurzweil waren Spielleute schlecht beleumundet, ständisch unbestimmt und daher recht- und ehrlos.

Ferner wird in Schreinsbucheinträgen dieser Gasse ein *Zeichtershus* oder später *Schechtershuys* genannt. Das mhd. *schechter* von *schâchaere* deutet im Allgemeinen wie *schâchliute* (vgl. Lexer, Bd. 2, Sp. 623) auf ›Räuber‹ (›Schächer‹; vgl. Lexer, Bd. 2, Sp. 622), das hier möglicherweise mit ›Spielmann‹ synonym gebraucht wird.

Ein Schreinsbuchschreiber des 15. Jahrhunderts hat – sofern es sich nicht um ein orthographisches Versehen handelt – *Spillengasse* notiert. Wenn sich *Spillen-* nicht auf das mnd. *spillen* oder das altköln. *spillen* für ›spielen‹ bezieht (vgl. NKS, Bd. 3, S. 111), ist hier im Gegensatz zu ›Spielmann‹ an ›Spindel‹ zu denken. Der *spillemacher* galt im Mittelalter als Verfertiger von Spindeln oder Dreher (vgl. Lexer, Bd. 2, Sp. 1096, 1093).

Nennung	Straßenname	Belege
1349	in platea Speilmansgasse	KTK, II, 229
1368	Zeightershus	KTK, II, 229
1368	in der Spilmansgassen	KTK, II, 229
1376	in Spilmansgassin	KTK, II, 229
1387	in vico Spilmansgassen	KTK, II, 229
1389	in Spilmansgassin	KTK, II, 240
1397	Zeichtershus	KTK, II, 229
1422	Schechtershuys	KTK, II, 229
1457	in der Spillengassen	KTK, II, 229

Spoirgasse

Heute: **Am Domhof**
Römerstadt

Die ehemalige *Große Sporergasse* führte im Mittelalter vom Domhof zur Südseite der Kirche St. Maria ad Gradus, weswegen sich Lagebeschreibungen von Verkaufsbuden und anderen Liegenschaften bis in das Spätmittelalter auf diese Kirche beziehen. Erst im 14. Jahrhundert erscheint die Bezeichnung *Sporingasse*, die rein etymologisch auf einen hier ansässigen *sporaerer* (mhd. für ›Sporenmacher‹; vgl. Lexer, Bd. 2, Sp. 1107) zurückzuführen ist. H. Keussen hat bezweifelt, daß »hier Spormacher wohnten«, denn ebenso kann der Straßenname abgeleitet sein »von dem öfter begegnenden Personennamen Spor« (Keussen, Bd. 1, S. 160*).

Urkundlich bezeugt sind hier ansässige Scheidenmacher. Das Bestimmungswort des Gassennamens kommt in mehreren Kölner Straßenbezeichnungen des Spätmittelalters vor; so auch in der Bezeichnung für den Abschnitt der heutigen *Hohe Straße* zwischen *Obenmarspforten* und *Große Budengasse* (vgl. *Onder spoirmecheren*) und in dem heutigen Straßennamen *Sporergasse*.

Nennung	Straßenname	Belege
1056/75	in loco, qui dicitur ad Gradus titulo s. Mariae	KTK, II, 302
1174	ante curiam	L, I, 318
1210	prope s. Mariam ad Gradus	KTK, II, 294

1312	in der Sporingasse	KTK, II, 303
1329	in der Sporgasse	KTK, II, 295
1341	in ordone vici Sporgasse	KTK, II, 294
1393	Joh. Krucheler de Flandria al. Scheidenmecher	KTK, II, 295
1421	Johann Scheidenmechers Sohn	KTK, II, 295
1450	in der Sporgassen	KTK, II, 303
1457	in vico Spoergasse	KTK, II, 295
1481	up der Spoirgassen orde	KTK, II, 297
1539/40	in der Spoirgasse	KTK, II, 303

Sporgassen

Heute: **Sporergasse**
Römerstadt

Während des ganzen Mittelalters wird dieses kleine Gäßchen zwischen *Hohe Straße* und *Am Hof* lat. *Arta platea* bzw. volkssprachlich *Enge Gasse* genannt (*Arta platea* von lat. *artus* = ›eng‹, ›kärglich‹; vgl. Georges, Bd. 1, Sp. 602 f.; Habel/Gröbel, Sp. 26). Im Jahre 1472 erscheint erstmalig die Bezeichnung *Sporgesgin*. Obwohl sie in ähnlicher Form auch nach 1571 belegbar ist (1589 *Sporgassen*), fehlt auf dem Mercator-Plan jegliche Bezeichnung dieser Gasse.

In diesem Gäßchen sind nicht nur einzelne Gürtelmacher wie *Tijlo Eychheister* (1428) oder *der gurdelmecher in dem engen gessgin Tiele Heeke* nachweisbar (vgl. Keussen, Bd. 1, S. 218). Vielmehr befand sich hier zwischen den Jahren 1470 und 1512 auch die Gaffel der Gürtelmacher.

Im Mittelalter wurde der mhd. *spor* wie der altköln. *spor/spoir* (›Absatzverstärkung des Reitstiefels‹) von Spor(en)machern gefertigt. Ob der Gassenname auf dieses Gewerbe zurückgeht, ist von Keussen bezweifelt worden. Ebenfalls käme die Ableitung »von dem öfter begegnenden Personennamen Spor« (Keussen, Bd. 1, S. 160*) in Betracht.

Das Bestimmungswort der Straßenbezeichnung *Sporgassen* kommt im Kölner Namenschatz mehrfach vor. So hieß ein Gäßchen in Domnähe – wahrscheinlich nach dortigen Sporenmachern – *Spoirgasse*. In Nähe zur heutigen *Sporergasse* wurde die angrenzende *Hohe Straße* zwischen *Obenmarspforten* und *Große Budengasse* im Mittelalter *Onder spoirmecheren* genannt. Im 15. Jahrhundert erscheint dieser Teilbereich der *Hohe Straße* auch als *under Schechtmecheren*. Ganz analog hierzu läßt sich auch in der heutigen *Sporergasse* 1371 ein Haus *Scheichterstein* (vgl. Keussen, Bd. 1, S. 218) und 1330 ein Anwohner *Fredericus Schegter* (a.a.O.) nachweisen.

Die Motivation des spätmittelalterlichen Namenwechsels von *Enge Gasse* zu *Sporgassen* läßt sich jedoch am ehesten erklären, wenn sich die neue Gassenbezeichnung tatsächlich auf die hochspezialisierten Spormacher bezöge. Denn erstens sind die meisten aller spätmittelalterlichen Bezeichnungswechsel in Köln durch stadtwirtschaftliche Bezüge motiviert gewesen und zweitens fügt sich dieses Gewerbegäßchen umgeben von *Onder spoirmecheren* und *Unter helmschleger* (heute: *Am Hof*) gut in sein topographisches Umfeld.

Nennung	**Straßenname**	**Belege**
1232	prox. anguste platee	KTK, I, 205
1260	in Arta platea	KTK, I, 218
1286	in Arta platea	KTK, I, 218
1311	in Arto vico	KTK, I, 218
1318	in Arta platea	KTK, I, 218
1330	iuxta domum Frederici Schegter	KTK, I, 218
1346	in Arto vico	KTK, I, 218
1369	in Arta platea	KTK, I, 218
1371	in Artum vicum	KTK, I, 218
1400	gessgin bij der Gulden Wagen	S, II, 96
1428	in der Engergasse	KTK, I, 218
1435	Tiele Heeke, der gurdelmecher in dem engen gessgin	KTK, I, 218
1457	Engergasse	KTK, I, 218
1459	in der Engergasse	KTK, I, 218
1472	Sporgesgin	KTK, I, 218
1570	am Spoirgassenort	W, V, 72
1589	Sporgassen	KTK, I, 205

Straisburgasse

Heute: Auffahrt Deutzer Brücke
1. Stadterweiterung

A. Mercator hat zwar auf seinem Stadtplan (1571) eine *Straisburger gaß* (ehemals *Im Himmelreich*) eingetragen, das Gäßchen in der Rheinvorstadt zwischen *Rheinstraße* und ehemals *Auf der Aar* aber unbezeichnet dargestellt.

Diese Gasse erscheint im Mittelalter nicht nur ebenfalls als *Straßburgergasse* (vgl. *Die Straisburger gaß*), sondern auch als ›enge Gasse‹ bzw. *Angusta platea* (von mlat. *angulosus* = ›enge‹, ›winkelig‹; vgl. Halbel/Gröbel, Sp. 17), ›Straße der Silberschmiede‹ *(in vico Argitinensi* von mlat. *argentarius* = ›Silberschmied‹; vgl. Habel/Gröbel, Sp. 24) und auch als *Goldgasse* nach Hausnamen wie *Zum Goltberg* oder *Zum goldenen Haupt* (*ad auream caput*).

1357 vermerkt ein Schreinsbuchschreiber, daß die ›ehemalige Goldgasse‹ jetzt ›Straßburgergasse‹ genannt werde: »*in Aurea platea, que nunc voc. Straysburgassen*« (Keussen, Bd. 1, S. 80). Auf diese Namensänderung wird eigens 1417 noch einmal hingewiesen. Derartige Vermerke sollten in den Schreinsbüchern die Identifizierung der Gassen in Zeiten schwankender Bezeichnungen verbessern helfen.

Nennung	Straßenname	Belege
1200	ad auream Caput [...] in platea Aurea	KTK, I, 80
1200	platea iuxta plateam Goltgazzin	KTK, I, 83
1200	in platea Aurea	KTK, I, 80
1228	in pl.[atea] Goltgassin	KTK, I, 80
1240	versus Goltgazzen	KTK, I, 83
1260	in Strazburgazzin	KTK, I, 81
1273	in pl.[atea]Argentina	KTK, I, 80
1279	in Angusta platea	KTK, I, 80
1281	in Straisburgassin	KTK, I, 80
1281	dom. [...] Goltberg in Goltgassin	KTK, I, 80
1283	Straysburgasse	KTK, I, 80
1297	in Straizburgasse	KTK, I, 81
1308	in Goiltgassin	KTK, I, 80
1316	in Goltgassen apud dom. ad auream Caput	KTK, I, 80
1319	in platea Straysburgasse	KTK, I, 80
1337	in Straisburgassen	KTK, I, 80
1344	in vico Argitinensi	KTK, I, 81
1357	in Aurea platea, que nunc voc. Straysburgassen	KTK, I, 80
1362	in Straysburgergassin	KTK, I, 81
1414	Straisburgasse	KTK, I, 80
1417	Goiltgasse	KTK, I, 80
1417	Straisburgergasse	KTK, I, 80
1439	Straisburgergasse	KTK, I, 80
1448	in der Straisburger Gasse	KTK, I, 81
1459	Straisburgergasse	KTK, I, 81
1463	in der Straisburgasse	KTK, I, 81
1466	Hs. zome gulden Hoeffde	KTK, I, 80
1466	Hs. zome gulden Heuffde	KTK, I, 81
1466	Hs. zome Goltberge	KTK, I, 80

swader gaß

Heute: **Schwertnergasse**
Römerstadt (Mercator-Plan S. 234/235)

Obwohl die heute *Schwertnergasse* genannte Straße im Mittelalter lediglich ein kleines Quergäßchen zwischen *Glockengasse* (bei Mercator *Die klocker gaß*) und *Breite Straße* (*Die breide straiß*) ist, hat A. Mercator sie mit Namen auf seinem Stadtplan eingetragen: *swader gaß*.

A. Wrede vermutet hinter dem Bestimmungswort der Straßenbezeichnung *Svardin-* einen gleichnamigen Anwohner (vgl. NKS, Bd. 3, S. 80), auf den seit dem 12. Jahrhundert die Straßenbezeichnung zurückgeht. Wie *swertveger* bezeichnet im Mhd. die Kurzform *Schwertner* den Schwertfeger oder Waffenschmied. Folglich wird sich hinter dem Anwohnernamen eine entsprechende Berufsbezeichnung verbergen (vgl. Lexer, Bd. 2, Sp. 1367). So deutet E. Volckmann den Gassennamen entsprechend der Gewerbebezeichnung der *Schwertner*, denn es trete in dem Namen »das dem ndl. zwaard gleiche ndrh. Sward (d.h. Schwert) ganz deutlich hervor« (Volckmann, 1921, S. 112).

Darüber hinaus erinnern die Namenformen *swader-* des 15. und 16. Jahrhunderts an das mhd. Äquivalent für ›klappern‹ bzw. ›schwätzen‹ wie in *schwadern*, *swarderer* und *schwaderloch* (vgl. Lexer, Bd. 2, Sp. 1345). Somit hat diese Straßenbezeichnung zwei etymologische Deutungsmöglichkeiten, die sich als Berufsbezeichnung oder charakterisierenden Übernamen auf einen Anwohner dieser Straße beziehen.

Nennung	Straßenname	Belege
1170/90	iuxta Svardingazen	H, I, 342
1170/90	in vico Svardingazen	H, I, 355
1170/90	iuxta Svardingazcin	H, I, 354
1170/90	iuxta Svardingazin	H, I, 343
1187/1200	iuxta Suwardingazcin	H, I, 364
1276	super angulum Swardingazen	KTK, I, 281
1285	super angulum Svardingaze	KTK, I, 318
1293	apud Swardengazzen	KTK, I, 280
1297	in ordone Suardingassin	KTK, I, 280
1301	in ordone Swardingassen	KTK, I, 280
1306	in ordone Swardegasse	KTK, I, 318
1337	in ordone Swardegasse	KTK, I, 281
1487	up der Swadergassen	KTK, I, 281
1571	swader gaß	Mercator
1584	Schwadergasse	KTK, I, 280

Tastgasse

Heute: **Paradiesgasse**
1. Stadterweiterung

In der eng bebauten Rheinvorstadt verbindet das ehemalige *Himmelreichgäßchen* (= *Tastgasse*) den südöstlichen *Heumarkt* mit der *Straßburgergasse* (bei Mercator *Die Straisburger gaß*). Auf dem Stadtplan A. Mercators (1571) ist dieses rheinwärts führende Gäßchen unbezeichnet.

Im Gegensatz zu benachbarten Gassen läßt sich für dieses jedoch zumindest für das 13. und 14. Jahrhundert ein individueller Name nachweisen. In dem ältesten Beleg erscheint diese Gasse als *Tastgasse* (1232), später als *Stazzegazzin*, *Tastingassen* und *Tastinkuntgassen*. Der Variationsreichtum der verhältnismäßig wenigen Nennungen legt die Vermutung nahe, daß bereits die Schreinsbuchschreiber das aus dem 12. Jahrhundert oder noch älterer Zeit stammende Bestimmungswort des Straßennamens nicht mehr verstanden und es lediglich ihrem Gehör entsprechend aufzeichneten.

Im Mhd. kommt neben dem hier abwegig erscheinenden *tasten* (= ›befühlen‹, ›berühren‹; vgl. Lexer, Bd. 2, Sp. 1407) *test* mit den Bedeutungen ›Topf‹, ›Tiegel‹, ›Schlacke‹ oder ›Kopf‹ (vgl. Lexer, Bd. 2, Sp. 1429) vor. Durch die erst im 13. Jahrhundert einsetzende Überlieferung allein auf die Etymologie verwiesen, öffnet sich der Assoziationsraum hin zu der Möglichkeit eines hier ansässigen Töpferbetriebes wie es vor allem die Nennung *Tastinkuntgassen* insbesondere in Verbindung mit mhd. *künten*, *künden* für ›zünden‹, ›heizen‹ (vgl. Lexer, Bd. 1, Sp. 1782) nahelegt.

Auf der Ecke zur angrenzenden *Straßburgergasse* stand schon um 1200 ein Haus *ad auream Caput* (Keussen, Bd. 1, S. 80), auf das sich *test* in der Bedeutung von ›Haupt‹ beziehen könnte. Zwischen dem 13. und 15. Jahrhundert konkurriert dieser rätselhafte Gassename mit der allgemeinen Bezeichnung *Entzengasse* (›Enge Gasse‹).

Vereinzelt tritt für dieses Gäßchen sogar die Nennung *Clauirgazze* (1260) auf. Ob der Schreiber des 13. Jahrhunderts hierbei an mhd. *clavor* bzw. *calvicimbalum*, also an ein Saiteninstrument mit Tasten (vgl. Lexer, Bd. 1, Sp. 1608 f.) etwa als Hauszeichen gedacht hat, muß angesichts der Überlieferungslage offenbleiben. Hierdurch wäre eine vage Verbindung zu Nennungen wie *Tastegazze* gegeben, aber auch zu lat. *calvarius* (›Nagelmacher‹) oder *clavis* (›Kloben‹, ›Schlüssel‹, ›Riegel‹; vgl. Georges, Bd. 1, Sp. 1202 f.).

Nennung	Straßenname	Belege
1200	Eincegascen	KTK, I, 31
1232	in platea Tastegazze	KTK, I, 33
1235	versus Engzingazzen	KTK, I, 31

1246	versus Tastegazze	KTK, I, 31
1260	versus Clauirgazzen	KTK, I, 81
1260	Engecegazzen	KTK, I, 80
1269	versus Stazzegazzin	KTK, I, 31
1273	ad vicum Entzegassen	KTK, I, 31
1287	Tastegassen	KTK, I, 31
1300	in Tastingassen	KTK, I, 33
1319	versus Tastengassen	KTK, I, 31
1334	in der Tastinkuntgassen	KTK, I, 32
1371	in Tastgasse	KTK, I, 32
1381	in der Tastgassin	KTK, I, 69
1387	in Tastegassin	KTK, I, 69
1411	Entzegasse	KTK, I, 31
1466	Entzengasse	KTK, I, 80

uf der Santkulen

Heute: **Gürzenichstraße** (zwischen Große Sandkaul/Kleine Sandkaul)
Römerstadt

Aus dem Schreinsbezirk St. Alban hat A. Mercator nur wenige Straßennamen auf seinem Stadtplan eingetragen. Auch dieser westliche Teil der heutigen *Gürzenichstraße* zwischen *Große Sandkaul* und *Quatermarkt* blieb 1571 unbezeichnet. Diese Gasse (ehemals *Sandbahn*) gehört wie die Straßen *Große Sankaul* und *Kleine Sandkaul* zu jenem Bereich, den das Lat. der Schreinsbücher als in *Fovea arene* bezeichnet (mlat. *fovea* = ›Grube‹; vgl. Georges, Bd. 1, Sp. 2831; Habel/Gröbel, Sp. 158; *arena* = ›Sand‹; Georges, Bd. 1, Sp. 556f.; Habel/Gröbel, Sp. 24).

Während des Mittelalters bildet sich für diese Gasse kein individueller Namen aus. »Auf der Sandkaule begreift in den Schreinsbüchern des späten Mittelalters das ganze Gelände der Pfarre St. Alban; hier lag am Fuß des Hügels, auf dem die Kiche St. Maria in Capitolio errichtet wurde, eine große Sandgrube« (NKS, Bd. 3, S. 7).

Nennung	Straßenname	Belege
1323	in Fovea arene	KTK, I, 178
1336	up der Santkulen	KTK, I, 177
1368	supra Santkulin	KTK, I, 178
1400	super Foveam arene	KTK, I, 178
1431	up der Santkuylen	KTK, I, 178

1432	up der Santkulen	KTK, I, 178
1442	up der Santkuylen	KTK, I, 178
1452	up Santkulen	KTK, I, 177
1500	uf der Santkulen	KTK, I, 178

uff dem Buchel

Heute: **Hochpfortenbüchel**
Römerstadt

Die heutige Straße *Hochpfortenbüchel*, die von A. Mercator ohne Bezeichnung auf dem ersten Stadtplan Kölns (1571) dargestellt wurde, verbindet die *Hohe Pforte* durch eine ansteigende Linkskurve mit dem *Krummen Büchel.*

Wie bei *Malzbüchel* und *Katzenbauch* handelt es sich bei *Hochpfortenbüchel* um eine metaphorische Namenbildung, die sich auf eine topographische Erhebung bezieht. *Buchel* kann auf mhd. *buckeleht* = ›buckelich‹ (vgl. Lexer, Bd. 1, Sp. 377) oder auch auf ›Bauch‹ zurückgeführt werden (mhd. *buch*, ahd. *buh* (*buhhes*), mnd. *buk*, ndd. *buuk*; vgl. NKS, Bd. 1, S. 112).

Unweit von der Einmündung der Straße *Hochpfortenbüchel* in die Straße *Hohe Pforte* stand die gleichnamige *Hoepoirtzen*, durch die man das römische Köln im Süden der Stadt betrat. Die topographische Erhebung in dieser Gegend und das römische Stadttor dienen in den Schreinsbüchern der Lokalisierung von Grundbesitz und sind als Bezugspunkte zu einem Straßennamen verschmolzen: *Hochpfortenbüchel.*

Nennung	Straßenname	Belege
1311	super Monticulo, qui Buchgel voc.	KTK, I, 246
1349	versus Monticulum	KTK, I, 246
1368	supra Cumulum	KTK, I, 246
1384	supra Cumulum	KTK, I, 246
1394	versus Monticulum	KTK, I, 246
1403	auf dem Buchil	KTK, I, 245
1436	up der Hoepoirtzen up deme werve	KTK, I, 245
1455	auf dem Büchel zu der Hochpforte wärts	KTK, I, 246
1548	uff dem Buchel	W, I, 290
1550	uff dem Buchel	W, I, 339

uff dem Kreichmart

Heute: **Großer Griechenmarkt**
Römerstadt

Auf dem Stadtplan A. Mercators (1571) findet sich für die heutige Straße *Großer Griechenmarkt* lediglich die Bezeichnung *Off dem buchell*, obwohl diese im Mittelalter in fünf Abschnitten unterschiedlich bezeichnet wird: *Off dem buchell – Brunsteynsgasse – in dem Putzhoiffe – (an der) Kreig pforts – up der Maissen.*

Die auf dem Mercator-Plan eingetragene *Griechenpforte* (*Kreig pforts*, heute: *Griechenpforte*) diente auch den Schreinsbuchschreibern von St. Peter zur Lokalisierung von Grundbesitz. Da der *Große Griechenmarkt* über den *Kleinen Griechenmarkt* zur *Griechenpforte* führt, wird im Mittelalter auch die von Mercator *Off dem buchell* genannte Straße als ›Griechenmarkt‹ bezeichnet (zur etymologischen Erläuterung vgl. *Kreig pforts*).

Nennung	Straßenname	Belege
1159/80	in Cricmar	H, II/1, 7
1159/80	in Greco foro	H, II/1, 9
1195/98	in Krichmarct	H, II/1, 302
1205/14	supra Krygmart	H, II/1, 306
1225	in foro Crigmarct	KTK, I, 244
1319	Creicporzen	KTK, I, 241
1319	versus portam Grecorum	KTK, I, 239
1332	versus Altam portam	KTK, I, 239
1337	in Foro Grecorum	KTK, I, 240
1354	versus portam Grecorum	KTK, I, 238
1384	versus Forum Grecorum	KTK, I, 238
1392	versus portam Grecorum	KTK, I, 239
1399	zu der Kriechpforte	KTK, I, 239
1407	zu der Kreichpforte	KTK, I, 239
1412	upme Kriechmarte	KTK, I, 243
1447	zu der Kryechpforte	KTK, I, 240
1457	upme Kreichmarte	KTK, I, 243
1480	up dem Kreichmart	KTK, I, 241
1535	an der Kriegsportzen	KTK, I, 245
1571	Off dem buchell	Mercator
1580	uff dem Kreichmart	W, III, 77

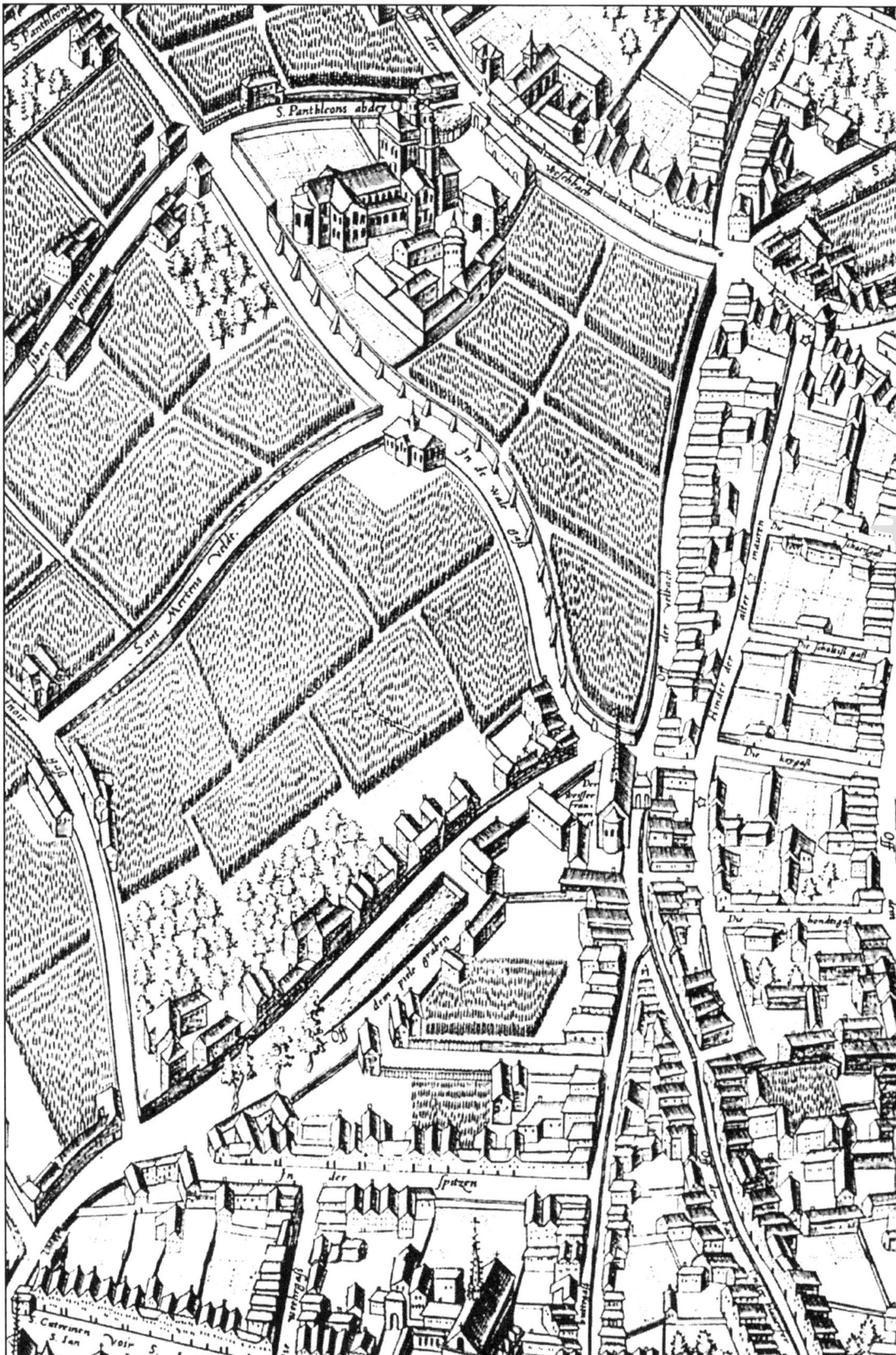
S. Panthleons abdey
Sant Mertins Veldt
In der Spitzen
S. Catrenen
S. Jan
Voir S. Jan

Am marcellen
Der Nui marckt
Diff gaß
Ormants gaß
Off dem poell
S. Cicilien straß
S. Ci cilien
Die hosengaß
Die Cruisgaß
Cruitsbroe der closter

uff dem Salmanach

Heute: **Salomonsgasse**
Römerstadt

Die heutige *Salomonsgasse* liegt zwischen den Straßen *Hohe Straße* (bei Mercator *Onder spoirmecheren*) und *Unter Goldschmied* (*Voir s. Laurentius*). Während des Mittelalters hat sie keinen eigenständigen Namen. Auf sie bezogene Schreinsbucheinträge geben wegen des fehlenden Namens vielfach die Umschreibung ihrer Richtung an: *in angulo vici, que* [sic] *ducit de s. Laurencio* [...] (›in der kleinen Gasse, die von St. Laurenz [...] führt‹) bzw. umgekehrt: *in ordone vici ducentis ad s. Laurentium* (›in der zu St. Laurenz führenden Gasse‹).

Herausragender Bezugspunkt derartiger Lokalisierungen ist neben der Kirche St. Laurenz der Hof *Zur Stesse* (*apud Stessam*). Seit dem 13. Jahrhundert ist hier auch ein Hausname *zome Salmenacke* in wechselnder Schreibung belegt, der sich im 16. Jahrhundert als Bezeichnung auf die Gasse übertragen hat, so daß Weinsberg sie *uff dem Salmanach* nennt. Hierbei handelt es sich um den Namen des Brauhauses *Salmenack*. Dieser wird von A. Wrede auf *Salmnachen* (›Schiff zum Fang von Rheinsalm‹) zurückgeführt, da ahd. *salmo*, mhd., mnd. *salme* für den Salm steht und ahd. *nahho*, mhd. *nache*, altköln. *aich*, *ach*(*e*) ›Nachen‹ bedeutet (vgl. NKS, Bd. 3, S. 5).

Nennung	Straßenname	Belege
1200/30	in vico retro eccl. s. Laurentii	KTK, I, 218
1266	versus Salmnacke	KTK, I, 207
1266	in angulo vici, que ducit de s. Laurencio	KTK, I, 206
1273	in [...] vici versus Laurentium	KTK, I, 218
1294	versus s. Laurentium	KTK, I, 217
1301	ex opp. dom. Salmenacke	KTK, I, 207
1342	in der Engergasse	KTK, I, 217
1348	in vico s. Laurencii	KTK, I, 218
1355	parva platea apud Stessam versus s. Laurentium	KTK, I, 217
1360	ex opp. dom. Salmenackin	KTK, I, 207
1363	vici ducentis ad s. Laurentium	KTK, I, 206
1399	zom Salmenacken	KTK, I, 207
1402	Salmnacken	KTK, I, 207
1406	Hs. zume Saelmnacken	KTK, I, 207
1416	Hs. Salmenacken	KTK, I, 207
1482	zome Salmenacken	KTK, I, 207
1550	uff dem Salmanach	W, I, 346
1573	uber den Salmanach	W, II, 257

uff der Fogelsgassen

Heute: **Portalsgasse**
Römerstadt

Die heute *Portalsgasse* genannte Straße, die lotrecht auf die Rathauslaube zuführt und durch die perspektivische Vogelschau auf dem Stadtplan A. Mercators von dem hoch aufragenden Rathausturm verdeckt wird, liegt im Mittelalter im Kölner Judenviertel. Sie verbindet *Unter Goldschmied* (bei Mercator *Voir S. Laurentius*) und den Straßenzug *Judengasse/Bürgerstraße* (*Die Iudengaß/Die burgerstraiß*).

Anhand der Schreinsbücher läßt sich für dieses Gäßchen vor 1544 kein individueller Name belegen. Von daher umschreiben die Schreinsbucheinträge die Lage hier befindlichen Grundbesitzes mit der Nähe zum Rathaus (*versus domum civium*) oder beziehen sich auf Einrichtungen der jüdischen Gemeinde (*iuxta Schoylhove Judeorum*).

Im sog. Judenschrein wird diese Gasse »in Arto vico (hebr.: in der Judengasse, welche Engegasse heisst)« (Keussen, Bd. 1, S. 213) genannt. Wegen der generellen Bezeichnung als ›enge Gasse‹ – sie tritt sowohl lat. (*Arta platea*) als auch volkssprachlich (*Enggasse*) auf – wird sie verschiedentlich auch *Arta platea Judeorum* bzw. *kleine Judengasse* genannt. Die Gasse wurde abends durch die *Judinporze* verschlossen, deren Schlüssel dem Judenbischof gemäß Judenbrief vorbehalten war (vgl. Stein, Bd. 1, S. 45; Keussen, Bd. 1, S. 214).

Wegen des südlich angrenzenden *Jerusalemsgäßchen* (*Vogelsgassen* zwischen Synagoge und *Unter Goldschmied*, heute: *Rathausplatz*) wird auch die *Portalsgasse* 1544 *Fogelsgassen* genannt. Der nach der Vertreibung der Kölner Juden (1424) entstandene *Rathausplatz* wird bei Weinsberg meist lediglich als *am platz* bezeichnet.

Nennung	Straßenname	Belege
1135/65	retro sinagogam	H, I, 230
1200/35	in angulo platee	H, I, 228
1255/60	versus domum civium	KTK, I, 213
1270	in Arto vico	KTK, I, 213
1275	in platea Judeorum	KTK, I, 214
1281	in Arta platea Judeorum	KTK, I, 213
1291	ex opp. dom. civium in Arta platea	KTK, I, 213
1300	versus dom. civium	KTK, I, 213
1318	in Arta platea […] versus scholas Juedorum	KTK, I, 213
1319	Enggasse	KTK, I, 214
1325	iuxta Schoylhove Judeorum	KTK, I, 213
1380	in Artum vicum	KTK, I, 214
1402	Engergassen	KTK, I, 214

1404	gü. der Juedenschoelin	KTK, I, 214
1419	auf [...] der kleinen Judengasse	KTK, I, 213
1544	am platz uff der Fogelsgassen ort	W, I, 218

uff s. Joris cloister

Heute: **Georgstraße**
2. Stadterweiterung

Auf dem Stadtplan A. Mercators (1571) führt die unscheinbare *Georgstraße* in Verlängerung der *Großen Witschgasse* (bei Mercator *Die witsche gaß*) zu der Kirche St. Georg. Dieses bachdurchflossene Sträßchen hat auf dem Mercator-Plan keinen Namen. Es endet auf dem baulosen heutigen *Georgsplatz*, wo sich im Mittelalter der Garten des Stiftes (*ortus prepositi eccl. s. Georgii*; vgl. mlat. [*h*]*ortus* = ›Garten‹; vgl. Georges, Bd. 1, Sp. 3085; Habel/Gröbel, Sp. 268) befand und schließt mit einem Tor ab. Die ursprüngliche Kollegiats- oder Stiftskirche wurde »zwischen 1056 u. 1067 unter Erzbischof Anno II. dem Heiligen errichtet« (NKS, Bd. 1, S. 304).

Im Mittelalter entbehrt diese Straße einen individuellen Namen. Hier befindlicher Grundbesitz erscheint in den Schreinsbüchern stets unter Hinweis auf die Kirche St. Georg. Vor dem Kloster ist im 14. Jahrhundert auch Weinbau betrieben worden: *viniea secus murum dominorum s. Georgii* (Keussen, Bd. 2, S. 20; mlat. *vinia* = ›Weinstock‹; vgl. Georges, Bd. 2, Sp. 3499; Habel/Gröbel, Sp. 426).

Nennung	Straßenname	Belege
1074	apud s. Georgium	KTK, II, 20
1316	viniea secus murum dominorum s. G.	KTK, II, 20
1351	prope portam Georgii	KTK, II, 20
1357	versus s. Georgium	KTK, II, 20
1361	ortus prepositi eccl. s. Georgii	KTK, II, 20
1372	apud s. Georgium	KTK, II, 20
1413	in opp. [...] portam claustralem s.Georgii	KTK, II, 20
1435	auf S. Joeris cloister	KTK, II, 21
1437	zu S. Joeris wärts	KTK, II, 20
1474	zu S. Joeris wärts	KTK, II, 20
1581	uff s. Jorris cloister	W, III, 113
1584	uff s. Joris cloister	W, III, 239

under der Leuven

Heute: Auffahrt Deutzer Brücke
1. Stadterweiterung

An der Stelle der heutigen Auffahrt zur Deutzer Brücke lag im Mittelalter jener eng bebaute Bereich der 940 einbezogenen Rheinvorstadt, der in den Schreinsbüchern *inter Lobia* genannt wird (vgl. mlat. *lobium* = ›Galerie‹, ›Speicher‹; vgl. Habel/Gröbel, Sp. 224). Auf dem ältesten Stadtplan Kölns (1571) ist sie ohne Bezeichnung dargestellt.

Während des ganzen Mittelalters erhält die spätere *Pelzergasse* keinen individuellen Namen, sondern wird – wie es die Namenserie dokumentiert – seit dem 13. Jahrhundert lat. *sub Lobiis* und volksprachlich *under Loyven* genannt. Mitunter ist diese Bereichsbezeichnung lediglich durch den Hinweis *sub Lobiis super Aqueductum* spezifiziert (mlat. *aquaeductus* = ›Wassergraben‹, ›Rinne‹; vgl. Georges, Bd. 1, Sp. 2306; Habel/Gröbel, Sp. 22).

Nennung	Straßenname	Belege
1232	sub Lobiis super Aqueductu	KTK, I, 62
1232	super Aqueductum	KTK, I, 62
1303	sub Lobiis super Aduct	KTK, I, 62
1336	inter Lobia	KTK, I, 62
1338	supra Aqueductum [...] versus Lobia	KTK, I, 62
1368	sub Lobiis super Aqueductum	KTK, I, 62
1373	sub Lobiis supra Aqueductum	KTK, I, 62
1393	versus Lobia	KTK, I, 62
1402	auf der Aducht [...] under Loyven	KTK, I, 62
1432	under Leuven	KTK, I, 62
1462	auf der Aducht	KTK, I, 62
1477	under Leuven	KTK, I, 62
1480	under der Leuven	KTK, I, 62

Under Hoitmecheren

Heute: **Unter Käster** (zwischen Seidmacherinnengäßchen/Bolzengasse)
1. Stadterweiterung

Insbesondere dieser nordwestliche Teil des *Heumarktes* zeichnet sich im Mittelalter durch ein vielfältiges Warenangebot aus. Allein in dem seit dem 15. Jahrhundert *under Huedmecheren* genannten Bereich befanden sich schon in der Mitte des 12. Jahrhunderts der Leinwandmarkt (*inter venditores pannorum*; vgl. mlat. *pannus* = ›Tuch‹, ›Leinen‹; vgl. Georges, Bd. 2, Sp. 1461; Habel/Gröbel, Sp. 271) und die Gewandschneider (*inter incisores pannorum* von mlat. *incisor* = ›Zerschneider‹, ›Schneider‹; vgl. Georges, Bd. 2, Sp. 150; Habel/Gröbel, Sp. 189).

Die Waren wurden vielfach in einräumigen Häusern angeboten, die in den Schreinsbüchern *cubicula* genannt werden (mlat. *cubiculum* = ›Kämmerlein‹; vgl. Georges, Bd. 1, Sp. 1780; Habel/Gröbel, Sp. 93; auch *gedemen* oder mhd. *gadem* = ›Haus von nur einem Gemach‹; *gadem-man* = ›Krämer‹; vgl. Lexer, Bd. 1, Sp. 723).

Unter den Schreinsbucheinträgen des 13. Jahrhunderts finden sich ferner Varianten der Nennung *platee Rubingazze*. Diese Bezeichnung eines Teilstückes von *Unter Hutmacher*, die lediglich zwischen dem 13. und 14. Jahrhundert vorkommt, geht auf einen gleichnamigen Anwohner und dessen Haus zurück. Offenbar handelt es sich bei diesem Eigentümer eines Verkaufshäuschens um einen Leinwandhändler.

Bereits seit dem 12. Jahrhundert sind hier Hutmachter (*pilleatores*; vgl. Habel/Gröbel, S. 289) bezeugt. Auf diese bezugnehmende Örtlichkeitsangaben setzen sich seit dem 15. Jahrhundert vermehrt durch. Dennoch hat A. Mercator keinen entsprechenden Namen auf seinem Stadtplan (1571) eingetragen.

Nennung	**Straßenname**	**Belege**
1142/56	inter venditores pannorum	H, I, 32
1172/78	inter watmengere	H, I, 56
1189	inter pilleatores	H, I, 178
1192/93	inter Watscrodere	H, I, 205
1198/1202	in Foro inter Pannorum incisores	H, II/1, 303
1200	inter Watmengeros	KTK, I, 42
1223	super plateam prope dom. Henrici Rube	KTK, I, 42
1223	inter Pannicidas	KTK, I, 42
1224	contig. platee Rubingazze	KTK, I, 42
1229	Rubingazze	KTK, I, 38
1231	inter Venditores pannorum opposita domui Henrici Rubin	KTK, I, 41
1237	plateam Pannorum	KTK, I, 35
1240	dom. heren Roybenhuys inter Cubicula Pannicidarum	KTK, I, 39
1240	inter Pilleatores	KTK, I, 39
1255	inter Waytmengere et Waysnidere	KTK, I, 40
1301	inter Incisores pannorum	KTK, I, 41
1325	inter Pilleatores	KTK, I, 41
1331	cub. dicit Ruben sub Cubiculis, in quo venduntur panni	KTK, I, 39

1347	dom. pannatorum dicta Oirburch appell. Hoytmeicher	KTK, I, 41
1355	inter Cubicula pannicidarum	KTK, I, 36
1385	cub. des Hoidmechers	KTK, I, 41
1394	in ordone seu cono Pilleatorum	KTK, I, 41
1435	under Huedmecheren	KTK, I, 39
1445	gader, in quo Joh. Grone Pilleator morari consuevit	KTK, I, 41
1457	unter den Gewantgedemen	KTK, I, 36
1461	under Gewantsnederen	KTK, I, 36
1485	under Hoedemecheren	KTK, I,39
1500	under Hoedemecher	KTK, I, 38
1554	Under-Hoitmecheren	W, II, 58

under Ledersnideren

Heute: **Ostermannplatz**
1. Stadterweiterung

Das ehemalige *Munstergäßchen* des Schreinsbezirks St. Brigida hat auf dem ältesten Stadtplan Kölns (Mercator-Plan von 1571) keine Bezeichnung. Bereits im 12. Jahrhundert erscheint in den Schreinsbüchern ein Hausbesitzer *Arnold* (*domus Arnoldi*), dessen Personenname im 13. Jahrhundert zunächst auf ein Haus (*domus zome Airen*) und schließlich im 15. Jahrhundert auf die Gasse (*Arengasse*) übertragen wird. »A(r)nold, Nebenform Arend [...]: zu Aar (Adler), ahd. arn; [... ist] Ausgang mannigfaltiger F[amilien]N[amen] Ahren(ds), Arend, Arenz, Arns, Arntzen u. ä. [und kommt] in wechselnder Schreibung« (NKS, Bd. 1, S. 41) vor.

Erst im 16. Jahrhundert tritt die Gassenbezeichnung *Arengasse* zugunsten des Gewerbenamens *under Ledersnideren* zurück, die für *Unter Käster* auf dem südlichen *Alter Markt* bereits seit dem 13. Jahrhundert belegt ist. Zu Beginn des 13. Jahrhunderts heißt es im Schreinsbuch *inter Incisores coreorum* (Hoeniger, Bd. II/1, S. 306). Während das (m)lat. *corium* ›Haut‹ bzw. ›Leder‹ bedeutet (vgl. Georges, Bd. 1, Sp. 1694; Habel/Gröbel, Sp. 88), steht (m)lat. *incidere* für ›zuschneiden‹ (vgl. Georges, Bd. 2, Sp. 148; Habel/Gröbel, Sp. 189).

Die Namengeschichte zeigt, daß sich hier ein Hausname auf einen Gassennamen (*Arengasse*) überträgt, der in der Frühen Neuzeit von einem Gewerbenamen (*under Ledersnideren*) verdrängt wird.

Nennung	Straßenname	Belege
1175/1205	iuxta domum Arnoldi inter cruheren	H, I, 303
1272	[...] domo zome Airen	KTK, I, 129
1334	zu dem Aren wärts	KTK, I, 140
1336	in vico prope dom. ad Aquilam	KTK, I, 140
1383	versus domum ad Aquilam	KTK, I, 141
1409	in Arengasse	KTK, I, 140
1450	zome Aren under Kesteren	KTK, I, 128
1470	in der enger Arengasse [...] Hs. zome Aren	KTK, I, 140
1507	Hs. zum Aren	KTK, I, 128
1542	Arengasse	KTK, I, 128
1546	Arn under Larsnideren	KTK, I, 127
1558	zum Aeren under Ledersnideren	KTK, I, 128

under Leuven

Heute: **Faßbindergasse**
1. Stadterweiterung

Die *Faßbindergasse* ist auf dem Stadtplan A. Mercators (1571) ohne Bezeichnung eingetragen. Sie verläuft zwischen den Straßen *Markmannsgasse* (bei Mercator *marck mans gaß*) und *Halbmondgäßchen* (*im halben Maen*). Wie auch die auf dem Gelände der heutigen Auffahrt zur Deutzer Brücke im Mittelalter existierenden Straßen *Pelzergasse* und *Klobengasse* gehört die *Faßbindergasse* zu jenem Bereich, der im Zuge der ersten Stadterweiterung 940 einbezogenen Rheinvorstadt. In dem Schreinsbuch von St. Martin wird dieser seit dem 12. Jahrhundert lat. *sub Lobio* (von mlat. *lobium* = ›Speicher‹; vgl. Habel/Gröbel, Sp. 223) und volkssprachlich *under Leuven* genannt.

Da dieses Gebiet an *inter Hastatores* (= *unter Speermacher*; von mlat. *hasta* = ›Stock‹, ›Speer‹, ›Lanze‹; vgl. Georges, Bd. 1, Sp. 3013 f.; Habel/Gröbel, Sp. 174) am nordöstlichen *Heumarkt* grenzt, erscheint die *Faßbindergasse* 1200 als *Angusta platea inter Hastatores* (= ›Enge Gasse unter Speermachern‹). Lediglich in einem Schreinsbucheintrag ist ein Ansatz zu einer individuellen Bezeichnung dieser Gasse greifbar: a. 1346 *up der Soy*. Das altköln. *soy* steht wie mlat. *receptaculum aquarum* ursprünglich für den unbebauten »Zwischenraum zwischen zwei Häusern zur Aufnahme des Regenwassers« (NKS, Bd. 3, S. 101), kann aber auch schlicht ›Wasserlache‹, ›Pfütze‹ oder ›Gosse‹ bedeuten.

Nennung	Straßenname	Belege
1200	sub Lobio	KTK, I, 9
1200	in Angusta platea inter Hastatores	KTK, I, 10
1231	inter Lobia	KTK, I, 10
1254	sub Lobio	KTK, I, 9
1315	sub Lobiis	KTK, I, 9
1346	up der Soy	KTK, I, 9
1360	sub Lobiis	KTK, I, 9
1390	under Leuven	KTK, I, 9
1398	under Loyven	KTK, I, 10
1400	under Leuven	KTK, I, 10
1438	under Leuven auf der Engergasse	KTK, I, 9
1459	under Leuven	KTK, I, 10
1487	under Leuven	KTK, I, 9

under Leuven

Heute: Auffahrt Deutzer Brücke
1. Stadterweiterung

Die nicht mehr bestehende *Klobengasse*, die die ehemalige *Pelzergasse* mit der heutigen *Markmannsgasse* (bei Mercator *marck mans gaß*) verband, gehört im Mittelalter zu jenem eng bebauten Bereich östlich des *Heumarktes*, der in den Schreinsbüchern des 12. Jahrhunderts lat. *sub lobia* und im 15. Jahrhundert volkssprachlich *under Leuven* genannt wird.

Das mlat. *lobium* steht für ›Speicher‹ (vgl. Habel/Gröbel, S. 223), in denen die Waren der sogenannten *Kaufmannswick* (940 in die Stadt einbezogene Rheinvorstadt) gelagert wurden. Weder in der Überlieferung der Schreinsbücher noch auf dem Stadtplan A. Mercators (1571) ist für dieses Gäßchen ein individueller Name nachweisbar.

Nennung	Straßenname	Belege
1135/42	sub lobia	H, I, 15
1142/56	sub lobio	H, I, 28
1172/78	sub lobio	H, I, 60
1200	sub Lobio	KTK, I, 43
1233	sub Lobiis	KTK, I, 43
1242	sub Lobiis inter Lobia	KTK, I, 43
1282	sub Lobiis	KTK, I, 43

1288	inter Lobia in fine parve platee, que tendit versus Forum	KTK, I, 42
1300	sub Lobiis in angulo Aduycht	KTK, I, 43
1331	inter Lobia	KTK, I, 43
1357	sub Lobiis	KTK, I, 43
1387	inter Lobia	KTK, I, 43
1400	zu den Loyven	KTK, I, 43
1407	under Loyven	KTK, I, 43
1449	under Leuven	KTK, I, 43
1455	under Leuven	KTK, I, 43
1477	under Leuven	KTK, I, 43

under XVI huiseren

Heute: **Unter Sachsenhausen**
2. Stadterweiterung (Mercator-Plan S. 234/235)

Die Straße *Unter Sachsenhausen* liegt im Stadtteil Niederich, der sich bis zur 2. Stadterweiterung (1106) im Norden Kölns *extra muros civitatis* befindet. In den Schreinsbucheinträgen des 12. Jahrhunderts wird diese Straße ohne individuellen Namen lediglich *Lata platea* (›Breite Straße‹) genannt.

Erst im 13. Jahrhundert werden jene ›16 Mietshäuser unter einem Dach‹ (*16 mansionibus sub 1 tecto*; Keussen, Bd. 2, S. 145) erwähnt, auf die der Straßenname noch heute zurückgeht. Aus einem Schreinsbucheintrag von 1233 geht hervor, daß die 16 Mietshäuser in den Besitz der Overstolzen Godeslac und Gerhard gelangen. An den unter ihnen aufgeteilten 16 Häusern beteiligt Godeslac seinen Sohn Herimann und seinen Schwiegersohn Heinrich zu je einem Viertel (vgl. Keussen, Bd. 2, S. 145).

Bis zum Ende des 13. Jahrhunderts hat es keinen eigenständigen Straßennamen gegeben. Die Schreinsbuchschreiber müssen deshalb umständliche Lagebeschreibungen von hier befindlichem Grundbesitz notieren. Lediglich vereinzelt tritt (z. B. 1298) *platea 16 domorum* (›Straße der 16 Häuser‹) als Straßenbezeichnung auf. Demgegenüber bürgert sich im 15. Jahrhundert mehr und mehr die Verortung ›unter 16 Häusern‹ ein. In einem Eintrag des Dünnwalder Zinsregisters (1535) ist das Zahlwort der Straßenbezeichnung zu *Saissen(husen)* entstellt (vgl. Keussen, Bd. 2, S. 149). Demgegenüber scheint A. Mercator (1571) die ursprüngliche Bedeutung der Straßenbezeichnung noch bewußt gewesen zu sein, da er *under XVI huiseren* auf seinem Stadtplan eingetragen hat.

Nennung	Straßenname	Belege
1183/92	in lata platea	H, II/1, 146
1215	in Latam plateam	KTK, II, 150
1233	8 mans. de 16 mansionibus sub 1 tecto	KTK, II, 145
1284	illa parte Sedecim domorum	KTK, II, 146
1298	in pl.[atea] 16 domorum	KTK, II, 146
1304	inter Sedecim domos	KTK, II, 150
1333	inter Sedecim domos	KTK, II, 146
1346	infra Sedecim domos	KTK, II, 146
1356	in platea inter Sedecim domos	KTK, II, 149
1368	platea de Sedecim domibus	KTK, II, 150
1383	in platea inter Sedecim domos	KTK, II, 146
1410	under Seestzien husen	KTK, II, 146
1499	Unter 16 huseren	KTK, II, 147
1535	under Saissenhusen	KTK, II, 149
1539	Under-16-heusern	W, I, 141
1571	under XVI huiseren	Mercator

Unter helmschleger

Heute: **Am Hof**
Römerstadt (Mercator-Plan S. 142/143)

Die heute *Am Hof* genannte Straße südlich des Römisch-Germanischen Museums liegt im Mittelalter zwischen dem Domhof (bei Mercator *Dohm hoff*) und einer von dieser Straße abgehenden Sackgasse, die zu einem Brunnen (*Pütz*) führt und von daher *Pützhof* genannt wird. Bevor für diese Straße ein eigenständiger Straßename in den Quellen greifbar wird, lokalisieren die Schreinsbuchschreiber hier befindlichen Grundbesitz mit Hinweisen auf diese zum Brunnen führende Sackgasse: *versus platea, que Putcehof dic.*

Seit dem Beginn des 13. Jahrhunderts lassen sich hier ansässige Waffenschmiede und Harnischmacher nachweisen: a. 1200/1239 *Heinrich Gladiator* (von mlat. *gladiator* = ›Schwertfeger‹, ›Waffenschmied‹; vgl. Georges, Bd. 1, Sp. 2936; Habel/Gröbel, Sp. 167.); a. 1291 *inter Loricatores* (von mlat. *loricare* = ›panzern‹; vgl. Georges, Bd. 2, Sp. 704; Habel/Gröbel, Sp. 226; hier in der Bedeutung ›Harnischmacher‹). Auch namentlich überlieferte Harnischmacher rücken die Motivation des Straßennamens ins Licht: *Reynerus Loricarius* (a. 1296), *Bertram Armificus* (a. 1343), *Ec(k)bert Armificus* (a. 1334) oder der Harnischmacher *Heinrich von Ailstorp* (a. 1428).

Entsprechend wird diese Straße im 13. Jahrhundert *inter Loricatores*, im 14. Jahrhundert *inter Galiatores* (von mlat. *galea* = ›Helm‹; vgl. Georges, Bd. 1, Sp. 2897; Habel/Gröbel, Sp. 163) und volkssprachlich *under Sarworteren* (altköln. für ›Harnischmacher‹ bzw. ›Rüstungsschmied‹ von mhd. *sarwerke* = ›Verfertiger von Rüstungen, Panzer oder Teilen derselben‹; vgl. Lexer, Bd. 2, Sp. 610) genannt. Im 15. und 16. Jahrhundert heißt sie schließlich *under helmschleger(en)*.

Nennung	Straßenname	Belege
1190/1206	a vico Putzehovin	H, I, 286
1200/30	Henr. Gladiator	KTK, I, 202
1248	versus plateam, que Putcehof dic.	KTK, I, 200
1281	inter Gelearios	KTK, I, 201
1291	inter Loricatores	KTK, I, 201
1296	dom. m. Reyneri Loricarii	KTK, I, 201
1298	dom. [...] Gerardi Helmslegere iuxta dom. m. Reynnardi Loricarii	KTK, I, 201
1323	inter Galiatores	KTK, I, 200
1329	inter Galleatores	KTK, I, 201
1335	dom. inter Galeatores, in qua Conr. Sarwortere moratur	KTK, I, 202
1337	inter Galiatores [...] versus Putzhove	KTK, I, 201
1363	under Sarworteren	KTK, I, 201
1386	inter Armifices	KTK, I, 201
1418	under Helmslegeren	KTK, I, 202
1451	under Sarworter	KTK, I, 201
1455	under Helmslegeren [...] auf der Putzhoffgasse	KTK, I, 201
1477	under Helmslegeren	KTK, I, 200
1482	unden den Helmslegeren	KTK, I, 201
1503	under Helmslegeren	KTK, I, 201
1571	Unter helmschleger	Mercator
1571	Under-Helmsclegern	W, II, 225

Unter kesteren

Heute: **Unter Käster**
1. Stadterweiterung (Mercator-Plan S. 142/143)

Die sowohl heute *Unter Käster* als auch auf dem Stadtplan Mercators (1571) *Unter kesteren* genannte Straße führt im Mittelalter vom südlichen *Alter Markt* (bei Mercator *Der Aldemarckt*) an dem Bezirk *Unter Lanen* vorbei zum nördlichen Ende des *Heumarktes* (*Der Hewmarckt*). Insbesondere in dem Übergangsbereich der beiden Märkte wurde eine umfangreiche Warenpalette feilgeboten, deren einzelne Standorte zu entsprechenden Lagebezeichnungen führten (›Apfelmarkt‹, ›Hosenmacher‹, ›Krughändler‹, ›Lederschneider‹ bzw. ›Riemenschneider‹, ›Wechsler‹ und südlich angrenzend: ›Altrüschmarkt‹, ›Kohlenmarkt‹, ›Salzmarkt‹, ›Flachsmarkt‹ und ›Schwertfeger‹; vgl. Keussen, Bd. 2, S. 159*). Im wesentlichen beziehen sich jedoch auf den Bereich *Unter Käster* drei verschiedene Bezeichnungen: 1) *Inter Lanen* (1159–1472), 2) *Unter Lederschneidern* (1180–1558) und 3) *Unter Käster* (1150–1577).

1) *Unter Lanen* wurde der westlichste Teil von *Unter Käster* in Anlehnung an den hier angrenzenden eigenständigen gleichnamigen Schreinsbezirk genannt, wo sich auch das Haus *zome Crugelin* befand. Hier ist z.B. 1287 der Verkauf von Krügen (*dom. venditor. cingulorum*; Keussen, Bd. 1, S. 127) bezeugt, auf den sich die Bezeichnung *inter cruheren* bezieht. In der Mitte dieses Straßenzuges scheint eine Sode gewesen zu sein, die die im 14. Jahrhundert auftretende Bezeichnung *up der Soy* motiviert hat.

2) In der östlichen Hälfte der Straße saßen die Lederschneider, deren Bereich lat. *inter Incisores coriorum* oder volkssprachlich *under Ledersnyderen* genannt wurde.

3) *Unter Käster* scheint seiner Bedeutung nach alle hier befindlichen Händler- und Warengruppen zu umfassen, da nach A. Wrede mit dieser Bezeichnung »Händler mit Kasten, in denen sie Waren (Salz, Käse, Lederwaren u.a.) feilhielten oder auf Kasten zum Verkauf auslegten« (NKS, Bd. 2, S. 23) gemeint sind. Der erste auf *Unter Käster* beziehbare Schreinsbucheintrag stammt aus den Jahren zwischen 1150 und 1180: *locus unius ciste venditur* (Hoeniger, Bd. 1, S. 295). Aus den sprachgeschichtlichen Befunden und der Topographiegeschichte wird deutlich: »Die Käster sind die Besitzer eines Warenkastens u. Pächter (Mieter) einer Verkaufstelle am Heumarkt – Unter Käster- [... die] irrig als Kistenmacher aufgefaßt u. mit cistarius gleichgesetzt« (NKS, Bd. 2, S. 23) worden sind.

Nennung	Straßenname	Belege
1150/80	locus unius ciste venditur	H, I, 295
1159/75	domum que dicitur la in foro	H, I, 299
1180/1210	inter cruheren	H, I, 303
1185/1215	inter Cruchren	H, I, 301
1185/1215	inter coriarios	H, I, 301
1185/25	inter lanas	H, I, 305
1190/25	in fine lain	H, I, 305
1205/14	inter Incisores coreorum	H, II/1, 306
1243	inter Incisores corii	KTK, I, 127
1267	versus Lane	KTK, I, 127
1272	up der Soye	KTK, I, 129
1272	versus plateam Laen	KTK, I, 129

1276	dom. Crucheren	KTK, I, 126
1287	inter Layn	KTK, I, 127
1290	inter Coricidas	KTK, I ,128
1296	contra plateam Layn	KTK, I, 129
1311	inter Coricidas	KTK, I, 128
1319	contra Layn	KTK, I, 129
1326	cub. Johannis de Werda coricide inter Coricidas	KTK, I, 127
1331	inter Lanen supra Soe	KTK, I, 127
1332	inter Leyrsnederin	KTK, I, 127
1336	under Laynen	KTK, I, 127
1340	dom. zome Crugelin	KTK, I, 126
1342	locum dictum Soe	KTK, I, 127
1355	in ordone der Lairsneder	KTK, I, 128
1356	under Laen […] up der Soye	KTK, I, 129
1397	under Laersnijderen	KTK, I, 128
1414	under Leedersnyderen	KTK, I, 127
1417	under Lanen	KTK, I, 127
1428	Hs. zome Kruichelgijn under Kesteren	KTK, I, 126
1438	under Laenen […] under Ledersnyderen	KTK, I, 127
1450	under Kesteren	KTK, I, 128
1472	under Lanen […] up der Soe	KTK, I, 127
1489	under Kesteren	KTK, I, 128
1505	under Kesteren	KTK, I, 129
1526	Under Kester	W, I, 47
1546	under Larsnideren	KTK, I, 127
1558	under Ledersnideren	KTK, I, 128
1568	Under-Kestern	W, II, 179
1570	unter Kesteren	KTK, I, 129
1571	Unter kesteren	Mercator
1577	under Kesteren	KTK, I, 128

unter pfannen schleger

Heute: **Hohe Straße** (zwischen Sternengasse/Cäcilienstraße)
1. Stadterweiterung (Mercator-Plan S. 142/143)

Unter p(f)annen schleger gehört zu den acht verschiedenen Bezeichnungen, die die heute von der *Sternengasse* (bei Mercator *Die steirne gaß*) bis zum *Wallrafplatz* durchgehend so genannte *Hohe Straße* im Spätmittelalter zwischen *Cäcilienstraße* (*Die blinde gaß*) und *Sternengasse* trug (vgl. *Auff der hochpforts – unter pfannen schleger – voir den Augustinen – Onder wapensticker – Onder spoirmecheren – An der gulder wagen – Op hoigher smitten – voir der vetter hennen – Paffen pforts*). Wie die übrigen Abschnitte der *Hohe Straße* wird auch dieser in den Schreinsbüchern bis in das 15. Jahrhundert hinein als *Via lapidea* (›Steinstraße‹) bezeichnet. Die im Mittelalter seltene Pflasterung und die geradlinige Straßenführung deuten auf römischen Ursprung.

1355 erwirbt die Schmiedezunft hier das Haus *Kelreberg*, muß dieses aber a. 1372 auf Drängen des Rates wieder veräußern (vgl. v. Loesch, Bd. 2, S. 377; Keussen, Bd. 1, S. 35). Erst seit Beginn des 15. Jahrhunderts erscheint diese Straße mit einem den hier arbeitenden Pfannenschmieden entsprechenden Namen: *under Pannenslegeren*. Das mit Lärm- und Geruchsbelästigung verbundene Gewerbe erfreute sich bei der Nachbarschaft und dem gegenüberliegenden Kloster St. Maria im Kapitol offensichtlich nur geringer Beliebtheit. Aus dem Jahre 1461 ist eine Urkunde folgenden Inhalts überliefert: »Auf Klage der Aebtissin zu S. Marien u. der Nachbarn onder Pannenslegeren wird Kupfer- u. Bleischmelzen in dortiger Gegend untersagt; die Grundherren werden aufgefordert, den Schmelzern die Miete aufzusagen« (Keussen, Bd. 1, S. 35). Auf die Bezeichnung des Straßenteils hatte diese Intervention nicht nur wegen seiner Mißachtung (der Beschluß mußte 1464 wiederholt werden und richtete sich insbesondere gegen den Schmelzer Maiss v. Venroide; vgl. Keussen, Bd. 1, S. 35) keinen Einfluß.

Noch a. 1595 wird dieser *under Pannenslegeren* genannt. Auch zu Zeiten Weinsbergs verriet die Geruchsbelästigung den Charakter der Gewerbegasse, denn dort sei man – so Weinsberg – »nit an einer lustiger strassen. Die pannensmide und kesselscleger machen grois gerucht, das nit so bequeim vur gelerten ist« (Buch Weinsberg, Bd. 4, S. 232). Beim Erzählen von jugendlichen Schelmenstückchen charakterisiert Weinsberg die Pfannenschläger so: »Die pannenscleger horten nit gern, das man sei fragt: wie mangche ur ists, dan meinen sei, man beschimp sei, dweil sei doch nit wol horen« (Buch Weinsberg, Bd. 1, S. 58).

Nennung	Straßenname	Belege
1178/83	retro curiam abatisse beate Marie	H, I, 146
1200	Lapidea via	KTK, I, 35
1229	lapidea platea retro curiam abbatisse de s. Maria	KTK, I, 35
1255	retro curiam abatisse s. Marie in Malzbuchel	KTK, I, 35
1267	in Via lapidea	KTK, I, 34
1337	versus Augustinenses super Lata platea	KTK, I, 34
1414	under Pannensleigeren	KTK, I, 34
1415	under Pannensleegeren	KTK, I, 34

1460	under Pannenslegeren	KTK, I, 35
1461	onder Pannenslegeren	KTK, I, 35
1528	Under Pannescleger	W, I, 58
1571	unter pfannen schleger	Mercator
1571	Inder-Pannenscleger	W, II, 220
1595	under Pannenslegern	W, IV, 232

unter Teschmecher

Heute: **Unter Taschenmacher**
1. Stadterweiterung (Mercator-Plan S. 142/143)

Die auch heute noch *Unter Taschenmacher* genannte Straße führt nordwestlich des *Alter Markts* von dem Straßenzug *Am Hof* (bei Mercator *Unter helmschleger*) – *Große Neugasse* (*Die nügaß*) zur *Bürgerstraße* (*Die burgerstraiß*).

Ihr Name nimmt nach E. Volckmann Bezug auf das Handwerk der Kurdewaner: »In Köln hieß die jetzige Straße *Unter Taschenmachern* im Jahre 1233 inter Corduanarios, dann: inter Sartores, Corduanarios, quod nuncup. Rintzüteren dic. oder inter coriarios in vico Taschene; inter Calciatores dictos Ryntsutere 1314 usw. (Keußen). Die Bezeichnung corduanarii begann bereits im 13. Jahrhundert zu schwanken und der der *Ryntsutere*, dann aber der Taschenmacher (in vico Taschene) Platz zu machen. Nach diesem Wandel in der Benennung könnte man versucht sein anzunehmen, daß die Kurdewaner, nicht nur hier, sondern auch andernorts, neben dem feinen, weichen Corduanlederschuhzeug auch Beutlerarbeiten ausführten und Verfertiger feiner Lederarbeiten waren, so daß ihr Handwerk nach und nach sowohl in dem der Schuster, wie der Beutler oder Taschenmacher aufgegangen sein mag« (Volckmann, 1921, S. 58).

Die von E. Volckmann skizzierte Entwicklung der auf *Unter Taschenmacher* bezogenen Bezeichnungen muß aber, gestützt auf die Überlieferung der Schreinsbücher, eingeschränkt werden. Eine Ablösung der *corduanarii* (von mlat. *corium* = ›Leder‹; vgl. Gerorges, Bd. 1, Sp. 1694f.; Habel/Gröbel, Sp. 88) durch die *Ryntsutere* (von mhd. *rintsûter* = ›Verfertiger‹ von *rintschuoche*; vgl. Lexer, Bd. 2, Sp. 454) und schließlich durch die *Taschenmacher* geht aus den Quellen nicht zweifelsfrei hervor.

Zwar kommen die Bezeichnungen *inter Sutores* (mlat. *sutor* = ›Schuster‹; vgl. Georges, Bd. 2, Sp. 2885; Habel/Gröbel, Sp. 394) nur zwischen den Jahren 1231 und 1304 vor. Zudem wird auch im Jahr 1298 explizit ausgeführt: *inter Corduanarios, quod nunc Rintzuteren dic.* (Keussen, Bd. 1, S. 149). Allerdings kommt *Rintsuteren* von a. 1298 (*Rintzuteren*) durchgehend bis a. 1586 (*under Rynssuderen*) vor. Auch die Taschenmacher sind zwischen dem 13. (*in vico Teschene*) und 16. Jahrhundert (*auf clein Teschsmecher Ort*) bezeugt. Da sich die Örtlichkeitsbezeichnungen vom 13. bis zum 16. Jahrhundert sowohl auf *Rintzuter* als auch auf *Teschmecher* beziehen, läßt sich das Ablösen der *Ryntsuteren* durch die Taschenmacher, wie E. Volckmann es annimmt, nicht belegen. Zumindest auf der Ebene der Örtlichkeitsbezeichnungen konkurrieren hier die Bezeichnungen weitgehend miteinander.

»Im Verbundbrief (1396) sind die Taschenmacher den Sarworteren zugestellt u. mit diesen, den Schwertfegern und Bartscherern an 19. Stelle aufgeführt« (NKS, Bd. 3, S. 156f.).

Nennung	**Straßenname**	**Belege**
1162/72	inter cordewanos	H, I, 244
1165/80	inter coriarios	H, I, 295
1170/82	inter cordewanos	H, I, 249
1175/91	versus cordewenarios	H, I, 259
1185/1225	inter coriarios	H, I, 305
1197/1215	inter cordewanos	H, I, 324
1200/30	inter Corduanarios	KTK, I, 219
1210	inter Coriarios in vico Teschene	KTK, I, 150
1231	inter Sutores	KTK, I, 150
1235	inter Corduanarios	KTK, I, 149
1261	inter Corduwenarios	KTK, I, 149
1298	inter Corduanarios, quod nunc Rintzuteren dic.	KTK, I, 149
1301	inter Rintsuteren	KTK, I, 149
1301	inter Sutores	KTK, I, 219
1302	dom., in qua Nic. Sutor moratur inter Sutores	KTK, I, 219
1304	inter Sutores	KTK, I, 219
1314	inter Runtzutheren inter Calciatores dictos Ryntsuter	KTK, I, 149
1352	inter Rintzuyteren	KTK, I, 149
1387	in ordone der Rintzuteren	KTK, I, 150
1390	under Teschmecheren	KTK, I, 219
1403	under Tesschenmecheren	KTK, I, 219
1404	under Ryntszuteren	KTK, I, 149
1422	under Teschmechern	KTK, I, 150
1433	under Thesschmecheren	KTK, I, 149

1452	under Teschmecheren	KTK, I, 219
1477	under Reinsuderen	KTK, I, 149
1500	under Teschmechern	KTK, I, 149
1548	under groisser Teschmecheren	KTK, I, 149
1567	under Rinsuderen	KTK, I, 149
1571	unter Teschmecher	Mercator
1581	Under Teschmecher	W, III, 88
1586	under Rynssuderen	KTK, I, 149

up der Maissen

Heute: **Großer Griechenmarkt** (zwischen Schartgasse/Griechenpforte) Römerstadt

Die von A. Mercator als *Off dem buchell* bezeichnete heutige Straße *Großer Griechenmarkt* trägt im Mittelalter in fünf Abschnitten verschiedene Bezeichnungen: *Off dem buchell – Brunsteynsgasse – in dem Putzhoiffe – an der Kriegsportzen – up der Maissen*. Zwischen *Schartgasse* und *Kleiner Griechenmarkt* wird der heutige *Große Griechenmarkt* zwischen dem 13. und 15. Jahrhundert ›auf der Masen‹ genannt. Wie der älteste Beleg zeigt, handelt es sich hierbei um einen Hausnamen: *versus dom. Mosa* (1225).

Nennung	Straßenname	Belege
1225	versus dom. Mosa in foro Crigmarct	KTK, I, 244
1279	dom. [...] voc. ad Mosam in Putzhoven	KTK, I, 243
1288	super Mase	KTK, I, 244
1331	apud Putzhoven super Mosam	KTK, I, 243
1333	in Foro Grecorum in vico, qui dic. Masa	KTK, I, 244
1347	in Foro Grecorum in ordone platee Mase	KTK, I ,244
1360	apud Putzhove supra Mosam	KTK, I, 243
1394	apud Putzhoff super Mosam	KTK, I, 243
1417	up der Moesen	KTK, I, 243
1451	up der Moesen	KTK, I, 243
1459	up der Moesen	KTK, I, 241
1481	in dem Putzhof up der Maissen	KTK, I, 240
1571	Off dem buchell	Mercator
1576	uff der Merssen	W, II, 324
1577	uff der Masen	W, II, 349

up des Rijns

Heute: **Auf dem Rheinberg**
1. Stadterweiterung 1477

Die Straße zwischen *Filzengraben* (bei Mercator *Im viltzen graben*) und *Rheingasse* (*Die ringaß*) wird heute *Auf dem Rheinberg* genannt. Im Mittelalter trennt sie die Stadtmauer, in der sich im Bereich dieser Straße zwei Pforten (*Große* und *Kleine Rheingassenpforte*) befinden, vom Rheinufer.

Die topographische Lage zwischen *Rheingasse* und -ufer motivierte Bezeichnungen wie lat. *in Littore Reni* (von mlat. *litoralis* = ›an der Küste gelegen‹; vgl. Georges, Bd. 2, Sp. 678; Habel/Gröbel, Sp. 224; hier als ›am Rheinufer‹ zu übersetzen), *in platea Reni* (= *Rheingasse*) und volkssprachlich entsprechend *up des Rijns*.

Der Nordteil der Gasse geht in die *Rheingasse* über. »In ihrem Hauptteil stammt die Rheingasse noch aus römischer Zeit; vom Malzbüchel bis zur Straßburger Gasse ist römische Pflasterung für ältere Zeit nachgewiesen« (NKS, Bd. 2, S. 355). »Auf der Rheinpforte befand sich eine Kapelle, die den hl. Nikolaus u. Sergius geweiht war« (Keussen, Bd. 1, S. 65).

Von ihrem Abriß und dessen Gründen berichtet Weinsberg: »A. 1569 den 17. febr. und forthin wart s. Sergius capel in der Reingassen, nach bei der Reinporzen, abgebrochen. Das gab dem orde vil gutter lucht und reinicheit, dan sei war grois mit weiten bogen uber die Ringass gebaut langs die Koegass her, ein stark gebeu; unden war es dunkel, unreinlich und sorglich mit der fart. Das hilligtumb wart mit erleubnis erzbischofs Salentini zu Klein-s.-Mertin uff den klockentorn gelacht. Diss capel war ein antiquiteit, vormails uis andacht dahin gebaut, das die schiffleut, mullenleut, fremde leut, wirt und ander miss da hoeren sulten, dieweil es zimlich weit van der hant war, aber in disser zit gibt man nit vil uff die missen, leider« (Buch Weinsberg, Bd. 2, S. 190).

An den Lokalisierungen der Kapelle in den Schreinsbüchern wird erkennbar, daß diese Straße im Mittelalter keinen individuellen Namen führt, sondern vielfach der angrenzenden *Rheingasse* zugerechnet wird. Auf dem Stadtplan A. Mercators (1571) ist diese Gasse namenlos.

Nennung	Straßenname	Belege
1142/56	iuxta Renum	H, I, 39
1149/59	iuxta capellam s. Nicolai	H, I, 46
1149/59	iuxta capellam Reni	H, I, 49
1172	capella s. Nicholai in platea Reni	KTK, I, 65
1177	super Renum	H, I, 163
1193	in Littore	KTK, I, 63
1200	supra Litus Reni	KTK, I, 63

1255	in Littore Reni	KTK, I, 63
1270	ante Rinporzin	KTK, I, 63
1300	supra portam Reni	KTK, I, 65
1352	apud capellam Reni	KTK, I, 64
1361	sub porta Reni	KTK, I, 65
1373	ante Ringassen	KTK, I, 65
1379	capella super Ringassen	KTK, I, 65
1396	Rijngassenportze	KTK, I, 65
1407	Rijnportze	KTK, I, 65
1409	under der Rijnportzen	KTK, I, 65
1435	by der Rijngassenportzen	KTK, I, 64
1457	an der Rijngassenportze	KTK, I, 65
1477	up des Rijns	KTK, I, 63
1528	Tzeryss Kapelle [...] up der alder poirtzen	KTK, I, 65
1569	in der Reingassen	W, II, 190

up Sassenhoeven

Heute: Auffahrt Deutzer Brücke
1. Stadterweiterung

In der eng bebauten a. 940 einbezogenen Rheinvorstadt führt dieses Gäßchen (ehemals *Sassenhof*) von der *Straßburgergasse* auf den *Heumarkt*. A. Mercator hat lediglich das südlich parallele Gäßchen mit einer Bezeichnung (*Die hasen gaß*) versehen, diese hier aber unbenannt auf seinem Stadtplan eingetragen.

Bereits in den ältesten Schreinsbucheinträgen aus der ersten Hälfte des 12. Jahrhunderts wird hier ein *curia Saxonum* (›sächsischer Hof‹) erwähnt. Das Mhd. kennt *Sachse* auch in den Formen *Sachs*, *Sasse* und *Saxo* (vgl. Lexer, Bd. 2, Sp. 573f.). Alle diese Formen erscheinen im Schreinsbuch von St. Martin als Komposita mit *-hoven*, *hoeven* oder *hoyven*, so daß davon ausgegangen werden muß, daß auch *up Sassenhoeven* (1469) den ›sächsischen Hof‹ meint.

Da A. Mercator zu beiden Seiten dieses Gäßchens nicht mehr als drei bzw. vier unterscheidbare Häuser verzeichnet hat, verwundert es nicht, daß zwischen 1135 und 1469 nur die in der Namenserie dokumentierten Straßenbezeichnungen überliefert sind.

Nennung	Straßenname	Belege
1135/42	in Sasinhovin; curia Sa(x)onum	H, I, 17
1142/56	in Sasenhoven	H, I, 38
1165/69	in platea Saxonum	H, I, 74
1178/83	in platea Saxonum	H, I, 138
1200	in Curia Saxonum	KTK, I, 72
1200	in Sassenhoven	KTK, I, 72
1256	super Curiam Saxonum	KTK, I, 72
1259	super Sassinhove	KTK, I, 72
1296	supra Sasenhove	KTK, I, 72
1300	in vico Sassinhoven	KTK, I, 73
1335	super Saissenhove	KTK, I, 72
1342	up Sassenhoeven	KTK, I, 73
1373	supra Sayssenhoven	KTK, I, 73
1383	up Saissinhoven	KTK, I, 73
1400	up des Sassenhoeven	KTK, I, 73
1455	up Sassenhoyven	KTK, I, 72
1469	up Sassenhoeven	KTK, I, 72
1469	up Sassenhusen	KTK, I, 72

Velgassen

Heute: Grünanlagen (zwischen Buttermarkt/Frankenwerft)
1. Stadterweiterung

Im Mittelalter führt dieses winzige Gäßchen (ehemals *Velgasse*) vom *Buttermarkt* (bei Mercator *Bottermarckt*) rheinwärts. Auf dem Stadtplan A. Mercators (1571) erscheint es lediglich als eine unbezeichnete Baulücke in der Häuserfront auf der Ostseite des *Buttermarktes.* Dennoch wird es im Schreinsbuch von St. Martin namentlich erwähnt. Dies ist insofern bemerkenswert, da selbst größere Straßen im Mittelalter keinen individuellen Namen hatten.

Östlich endet die *Velgasse* an der gleichnamigen *Velportzen* in der Stadtmauer. Bedauerlicherweise bietet auch die Stadtansicht von Anton Woensam von Worms (1531) keinen Aufschluß darüber, ob die *Velportze* als ein *velletor* (›Falltor‹; von mhd. *valletor*; vgl. Lexer, Bd. 3, Sp. 12) anzusehen ist, oder ob Tor- und Gassenbezeichnung auf einen *velleman* (mhd. für ›Fallmeister‹, ›Schinder‹; vgl. Lexer, Bd. 3, Sp. 54) zurückzuführen sind.

Nennung	Straßenname	Belege
1302	in vico Vellegasse	KTK, I, 89
1332	in Velgasse in Foro buttiri	KTK, I, 7
1333	in vico Velgasse	KTK, I, 89
1400	in der Velgassin	KTK, I, 89
1401	Velgasse	KTK, I, 7
1431	Velgassen	KTK, I, 7
1452	Velgasse	KTK, I, 13
1452	Velportze	KTK, I, 13
1466	Velgassen	KTK, I, 7
1469	Velportze	KTK, I, 13

versus Goltgazzen

Heute: Auffahrt Deutzer Brücke
1. Stadterweiterung

H. Keussens Stadtteilplan des Schreinsbezirks St. Martin zufolge erstreckte sich das ehemalige *Straßburgergäßchen* im Mittelalter von der *Straßburgergasse* über die Gasse *Im Himmelreich* zum *Heumarkt*. Für dieses Gäßchen in der eng bebauten Rheinvorstadt, die im Zuge der ersten Stadterweiterung 940 einbezogen wurde, hat A. Mercator auf seinem Stadtplan (1571) keinen Namen eingetragen. Auch anhand der bei H. Keussen vereinigten Schreinsbucheinträge läßt sich für dieses kleine Gäßchen kein individueller Name nachweisen. Da hier zwischen *Straßburgergasse* und *Heumarkt* und nördlich zwischen *Im Himmelreich* und *Heumarkt* keine Häuser belegt werden können, läßt sich anhand der entsprechend geringen Schreinsbucheinträge keine Bezeichnungspraxis dokumentieren. Beide untenstehenden Nennungen aus der ersten Hälfte des 13. Jahrhunderts beziehen sich auf die nahegelegene *Straßburgergasse*, die im 13. Jahrhundert auch *Goltgazze* gennant wurde (vgl. *Die Straißburger gaß*).

Nennung	Straßenname	Belege
1200	in platea iuxta plateam Goltgazzin	KTK, I, 83
1240	versus Goltgazzen	KTK, I, 83
1246	in platea retro dom., que quond. fuit Godeboldi	KTK, I, 83
1308	dom. et ar. ad Turrim in platea retro dom. ad antiquam Stellam	KTK, I, 83

Vischmarckt

Heute: **Fischmarkt**
1. Stadterweiterung (Mercator-Plan S. 142/143)

Zwischen Groß St. Martin und dem Rheinufer hat A. Mercator auf seinem Stadtplan *Vischmarckt* eingetragen. Im Mittelalter erscheint der gesamte Uferbereich zwischen den heutigen Straßen *Lintgasse* und *Mühlengasse* als *Fischmarkt*. Der namengebende Fischverkauf läßt sich anhand von überlieferten Verkaufsplätzen, Beinamen von Anwohnern und Hausnamen, die sich auf Fisch(e) beziehen, dokumentieren.

Bereits 1183 wird eine Stelle des *Fischmarktes* mit den Worten *ubi esox venditur* lokalisiert (vgl. Keussen, Bd. 1, S. 119; mlat. *esox* = ›Hecht‹, ›Salm‹, ›Lachs‹; vgl. Georges, Bd. 1, Sp. 2468; Habel/Gröbel, Sp. 133). Ebenso lassen sich hier vom 12. bis zum 16. Jahrhundert Salmbänke nachweisen: a. 1357 »*versus scampna salmanorum*« (Keussen, Bd. 1, S. 118); a. 1407 »*scampna salmorum*« (Stein, Bd. 2, S. 199); a. 1428 »*gü. den Salmenbänken*« (Keussen, Bd. 1, S. 117); a. 1588 »*gü. den Salmbänken*« (Keussen, Bd. 1, S. 117).

Darüber hinaus dokumentieren auch die Beinamen von Anwohnern die Funktion des Marktes: a. 1231 *dom. Thome Piscatoris* (Keussen, Bd. 1, S. 119); a. 1279 *dom. Willeri Piscatoris* (a.a.O., S. 117; von mlat. *piscator/piscicapus* = ›Fischer‹; vgl. Habel/Gröbel, Sp. 290; Georges, Bd. 2, Sp. 1717); a. 1343 *Hermannus Visch* (Keussen, Bd. 1, S. 117); a. 1403 *Hermann Visch* (a.a.O., S. 117.); a. 1470 *Engelbert v. Langel* (*Fischmenger*; a.a.O., S. 116).

Ferner finden sich im Bereich des *Fischmarktes* auch (ent-)sprechende Hausnamen wie 1449 *zo deme Barse* (Keussen, Bd. 1, S. 118; von mhd. *bars*, *perca* auch *berse*, *bers*, *birse*, *birs* = ›Barsch‹; vgl. Lexer, Bd. 1, Sp. 131).

Schließlich lagen in unmittelbarer Nähe am Rheinufer auch das Fischkaufhaus (seit Beginn des 15. Jahrhunderts; vgl. Keussen, Bd. 1, S. 137) und die Fischmengergaffel (1487 abgebrannt; vgl. Keussen, Bd. 1, S. 122). Sogar das Tor in der mittelalterlichen Stadtmauer an dieser Stelle wird im Mittelalter *Fischpforte* genannt.

Der *Fischmarkt* spielte besonders im Zusammenhang mit mittelalterlichen Fastentagen eine bedeutende Rolle. So ist bei Weinsberg zu lesen: »A. 1596 den 1. februarii ist s. Brigiden tag, wilchen dannest das kirspel s. Brigiden, wiewol sie desselben patrona ist, sonderlich nit feiret, dieweil es vigilia purificationis Marie und fastag ist, das man meisteils fischwirk, grun und gesalzen, speist, und Fischmart und Lintgass im kirspel sin, da man vurmails herink, buckink, stockfisch, groinfisch (fur) die ganse stat holete, und anderswa nit lichtlich wart gestat, veile zu haben« (Buch Weinsberg, Bd. 4, S. 252).

Nennung	Straßenname	Belege
1165/72	platea piscium	H, I, 53
1197/1215	in foro piscium	H, I, 308
1231	in Foro piscium	KTK, I, 116
1298	in Foro piscium	KTK, I, 116
1306	upme Vischmarte	KTK, I, 116
1339	versus Piscium forum	KTK, I, 116
1379	in Foro piscium	KTK, I, 118
1446	up dem Vyschmarte	KTK, I, 119
1490	up Vischmart	KTK, I, 117
1540	up dem Vischmart	KTK, I, 119
1556	uff der Fischporzen	W, II, 86
1571	Vischmarckt	Mercator
1596	Fischmart	W, IV, 252

Vogelsgassen

Heute: **Rathausplatz**
Römerstadt

Dieses auf dem Stadtplan A. Mercators nicht benannte enge Gäßchen (ehemals *Jerusalemsgäßchen*) im Kölner Judenviertel, (heute nur noch durch die Pflasterung auf dem *Rathausplatz* angedeutet), führt im Mittelalter von *Unter Goldschmied* (bei Mercator *Voir s. Laurentius*) zur *Portalsgasse*. Hier liegen das 1288 von der jüdischen Gemeinde erworbene Backhaus (vgl. Keussen, Bd. 1, S. 208), eine Badestube und »der grosse viereckige Judenpütz, der kalte Born genannt« (Keussen, Bd. 1, S. 208).

Die Straßenbezeichnung *Vogelsgasse* geht auf einen Hausbesitzer *Vugelo* im 13. Jahrhundert zurück: 1233 *dom. Vugelonis.*

1561 wird eine »Kupplerin in der Vogelsgassen« (Keussen, Bd. 1, S. 208) erwähnt, die in mhd. Zeit als *Vogeldierne* bezeichnet worden wäre (vgl. Lexer, Bd. 3, Sp. 425). Möglicherweise schwingt diese Bedeutung in *Vogelsgasse* in der Frühen Neuzeit mit. Bei H. Keussen läßt sich außer den untenstehenden nur noch ein neuzeitlicher Beleg dieses Straßennamens finden: 1728 *Vogelsgässchen* (Keussen, Bd. 1, S. 208).

Nennung	Straßenname	Belege
1233	in angulo oppos. dom. Vugelonis	KTK, I, 211
1270	ad angulum transitus ad puteum Judeorum	KTK, I, 208
1322	iuxta dom. pistoriam Judeorum	KTK, I, 211

1353	dat Garnhus cum puteo appell. der Kaldeburne	KTK, I, 199
1385	an der kleiner Juedengasse	KTK, I, 208
1395	Engergasse	KTK, I, 199
1406	gü. dem Kaldenburne	KTK, I, 199
1411	gü. dem Kaldenburne	KTK, I, 199
1419	zum Caldenburne	KTK, I, 213
1426	gü. das Kaldeburne	KTK, I, 200
1484	gü. das Kaldborn	KTK, I, 208
1544	am platz uff der Fogelsgassen Ort	W, I, 218
1561	in der Vogelsgassen	KTK, I, 208

voir all heilighen

Heute: **Eigelstein** (zwischen Maximinenstraße/Machabäerstraße)
2. Stadterweiterung (Mercator-Plan S. 178/179)

A. Mercator hat die heute durchgehend *Eigelstein* genannte Straße zwischen *Marzellenstraße* (bei Mercator *S. Marcellen straiß*) und *Machabäerstraße* (*S. Maviren straiß*) als *voir all heilighen* bezeichnet. Dieses Teilstück des *Eigelsteins* erscheint in den Schreinsbüchern des 12. und 13. Jahrhunderts lat. als *in Monticulo* von (m)lat. *monticulus* = ›kleiner Berg‹ (vgl. Georges, Bd. 2, Sp. 1000; Habel/Gröbel, Sp. 246) und volkssprachlich als *up den Buchele*, sofern nicht generalisierend *up Eygelsteyne* (vgl. *Off dem eigelstein*) angegeben wird.

Nach der Stiftung des Hospitals *Allerheiligen* an der Kreuzung *Eigelstein/Maximinenstraße* durch Herm. de Ederne und Adolph. de Reven (vgl. Keussen, Bd. 1, S. 155*), dient auch dessen Ortsangabe in den Schreinsbüchern der Lokalisierung von Grundbesitz. Dieses Hospital war »hauptsächlich zur Aufnahme von armen bekehrten Juden bestimmt« (Keussen, Bd. 1, S. 154*).

Nennung	**Straßenname**	**Belege**
1147/48	in vico, qui dic. Buchel	KTK, II, 83
1180/85	in platea, que ducit ad Monticulum	H, II/1, 138
1207/12	in Monticulo	KTK, II, 83
1233	in Monticulo	KTK, II, 81
1255/56	versus Egelsteine	KTK, II, 81
1267	in Monticulo	KTK, II, 83
1286	platea Egilsteyne	KTK, II, 78
1316	up Eygilsteyne	KTK, II, 82

1320	ad hospitale Omnium Sanctorum	KTK, II, 79
1326	iuxta hospitale Omnium Sanctorum	KTK, II, 83
1342	up den Buchele up Eygelstein	KTK, II, 82
1358	super Monticuli iuxta hospitale Omnium sanctorum	KTK, II, 82
1383	versus portam Eygilstein	KTK, II, 83
1436	[auf dem Buchel gü. Allerheiligen Hopital]	KTK, II, 80
1446	Egelsteynsstrasse	KTK, II, 83
1486	up dem Eigelsteyne	KTK, II, 82
1510	[gü. der Allerheiligenkirche]	KTK, II, 80
1571	voir all heilighen	Mercator

voir dem Duitschen hause

Heute: **Severinstraße** (zwischen Rosenstraße/An Zint Jan)
3. Stadterweiterung (Mercator-Plan S. 97)

Der heute duchgehend von der Severinstorburg bis zum *Waidmarkt* als *Severinstraße* bezeichnete Straßenzug trägt im Mittelalter ähnlich wie die *Hohe Straße* in verschiedenen Abschnitten unterschiedliche Bezeichnungen. A. Mercator hat auf seinem Stadtplan (1571) zwischen (heute) *An Zint Jan* (bei Mercator *Voir S. Ian*) und *Rosenstraße* (*Die seusgaß*) *voir dem Duitschen hause* eingetragen.

Diese Straßenbezeichnung bezieht sich auf die dortige Deutschordensniederlassung, deren Gründung von H. Keussen mit ca. 1218 angegeben wird (vgl. Keussen, Bd. 2, S. 193). Weinsberg berichtet 1595 von einem Neubau des Deutschherrenhauses durch Komtur Heinrich von Reuschenberg, der »in sinem von ihm neue gebauten Dutzenhaus in Coln wonende« (Buch Weinsberg, Bd. 4, S. 230). Auf dem Mercator-Plan sind darüber hinaus das Deutsche Haus und die Deutschordenskirche St. Katharina, zu der auch ein vom Deutschorden gestiftetes Hospital gehörte, zu erkennen bzw. mit Namen versehen: *S. Catreinen*.

In der Bezeichnungspraxis der Schreinsbücher wird dieser Straßenteil im 13. Jahrhundert wie die übrige *Severinstraße* lat. als *Lata platea* (›Große‹ od. ›Breite Straße‹), volkssprachlich als *Breyderstrasse* bezeichnet. Vornehmlich im 14. Jahrhundert erscheint auch die Bezeichnung *strata Severini*, die die Volkssprache des 15. Jahrhunderts mit *Severijnsstrasse* wiedergibt (vgl. *Sint Severeins kirch und straiß*).

Nennung	Straßenname	Belege
1220	fratres dom. Theutonicorum	KTK, II, 43
1230	contra hospitale s. Katerine	KTK, II, 189

1246	in Lata platea	KTK, II, 189
1250	prope hered. fratrum de domo Theut.	KTK, II, 185
1251	in Lata platea [...] versus s. Katerinam	KTK, II, 189
1269	ex opp. dom. Teuton. s. Katerine	KTK, II, 189
1295	in Lata platea [...] versus s. Katerinam	KTK, II, 191
1310	in strata s. Severini	KTK, II, 191
1314	ex opp. dom. fratrum b.Katherine	KTK, II, 189
1342	super Lata platea	KTK, II, 191
1364	in Lata platea [...] ex opp. dominorum s. Katherine	KTK, II, 189
1374	in platea s. Severini	KTK, II, 189
1382	in pl.[atea] s. Severini versus dom. Theutonicam	KTK, II, 192
1414	Hs. der Brüder von dem Deutschorden	KTK, II, 189
1414	auf S. Severijnsstrasen	KTK, II, 193
1454	in der Deutschen Herren Kampe	KTK, II, 184
1458	auf der Breyderstrasse	KTK, II, 190
1528	Das deutsche Haus	KTK, II, 193
1571	voir dem Duitschen hause	Mercator

voir den Augustinen

Heute: **Hohe Straße** (zwischen Cäcilienstraße/Schildergasse)
Römerstadt (Mercator-Plan S. 142/143)

Die *Hohe Straße* wird im Mittelalter in sieben verschiedenen Abschnitten unterschiedlich bezeichnet: *Auff der hochpforts – unter pfannen schleger – voir den Augustinen – Onder wapensticker – Onder spoirmecheren – An der gulder wagen – Op hoigher smitten – voir der vetter hennen – Paffen pforts*. Das Teilstück zwischen der südlich angrenzenden *Schildergasse* (*Die schilder gaß*) und der *Cäcilienstraße* (*Die blinde gaß*) wird auf dem Stadtplan A. Mercators (1571) *voir den Augustinen* genannt.

In diesem Abschnitt der *Hohe Straße* befindet sich im 13. Jahrhundert auch der Burggrafenhof, dessen Burggrafschaft 1279 an die Erzbischöfe zurückfällt. Das in unmittelbarer Nachbarschaft befindliche Augustinerkloster erwirbt 1396 Gelände von der »*area seu pomerium curiae vicecomitatus communiter des Buchgreven hoff vocatae*« (Keussen, Bd. 1, S. 163).

»Das Grundstück, auf welchem Kirche u. Kloster der Augustiner-Eremiten sich erhob, ist allmählich aus einer grossen Zahl von Häusern und Grundstücken erwachsen, worüber die Schreinsbücher reichliche Auskunft erteilen. Das Kloster soll in den

Jahren 1162–65 errichtet worden sein. Diese Angabe weicht gerade um ein Jahrhundert von der Wirklichkeit ab; denn, wie bei der Beschreibung des Niederich (unter Johannisstrasse I 22–24) nachgewiesen wird, erwarben sie hier im Jahre 1264 mehrere Häuser u. Grundstücke und erbauten eine Kapelle; 1285 gaben sie die Niederlassung an dieser Stelle auf, nachdem sie im Albansbezirke festen Fuss gefasst hatten« (Keussen, Bd. 1, S. 163 f.).

Die namenmotivierenden Augustinerbesitzungen sind auf dem Mercator-Plan durch dreifache Bezugnahme von Straßennamen dokumentiert. Dort ist außer *voir den Augustinen* auch *Hinder den Augustinen* (heute: *Cäcilienstraße/Pipinstraße*) und nochmals *hinder den Augustinen* (heute: *Große Sankaul*) zu lesen.

Nennung	**Straßenname**	**Belege**
1262	retro curiam burgravii	KTK, I, 164
1282	dom. Lamp, que nunc est ecclesia Augustinorum	KTK, I, 164
1339	retro monasterium fratrum Augustinensium	KTK, I, 164
1345	prope curiam burchgravii [...] versus Augustinenses	KTK, I, 162
1392	in curiam burgravii	KTK, I, 163
1398	zu den Augustinern wärts	KTK, I, 162
1455	in dem Burchoyve bij den Augustijnen	KTK, I, 163
1470	zo den Augustinen	KTK, I, 164
1485	Burchgreven Hof	KTK, I, 163
15. Jhd.	iuxta Augustinenses	KTK, I, 163
1543	vur den Augustineren	W, I, 194
1567	vur den Augustinern	W, II, 172
1571	voir den Augustinen	Mercator

voir den Cathuiseren

Heute: **Kartäusergasse**
3. Stadterweiterung (Mercator-Plan S. 57)

Bis zu der dritten Stadterweiterung (1180) liegt der Bereich dieser Straße *extra muros civitatis*. Die Straße führt im Mittelalter durch *gartlant* (mhd. für ›Gartenland‹; vgl. Lexer, Bd. 2, Sp. 741) parallel zu der sogenannten großen (Stadt-)Mauer. Außer den Gebäuden der Kartäuser befinden sich hier bis 1571 keine Häuser.

Demgemäß setzt die Dokumentation entsprechender Straßenbezeichnungen erst mit der Berufung der Kartäuser durch den Kölner Erzbischof Walram im Jahre 1334 ein. Für das Jahr 1335 sind die ersten Mönche bezeugt. Der Grundbesitz der Kartäuser stammt größtenteils aus Schenkungen beispielsweise von Ritter Konstantin von Lyskirchen, Gerhard Scherfgin und Kunegund, der Witwe von Gotschalk Overstolz. Auf den neuen Kirchenbau von 1366 folgt bereits 1393 eine zweite Kirche (vgl. Keussen, Bd. 2, S. 182).

A. Mercator hat auf seinem Stadtplan (1571) in unmittelbarer Nähe der Straße *voir den Cathuiseren* eine mächtige Windmühle dargestellt, die sich am Ende der heutigen *Ulrichgasse* (bei Mercator *Die euler gaß*) auf der Stadtmauer befand. Auf diese bezieht sich eine alternative Örtlichkeitsbezeichnung des 16. Jahrhunderts: *boven der wintmoylen.*

Nennung	Straßenname	Belege
1334	pro structura monasterii [...] que ordinem fratrum Carthusiensium	L, III, 238
1337	capella Kartusiensium fratrum	KTK, II, 182
1365	ex opp. claustri Cartus	KTK, II, 183
1366	sive claustrum Kartusiensium	KTK, II, 182
1452	[gü. der Karthäuser Konvente]	KTK, II, 183
1492	seu conventu o. Cartus.	KTK, II, 183
1500	[bei den Karthäusern]	KTK, II, 183
1528	boven der wintmoylen	KTK, II, 183
1571	voir den Cathuiseren	Mercator
1578	zu den Carthusern	W, III, 7
1586	bei den Carthuser(n)	W, III, 322

voir den minnenbruderen

Heute: **Minoritenstraße**
Römerstadt (Mercator-Plan S. 142/143)

In Verlängerung der *Breite Straße* führt diese Straße im Mittelalter auf ihrer Nordseite an einem Minoritenkloster vorbei, nach dem »der östliche Teil der Breitestrasse vor oder bei den Minderbrüdern« (Keussen, Bd. 2, S. 167*) hieß. Im Schreinsbuch erscheinen Lagebeschreibungen von Grundbesitz wegen der Nähe zur *Breite Straße* auch mit der Bezeichnung *in Lata platea.*

Nachdem den Minoriten 1245 vom Bischof von Lüttich, dessen Palast sich in dieser Straße befand, lediglich »*pomerium retro palatium suum*« (Keussen, Bd. 1, S. 346) überlassen wurde, wird ihnen 1248 der *domus episcopalis* ganz zugesprochen. Entsprechend wird vor 1245 diese Straße auch *platea iuxta domum episcopi Leodien-*

sis (Keussen, Bd. 1, S. 346) genannt. Seit dem Spätmittelalter beziehen sich die Straßenbezeichnungen aber ausschließlich auf das Minoritenkloster.

Nennung	Straßenname	Belege
1223/30	in platea iuxta domum episcopi Leodiensis	KTK, I, 347
1223/31	dom. episcopi Leod.	KTK, I, 346
1223/31	Curia Leodiensis	KTK, I, 346
1244	fratres Minores in Leodio	KTK, I, 346
1256	area fratrum Minorum	KTK, I, 346
1272	in Lata platea [...] ex opp. fratribus Minoribus	KTK, I, 287
1280	in Lata platea	KTK, I, 344
1290	domum fratrum Minorum	KTK, I, 346
1299	ex opp. fratribus Minoribus	KTK, I, 345
1303	ex. opp. fratrum Minorum	KTK, I, 344
1321	der Minrebrudere huys	KTK, I, 346
1324	apud fratres Minores	KTK, I, 344
1368	zu den Mynrebrudern	KTK, I, 347
1382	versus Minores	KTK, I, 343
1454	gü. dem Bongart der Minderbrüder	KTK, I, 344
1495	bei den Minderbrüdern	KTK, I, 344
1571	voir den minnenbruderen	Mercator
1594	bei den Minderbroder(n)	W, IV, 219

voir den siben burgen

Heute: **Vor den Siebenburgen**
3. Stadterweiterung (Mercator-Plan S. 308/309)

Die Straße *Vor den Siebenburgen* gehörte nördlich der *Schnurgasse* bis zur *Ulrichgasse* zu St. Severin, mit ihrem übrigen Teil aber zum Schreinsbezirk St. Mauritius. Das Gelände dieser beiden Schreinsbezirke wird erst mit der dritten Stadterweiterung (1180) in die Stadt einbezogen. Parallel zur Stadtmauer und der Straße *Martinsfeld* (*Sant Mertens veldt*) führt diese Straße von St. Pantaleon über die *Kartäusergasse* zu St. Severin. Bis ins 16. Jahrhundert durchquert diese Straße sogenanntes *artland* (a. 1456 *Artland Clamunt*; a. 1461 *Artland in dem Buckspill*, Keussen, Bd. 2, S. 199, 216; mhd. *artlant*, *Gartlant* = ›Gartenland‹; Lexer, Bd. 2, Sp. 741). Im Unterschied zu dem ebenfalls in den Schreinbüchern vorkommenden *gartlant*, das mit dem Spaten bearbeitet wird (vgl. *voir den Cathuiseren*/heute: *Kartäusergasse*), verweist *artlant* auf mit dem Pflug bearbeitete Ackerflächen (vgl. Lexer, Bd. 2, Sp. 741).

Da die Straßenbezeichnung *voir den siben burgen* erstmalig auf dem Stadtplan A. Mercators (1571) erscheint, kann sie nicht mit letzter Sicherheit gedeutet werden.

Selbst bei A. Wrede bleibt die Namendeutung im Bereich des Spekulativen: »Die Bezeichnung Vor den Siebenburgen geht auf die Angabe voir den siben burgen für den langen Weg zurück, der sich aus dem Bereich der Abtei St. Pantaleon zwischen Gemüse- u. Weingärten bis zu der Flur voir den Cathuiseren (so!) hinzog. Man sieht auf dem Plan an diesem Wege eine Gruppe von sieben Häusern stehen, die vermutlich Gemüse- u. Weingärtnern gehörten, der Landwirtschaft u. dem Weinbau dienten, vermutlich scherzhaft Burgen genannt« (NKS, Bd. 3, S. 92).

Genaugenommen hat A. Mercator aber lediglich sechs Gebäudekomplexe auf der Südseite dieser Straße eingetragen, auf der gegenüberliegenden sogar nur vier. Eine auf sieben Häuser kommende Zählweise muß von daher als von dem Wunsch geleitet, dem Straßennamen zu entsprechen, zumindest in Frage gestellt werden. Selbst die Anzahl der in den Schreinsbüchern verzeichneten Grundbesitze (wie *zo der Naylden* des Ritters Hermann von Bille, der Hof des Johann Overstolz u. a.) bleiben selbst unter der Hinzuziehung des Hofs von Ritter Daniel vom Pesche (*zum Dauwe*) an der Ostseite der heutigen *Waisenhausgasse* weniger als sieben.

Aufgrund der vorausgehend skizzierten Topographie sind die ›sieben Burgen‹, die der Straßenname verheißt, nicht als Bebauung dieser Straße, sondern vielmehr als von hier sichtbare sieben Türme in der Stadtmauer anzusehen. Die Lage des Weges in unmittelbarer Nähe zur Stadtmauer und der noch im 16. Jahrhundert unverbaute Blick auf dieselbe legen diese Deutungsmöglichkeit nahe. Die Straße *Vor den Siebenburgen* entspricht der Länge der Stadtmauer von der *Ulrepforte* bis zum *Pantaleonstor*. Diese mitgerechnet können bei A. Mercator sieben Türme in der Stadtmauer gezählt werden.

Nennung	**Straßenname**	**Belege**
13. Jh.	infra curiam Johannis Hoverstolze et aream Colemunt	KTK, II, 199
1300	infra Rosendale et Buckespele	KTK, II, 219
1327	in vico Bucspele	KTK, II, 216
1349	terre ortulante, que voc. Coenberch	KTK, II, 199
1356	curia zome Douwe	KTK, II, 219
1366	Ritter Daniel vom Pesche	KTK, II, 219
1372	zo der Naylden	KTK, II, 219
1375	apud Spillen iuxta s. Panthaleonem	KTK, II, 216
1385	curia zume Pessche	KTK, II, 219
1430	Artland gen. Calamunt	KTK, II, 199
1456	Artland gen. der Clamunt	KTK, II, 199
1461	in dem Buckspielle bei Mertins velde	KTK, II, 216

1461	in dem Buckspill bei s. Mertins felde	KTK, II, 216
1461	der Kalemont	KTK, II, 199
1479	Artland [...] gen. Calamunt	KTK, II, 199
1571	voir den siben burgen	Mercator

voir den vrouwenbruderen

Heute: **Severinstraße** (zwischen Löwengasse/Georgsplatz)
2. Stadterweiterung (Mercator-Plan S. 97)

Mit *voir den vrouwenbruderen* ist auf dem Stadtplan A. Mercators (1571) der Abschnitt der heutigen *Severinstraße* zwischen *Löwengasse* (bei Mercator *Die lewe gaß*) und *Waidmarkt* (*Der Weismarckt*) bezeichnet. Im Hoch- und Spätmittelalter wird dieser Straßenteil wie die übrige *Severinstraße* in den Schreinsbüchern lat. *Lata platea* (›Breite Straße‹) genannt.

Bei dem hier von A. Mercator dargestellten Kloster, auf das die Straßenbezeichnung verweist, handelt es sich um das 1256 gegründete Karmeliterkloster, dessen Kirche um 1280 geweiht wurde (vgl. Keussen, Bd. 2, S. 38). Im Jahre 1292 erwerben die Karmeliter »ein zusammenhängendes Grundstück zwischen Severinstrasse, Bonnergasse, Grosse Spitzengasse und Waidmarkt. Den darüber hinaus erworbenen Grundbesitz mussten sie 1346 [...] auf Veranlassung des Rates veräußern« (Keussen, Bd. 2, S. 38).

Ungefähr im Jahre 1547 – so erinnert sich Weinsberg – habe Barthel Bruyn »den umbgank zu Frauwenbrodern im cloister« mit Szenen »des gansen neuwen testamentz darin« (Buch Weinsberg, Bd. 1, S. 277) neu gestaltet.

Nennung	Straßenname	Belege
1256	in Lata platea	KTK, II, 37
1283	in curia fratrum stripeticorum	KTK, II, 38
1286	in Lata platea	KTK, II, 42
1297	retro ortum fratrum predictorum	KTK, II, 38
1323	super Lata platea	KTK, II, 42
1349	in Lata platea	KTK, II, 40
1362	Lata platea [...] ex opp. fratrum Carm.	KTK, II, 42
1374	in Lata platea	KTK, II, 42
1379	[gü. den Frauenbrüdern]	KTK, II, 42
1408	[auf der Breitestrasse]	KTK, II, 40
1439	[gü. den Brüdern Karmeliten]	KTK, II, 42
1460	[zu den Frauenbrüdern wärts]	KTK, II, 40

1526	tuschen den Frauenbrodern und der Butgassen	W, I, 46
1547	zu den Frauwenbrodern	W, I, 277
1549	vur den Frauwenbrodern	W, I, 326
1571	voir den vrouwenbruderen	Mercator

voir der vetter hennen

Heute: **Unter Fettenhennen**
Römerstadt (Mercator-Plan S. 142/143)

Diese Straße ist ein Teilstück der *Hohe Straße*, die im Mittelalter in diversen Abschnitten unterschiedliche Namen trug: *Auff der hochpforts – unter pfannen schleger – voir den Augustinen – Onder wapensticker – Onder spoirmecheren – An der gulder wagen – Op hoigher smitten – voir der vetter hennen – Paffen pforts*. Noch heute heißt das Teilstück zwischen *Wallrafplatz* (bei Mercator *Op hoigher smitten*) und *Trankgasse* (*Die dranck gaß*) *Unter Fettenhennen*.

Diese Straße (Westseite des Domes) führt im Hochmittelalter keinen individuellen Namen, weswegen in den Schreinsbüchern zur Lokalisierung von Grundbesitz entweder die nördlich benachbarte *Pfaffenpforte* (bei Mercator *Paffen pforts*) oder einzelne Häuser (bzw. deren Hausnamen oder -zeichen) angegeben werden.

Spätestens im 15. Jahrhundert ist hier ein Haus *zo der* (*vetter*) *hennen* belegt, das 1517 als Herberge erwähnt wird. »Hier gründete Franz Birckmann aus Hinsbeck bei Kempen am Niederrhein zu Beginn des 16. Jh. eine Druckerei u. Buchhandlung; als Buch- u. Geschäftsmarke wählte er die Hausmarke, eine Henne, die bald allein, bald mit Küchlein dargestellt ist; um 1585 ging die Buchhandlung an Arnold Mylius über« (NKS, Bd. 1, S. 217). Weinsberg berichtet 1586 von »Arnoldo Birckman, eim richen boichtrucker« »in der Fetterhennen« (Buch Weinsberg, Bd. 3, S. 352). Zuvor hatte sich bereits die *pingua Gallina* als Straßenbezeichnung *voir der vetter hennen* eingebürgert.

Nennung	**Straßenname**	**Belege**
1173	iuxta paffinporcin	KTK, II, 311
1256	iuxta Paffenporcen	KTK, I, 311
1261	verses Paffenporcen	KTK, I, 312
1273	in termino Clericorum	KTK, I, 312
1358	iuxta portam Clericorum	KTK, I, 311
1392	ex opp. porte Clericorum	KTK, I, 311
1400	zo der Hennen	KTK, I, 312
1487	zo der vetter Hennen	KTK, I, 312

1511	in pingui Gallina	KTK, I, 312
1517	Herberge zo der fetter Hennen	KTK, I, 312
1542	vur die Fettehen	W, I, 169
1571	voir der vetter hennen	Mercator
1589	unter der fetter Hennen	KTK, I, 313
1595	bei der Fetterhennen	W, IV, 224

voir lieskirchen

Heute: **An Lyskirchen**
2. Stadterweiterung (Mercator-Plan S. 97)

A. Mercator hat auf seinem Stadtplan (1571) am Rheinufer zwischen den Straßen *Große Witschgasse* (bei Mercator *Die witsche gaß*) und *Filzengraben* (*Im viltzen graben*) eine Kirche eingezeichnet. Die an ihr vorbeiführende Straße trägt die Bezeichnung *voir lieskirchen*. Bereits in einem Schreinsbucheintrag aus der ersten Hälfte des 12. Jahrhunderts wird eine *ecclesia Lisolvi* erwähnt. Noch im 14. und 15. Jahrhundert war ein Haus gegenüber dieser Kirche im Besitz derer *von Lyskirchen*; als Eigentümer im 12. Jahrhundert werden insbesondere *Godefridus de Lisolfskyrchen* und im 14. Jahrhundert *Constantin de Lisenkirgen* bzw. *de Lijsolfskirchen* erwähnt.

Sowohl die spätere Straßenbezeichnung als auch der Name des hier ansässigen Kölner Patriziergeschlechtes *Lyskirchen* stellt eine Kontraktion aus dem Eigennamen *Lisolphus* und dem Grundwort ›-kirche‹ dar. Das Patriziergeschlecht gehört »offenbar zu den Stiftern des neuen Baues« (NKS, Bd. 2, S. 165) einer späteren Kirche. Bereits 948 wird eine *ecclesiola* urkundlich erwähnt. Die romanische Kirche wurde um 1220 errichtet.

Hinter der Bezeichnung ›Kirche des Lisolph‹ »steht wohl der Name des Grundherrn, der sich hier eine Kirche erbaute, um für sich, seine Familie und seine Bediensteten Gottesdienst halten zu lassen. Das bezeichnet man als Eigenkirche. Diese Besitzverhältnisse sind aber schon 948 nicht mehr aktuell, als der Besitz St. Severin zugeschrieben wird. Aber ein Lisolph mag einst den allerersten Bau errichtet haben. Aus der Bezeichnung ›Kirche des Lisolph‹ wurde dann langsam Lyskirchen, so wie wir es heute gewohnt sind« (Schäfke, S. 182).

Nennung	Straßenname	Belege
1135/42	iuxta ecclesiam Lisolvi	H, I, 18
1172	eccl. par. s. Lisolphi	KTK, II, 30
1176	Godefridus de Lisolfiskyrken	L, I, 325
1233	platea Lisolfi	KTK, II, 30

1246	ante ecclesiam Lisolfi	KTK, II, 28
1254	in platea ante ecclesiam Lisolfi	KTK, II, 28
1272	in platea eccl. Lisolfi	KTK, II, 28
1277	iuxta ecclesiam Lisolphie	KTK, II, 28
1303	platea Lisolkirgen	KTK, II, 28
1313	versus ecclesiam Lysulphi	KTK, II, 29
1325	ex opp. dom. Constantini de Lisenkirgen	KTK, II, 28
1343	ex opp. dom. Constantini de Lijsolfskirchen	KTK, II, 28
1354	versus Lisenkirgen	KTK, II, 28
1376	up Lijskirgen	KTK, II, 30
1424	zu Lijsenkirchen	KTK, II, 29
1475	vor Lijskirchen	KTK, II, 28
1535	bei Lyskirchen	KTK, II, 28
1571	voir lieskirchen	Mercator
1595	vur Leiskirchen	W, IV, 227

voir S. Agathen

Heute: **An St. Agatha**
Römerstadt (Mercator-Plan S. 142/143)

Die heute *An St. Agatha* genannte Straße, die von der *Schildergasse* (bei Mercator *Die schildergaß*) zur *Cäcilienstraße* (*S. Cicilien straiß*) führt, verbindet im Mittelalter die *Schildergasse* mit der nicht mehr existierenden *Hosengasse* (*Die hosengaß*). Diese lag auf dem Gelände des heutigen Fernmeldeamtes zwischen *Sternengasse* (*Die steirne gaß*) und *Neuköllner Straße* (*Nord-Süd-Fahrt*).

Im 14. und 15. Jahrhundert wird *An St. Agatha* in den Schreinsbüchern lat. *platea Canum* bzw. volkssprachlich in diversen Schreibungen *Huntzgasse* genannt. Parallel hierzu sind die Bezeichnungen *ad*, *bei* und schließlich *voir S. Agathen* (1571) gebräuchlich, die sich auf das in dieser Gasse seit 1313 befindliche Augustinerinnenkloster (seit 1459 Benediktinerinnen) beziehen. Dieses wird 1802 aufgehoben (vgl. NKS, Bd. 1, S. 20).

Die hl. Agatha wird seit dem Altertum als Märtyrerin verehrt. Sie gilt als Patronin der Glockengießer und wird auch gegen Feuergefahr angerufen, weil sie der Legende nach durch ihren Schleier Flammen und Lavaströme beschwichtigte (vgl. LThK, Bd. 1, Sp. 225).

Neben den wechselnden Bezeichnungen *An St. Agatha* und *Hundsgasse* ist auch *Wingerzgasse* für *An St. Agatha* zwischen *Hosen-* und *Blindgasse* überliefert (vgl. Keussen, Bd. 1, S. 225).

Nennung	Straßenname	Belege
1312	in platea Canum	KTK, I, 224
1315	ad s. Agatham […] in Huntsgassen	KTK, I, 224
1327	ex opp. s. Agathe […] in platea Canum	KTK, I, 223
1367	in cono platee Huntzgassen in opp. s. Agathe	KTK, I, 223
1368	in Huntzgassen	KTK, I, 230
1380	in Huntzgassin supra Sulco, qui vulgariter dicitur upper Soe	KTK, I, 229
1381	in opp. monasterii s. Agathe	KTK, I, 223
1397	in der Huntzgassin	KTK, I, 224
1408	in der Huntzgasse	KTK, I, 224
1422	bei S. Agatha	KTK, I, 224
1433	S. Agatha […] auf dem Hundsrugge	KTK, I, 229
1443	bei S. Agaten	KTK, I, 223
1455	in der Hundtzgasse	KTK, I, 223
1479	in der Huntzgasse	KTK, I, 225
1528	S. Agatha	KTK, I, 224
1571	voir S. Agathen	Mercator
1594	bei s. Agathen	W, IV, 220

voir S. Andree

Heute: **Komödienstraße** (zwischen Unter Fettenhennen/Tunisstraße)
2. Stadterweiterung (Mercator-Plan S. 142/143)

Die heutige *Komödienstraße* (östlich von *Kattenbug* bis *Unter Fettenhennen*) wird auf A. Mercators Stadtplan (1571) zwischen *Mariengartengasse* (bei Mercator *S. Margarden gaß*) und *Unter Fettenhennen* (*voir der fetter hennen*) *Voir S. Andree* genannt. Bis 1106 (2. Stadterweiterung) und der Einbeziehung des Stadtteils Niederich liegt der Bereich dieser Straße parallel zur Grenze des römischen Kölns *extra muros civitatis*. Entsprechend heißt es noch im 13. Jahrhundert im Schreinsbuch Niederich, diese Straße liege *supra Murum urbis* (›auf der Stadtmauer‹).

Sofern die Schreinsbuchschreiber diese Straße nicht als Teilstück der *Komödienstraße* auffaßten (*Smyrstraisse*), orientieren sich die Straßenbezeichnungen an der hier gelegenen Kirche St. Andreas, an deren Stelle möglicherweise bereits im 9. Jahrhundert eine Kirche stand. Mit Sicherheit ist für die Zeit des Erzbischofs Bruno (953–965) eine Stiftskirche St. Andreas bezeugt. In der Mitte des 11. Jahrhunderts wurden Chor und Krypta erneuert und nach 1414 durch gotische Entsprechungen ersetzt (vgl. Schäfke, S. 24-26).

Zu St. Andreas, der Grabeskirche des hl. Albertus Magnus, gehörte im 12. Jahrhundert eine Stiftsschule (vgl. NKS, Bd. 1, S. 29) und seit 1163/68 auch ein Hospital (vgl. Hoeniger, Bd. II/1, S. 66).

Nennung	Straßenname	Belege
1135/58	iuxta s. Andream	H, II/1, 65
1164/76	iuxta s. Andream	H, II/1, 96
1178/83	in angulo platee	H, II/1, 118
1215	can. s. Andree	KTK, II, 104
1231	in Antiquo muro	KTK, II, 105
1283	supra Murum urbis c. s. Andream	KTK, II, 104
1311	ad s. Andream, versus [...] plateam Smirstraze	KTK, II, 110
1334	sub Antiquo muro ex opp. hospitalis s. Andree	KTK, II, 104
1366	subtus Antiquum murum iuxta eccl. s. Andree	KTK, II, 104
1400	bij dem hospitale bij s. Andrie	S, II, 97
1400	in de Smyrstraisse	S, II, 97
1454	in der Smyrstrasse	KTK, II, 105
1472	Smyrstrasse [...] S. Andreas	KTK, II, 104
1498	Smierstrasse	KTK, II, 104
1571	voir S. Andree	Mercator
1581	bis sant Andreen	W, III, 117
1581	zu [...] s. Andree	W, III, 84

voir S. Ian

Heute: **An Zint Jan**
3. Stadterweiterung (Mercator-Plan S. 97)

Die bei A. Mercator als *voir S. Ian* bezeichnete Straße ist ein Teilstück der *Severinstraße* (zwischen *Perlengraben* und *Kleine Spitzengasse*) und wird wie diese in den Schreinsbüchern lat. als ›Breite Straße‹ (*Lata platea*) geführt (vgl. *Sint Severeins kirch und straiß*).

Im Mittelalter befinden sich an der Kreuzung von *Severinstraße*, *Perlengraben* (bei Mercator *Off dem piele graben*) und *Katharinengraben* (*Off S. Catreinen graben*) die Kirchen St. Katharina und St. Johannes Baptist. Letzterer ist die gleichnamige Johannsklause (seit 1306 Benediktinerinnen; vgl. Keussen, Bd. 2, S. 149*) vorgelagert. Die dem hl. Johann Baptist geweihte Kirche wird »urkundlich zum ersten Male 948

(s. Johannis ecclesia, 1067 ecclesia s. Johannis baptiste) erwähnt« (NKS, Bd. 1, S. 386). Seit dem 12. Jahrhundert fungiert sie als Pfarrkirche (vgl. Keussen, Bd. 2, S. 147*).

In den Schreinsbucheintragungen wechselt *Johannes* mit der Kurzform *Ian*, da das lat. *Johannes* sowohl im niederrhein., ndd. als auch im altköln. von ›Ian‹ wiedergegeben wird (vgl. NKS, Bd. 1, S. 386).

Während des Mittelalters bildet sich, wie die Namenserie dokumentiert, kein eigenständiger Straßenname heraus. Lediglich zwischen den Jahren 1233 und 1235 erscheint *platea s. Johannis*. Die übrigen Belege arbeiten mit Lageumschreibungen.

Nennung	Straßenname	Belege
1233/35	platea s. Johannis	KTK, II, 43
1264	in Lata platea	KTK, II, 42
1297	super Lata platea	KTK, II, 43
1303	iuxta cimitherium s. Johannis	KTK, II, 43
1311	super Lata platea	KTK, II, 42
1325	ad latam Ianuam ex opp. cimitherii s. Johannis baptiste	KTK, II, 43
1350	in Lata platea	KTK, II, 42
1356	iuxta amplam Ianuam aput s. Johannem super Lata platea	KTK, II, 42
1379	in Lata platea	KTK, II, 42
1400	iuxta cimiterium s. Johannis bapt.	KTK, II, 43
1528	boven S. Johanns Kirche	KTK, II, 43
1571	voir S. Ian	Mercator
1579	vor [...] sant Johan	W, III, 40
1579	zu s. Johan bei s. Catharinen	W, III, 27
1579	zu sant Johan	W, III, 28

voir S. Laurentius

Heute: **Unter Goldschmied** (zwischen Obenmarspforten/Große Budengasse)
Römerstadt (Mercator-Plan S. 142/143)

Wie bei den markantesten Beispielen *Hohe Straße*, *Severinstraße* und *Komödienstraße* erweist sich auch hier die Straßennamengebung des Mittelalters als differenzierter als die heutige. A. Mercator hat auf seinem Stadtplan (1571) lediglich den Straßenabschnitt zwischen *Großer Budengasse* (*Die boten gaß*) und *Am Hof* als *Onder goltsmiden* bezeichnet, während er für das Teilstück zwischen *Großer Budengasse* und *Obenmarspforten voir S. Laurentius* eingetragen hat.

Dieser Straßenname bezieht sich auf die im Schrein bereits zwischen 1135 und 1152 genannte, zuerst urkundlich 1172 (vgl. Lacomblet, Bd. 1, S. 461) erwähnte Pfarrkirche St. Laurenz. Im 14. und 15. Jahrhundert wird sie durch großzügige Stiftungen ausgestaltet und erweitert. 1316 stiftet Hilger von der Stessen die Chorkapelle St. Sylvester (vgl. Keussen, Bd. 1, S. 196). Die auf der Südseite des heutigen *Laurentzplatzes* gelegene Kirche wird 1817 abgebrochen.

Wie die Namenserie dokumentiert, wurde aber seit dem frühen 13. Jahrhundert auch dieser Straßenteil *inter Aurifabros* (*Unter Goldschmied*; vgl. Georges, Bd. 1, Sp. 736) genannt. Hier sind nicht nur Goldschmiede als Hausbesitzer (*domus Henrici Goltsleger*) und ›goldene‹ Hausnamen (*zome Goulde*) überliefert, sondern auch das *Zum goldenen Horn* genannte Haus der Goldschmiedegaffel. Denn Weinsberg erwähnt 1578, daß »die erbkamerei des erzstiffs Coln [...] ein haus vor s. Laurens bei der Goltsmitgaffeln« (Buch Weinsberg, Bd. 3, S. 14) habe. Das Goldschmiedeamt hielt in dem 1404 erworbenen Haus Versammlungen ab (vgl. v. Loesch, Bd. 2, S. 219f.; Keussen, Bd. 1, S. 197).

Nennung	Straßenname	Belege
1135/59	iuxta ecclesiam s. Laurentii	H, I, 228
1165/74	iuxta s. Laurentium	H, I, 246
1198/1206	proximam ecclesie s. Laurentii	H, I, 274
1239	inter Aurifabros	KTK, I, 200
1293	iuxta s. Laurentium	KTK, I, 196
1306	versus s. Laurentium	KTK, I, 196
1317	iuxta dom. Franconis de Cornu versus s. Laurentium	KTK, I, 197
1334	que est mansio Frederici Lof de Cornu	KTK, I, 197
1353	hereditas de domo Henrici Goltsleger	KTK, I, 199
1353	Henr. de Weisthoyven [Goldschmied]	KTK, I, 200
1356	versus s. Laurentium	KTK, I, 196
1395	Hs. zome Goulde	KTK, I, 199
1401	Hs. zome [gulden] Horne	KTK, I, 197
1422	under Goultsmeden	KTK, I, 196
1439	Hs. zome gulden Horne	KTK, I, 197
1443	Hs. zome Goulde	KTK, I, 200
1483	vor S. Laurenz	KTK, I, 197
1500	prope s. Laurentium	KTK, I, 196
1538	vur s. Laurenz	W, I, 124
1552	im Guldin Horn	W, II, 15
1571	voir S.Laurentius	Mercator
1578	vor s. Laurens	W, III, 14
1579	vor s. Laurentzs	W, III, 36

voir S. Mattheis

Heute: **Mathiasstraße**
2. Stadterweiterung (Mercator-Plan S. 97)

Die noch heute so genannte *Mathiasstraße* (zwischen *Große Witschgasse* und *Filzengraben*) trägt auf dem Stadtplan Arnold Mercators (1571) die Bezeichnung *voir S. Mattheis*. Der Straßenname bezieht sich auf eine Kapelle St. Mathias, die an der Ecke *Mathiasstraße/Große Witschgasse* stand. Diese wird erstmals 1254 erwähnt und nach ihrer Schließung (1803) im Jahre 1808 durch die französische Verwaltung aufgehoben und drei Jahre später »in ein Wohnhaus umgewandelt« (NKS, Bd. 2, S. 186).

Der Heilige Mathias, über dessen Leben und Wirken kaum etwas überliefert ist, wurde als Ersatz für Judas zum Apostel bestimmt. Entsprechend einer um 1320 gefertigten Chorpfeilerstatue im Kölner Dom wird dieser Heilige als Patron der Metzger und Bauhandwerker mit Beil und Buch dargestellt (vgl. Lexikon des Mittelalters, Bd. 6, Sp. 1033). Zwischen dem 13. und 15. Jahrhundert wird diese Straße in Schreinsbucheinträgen lat. *platea Marcmanni* bzw. volkssprachlich *Marckmannsgasse* genannt. Diese auf einen gleichnamigen Anwohner oder Grundbsitzer zurückgehende Benennung erscheint im 16. Jahrhundert nicht mehr. Hier heißt diese Straße in diversen Schreibungen auschließlich *voir S. Matheis*. In der Rheinvorstadt existiert ebenfalls eine *Markmannsgasse* (ehemals *Friedrich-Wilhelm-Straße*), die auf dem Mercator-Plan als *marck mans gaß* (heute: *Markmannsgasse*) eingetragen ist.

Nennung	Straßenname	Belege
1233	in platea Marcmanni	KTK, II, 30
1259	in platea Marcmanni	KTK, II, 31
1264	ex opp. capelle s. Mathie	KTK, II, 31
1269	in Marcmansgassen ex opp. capelle s. Mathie	KTK, II, 31
1271	in Marcmansgasse	KTK, II, 30
1285	in platea Margmanni	KTK, II, 30
1308	in Marcmansgassen	KTK, II, 31 f.
1317	in platea Marcmanni ex opp. capelle s. Mathie	KTK, II, 31
1339	in platea Marcmanni [...] versus s. Mathiam	KTK, II, 32
1378	bei S. Mathijs	KTK, II, 30
1397	bei S. Mathijs	KTK, II, 32
1408	gü. S. Mathijs	KTK, II, 31
1440	S. Mathijs Kapelle in der Marckmansgasse	KTK, II, 32
1455	in der Marckmansgasse bei S. Mathys-Kapelle	KTK, II, 32
1492	bei S. Mathys kapelle	KTK, II, 32
1548	vur s. Matheis	W, I, 298
1571	voir S. Mattheis	Mercator

voir S. Peter

Heute: **Leonhard-Tietz-Straße**
Römerstadt (Mercator-Plan S. 308/309)

Für die heutige *Leonhard-Tietz-Straße* hat A. Mercator auf seinem Stadtplan (1571) zwischen *Peterstraße* (bei Mercator *Off dem poell*) und *Kämmergasse* (*Die keimer gaß*) *voir S. Peter* eingetragen. Ebenfalls hat er hier die gleichnamige Pfarrkirche auf der sonst baulosen nördlichen Straßenseite im Aufriß dargestellt. Die St. Peterkirche wird bereits um 1142 im Schrein erwähnt (vgl. Hoeniger, Bd. 1, S. 23). Auf den romanischen Bau mit Turm folgte 1525 ein Neubau in spätgotischem Stil. 1642 stiftete der Kölner Bürger Eberhard Jabach das Gemälde der Kreuzigung St. Petri von Peter Paul Rubens (vgl. NKS, Bd. 2, S. 299).

In der Schreinspraxis vom 13. bis zum 16. Jahrhundert wird *voir S. Peter* der *Sternengasse* (bei Mercator *Die steirne gaß*) zugerechnet. Dementsprechend erscheinen in den Schreinsbucheinträgen die Bezeichnungen *platea Stellarum*, *Sterre(n)gasse* und *Stern(en)gasse*. H. Jakobs führt diese Namen auf das mhd. *ster(e)*, *sterre* (›Widder‹, ›männliches Zuchtschaf‹) zurück (vgl. Jakobs, 1987, S. 1443). Hier befindliche Häuser (z. B. *domus Schayfportze*) deuten auf in der *Sternengasse* betriebene Schafzucht (vgl. *Die steirne gaß*/heute: *Sternengasse*).

Nennung	Straßenname	Belege
1142/56	in parrochia s. Petri	H, I, 23
1268	in Sterrengassen [...] versus s. Petrum	KTK, I, 269
1280	in Sterrengassen [...] versus s. Petrum	KTK, I, 271
1291	in platea Stellarum	KTK, I, 268
1296	versus s. Petrum	KTK, I, 265
1301	pl. Stellarum versus s.Petrum	KTK, I, 269
1363	in platea Stellarum iuxta dom. Schayfportze versus s. Petrum	KTK, I, 265
1400	in der Sterregasse	KTK, I, 267
1405	zu S. Peter wärts	KTK, I, 266
1425	in der Sterregasse	KTK, I, 267
1444	Sterrengasse zu S. Peter wärts	KTK, I, 270
1456	in Sterrengassen [...] S.Peter	KTK, I, 267
1535	vur s. Peter	KTK, I, 268
1539	Sternengasse	KTK, I, 267
1546	in der Sterngasse	KTK, I, 267
1561	vor s. Peter	W, II, 114
1571	voir S.Peter	Mercator

vor S. Columba

Heute: **Kolumbastraße**
Römerstadt

Der vergleichsweise kurze Straßenzug zwischen *Herzogstraße* (bei Mercator *Die hertzoghs straiß*) und *Drususgasse* ist auf dem Stadtplan A. Mercators ohne Namen eingetragen. Immerhin ist dort an der östlichen Straßenseite die dem hl. Columbanus (Abt von Luxeuil und v. Bobbio, † 615) geweihte Pfarrkirche St. Kolumba zu erkennen. Ihr Langhaus erstreckt sich parallel zur *Brückenstraße* (*Die bruck straiß*). Diese wird erstmals bereits im 10. Jahrhundert (vgl. Keussen, Bd. 2, S. 147*) erwähnt. Hier bestand ein romanischer Bau bis zur Zerstörung der Kirche 1943. St. Kolumba ist eine der ältesten Pfarrkirchen und eines der größten Kirchspiele Kölns im Mittelalter (vgl. NKS, Bd. 2, S. 75). In einer päpstlichen Bulle des Jahres 1425 wird die Kolumbapfarre sogar explizit die »grösste Kölns genannt, welche 6000–8000 Seelen zähle« (Keussen, Bd. 1, S. 300).

Dennoch bildet sich – von zwei Belegen des 12. Jahrhunderts abgesehen (*platea s. Columbe*) – kein Straßenname heraus, der auf St. Kolumba verwiese. Die Schreinsbucheinträge, die sich auf hiesigen Grundbesitz beziehen, sind in Ermangelung eines Straßennamens zu aufwendigen Lageumschreibungen gezwungen. Von daher werden zur Orientierung diverse Verortungsobjekte verzeichnet, wie beispielsweise das Eisengitter des Kolumbafriedhofes: *ex opp. ferri cymiterii s. Columbe* (Keussen, Bd. 1, S. 334).

Nennung	Straßenname	Belege
1135	in parochia s. Columbe	L, I, 213
1170/90	iuxta ecclesiam s. Columbe	H, I, 345
12. Jh.	in platea s. Columbe	KTK, I, 335
1261	contig. ferro cymiterii	KTK, I, 335
1274	versus s. Columbam	KTK, I, 322
1275	ex opp. s. Columbe	KTK, I, 334
1295	ex opp. ferri cymiterii s. Columbe	KTK, I, 334
1300	in platea s. Columbe	KTK, I, 315
1311	ex opp. cymiterii s. Columbe	KTK, I, 334
1320	apud cymiterium s. Columbe	KTK, I, 335
1387	in opp. eccl. s. Columbe	KTK, I, 334
1417	zu S. Columba wärts	KTK, I, 334
1579	zu s. Columben	W, III, 46
1583	vor S. Columba	KTK, I, 334
1586	gen s. Columben kirchn uber	W, III, 321
1588	hinuff langs s. Columben kirch	W, IV, 18

vor S. Mariengartengasse

Heute: **Röhrergasse**
Römerstadt

Im Gegensatz zu der heutigen Straßenführung gelangte man im Mittelalter von der *Mariengartengasse* (bei Mercator *S. Margarden gaß*) über die *Röhrergasse* zu dem *Malmannspütz* genannten Brunnen an der Kreuzung der Straßen *Auf der Ruhr* (*Op die roer*), *Mörsergasse* (*Die mördersgaß*), *Kupfergasse* (*Die koffer gaß*) und *Röhrergasse*. Weder auf dem Stadtplan A. Mercators (1571) noch im Kolumbaschrein lassen sich für die *Röhrergasse* Belege eines individuellen Straßennamens finden. Im 13. Jahrhundert scheint diese Gasse noch dem *Berlich* zugerechnet worden zu sein (vgl. *Off dem beerlich*). Wie die angrenzende *Mariengartengasse* führt auch die *Röhrergasse* an dem Nonnenkloster St. Mariengarten, seiner Kirche und dem dazugehörigen Baumgarten vorbei. Das Zisterzienserinnenkloster wird im Kolumbaschrein erstmals um 1220 erwähnt: *Ortus s. Marie* (mlat. [*h*]*ortus* = ›Garten‹; vgl. Georges, Bd. 1, Sp. 3085; Habel/Gröbel, Sp. 268).

Nennung	Straßenname	Belege
1216	in Berleche [...] Ortus s. Marie	KTK, I, 363
1220	Ortus s. Marie	KTK, I, 362
1246	in Berlico oppos. eccl. de Orto s. Marie	KTK, I, 361
1260	in Berlico oppos. Orto s. Marie	KTK, I, 361
1296	versus Ortum s. Marie	KTK, I, 361
1312	ex opp. s. Marie ad Ortum	KTK, I, 361
1366	ex opp. porte parve monast. b. Marie ad Ortum	KTK, I, 362
1436	[gü. S. Mariengarten-Kirche]	KTK, I, 361
1452	vur Mariengarden	KTK, I, 361
1487	[zu S. Mariengarten wärts]	KTK, I, 361
1535	s. Mariengardengassenportzen	KTK, I, 362
1552	zu S. Mariengarten	KTK, I, 361
1580	vor S. Mariengartengasse	KTK, I, 361

Vresengesgin

Heute: **Tipsgasse**
1. Stadterweiterung

Die heutige *Tipsgasse* ist auf dem Mercator-Plan (1571) namenlos dargestellt. Seit dem 13. Jahrhundert wird sie in diversen Schreibungen als *Frisingazze* bezeichnet. A. Wrede kommentiert diesen Straßennamen wie folgt: »Während des Mittelalters hieß dieser Durchgang nach einem Hellewicus Friso, der, zuerst 1240 erwähnt, das nördliche Eckhaus der Gasse am Heumarkt besaß: 1242 Frisingazze [...] Wegen der älteren u. eigentlich bedeutsamen Friesenstraße im Gereonsviertel konnte die Bezeichnung des unscheinbaren Friesengäßchens am Heumarkt sich nicht halten, zumal der Hausbesitzer Friso frühzeitig verstorben war, so daß der volkstümliche Name *Tipsjaß* vorherrschend blieb; er war noch im 19. Jh. geläufig« (NKS, Bd. 3, S. 160).

Nennung	Straßenname	Belege
1240	dom. Hellewici Frisonis	KTK, I, 24
1242	super Frisingazzen	KTK, I, 24
1267	in Angusta platea proxime [...] dom. Frisonum	KTK, I, 89
1291	dom. [...] que voc. dom. Frisonis	KTK, I, 24
1336	dom. Frisonis	KTK, I, 89
1343	in Vrysengassen	KTK, I, 89
1343	in parvo vico voc. Vrysengasse	KTK, I, 89
1359	in cono vici, qui dic. Frysengassen	KTK, I, 71
1362	in ordone vici Vresengasse	KTK, I, 24
1363	in cono platee Frisonis	KTK, I, 24
1377	in vico Frisonum	KTK, I, 89
1415	auf dem Ort des Vresengesgins	KTK, I, 24

vur s. Mertin

Heute: **Vor St. Martin**
1. Stadterweiterung

Die Straße *Vor St. Martin* verläuft im Mittelalter als Verlängerung der *Martinstraße* (bei Mercator *bouen mauren*) parallel zur römischen Stadtmauer vom *Malzbüchel* (*Am malts buchell*) bis zur *Bolzengasse*. Auf ihrer westlichen Straßenseite lag die Kirche Klein St. Martin, die in den Schreinskarten zwischen 1130–1149 zuerst erscheint und urkundlich erstmals 1172 bzw. 1176 erwähnt wird (vgl. NKS, Bd. 2, S. 184;

Lacomblet, Bd. 1, S. 461). Nach H. Keussen befand sich das Kirchenschiff außerhalb der römischen Mauer, wohingegen die westliche Mauer des Kirchturms auf die Römermauer gebaut war. Die bei Mercator dargestellte Kirche wird auf seinem Stadtplan als *Klein S: Merten* bezeichnet. Nach ihrer Schließung (1803) wurde die Kirche 1805 versteigert und für profane Zwecke genutzt. 1824 wurde sie wegen Baufälligkeit bis auf ihren Turm abgebrochen, der für die benachbarte Pfarrkirche St. Maria im Capitol als Glockenturm diente und noch heute zwischen *Pipin-* und *Augustinerstraße* steht (vgl. NKS, Bd. 2, S. 184; Keussen, Bd. 1, S. 55).

Die topographische Lage der Straße einerseits in der Nähe der Kirche Klein St. Martin und andererseits an der römischen Stadtmauer begründet hierauf bezogene Straßenbezeichnungen. Seit der ersten Hälfte des 12. Jahrhunderts erscheinen im Martinschrein Bezeichnungen wie *apud/iuxta/versus/ex opp. ecclesiam beati Martini.* Aus dem 15. Jahrhundert sind volkssprachliche Bezeichnungen überliefert wie *enboeven Muren* (von mhd. *boben*, *boven* = Präposition hergeleitet aus *bî obene*; vgl. Lexer, Bd. 1, Sp. 319; mhd. *mûre*, *mûr* = ›Mauer‹; vgl. a.a.O., Sp. 2251). Derartige Nennungen beziehen sich auf die alte Stadtmauer, die lediglich bis zur Einbeziehung der Rheinvorstadt 940 die östliche Stadtgrenze bildet. Wie die Verbindungsgasse (ehemals *Wahlgasse*/heute: *Pipinstraße*) zwischen *Vor St. Martin* und *Heumarkt* erscheint im Mittelalter *Vor St. Martin* auch als eine *platea Gallicorum* bzw. als *Walingazzen*.

Nennung	Straßenname	Belege
1135/42	iuxta ecclesiam beati Martini	H, I, 14
1142/56	ante s. Martinum	H, I, 27
1191/93	iuxta s. Martinum	H, I, 196
1200	iuxta eccl. b. Martini parvi	KTK, I, 58
1250	versus s. Martinum parvum	KTK, I, 55
1279	ex opp. eccl. s. Martini minoris	KTK, I, 58
1282	in platea Gallicorum	KTK, I, 59
1283	bovin Muren	KTK, I, 55
1296	in platea Gallica	KTK, I, 59
1301	versus eccl. s. Martini minoris	KTK, I, 56
1329	in vico Gallicorum	KTK, I, 56
1348	in platea Gallicorum	KTK, I, 59
1350	in platea Gallicorum	KTK, I, 56
1354	apud s. Mart. parvum	KTK, I, 56
1367	in opp. eccl. s. Martini	KTK, I, 58
1387	in platea Gallicorum	KTK, I, 56
1400	boeven Muyren	KTK, I, 56
1402	enboven Muren	KTK, I, 55
1414	enboeven Moeren	KTK, I, 55

1437	enboven Muren	KTK, I, 55
1454	bei klein S. Martin	KTK, I, 58
1483	zu Klein S. Martin wärts	KTK, I, 57
1570	vur s. Mertin	W, V, 80
1587	vor s. Mertin	W, III, 377

Walengasse

Heute: **Pipinstraße**
1. Stadterweiterung

Im Mittelalter verläuft die ehemalige *Wahlgasse* quer zu *Vor St. Martin* und *Heumarkt* und wird dementsprechend umschrieben als *platea, que itur super Forum apud s. Martinum parvum* (Keussen, Bd. 1, S. 89). Heute entspricht ihr Verlauf dem der *Pipinstraße*. Wie zahlreiche andere Gassen in der eng bebauten Rheinvorstadt, hat A. Mercator diese auf seinem Stadtplan (1571) ohne Bezeichnung dargestellt.

Im St. Martinschrein hingegen wird diese Gasse – sofern sie nicht lediglich lat. *Arta platea* oder volkssprachlich *Engergasse* genannt wird – als *Walin-* bzw. *Walengasse* bezeichnet. Eintragungen im Martinschrein zufolge scheint auch der südlichste Teil der Straße *Vor St. Martin* bis *Am Malzbüchel* zur *Wahlgasse* gerechnet worden zu sein. Für diesen Straßenabschnitt ist die lat. Bezeichnung *platea Gallicorum* überliefert. Der Bezeichnung *Walengasse* liegt mhd. *walch, walhe* (›Wälscher‹, ›Romane‹) zugrunde, das im Dativ Plural als Landsname (von ahd. *walah* = ›Fremder‹, ›Romane‹, ›Kelte‹) auftritt (vgl. Lexer, Bd. 3, Sp. 649f.). Ebenso wie das altköln. *welsch* (vgl. NKS, Bd. 3, S. 271) bezieht sich der Straßenname *Walengasse* auf das Wohnquartier hier wohnender Fremder. »Die [...] Wahl- richtiger Walengasse, die platea Gallicorum, bewahrt die Erinnerung an die welschen Kaufleute, deren Sitz sich noch um die Ecke der Gasse herum gegenüber der Kirche Klein-S.-Martin erstreckte« (Keussen, Bd. 1, S. 56*).

In unmittelbarer Nähe (Übergang *Wahlgasse-Heumarkt*) ist spätestens seit 1200 ein Haus *Brüssel* (a. 1266 *Brusele*; a. 1275 *Bruxella*; a. 1331 *Bruyssele*; a. 1459 *Bruessel*; vgl. Keussen, Bd. 1, S. 21f.) im Besitz von *Gozsvin Leo de Brusilea* bezeugt, das von einem Schreinschreiber sogar in die *Wahlgasse* verlegt wird: a. 1313 *domus Bruyssele in platea Gallicorum* (Keussen, Bd. 1, S. 21).

Somit erweist sich der Bereich um die *Wahlgasse* (*inter homines de Brusilea*) als ein Wohnquartier fremder bzw. wallonischer Kaufleute. Hierzu paßt, daß das südliche Ende des *Heumarktes*, zu dem die *Wahlgasse* führt, lat. *inter Flamingos* und volkssprachlich *under Vlemingen* (a. 1442 *Flemingstraße*) genannt wird, da sich mhd. *flaminc, fleminc* ebenfalls auf einen Fremden, genauer den Flamländer bezieht (vgl. Lexer, Bd. 3, Sp. 385f.).

Nennung	Straßenname	Belege
1250	inter aream [...] Waldaveri advocati	KTK, I, 89
1272	in platea versus s. Martinum minorem	KTK, I, 89
1282	in platea Gallicorum	KTK, I, 59
1296	in platea Gallica	KTK, I, 59
1300	in pl.[atea] Walingazzen	KTK, I, 59
1303	in platea, qua itur super Forum apud s. Martinum parvum	KTK, I, 89
1304	in fine platee, que ducit de s. Martino parvo super Forum	KTK, I, 89
1329	in vico Gallicorum	KTK, I, 56
1331	dom. Bruyssele in platea Gallicorum	KTK, I, 21
1348	in platea Gallicorum	KTK, I, 59
1353	in platea Gallicorum	KTK, I, 56
1356	in Arta platea, que ducit de s. Martino supra Forum	KTK, I, 89
1379	in der Walingasse	KTK, I, 89
1382	versus Walengassen	KTK, I, 22
1387	in platea Gallicorum	KTK, I, 56
1398	in der Walengasse	KTK, I, 59
1412	Walengasse	KTK, I, 90
1424	in der Walengasse	KTK, I, 89
1435	Walengasse	KTK, I, 90
1455	Wayllengasse	KTK, I, 21
1460	in Walengasse	KTK, I, 90
1477	in der Engergasse	KTK, I, 89

Wydergassen

Heute: zwischen Unter Käster/Heumarkt
1. Stadterweiterung

Der *Heumarkt* wurde an seinem heutigen südwestlichen Ende, wo die *Bolzengasse* auf den *Heumarkt* trifft (im Mittelalter *Unter Hutmacher*) »durch zwei von Unter Hutmacher kommende kleine Gässchen, die Weite- und die Binger-Gasse in drei Strassenteile« (Keussen, Bd. 1, S. 15) gegliedert. Auf dem Mercator-Plan (1571) sind lediglich die Gebäude auf dem *Heumarkt* dargestellt, deren Zwischenraum die *Weitegasse* bildet.

Südlich der *Weitegasse* (mlat. *ampla platea*) sitzen im Mittelalter die Grauwörter, Lammfell- und Futterverkäufer, während an ihrer Nordseite der Altrüschmarkt liegt.

In Schreinsbucheinträgen des 12. Jahrhunderts treten mehrere Namenmotivationen in Erscheinung: 1) Eine Stelle des Gäßchen wird bezeichnet *in quo Widego stabat* bzw. an der *Widonis sunt*; 2) Im Bereich dieses Gäßchens ist 1200 als Hausbesitzer ein *Hartmann von Wido* bezeugt.

Dennoch scheint diese Gasse (*Late vie, que Widegasse vocabatur*) für eine ›weite‹ Gasse im Sinne des mhd. *wîte* (vgl. Lexer, Bd. 3, Sp. 949) gehalten worden zu sein. Das Mhd. kennt aber auch *wit*, *wide* in der Bedeutung ›Flechtreis‹, ›Strang aus gedrehten Reisern‹, das sich auf den Flachsmarkt oder die *Waytmenger* (mlat. *waisdo* = ›Färberwaid‹; Habel/Gröbel, Sp. 429) an dieser Stelle des *Heumarktes* bezogen haben wird.

Nennung	Straßenname	Belege
1171/72	locus in quo Widego stabat inter venditores gularum	H, I, 112
1175/78	iuxta monetam Widonis sunt	H, I, 133
1198/1202	inter Pannorum incisores	H, II/1, 303
1198/1202	id est Waitschrodere	H, II/1, 303
1200	Hartmann von Wido	KTK, I, 15
1212/14	preter unam vico, qui tendit versus Forum	H, II/1, 319
1293	inter Pannatores [...] latere vie	KTK, I, 38
1294	in medio Pannicidarum ex opp. lati vici	KTK, I, 37
1321	supra Widengassen	KTK, I, 40
1343	in ordone ample platee	KTK, I, 16
1351	in ordone ample platee	KTK, I, 16
1355	up der Widengassen	KTK, I, 38
1359	Wijdergasse	KTK, I, 37
1367	ex opp. Ampli vici	KTK, I, 38
1393	Wijdengasse	KTK, I, 36
1393	ex opp. Late vie, que Widegasse voc.	KTK, I, 36
1404	Wijdergasse	KTK, I, 38
1444	Wydergasse	KTK, I, 38

Wysengasse

Heute: **Probsteigasse**
3. Stadterweiterung

Im Mittelalter verlief die heutige *Probsteigasse* von der Kirche St. Gereon zur Stadtgrenze von 1180 (heute: Gereonswall). Der Bereich dieser Straße wurde erst durch die dritte Stadterweiterung einbezogen. A. Mercator hat diese Gasse namenlos auf seinem Stadtplan (1571) dargestellt. Spätmittelalterliche Nennungen wie *Wysengasse* erklären sich daraus, daß die Bebauung dieser Gasse selbst zu Zeiten Mercators lediglich aus drei Gebäuden bestand, die sich jedoch seit dem 12. Jahrhundert dokumentieren lassen.

Der volkssprachliche Straßenname erscheint sehr früh unübersetzt im lat. Kontext: 1178 *Siccengazzen*. Die Schreibung variiert während des Mittelalters auffällig, so daß angenommen werden muß, daß die Schreinsbuchschreiber den Gassennamen ihrem Hörverstehen entsprechend notierten, ohne die Bedeutung des Bestimmungswortes noch verstanden zu haben. Der älteste Schreinsbucheintrag aus den Jahren zwischen 1165 und 1185 erwähnt in dieser Gasse einen Hausbesitzer *Soccon* (*domus, que fuit Socconis*; Hoeniger, Bd. II/1, S. 221). Aufgrund dieses Eintrages ist davon auszugehen, daß der Straßenname ursprünglich auf einen Anwohner oder Grundbesitzer zurückgeht.

1365 wird das hier gelegene Kelterhaus (mlat. *torcularium* = ›Kelter‹; Habel/Gröbel, Sp. 403) der Probstei von St. Gereon erwähnt.

Zu Zeiten Weinsbergs scheint der Gassenname in Vergessenheit geraten zu sein, denn Weinsberg greift auf eine umständliche Lagebeschreibung zurück, um das Absteigen des Churfürsten Ernestus von Broil in Goddert Groppes Haus 1589 zu lokalisieren: »zu s. Gereon in her Goddert Groppers haus, neben dem gesgen bei der probsteien« (Buch Weinsberg, Bd. 4, S. 71).

Nennung	Straßenname	Belege
1165/85	in platea Secconis	H, II/1, 218
1165/85	domum que fuit Socconis	H, II/1, 221
1178/1202	Siccengazzen	H, II/1, 228
1240	in Sickengaszen	KTK, II, 259
1243	Sigchingaszen	KTK, II, 259
1248	in Sigegaze	KTK, II, 259
1264	in platea Seckingassin	KTK, II, 259
1303/5	in platea Syckingassen	KTK, II, 259
1320	in Soyckengasse	KTK, II, 259
1324	in platea Syckengasse	KTK, II, 259
1342	Sockingasse	KTK, II, 259

1355	Suckergasse	KTK, II, 259
1363	Seckengasse	KTK, II, 259
1365	in vico Sockergasse prope domum torcularem prepositi s. Gereonis	KTK, II, 259
1402	Sockengasse	KTK, II, 259
1438	Seggergasse	KTK, II, 259
1440	Secgergasse	KTK, II, 259
1491	Wysengasse	KTK, II, 259
1589	zu s. Gereon [...] neben dem gesgen bei der probsteien S. Gereon	W, IV, 71

zom Buchel

Heute: **Clemensstraße**
Römerstadt

Die heutige *Clemensstraße* hat A. Mercator auf seinem Stadtplan (1571) unbenannt eingezeichnet. Sie verläuft entlang der Reste der römischen Stadtmauer (1361 *apud Antiquum murum* im Gegensatz zu der neuen Stadtmauer der 3. Stadterweiterung), die auf der westlichen Straßenseite die einzige Bebauung darstellt. Ihr liegen vornehmlich Gärten gegenüber. Im Norden endet diese Straße an der sogenannten ›ältesten‹ *Schafenpforte* (*iuxta Scaportzen*), durch die man bis 1106 das Stadtgbiet Kölns verließ.

Im Zuge der Stadterweiterungen wird die *Schafenpforte* immer weiter nach Westen verschoben. Nach der Stadterweiterung von 1106 liegt die *alte Schafenpforte* an der Kreuzung der Straßen *Marsilstein* (bei Mercator *Am marcellen stein*) und *Am Rinkenpfuhl*. Die dritte Stadterweiterung 1180 verlegt die (neue) *Schafenpforte* wiederum (*Die schaeffen pforts*) an die Kreuzung von *Schaafenstraße* (*Die schaeffen straiß*) und *Mauritiuswall*. Die differenzierte Bezeichnung der Tore spiegelt somit die Expansion der mittelalterlichen Stadt wider.

Zwischen dem 13. und 15. Jahrhundert ist in der heutigen *Clemensstraße* ein Haus *ad Moniculum* (mlat. *monticulus* = ›kleiner Berg‹; vgl. Georges, Bd. 2, Sp. 1000; Habel/Gröbel, Sp. 246; hier im Sinne von mlat. *buccula* = ›Buckel‹; Habel/Gröbel, Sp. 41) bezeugt. In volkssprachlichen Schreinsbucheintragungen des 15. Jahrhunderts wird es *zom Buchel* genannt. Während des Mittelalters bildet sich für diese Straße jedoch kein individueller Name heraus, so daß die Schreinsbuchschreiber noch im 15. Jahrhundert bei der Lokalisierung von Grundbesitz genötigt sind, die Nähe von *Schafenpforte* und Stadtmauer anzugeben.

Nennung	Straßenname	Belege
1159/80	secus murum	H, II/1, 11
1190/1202	iuxta murum	H, II/1, 40
1200	dom. in Monticulo	KTK, I, 416
1251	dom. zome Bugele iuxta Scaporzen	KTK, I, 415
1283	dom. zem Bogele	KTK, I, 415
1292	dom. ad Monticulum	KTK, I, 415
1302	dom. ad Monticulum	KTK, I, 416
1357	apud Antiquum murum	KTK, I, 415
1361	ex opp. antiquo muro	KTK, I, 416
1434	Hs. zom Buchel hinter dem Nuwemarte	KTK, I, 416

zome Loch

Heute: **Im Laach**
Römerstadt

Zwischen dem südwestlichen Ende von *Neumarkt* und *Clemensstraße* findet sich heute der Straßenname *Im Laach*. Noch im Spätmittelalter befand sich an dieser Stelle die römische Stadtmauer (*apud antiquum murum*) und stellte bis zu der Einbeziehung des Schreinsbezirkes St. Aposteln die westliche Stadtgrenze dar. A. Mercator hat zwar die namenmotivierende Durchfahrt in der alten Römermauer auf seinem Stadtplan (1571) dargestellt, ihr aber keine Bezeichnung gegeben. Hier zwischen *Lungengasse* und *Marsilstein* ermöglichte die sogenannte ›älteste‹ *Schafenpforte* (*ante ovinam portam*) den Verkehr zwischen der westlichen Vorstadt und dem Bereich des römischen Kölns.

A. Wrede führt *Im Laach* auf einen Durchbruch in der Römermauer zurück: »Im 11. Jh. durchbrach man auf beiden Seiten der Apostelnkirche die Römermauer; die auf der Südseite liegende Öffnung, lat. foramen, ist zuerst 1257 bezeugt; in deutscher Sprache hieß die Stelle seit dem 13., 14. Jh. im loch, anme logge (an dem Loche), 15. Jh. zome Loch [...] jedoch 1813 Rue du Lac – Im Lach – [...] hier also zuerst irreführend in Lach geändert, wohl in Anlehnung an Lache, Wasserlache, wie das französ. lac (See) andeutet« (NKS, Bd. 2, S. 122).

Eine weitere Bedeutung des mhd. *lâche* meint ›Einschnitt‹ und könnte sich als ein solcher auf die Öffnung in der Stadtmauer beziehen. Die Lage an der Stadtgrenze läßt aber auch die Bedeutung ›Grenzstein‹ oder ›Grenzzeichen‹ zu (vgl. Lexer, Bd. 1, Sp. 1807).

Nennung	Straßenname	Belege
1159/80	ante ovinam portam	H, II/1, 8
1180/89	ante ovinam portam	H, II/1, 22
1220/30	contigua antiquo muro sarracenico ante Scaporzin	KTK, I, 416
1225	ante portam Ovinam	KTK, I, 416
1235	iuxta murum urbis	KTK, I, 416
1276	ex opp. Antiqui muri	KTK, I, 416
1293	versus Ovinam portam	KTK, I, 417
1297	iuxta murum	KTK, I, 416
13. Jh.	im loch	NKS, 2, 122
1306	iuxta antiquum murum	KTK, I ,416
1315	apud Antiquum murum	KTK, I, 416
1327	apud antiquum murum	KTK, I, 416
1338	apud Antiquum murum	KTK, I, 416
1366	anme Logge apud Novum forum	KTK, I, 433
1392	in Novo foro iuxta Antiquum murum	KTK, I, 416
1459	bei dem Loche	KTK, I ,416
15. Jh.	zome Loch	NKS, 2, 122

zu Seyn cloister

Heute: **Seyengasse**
3. Stadterweiterung (Mercator-Plan S. 57)

Die *Seyengasse* ist die nordöstliche Verlängerung der *Buschgasse* zum Rhein hin. Als solche führte sie im Mittelalter auch deren Bezeichnung (*Bozengaze*). In der ersten Hälfte des 13. Jahrhunderts treten hier die *fratres Minores* als Grundbesitzer in Erscheinung.

Noch in dem heutigen Straßennamen wird an Stiftungen derer von Sain erinnert. 1246 bestimmt Graf Heinrich von Sain, daß »›*de domo nostra, quam emimus in Colonia erga fratres Minores‹ seine Gemahlin ›de horto et de edificiis poterit reservare*‹« (Keussen, Bd. 2, S. 198). Schließlich wird das Jungfernkloster 1283 im Vermächtnis der Gräfin Mechthild von Sain bedacht (vgl. Keussen, Bd. 2, S. 198).

Durch diese Klosterstiftung und mehrfache Zuwendungen trug das Kloster den Namen *Sain* nach dem Geschlecht seiner Stifter. Während des Mittelalters können sich aber entsprechende Straßenbezeichnungen (*bei Seyne*) nicht gegen Formen von *Bozengasse* durchsetzen. Auf dem Stadtplan A. Mercators (1571) ist diese Gasse unbezeichnet dargestellt.

Nennung	Straßenname	Belege
1246	Graf Heinrich v. Sain	KTK, II, 198
1250	conv. de Seine	KTK, II, 198
1251	in Bozengazen	KTK, II, 198
1287	versus Seyne in Bozengassen	KTK, II, 198
1300	in Bozengassen apud curiam conv. Seyna	KTK, II, 199
1333	versus eccl. Seyne	KTK, II, 197
1361	in Bosengassem ex opp. Seynne	KTK, II, 198
1367	in Boysingassen [...] versus Seyne	KTK, II, 199
1377	in ordone Bosingassin	KTK, II, 198
1395	in cono Bosingassen	KTK, II, 198
1401	in Bosengassen [...] gü. Seynne	KTK, II, 198
1415	bij Seyne	S, II, 217
1492	boven Sienne	KTK, II, 199
1535	bei Seyn	KTK, II, 198
1571	zu Seyn cloister	Mercator
1584	das jonfer-cloister zu Seien	W, III, 226

zum Daue

Heute: **Im Dau**
3. Stadterweiterung

Die heute *Im Dau* genannte Straße, die von der *Severinstraße* westlich wegführt, ist im Mittelalter kaum als Gasse anzusehen. Auf dem Stadtplan A. Mercators (1571) ist die Westseite der *Severinstraße* mit durchgehender Bebauung dargestellt. Hinter dieser geschlossenen Häuserreihe, in der sich ein Hof mit dem alköln. Namen *zume Douwe* befand, ist lediglich ein schmaler Feldweg dargestellt, auf den der ursprüngliche Hausname übertragen wurde.

Im Spätmittelalter muß der Hausbesitzer gewechselt haben, denn 1405 erscheint im Schreinsbuch der Hinweis, daß das Haus *vor Zeiten zume Koyle* genannt wurde, jetzt aber *zume Douwe* (Keussen, Bd. 2, S. 189) heiße. Im 16. Jahrhundert handelt es sich bei dem Anwesen *Zum Dau* um eine bekannte Adresse. Weinsberg berichtet 1591, daß der Hof im Besitz des Bürgermeisters *Melchior von Mulhem* verändert worden sei. Dieser habe – so Weinsberg – »auf sin alte tage den Dau auf s. Severinsstrais vergadert [...] mit allem sinem zubehoir, weingartn und raumer platzen, und hat ein herlich haus von grunt auf neu gebaut samt eim putz vor die nachparn und ein maur in die Ulregass samt zinshusern und vil tausent gulden dran gewent« (Buch Weinsberg, Bd. 4, S. 113).

Als Neubau diente das Haus *Zum Daue* auch der Unterkunft Prominenter: »A. 1579 den 5. aprilis, uff sontag letare, ist duca de Novaterra, grave zu Castelveterano, ein cecilianischr furst, koninks Philippi von Hispanien befelchaber, uis Italien und Oisterich den Rhein ab uff Coln ankomen und uff s. Severinsstrass zum Daue, den her Melchior von Mulhem rentmeister neue gebaut, in die herberge gezogen« (Buch Weinsberg, Bd. 3, S. 33).

Nennung	Straßenname	Belege
1235	hered. [...] Herm. Koil	KTK, II, 189
1298	dom. [...] contigua in Lata platea [...] que qond. fuit H. Koil	KTK, II, 189
1320	dom. [...] Hermanni Koyl	KTK, II, 189
1362	dom. [...] ad Caulum	KTK, II, 189
1374	in platea Severini iuxta hered. quond. Gobelini vanme Douwe	KTK, II, 189
1405	zume Koyle, aber nun zume Douwe	KTK, II, 189
1439	zome Koylle	KTK, II, 189
1579	uff s. Severinsstrass zum Daue	W, III, 33
1591	Dau auf s. Severinsstrais	W, IV, 113

zum Peutshoff

Heute: Ohne Entsprechung
Römerstadt

A. Mercator hat diese von der südlichen Straßenseite von *Unter helmschleger/inter Galleatores* (heute: *Am Hof*) abgehende kleine Sackgasse auf seinem Stadtplan (1571) namenlos eingetragen. Hierbei handelt es sich um das *Pützhof* genannte Gäßchen, das heute nicht mehr existiert. In diesem befand sich einer der zahlreichen Pütze (lat. *puteus*, mhd. *phütze*, md. *phutze*, *puze*, *putze*, *putte*, *puzze* = ›Brunnen‹; vgl. Lexer, Bd. 2, Sp. 269).

Folgender Eintrag im Schreinsbuch von St. Laurenz verdeutlicht mit der sich anschließenden Übersetzung den Benennungsgrund dieses Gäßchens: (a. 1238) *platea, que ducit ad puteum* (Keussen, Bd. 1, S. 215) = ›Straße, die zum Brunnen führt‹. Derartige Gassencharakterisierungen sprechen dafür, daß es im mittelalterlichen Köln mehrere ›Pützgassen‹ gegeben hat: *Die putsgaß* (heute: Gelände von Oper und Schauspielhaus), *in dem Putzhoiffe* (Teilstück von *Großer Griechenmarkt*) und *Klingelputz* (*Klingelpütz*).

Nennung	Straßenname	Belege
1175/91	in Puzhof	H, I, 256
1189/1206	ante Putzehof	H, I, 285
1190/1206	a vico Putzehovin	H, I, 286
1233	in curia putei	KTK, I, 215
1238	platea, que ducit ad puteum	KTK, I, 215
1248	versus plateam, que Putcehof dic.	KTK, I, 200
1279	versus Putzhof	KTK, I, 200
1286	in platea Puczehof	KTK, I, 215
1299	versus Putzhove ex opp. Palacii	KTK, I, 201
1329	in ordone parvi vici arti inter Galleatores	KTK, I, 214
1350	iuxta vicum Putzhove	KTK, I, 201
1420	in deme Putzhoeve	KTK, I, 215
1420	Putzhoff under Helmslegeren	KTK, I, 214
1435	in der Putzhoevegasse	KTK, I, 201
1455	Putzhoffsgasse	KTK, I, 201
1473	Putzgesgijn	KTK, I, 215
1475	Putzgassen	KTK, I, 201
1589	zum Peutshoff	KTK, I, 202

zur Marpforte wärts

Heute: **Marsplatz** (östliches Teilstück)
1. Stadterweiterung

Die *Marspforte* hat die Namen gleich mehrerer Straßen motiviert: *bouen der martporzen*/heute: *Obenmarspforten*, *an der Marporz*/heute: Teil des *Marsplatzes* im Schreinsbezirk St. Alban. In der ältesten Nennung von a. 989 erscheint die im Marktviertel der Rheinvorstadt gelegene Pforte als *porta fori* (= ›Tor zum Markt‹) und heißt 1135 *porta mercatorum*. Im 13. Jahrhundert beginnt die Semantik allerdings zwischen ›Markt‹ (*marporzen*) und ›Mars‹ (*porta Martis*) zu schwanken.

Anläßlich ihres Abbruches im 16. Jahrhundert reflektiert Weinsberg über die Bedeutung ihres Namens: »A. 1545 hat ein ersam rait der stat Coln mit bewilligung der geistlicheit die Marporz, darboven s. Michaeils capell war, im grunde laissen abbrechen und die stein an der stat bau gebraucht. Disse Marporz stunde unden an der Judengassen zu Rhein warz, hatte 2 bagen van Drachenfilzer steinen und war seir unreinlich alzit darunden [...] Etliche willen, es sulte Porta Martis sin gewest, van dem Mars genant; mich bedunkt, es sol die porz umb des martz willen also genant sin, dar sei nach bei stunde. [...] Lang darnach hat man zu gedechtnis der Marporz uis befelch eines raitz oben an die beide heuser 2 bilder laissen setzen mit versen, uff ein seite das bilt des abgotz Martis, an die ander seite s. Michaeils« (Buch Weinsberg, Bd. 1, S. 230f.).

In der St. Michael-Kapelle, dem oberen Teil dieses Tores, hörte der Rat die Messe »bis nach Vertreibung der Juden deren Synagoge zur Rathskapelle von S. Marien umgewandelt wurde, auch Kapelle Jerusalem genannt« (Buch Weinsberg, Bd. 1, S. 230f., Anm. 4).

Da im Mittelalter außer bei Märkten kaum Platznamen vorkommen, fungierten aufwendige Verortungen der ›Marktpforte‹ als Ersatz für einen gebräuchlichen Straßennamen.

Nennung	Straßenname	Belege
989	porta fori	L, I, 75
1135/52	ante portam mercatorum	H, I, 218
1190/1206	ante Marportam ubi venduntur species	H, II/1, 275
1200/15	ante portam martis	H, II/1, 278
1220/30	apud portam Martis	H, II/1, 283
1247	ante Marporcen	KTK, I, 133
1274	prope portam Martis	KTK, I, 133
1307	ante portam Martis	KTK, I, 133
1318	versus capellam s. Michaelis	KTK, I, 209
1334	apud portam Martis	KTK, I, 134
1353	iuxta capellam Martis	KTK, I, 209
1358	desuper portam Martis	KTK, I, 134
1413	in der Juedengasse bei der Marckpforte	KTK, I, 209
1423	von der Marpforte aufwärts	KTK, I, 209
1436	boeven Marporzin	KTK, I, 209
1487	die Marpforte	KTK, I, 134
1500	prope portam Martis	KTK, I, 134
1545	Marporz [...] unden an der Judengassen	W, I, 230
1570	zur Marpforte wärts	KTK, I, 209

Anhang

Verzeichnis der Siglen

*	Vor Straßennamen: So nicht gebräuchlicher Name Vor Jahreszahlen: ungesichertes Datum Nach Seitenzahl: Seitenzählung KTK, allgemeiner Teil
AHVN	Annalen des Historischen Vereins für den Niederrhein
H	Hoeniger: Schreinsurkunden
J	Jakobs: Namenkundliches
KTK	Keussen: Topographie der Stadt Köln im Mittelalter
L	Lacomblet: Urkundenbuch
LThK	Lexikon für Theologie und Kirche
MG SSrG	Monumenta Historica Scriptores rerum Germanicarum
MStadtAKöln	Mitteilungen aus dem Stadtarchiv Köln
NKS	Wrede: Neuer Kölnischer Sprachschatz
PublGesRhGkd	Publikationen der Gesellschaft für Rheinische Geschichtskunde
S	Stein: Akten
W	Buch Weinsberg
ZGL	Zeitschrift für germanistische Linguistik

Abbildungsverzeichnis

Abbildungsnachweis

Abb. 1: L. Benevolo: Die Stadt in der europäischen Geschichte, München 1993, S. 80.
Abb. 2: L. Benevolo: Die Stadt in der europäischen Geschichte, München 1993, S. 164.
Abb. 3: Wallraf-Richartz-Museum Köln.
Abb. 4: Historisches Archiv der Stadt Köln.

Abb. 5: Ausschnitt aus dem Mercator-Plan, 1571, wie der Mercator-Plan und die Planausschnitte auf S. 57, 97, 142/143, 178/179, 234/235, 272, 308/309 Nachdruck des Kupferstichs nach dem Original der Kreissparkasse Köln.

Abb. 6: H. Keussen: Topographie der Stadt Köln im Mittelalter, Bonn 1910, Anhang, Tafel 1.

Bibliographie

Assmann, Aleida: Erinnerungsräume. Formen und Wandlungen des kulturellen Gedächtnisses, München 1999.

Assmann, Jan: Das kulturelle Gedächtnis. Schrift, Erinnerung und politische Identität in frühen Hochkulturen, München 1997.

Barthes: Semiologie und Stadtplanung. In: derselbe: Das semiologische Abenteuer. Dt. von Dieter Hornig, Frankfurt a.M. 1988, S. 199–209.

Benevolo, Leonardo: Die Stadt in der europäischen Geschichte. Dt. von Peter Schiller, München 1993.

Bering, Dietz/Großsteinbeck, Klaus: Die Kulturgeschichte von Straßennamen. Neue Perspektiven auf altem Terrain, gewonnen am Beispiel Köln. In: Muttersprache (1994), H. 2, S. 97–117.

Bering, Dietz/Großsteinbeck, Klaus/Werner, Marion: Wegbeschreibungen. Entwurf eines Kategorienrasters zur Erforschung synchroner und diachroner Straßennamenkorpora. In: ZGL 27 (1999), S. 135–166.

Bering, Dietz: Das Gedächtnis der Stadt. Kulturgeschichte der Kölner Straßennamen. Einleitender Vortrag für die Arbeitsgruppe der Köln-Preis-Träger (27. Januar 1997) im Rahmen der Vortragsreihe der Stadt Köln und ihrer Universität, Bd. 5, Köln im akadem. Jahr 1996/97, S. 53–59.

Burke, Peter: Geschichte als soziales Gedächtnis. In: Assmann, Aleida/Harth, Dietrich (Hg.): Mnemosyne. Formen und Funktionen der kulturellen Erinnerung, Frankfurt a.M. 1991, S. 289–304.

Ennen, Leonard: Geschichte der Stadt Köln, 5 Bde., Köln, Neuss 1863–80.

Georges, Karl Ernst: Ausführliches Lateinisch-Deutsches Handwörterbuch, Nachdruck Darmstadt 1998.

Glasner, Peter: Die Straßennamen Kölns im Mittelalter. Vortrag im Rahmen der Vortragsreihe der Stadt Köln und ihrer Univ., Bd. 5, Köln im akad. Jahr 1996/97, S. 61–70.

Glasner, Peter: Vom Ortsgedächtnis zum Gedächtnisort: Straßennamen zwischen Mittelalter und Neuzeit. In: Eichhoff, Jürgen/Seibicke, Wilfried/Wolffsohn, Michael (Hg.): Name und Gesellschaft. Soziale und historische Aspekte der Namengebung und Namenentwicklung, Mannheim u.a. 2001, S. 282–302.

Grohne, Ernst: Die Hausnamen und Hauszeichen, ihre Geschichte, Verbreitung und Einwirkung auf die Bildung der Familien- und Gassennamen, Göttingen 1912.

Großsteinbeck, Klaus/Bering, Dietz: »›Unger Krönzele‹ oder ›Nennen Sie doch die Kammachergasse Hohenzollernstraße‹«. Kölner Straßennamen in der Zeit der Weimarer Republik. In: Jahrbuch des Kölnischen Geschichtsvereins 65 (1994), S. 179–215.

Habel, Edwin/Gröbel, Friedrich (Hg.): Mittellateinisches Glossar, Paderborn u.a. 1989.

Halbwachs, Maurice: Das kollektive Gedächtnis. Dt. von Holde Lhoest-Offermann, Frankfurt a. M. 1985.

Haselberg, Johan: Eyn lobspruch der Keyserlichen freygstath Coellen (...). In: Merlo, Johann Jakob: Köln im Jahre 1531. Das Lobgedicht auf die Stadt Köln (AHVN 1885), S. 149–170.

Heine, Heinrich: Deutschland. Ein Wintermärchen, nach dem Erstdruck hg. von Werner Bellmann, Stuttgart 1991.

Heinzelmann, Martin: Eligius. In: LThK, Bd. 3, Sp. 594 f.

Henning, Friedrich-Wilhelm: Die Stadterweiterung unter dem Einfluß der Industrialisierung (1871 bis 1914). In: Kellenbenz, Hermann (Hg.): Zwei Jahrtausende Kölner Wirtschaft, Bd. 2, Köln 1975, S. 267–357.

Herborn, Wolfgang: Hermann Weinsbergs Vaterhaus, von ihm selbst beschrieben und gezeichnet, 1521/29. In: Deeters, Joachim/Helmrath, Johannes (Hg.): Quellen zur Geschichte der Stadt Köln, Bd. 2 Spätes Mittelalter und Frühe Neuzeit (1396–1794), Köln 1996, S. 152–160.

Hoeniger, Robert: Die Kölner Schreinsurkunden des 12. Jahrhunderts. Quellen zur Rechts- und Wirtschaftsgeschichte der Stadt Köln (PublGesRhGkd 1), 2 Bde., Bonn 1884–94.

Jakobs, Hermann: Namenkundliches zum Kölner Stadtbild im Frühmittelalter. In: Bergmann, Rolf/Tiefenbach, Heinrich/Voetz, Lothar (Hg.): Althochdeutsch, Bd. 2, Heidelberg 1987, S. 1436–1454.

Jakobs, Hermann: St. Pantaleon und der Griechenmarkt in Köln. In: AHVN 164 (1962), S. 5–55.

Jakobs, Hermann: Verfassungstopographische Studien zur Kölner Stadtgeschichte des 10. bis 12. Jahrhunderts. In: MStadtAKöln, Heft 60 (1971), S. 49–123.

Johanek, Peter: Die Mauer und die Heiligen. Stadtvorstellungen im Mittelalter. In: Behringer, Wolfgang/Roeck, Bernd (Hg.): Das Bild der Stadt in der Neuzeit 1400–1800, München 1999, S. 26–38.

Keussen, Hermann: Topographie der Stadt Köln im Mittelalter (Preis-Schriften der Mevissen-Stiftung), 2 Bde., Bonn 1910.

Klein, Adolf: Köln im 19. Jahrhundert: Von der Reichsstadt zur Großstadt, Köln 1992.

Kleinschmidt, Erich: Textstädte – Stadtbeschreibung im frühneuzeitlichen Deutschland. In: Behringer, Wolfgang/Roeck, Bernd (Hg.): Das Bild der Stadt in der Neuzeit 1400–1800, München 1999, S. 73–80.

Kober, Adolf (Hg.): Grundbuch des Kölner Judenviertels 1135–1425 (PublGesRhGkd 34), Bonn 1920.

Kramer, Johannes: Straßennamen in Köln zur Franzosenzeit (1794–1814), Würzburg 1984.

Kühn, Dieter: Der Parzival des Wolfram von Eschenbach, Frankfurt a. M. 1986.

Lacomblet, Theodor Josef: Urkundenbuch für die Geschichte des Niederrheins, Bd. 1: Düsseldorf 1840; Bd. 2: Neudruck der Ausgabe Düsseldorf 1846, Aalen 1966; Bd. 3: Neudruck der Ausgabe Düsseldorf 1853, Aalen 1966; Bd. 4: Neudruck der Ausgabe Düsseldorf 1858, Aalen 1966.

Lammert, Peter: Städtebau von 1917 bis zur Gegenwart. In: Bátori, Ingrid/Kerber, Dieter/Schmidt, Hans Josef (Gesamtredaktion): Geschichte der Stadt Koblenz. Bd. 2 Von der französischen Stadt bis zur Gegenwart, Stuttgart 1993, S. 451–477.

Lexer, Matthias: Mittelhochdeutsches Handwörterbuch, 3 Bde., Stuttgart 1979.
Lexikon des Mittelalters, München, Zürich 1977 ff.
Loesch, Heinrich von: Die Kölner Zunfturkunden nebst anderen Gewerbeurkunden bis zum Jahre 1500, 2 Bde. (PublGesRhGkd 22), Bonn 1907.
Lucchesi, G.: Severus. In: LThK, Bd. 9, Sp. 704.
Militzer, Klaus: Das topographische Gedächtnis: Schreinskarten und Schreinsbücher. In: Rosen, Wolfgang/Wirtler, Lars (Hg.): Quellen zur Geschichte der Stadt Köln, Bd. 1 Antike und Mittelalter: Von den Anfängen bis 1396/97, Köln 1999, S. 165–168.
Ott, Irene (Hg.): Ruotgeri Vita Brunonis Archiepiscopi Coloniensis (MG SSrG 10), Köln 1958.
Roeck, Bernd/Behringer, Wolfgang: Vorwort und Einleitung. In: dieselben (Hg.): Das Bild der Stadt in der Neuzeit 1400–1800, München 1999, S. 7–10.
Schäfke, Werner: Kölns romanische Kirchen. Architektur, Ausstattung, Geschichte, Köln 1984.
Scheben, Wilhelm: Die ehemaligen Thorburgen des alten Köln, Köln 1895.
Schwering, Max-Leo: Kölner Berufe in Kölner Straßennamen. In: Steimel, Robert (Hg.): Unvergängliches Köln einst und heute (Schriften zur Kölner Topographie 2), Köln o. J., S. 41–44.
Seta, Cesare de: Eine deutsche Städteikonographie in europäischer Perspektive. In: Behringer, Wolfgang/Roeck, Bernd (Hg.): Das Bild der Stadt in der Neuzeit 1400–1800, München 1999, S. 11 f.
Siebenmorgen, Harald: Einleitung. In: Meckseper, Cord/Siebenmorgen, Harald (Hg.): Die alte Stadt: Denkmal oder Lebensraum? Die Sicht der mittelalterlichen Stadtarchitektur im 19. und 20. Jahrhundert, Göttingen 1985, S. 5–8.
Stein, Walther (Bearb.): Akten zur Geschichte der Verfassung und Verwaltung der Stadt Köln im 14. und 15. Jahrhundert (PublGesRhGkd 10), 2 Bde., Bonn 1893/95.
Stierle, Karlheinz: Der Mythos von Paris. Zeichen und Bewußtsein der Stadt, München 1993.
Stritzky, Maria B. von: Agatha. In: LThK, Bd. 1, Sp. 225.
Volckmann, Erwin: Alte Gewerbe und Gewerbegassen. Deutsche Berufs-, Handwerks- und Wirtschaftsgeschichte in älterer Zeit, Würzburg 1921.
Volckmann, Erwin: Straßennamen und Städtetum. Beiträge zur Kulturgeschichte und Wortstammkunde aus alten deutschen Städten, Würzburg 1919.
Wackenroder, Wilhlem Heinrich: Herzensergießungen eines kunstliebenden Klosterbruders (1797). In: derselbe: Sämtliche Werke und Briefe. Historisch-kritische Ausgabe, Bd. 1 hg. von Silvio Vietta, Heidelberg 1991, S. 41 ff.
Weinsberg, Hermann von: Das Buch Weinsberg. Kölner Denkwürdigkeiten aus dem 16. Jahrhundert, Bd. 1. u. 2., hg. v. K. Höhlbaum, Leipzig 1889/70, Bd. 3. u. 4, hg. v. F. Lau, Bonn 1897/98, Bd. 5., hg. v. J. Stein, (PublGesRhGkd XV 1560–97), Bonn 1926.
Werner, Marion: Kölner Straßennamen 1933–1973. Vortrag im Rahmen der Vortragsreihe der Stadt Köln und ihrer Universität, Bd. 5, Köln im akadem. Jahr 1996/97, S. 71–81.
Zehnder, Frank Günter: Ansicht aus der Vogelschau, 1570/71. In: Borger, Hugo/Zehnder, Frank Günter: Köln. Die Stadt als Kunstwerk. Stadtansichten vom 15. bis 20. Jahrhundert, 2. Aufl. Köln 1986, S. 129–133.

Straßennamenregister

Das Straßennamenregister mit allen Schreibvarianten der Kölner Straßenbezeichnungen zwischen dem 10. und 16. Jahrhundert, einer Zeitspanne heute beinahe regellos erscheinender Sprachpraxis, zu versehen, hieße nicht nur den Rahmen eines Registers zu sprengen, sondern auch das *Lexikon der mittelalterlichen Straßennamen Kölns* zu verdoppeln. Anstelle der *Schreib*varianten wurden in das Register die *Namen*varianten der mittelalterlichen Straßen aufgenommen. Da sich Straßenbezeichnungen im Mittelalter erst allmählich aus Örtlichkeitsangaben zu Straßennamen entwickeln, bleibt die Erfassung von Nennungsvarianten immer eine angreifbare Gratwanderung. Auf Namendopplungen wird in den jeweiligen Lexikonartikeln eingegangen. Deshalb konnte hierauf im Register ebenso verzichtet werden wie auf Straßennamen des späten 16. Jahrhunderts bzw. des Mercator-Plans, deren alphabetische Folge bereits den Lexikonaufbau vorgibt. Die Schreibung der Straßenbezeichnungen wurde den Quellen entsprechend unverändert wiedergegeben, um das historische Sprachmaterial keiner anachronistischen Standardisierung auszusetzen. Zur leichteren Auffindbarkeit wurden heutige Straßennamen kurisiviert. Angegebene Seitenzahlen führen zu dem jeweiligen Haupteintrag im Lexikon.